U0909182

海南国际旅游岛发展研究院｜编著

海南国际旅游岛建设发展报告

（2017）

光明日报出版社

图书在版编目（CIP）数据

海南国际旅游岛建设发展报告.2017 / 海南国际旅游岛发展研究院编著. -- 北京：光明日报出版社，2019.10

ISBN 978-7-5194-5063-2

Ⅰ.①海… Ⅱ.①海… Ⅲ.①地方旅游业—经济发展战略—研究报告—海南—2017 Ⅳ.①F592.766

中国版本图书馆 CIP 数据核字（2019）第 254792 号

海南国际旅游岛建设发展报告.2017

HAINAN GUOJI LYUYOUDAO JIANSHE FAZHAN BAOGAO. 2017

编　　著：海南国际旅游岛发展研究院

责任编辑：郭思齐　　责任校对：周春梅

封面设计：中联学林　　特约编辑：万　胜

责任印制：曹　诤

出版发行：光明日报出版社

地　　址：北京市西城区永安路 106 号，100050

电　　话：010-63139890（咨询）　63131930（邮购）

传　　真：010-63131930

网　　址：http://book.gmw.cn

E - mail：guosiqi@gmw.cn

法律顾问：北京德恒律师事务所龚柳方律师

印　　刷：三河市华东印刷有限公司

装　　订：三河市华东印刷有限公司

本书如有破损、缺页、装订错误，请与本社联系调换，电话：010-63131930

开　　本：170mm×240mm

字　　数：358 千字　　印　　张：20.5

版　　次：2020 年 1 月第 1 版　　印　　次：2020 年 1 月第 1 次印刷

书　　号：ISBN 978-7-5194-5063-2

定　　价：85.00 元

目　录

CONTENTS

第一章

2017 年回顾

2017 年，在习近平新时代中国特色社会主义思想指引下，在党中央和国务院的坚强领导下，海南省委省政府带领全省各族人民，深入贯彻、扎实推进落实省第七次党代会的战略部署，以海南国际旅游岛建设为总抓手，以建设美好新海南为目标，充分发挥生态环境、经济特区、国际旅游岛“三大优势”，坚定推动供给侧结构性改革、“多规合一”改革等各项工作，使全省经济社会发展稳步推进，成效显著，使海南实现“三大愿景”的信息倍增。

第一节　2017 年关键工作

2017 年，海南发展面临的国际形势总体良好，主要表现在：“和平”在局部区域面临挑战，但仍是全球主流；全球经济开始复苏，GDP 增速达到 3%；国际贸易稳中向好；国际旅游持续增长，旅游业占 GDP 总额和就业总额的比重都超过 10%。这种国际形势对海南经济社会发展的影响是多方面的，基于各种原因，在此不予展开。

从国内和省内看，2017 年对海南政治、经济、社会、生态发展产生重要影响的主要有以下三个方面。

一、中共十九大指引海南发展

2017 年 10 月 18 日—24 日，中共十九大在北京隆重召开，大会的主题是：不忘初心，牢记使命，高举中国特色社会主义伟大旗帜，决胜全面建成小康社会，夺取新时代中国特色社会主义伟大胜利，为实现中华民族伟大复兴的中国梦不懈奋斗。

十九大报告客观总结了十八大以来我国在经济建设、全面深化改革、民主法治建设、思想文化建设、生态文明建设、从严治党等方面取得的巨大成就；明确了中国特色社会主义进入新时代。在新时代，我国社会主要矛盾已经转化为人民日益增长的美好生活需要和不平衡不充分的发展之间的矛盾。在新时代，要坚决拥护以习近平同志为核心的党中央的领导，以习近平新时代中国特色社会主义思想为指引，实现中华民族伟大复兴。在新时代，要在2010年全面建成小康社会的基础上，到2035年基本实现社会主义现代化，到21世纪中叶建成富强民主文明和谐美丽的社会主义现代化强国的奋斗目标。在新时代，要以深化供给侧结构性改革、加快建设创新型国家、实施乡村振兴战略、实施区域协调发展战略、加快完善社会主义市场经济体制和推动形成全面开放新格局为抓手，建设现代化经济体系。在新时代，要健全人民当家做主制度体系，发展社会主义民主政治；要坚定文化自信，推动社会主义文化繁荣兴盛；要提高保障和改善民生水平，加强和创新社会治理；要加快生态文明体制改革，建设美丽中国；要坚持走中国特色强军之路，全面推进国防和军队现代化；要坚持“一国两制”，推进祖国统一；要坚持和平发展道路，推动构建人类命运共同体；要坚定不移全面从严治党，不断提高党的执政能力和领导水平。

在新时代，海南要紧密团结在以习近平同志为核心的党中央周围，时时处处用习近平新时代中国特色社会主义思想武装头脑、指导实践，全面贯彻落实习近平总书记视察海南时的重要讲话精神，坚定不移讲政治、讲规矩，践行以人民为中心思想，实施生态立省战略，推进全面从严治党、改革开放和法治海南建设，加快建设经济繁荣、社会文明、生态宜居、人民幸福的美好新海南！到2020年，和全国同步建成小康社会，基本建成国际旅游岛。

二、省第七次党代会谋划海南发展

2017年4月25日—28日，中国共产党海南省第七次代表大会在海口召开，大会的主题是：紧密团结在以习近平同志为核心的党中央周围，深入贯彻习近平总书记系列重要讲话精神和治国理政新理念新思想新战略，全面落实习近平总书记视察海南时的重要讲话精神，凝心聚力，奋力拼搏，加快建设经济繁荣、社会文明、生态宜居、人民幸福的美好新海南！省委书记刘赐贵代表中国共产党海南省第六届委员会向大会做《凝心聚力 奋力拼搏 加快建设经济繁荣社会文明生态宜居人民幸福的美好新海南》的报告。本次大会主要成果有：一是有一个好报告，二是选举了一个坚强的领导班子，三是选举产生海南省中共十九大代表。

刘赐贵书记的报告回顾了省第六次党代会以来，在以习近平同志为核心的党中央坚强领导下和以习近平总书记系列重要讲话精神和对海南工作的重要指示的指引下，海南坚持科学发展、绿色崛起，充分发挥生态环境、经济特区、国际旅游岛“三大优势”，在经济社会发展和国际旅游岛建设方面所迈出坚实步伐和所取得的主要成就；指出了海南所面临的经济基础弱、人才不足、结构不优、发展不平衡等突出问题；提出了海南今后五年的奋斗目标——经济繁荣、社会文明、生态宜居、人民幸福，归结起来就是“建设美好新海南”，就是要通过不懈努力，实现全省人民的幸福家园、中华民族的四季花园、中外游客的度假天堂“三大愿景”。报告强调，为实现以上目标和愿景，我们必须坚定不移讲政治、讲规矩；坚定不移推进全面从严治党；坚定不移实施生态立省战略；坚定不移推进改革开放；坚定不移践行以人民为中心的发展思想；坚定不移推进法治海南建设。并从营造风清气正的政治生态、优化生态环境质量、争创经济特区体制机制新优势、加快经济转型升级等九个方面明确了今后五年的具体任务。总之，省第七次党代会报告对过去五年的成绩的总结是客观的，对制约海南经济社会发展的问题的剖析是深刻的，所描绘的海南未来的五年奋斗目标和海南国际旅游岛建设发展愿景是催人奋进的，所提出的任务分解和具体举措具有很强的可操作性，因而对海南未来五年经济社会发展具有很强的指导意义。报告站位高、立意远，既有宏观思路，又有具体举措。

三、大研讨大行动创新海南发展

国际旅游岛建设以来，海南经济社会发展取得巨大进步，国际旅游岛整体形象初步确立，经济运行稳中向好，人民生活水平显著提高。但不可否认，海南国际旅游岛建设也存在国际化水平偏低、经济基础薄弱、人才短缺等问题，与国务院对海南国际旅游岛建设发展的要求及《海南国际旅游岛建设发展规划纲要（2010—2020）》所确定的发展目标还存在很大差距。2017—2020 年对于海南国际旅游岛建设而言，是至关重要的攻坚克难期，需要全省上下以习近平新时代中国特色社会主义思想为指引，全面贯彻落实省第七次党代会的战略部署，充分发挥“三大优势”，实现“三大目标”和“三大愿景”，加快建设经济繁荣、社会文明、生态宜居、人民幸福的美好新海南。

为促进思想大解放，推动海南大发展，2017 年 6 月—8 月，省委开展“深入学习贯彻习近平总书记视察海南时的重要讲话精神建设美好新海南”大研讨大行动。重点围绕十个方面开展，包括如何办好经济特区、争创中国特色社会主义实践范例；如何贯彻落实当前和今后一个时期海南发展的总抓手就是加快建设国际旅游岛；如何深刻理解和贯彻落实青山绿水、碧海蓝天是海南建设国际旅游岛最强的优势和最大的本钱，必须倍加珍惜、精心呵护；如何深刻理解和贯彻落实履行好南海维权、维稳、保护、开发的重要使命；等等。本次大研讨大行动就是要促进海南广大党员干部思想大解放，强化特区意识、发扬特区精神、擦亮特区品牌，进一步革除影响海南发展的思想障碍、体制机制性障碍，科学谋划新一轮海南改革、开放、发展的各项具体举措，充分发挥生态环境、经济特区、国际旅游岛三大优势，加快建设美好新海南，打造一个更加开放、更具活力、更为国际化的经济特区和升级版的国际旅游岛，早日实现“全省人民的幸福家园、中华民族的四季花园、中外游客的度假天堂”三大愿景。

第二节　2017 年主要成效

2017 年，在十九大精神和习近平新时代中国特色社会主义思想的指引下，省第七次党代会描绘了加快建设美好新海南的宏伟蓝图，“大研讨大行动”明确了海南的发展要以国际旅游岛建设为总抓手，全省扎实推进“供给侧改革”“多规合一”“双创”“百镇千村”“三去一补”等工作，使海南国民经济持续健康发展，人民生活质量明显提高，社会事业迈上新台阶。

一、国民经济持续健康发展

2017 年，海南充分发挥生态环境、经济特区、国际旅游岛“三大优势”，主动适应和引领经济发展新常态，坚定不移推动供给侧结构性改革各项工作，全力保持经济健康运行，经济运行呈现稳中有进、稳中向好、稳中提质的良好态势。

第一，经济总量稳中有进。2017 年全省创造地区生产总值 4462.54 亿元，按可比价格计算，比上年增长 7.0%，略低于 2016 年的 7.5%，但略高于全国水平的 6.9%。按年平均常住人口计算，全省人均地区生产总值 48430 元，按现行平均汇率计算为 7179 美元，达到了中等发达国家水平。创新经济社会发展考核办法，首次取消 12 个市县地区生产总值、工业产值、固定资产投资的考核。

第二，财政收入稳中向好。地方一般公共预算收入 674.1 亿元，超过全年预期目标 3.5 个百分点，比上年增长 11.5%。财政收入结构向好，税收收入占地方一般公共预算收入的比重为 80.6%，同比提高 3.0 个百分点。

第三，经济结构进一步优化。（1）第三产业增速明显加快，第一、二产业尤其是第二产业增速则明显放缓。一、二、三产业增速分别由 2016 年的 4.0%、5.2% 和 10.1% 调整为 2017 年的 3.6%、2.7% 和 10.2%，2016 年第三产业增速分别比第一、二产业增速快 6.1 和 4.9 个百分点，2017 年则分别比第一、二产业增速快了 6.6 和 7.5 个百分点。（2）第三产业对 GDP 贡献率进一步提高。一、二、三产业对 GDP 贡献率分别由 2016 年的 12.3%、16.2% 和 71.5% 调整为 2017 年的 12.1%、8.6% 和 79.3%，第三产业对 GDP 的贡献率比上年提高了 7.8 个百分点。（3）第三产业对 GDP 的拉动效应进一步提升。一、二、三产业对 GDP 的拉动由 2016 年的 0.9%、1.2% 和 5.4% 调整为 0.8%、0.6% 和 5.5%。（4）相应地，一、二、三次产业结构进一步优化。由 2016 年的 23.5：22.3：54.2 调整为 22.0：22.3：55.7。初步测算，十二个重点产业增加值增长 10.1%，比全省地区生产总值增速高出 3.1 个百分点。

第四，固定资产投资稳步增长。2017 年全省完成固定资产投资（不含农户）4125.40 亿元，比上年增长 10.1%，增速比全国快 2.9 个百分点。其中房地产依然是投资重点，占到 49.8%，比上年提高了 2.1 个百分点。按产业分，第三产业投资占绝对多数，占比高达 91.8%，比上年提高 0.6 个百分点；增速最快的是第一产业，比上年增长率 30.7%，占比为 1.3%，比上年提高 0.2 个百分点；第二产业投资则连续呈减少趋势，下降 2.1%，占比由 2016 年的 7.7% 降低到 6.9%。十二个重点产业投资增长 10.5%，高于全部投资增速 0.4 个百分点。在建投资项目比上年增加 369 个，增长 10.9%，其中，当年新开工项目 1300 个。在建项目中，重点项目完成投资 2310.3 亿元，增长 8.1%，其中海口的五源河文体中心、观澜湖度假区、长影海南“环球 100”、港马村港区三期散货码头、海南生态软件园和三亚的亚特兰蒂斯、凤凰机场三期改扩建以及琼中至乐东高速公路、乐东县中医院、琼中抽水蓄能电站等 210 个项目超额完成年度投资计划。

第五，“三去一补”稳步推进。去库存取得明显成效，商品住宅库存去化期约 11 个月，比上年年末减少 12 个月。金融风险总体稳控，银行业金融机构不良贷款率 1.46%，稳定在可控水平。规模以上工业企业资产负债率 54.5%，下降 1.8 个百分点。企业经营各项成本有所降低，认真落实各项“清费降负”政策，清理取消部分收费项目，出台了《海南省降低实体经济企业成本工作实施细则》，行政事业性收费收入下降10.6%。推动“五网”建设补经济发展短板。实施提升电网供电保障和抗灾能力三年行动计划。田字型路网加快建设，琼中至乐东高速公路、文昌至博鳌高速公路、万宁至洋浦高速公路建设有序推进。先行指标较快增长，经济发展活力增强。金融机构存贷款余额分别增长10.7%和10.0%。新增市场主体增长15.8%。全行业经济生产用电量增长6.0%。

二、人民生活质量明显提高

省委、省政府高度重视解决民生问题和提高人民生活质量。2017年民生投入力度不断加大，地方一般公共预算支出中民生支出增长5.2%，所占比重达到76.8%，有效保证了人民生活质量的提升。

第一，就业规模扩大。城镇新增就业12万人，比上年增长30.4%；全省从业人员达583.1万人，比上年增长4.5%。就业保持稳定，海口、三亚两大城市的城镇调查失业率保持在低水平。

第二，收入增加。城乡居民人均可支配收入22553元，扣除价格因素比上年实际增长6.2%。其中，城镇人均可支配收入30817元，超过全年预期目标0.8个百分点，扣除物价因素比上年实际增长5.0%；农村人均可支配收入12902元，比全年预期目标高出0.4个百分点，扣除物价因素实际增长6.9%。尤其是农村居民人均收入增速高于全国平均水平0.3个百分点，在31个省（市、区）中排在第13位，农村居民家庭人均可支配收入水平在全国排位第14位，比上年提升一个位次。农村居民人均可支配收入较快增长的原因主要有三个：一是工资性收入持续发力，促增收；二是农业产业结构调整，加上美丽乡村建设，全域旅游的发展，有力带动农村第二、三产业迅速发展；三是精准扶贫、惠农支农政策落实，驱动转移净收入快速增长。

第三，存款增多。城乡居民存款余额3815.8亿元，比上年增长11.6%。

第四，居住条件改善。城镇和农村居民人均住房建筑面积分别达到30.84平方米和30.16平方米，分别增长0.12%和3.0%。城镇保障性住房建设完成全年计划的103%。

第五，消费水平提高。全省社会消费品零售总额1618.8亿元，超过全年预期目标2.4个百分点，比上年增长11.4%，增速比全国1.2个百分点。其中，城镇1363.2亿元，增长10.9%，占84.2%；农村255.6亿元，增长13.9%，占15.8%。消费结构趋于升级，汽车、成品油、免税品等升级类商品是推动消费市场增长的主要力量。

第六，医疗保险水平提高。城镇职工基本医疗保险参保 209.5 万人，参加新型农村合作医疗 468.7 万人，二者合计占全省总人口的 73.3%。

第七，脱贫攻坚成效显著。超额完成年度减贫任务，全年安排财政专项扶贫资金 28.47 亿元，净减少贫困人口 4.59 万户 20 万人，117 个贫困村脱贫出列。特色农业辐射带动贫困户 28.8 万人；实施 238 个旅游扶贫项目，受益贫困人口 2.71 万人。

第八，为民办实事全面完成。推动“一县两校一园”建设和“好校长好教师”引进工程；启动“好院长、好医生”引进项目、“妇幼双百”人才引进项目、“京医老专家百人团”智力帮扶海南项目。

三、社会事业迈上新台阶

首先，高层次人才引进和培养取得新突破。全年共引进和培养“千人计划”8 人、“万人计划”3 人，认定“百人专项”3 人，国家创新人才推进计划人选 2 人、推荐海南省优秀创新创业人才奖人选 4 人、培育创业英才人选 31 人。

其次，教育事业取得新进展。普通高等学校新增 1 所，达到 19 所；招生 5.66 万人，增长 0.1%；在校学生 19.14 万人，增长 0.8%。中等职业教育学校新增 3 所，达到 89 所；招生 5.08 万人，增长 1.9%；在校学生 13.54 万人，增长 3.9%。普通高中新增 7 所，达到 116 所；招生 5.66 万人，减少 1.1%；在校学生 17.1 万人，增长 0.7%；高中阶段毛入学率 90.6%，提高 1.24%。普通初中新增 4 所，达到 397 所；招生 12.13 万人，增长 10.0%；在校学生 33.33 万人，增长 3.0%；初中毛入学率 101.74%，降低 0.5 个百分点。

再次，科学研究和成果转化取得新进展。全省组织实施国家自然科学基金项目 189 项，创历史新高。全省共受理省科技奖项目 104 项，其中科技进步奖 87 项，科技成果转化奖 17 项；共申请专利 3989 项，获得专利授权 1793 项。新批准设立省级重点实验室 3 家和工程技术研究中心 1 家，筹建省级重点实验室 2 家和工程技术研究中心 2 家，省级重点实验室和工程技术研究中心总数达到 100 家。新建新型研发机构 2 家、中试与转化基地 1 家、转移转化中心 1 家。新增培育与认定 132 家高新技术企业，全省高新技术企业总数达到 269 家，认定 62 个高新技术项目、产品。共有省级以上科技创新创业服务机构 17 家，入住的孵化平台 93 个。推进南繁种业发展，举办首届中国（三亚）水稻论坛。通过举办“医疗健康院士海南行活动”，引进中科院南海海洋研究所在我省设立研究机构，实施国家自然科学基金创新研究群体科学基金项目等方式，拓展科技成果转化渠道和资源。

最后，社会保险事业稳步推进。2017 年，全省城乡居民养老保险参保人数 285.89 万人。其中，参加城镇职工基本养老保险 240.86 万人，比上年增加 7.14%；城镇职工基本医疗保险参保人数 209.53 万人，比上年增加 4.24%。

四、省域“多规合一”试点取得新进展

自《城市规划法》发布之后，我国就不断探索各类规划的融合，逐步提出了城市总体规划与土地总体利用规划相融合的“两规合一”，国民经济和社会发展规划、城市总体规划与土地利用规划相融合的“三规合一”，国民经济和社会发展规划、城市总体规划、土地利用规划及环境保护规划相融合的“四规合一”以及“多规合一”等规划融合理念。

2003 年起国家发改委在江苏苏州市、福建安溪县、广西钦州市、四川宜宾市、浙江宁波市和辽宁庄河市等 6 个地市县试点“三规合一”，由于缺乏顶层设计和体制保障等原因，试点效果不理想。2014 年国家发改委等四部委联合在全国 28 个市县开展“多规合一”试点，取得了预设成效。2015 年“多规合一”推进到省域试点新阶段，中央将这项重大历史责任赋予了海南。2015 年 6 月，中央全面深化改革领导小组同意海南省就统筹国民经济和社会发展规划、城乡规划、土地利用规划等，开展省域“多规合一”改革试点，要求海南发挥示范、突破、带动作用，为全国提供可复制、可推广的经验。

海南“多规合一”就是按照“一盘棋”的发展思路，统筹协调主体功能区规划、生态保护红线规划、土地利用规划、城镇体系规划、林地保护利用规划、海洋功能区划等空间性规划，并落实到一张蓝图上，避免因部门分割、区划分割、行业分割造成的资源浪费，从而优化全省空间布局。

经过两年多的努力，海南“多规合一”试点取得了阶段性成果。一是创新规划体制。海南创新了一套体系，即空间规划管控体系；搭建了一个平台，即全省统一的空间规划管理信息平台；开展了一项试点，即在 3 个园区试点“六个试行”改革措施，审批事项减少 70% 以上。二是编制了《海南省总体规划（空间类 2015—2030）》。2016 年 5 月海南按照全省“一盘棋”思路，编制了《海南省总体规划（空间类 2015—2030）》及 6 类空间性规划专篇，在这一张蓝图上，统筹规划了 3.4 万平方千米陆域和 200 万平方千米海域，梳理化解了 72.1 万块、面积 1587 平方千米的重叠图斑，划定主体功能分区和生态保护红线、林地控制线、基本农田控制线、开发边界线等 11 类控制线，限定各市县城

镇、旅游度假区、省级产业园区、乡村、基础设施等开发边界，统筹优化城乡发展、产业、基础设施等空间布局。三是试点工作得到中央全面深改革领导小组的充分肯定。2016 年 6 月习近平总书记主持召开中央全面深化改革领导小组第二十五次会议，审议通过《关于海南省域“多规合一”改革试点情况的报告》。会议充分肯定了海南省“多规合一”改革工作，指出海南“在推动形成全省统一空间规划体系上迈出了步子、探索了经验”。四是完成了各市县总体规划编制。2016 年 12 月，全省各市县总体规划全部经省“多规合一”工作领导小组、省政府常务会议审议通过。五是成立省级规划委员会。2017 年 6 月 2 日，全国首个省级规划委——海南省规划委员会成立，其主要职能是“一张蓝图”的编、修、审、督。原分属各职能部门的相关职责相应取消，统一归并到省规划委员会。如省发改委承担的组织编制主体功能区规划职责，省生态环境保护厅承担的划定生态保护红线职责，省海洋与渔业厅承担的组织编制省海洋功能区划、海洋生态保护红线、海岛保护与利用规划职责等。省规划委员会的成立标志着海南省域“多规合一”改革迈入新阶段。

“多规合一”意义深远而重大。2017 年 6 月 11 日，省委书记刘赐贵在省规划委员会调研时强调：要坚持以“多规合一”改革推动生态环境保护，最大限度守住资源环境生态红线，永葆海南的青山绿水和碧海蓝天；要以“多规合一”改革推动产业结构升级，着力抓好十二大重点产业、六类园区建设，用好飞地政策，引导推动项目进园区，形成集聚效应；要以“多规合一”改革推动“五网”建设，全面提升基础设施现代化水平，让广大老百姓有更多幸福感；要以“多规合一”改革推动新型城镇化建设，打造既有面子又有里子的“百镇千村”，吸引各方游客；要继续深化行政审批制度改革，力争创造出更多可推广、可借鉴、可复制的好经验好做法。

随着“多规合一”试点的深入，其红利也逐步释放出来。“多规合一”从根本上遏制了“摊大饼”“无序开发”“无限制扩张”现象。在明确红线基础上，海南统筹安排各类开发空间布局，明确城市发展方向和边界：统筹布局以海口为中心的海澄文一体化综合经济圈和以三亚为中心的大三亚旅游经济圈；统筹布局 100 个特色产业小镇和 1000 个美丽乡村建设，促进城乡一体化发展；重点培育十二大产业，统筹布局 6 类 24 个省级重点产业园区；统筹布局路网、光网、电网、气网和水网等“五网”为主体的基础设施。“多规合一”从根本上优化了资源配置方式。“我理解资源配备方式的改变主要体现在两个方面，一方面是由行政配置资源改变为市场配置资源，另一方面由一个角度配置资源改变为从全局角度配置资源。”省规划委主任丁式江认为，通过深化“一张蓝图”，细化到每一地块，明确性质、边界、开发条件并严格依法管控，通过充分发挥市场的决定作用，有序推进开发建设，实现资源优化配置，改变了部门决定、领导决定的行政配置资源模式。“多规合一”也带动了“放、管、服”改革。例如，“多规合一”试点后，海南生态软件园区审批环节由70个减少为4个，审批时间缩短至63个工作日，提速80%以上，释放了园区的市场活力。

五、城乡面貌改观

海南多个市县把城乡卫生和文明建设作为国际旅游岛建设的重要举措和惠民工程，取得了可喜佳绩。

首先，海口“双创”取得圆满成功。2015年7月31日，海口市举行创建全国文明城市和国家卫生城市动员大会，号召全市上下迅速行动起来，举全市之力、集全民之智，打一场“双创”攻坚战，力争用三年时间捧回全国文明城市和国家卫生城市两块金字招牌。两年多来，海口全市上下发扬“5+2、白加黑”“钉钉子”“马上就办”“拍拍看”四种精神，党员干部带头坚定“大海胸襟、椰树风骨、三角梅品格”三种特质，以“双创”统揽经济社会发展全局，以问题为导向，以惠民为宗旨，集中开展道路交通秩序、农贸市场、占道经营、违法建筑、环境卫生等18项专项整治行动，实现了市容市貌、干部作风、群众观念、市民素质、经济建设、社会治安等方面的明显转变。2017年7月14日，全国爱国卫生运动委员会在国家卫生计生委疾病预防控制局官网发布公告，海南省海口市等69个城市（区）被命名为国家卫生城市（区）。2017年11月17日，在北京召开的全国精神文明建设表彰大会宣布，海南省海口市获评“第五届全国文明城市”。海口“双创”取得圆满成功具有重要意义，诚如海南省委原书记罗保铭所强调的，“海口以城市‘双创’工作带动改善城市风貌、提升城市品位、提高市民素质，很好，很有意义。”现任省委书记时任省长刘赐贵认为，“‘双创’工作既是一项提升城市形象、优化发展环境的基础性工程，也是一项涉及面广、任务繁重的系统工程。”《人民日报》刊文称，海口不仅有蓝天白云、椰风海韵，还有干净的大街小巷、文明的社区景区，更有热情善良的市民、高效贴心的服务、便捷的生活环境、饱满的城市活力……而这一切，都得益于海口的一种全新模式：“创文创卫”。

其次，琼海获评全国文明城市。琼海于2014年10月13日被中央文明委提名为第一批全国县级文明城市创建单位。2015年1月13日琼海市启动创建全国文明城市工作。自此，琼海市委市政府带领全市人民坚持以文化人，树牢理想信念，推动社会主义核心价值观落地生根；坚持生态为重，厚植生态文明，打造体现地域特征的美丽村镇；坚持全民共创，突出创建利民，真正让广大城乡百姓共享创建成果。琼海以“打造田园城市、构建幸福琼海”为发展战略，推进“不砍树、不占田、不拆房，就地城镇化”的“三不一就”策略，主要由特色小镇、农业公园、基本公共服务均等化和旅游绿道系统这 4 根柱子来支撑，所属的 12 个镇各有特色和主题，两年多来，政府投资 5 亿元，完善基础设施和配套，有效激活内需，拉动社会投资超过 50 亿元，民间投资超过 30 亿元，吸引返乡就业 4 万人，农民人均纯收入年增长 13.1%，城乡供水一体化达到 90%，城市公交通达 65% 的行政村，由市、镇、片区和代办点组成的四级服务网络让农民不出村、不出镇就能把事情办好，城区优秀教师和医生到镇村支教、坐诊，让农民同样享受优质教育和卫生资源。2017 年 11 月 17 日，在北京召开的全国精神文明建设表彰大会宣布，海南省琼海市获评“第五届全国文明城市”。

最后，百镇千村建设进展顺利。2017 年 2 月 25 日省政府颁布《海南省美丽乡村建设三年行动计划（2017—2019）》，要按照“规划引领、示范带动、全面推进、配套建设、突出特色、持续提升”的要求和宜居、宜业、宜游的标准，通过加强农村环境卫生整治、提升农村人居品质、促进农村经济产业发展、大力弘扬农村特色文化、积极推进美丽乡村旅游示范区建设等手段，到 2017 年年底全省建成不少于 400 个美丽乡村示范村，到 2018 年年底建成不少于 700 个美丽乡村示范村，到 2019 年年底建成不少于 1000 个美丽乡村示范村，同时建成一批乡村旅游特色民宿示范村和美丽乡村休闲旅游度假景区。

2017 年 6 月 15 日省政府颁布了《海南省特色产业小镇建设三年行动计划》，要求坚持以人为本、因地制宜、产业兴镇和市场主导的原则，按照“规划引领、项目带动、突出特色全面推进、总量控制、动态调整”的创建程序和“环境优美、功能配套、产业发展和特色鲜明”的目标要求，按照“三年强力推进，一年巩固提升”的时限要求，到 2019 年年底基本完成全省 100 个特色产业小镇建设任务，到 2020 年全省 100 个特色产业小镇在环境、功能、产业、特色等方面更加完善，成为全省发展新的亮点。

2017 年 7 月 25 日，省政府颁发的《海南省人民政府关于以发展共享农庄为抓手建设美丽乡村的指导意见》明确，建设产品订制型、休闲养生型、投资回报型、扶贫济困型和文化创意型等各具特色的“共享农庄”，使农民转变成为股民、农房转变成为客房、农产品现货转变成为期货、消费者转变成为投资者，实现农民增收、农业增效、农村增美。

省第七次党代会报告中也提出，要吸引社会投资高水平建设“美丽海南百镇千村”，与旅游度假区、景区、产业园区融合互动，促进群众长远可持续增收，打造宜居宜业宜游宜养的美丽家园。

经过几年的发展，海南百镇千村建设取得了可喜成效，琼海北仍村荣获首批“中国乡村旅游创客示范基地”称号，北仍村等35个村庄、阿叔农家乐等171家农家乐、18户农户、44人分获中国乡村旅游模范村、金牌农家乐、模范户和致富带头人，定安县被评为国家休闲农业与乡村旅游示范县，三亚兰花产业园、槟榔河旅游区被评为全国休闲农业与乡村旅游示范点，全省共评定椰级乡村旅游点34家。2017年，我省已完成全省95%的村镇规划编制、75%的村镇规划批准实施；编制完成全省美丽乡村建设总体规划、改善农村人居环境建设总体规划等。2017年创建437个美丽乡村示范村，在2016年评出40个星级美丽乡村示范村的基础上，2017年再次评选出第二批171个星级美丽乡村。

六、国际化实现突破

为抢抓“一带一路”建设机遇，加强与沿线国家和地区交流合作，省委书记、省人大常委会主任刘赐贵率团对菲律宾、印度尼西亚进行了友好访问，以实际行动践行习近平总书记提出的“一带一路”倡议和“亲、诚、惠、容”周边外交理念。

主动服务国家总体外交大局，圆满完成博鳌亚洲论坛年会、中非合作圆桌会议等重要主场外交活动的服务保障工作。

离岛免税购物的额度、品种、受惠对象、政策效应进一步放大，2016年2月免税购物额度提高到1.6万元，2017年1月，财政部已批准将乘坐火车离岛的国内游客纳入离岛免税政策范围。自2011年4月20日正式落地至2018年4月20日，海南离岛免税政策已实施七周年。数据显示，七年来，海关共监管三亚、海口两家免税店销售离岛免税品4796.6万件，销售金额375.9亿元人民币，购物人数达1153.5万人次。

2017年新增国际（地区）直飞航线6条，达到57条，邮轮航线达到14条。2017年全省入境游客规模达到111.94万人次，比上年增长49.5%，入境游客占过夜游客的比重从2016年的1.5%提高到2017年的2%。其中，外国游客78.69万人次，比上年增长67.5%。创造旅游外汇收入6.81亿美元，比上年增长94.6%，旅游外汇收入占旅游总收入的比重从2016年的3.5%提高到2017年的

5.6%，提高了 2.1 个百分点。无论接待量还是旅游外汇收入，无论总量还是增速，都创了历史新高。

第三节　2017 年主要不足

2017 年，海南在国民经济、人民生活、社会事业、“多规合一”、城乡面貌和国际化等方面取得了明显进展和成效，但也存在物价水平偏高、房地产一业独大、居民人均收入增速偏慢、环保督察出的问题比较严重等不足。

一、物价水平偏高

2017 年全省居民消费价格（CPI）比上年上涨 2.8%，比全国平均水平高 1.2 个百分点，相当于全国水平的 2.33 倍（表 1－1）。其中，涨幅最高的是医疗保健价格，上涨 11.1%，比全国水平的 6.0% 高出了 5.1 个百分点，相当于全国的 1.85 倍；其次是居住价格，上涨 6.0%，比全国水平的 2.6% 高出 3.4 个百分点，是全国水平的 2.31 倍。就农产品生产者价格①来说，海南上涨了 1.9%，而全国则下降 3.5%，反差非常大。对于海南这样的农业大省，农产品生产者价格上涨对农业生产会带来积极作用，但对人民生活水平的改善则会出现负面影响。海南工业生产价格上涨幅度也偏高，其中工业生产者出厂价格上涨 8.8%，比全国水平的 6.3% 高 2.5 个百分点，工业生产者购进价格上涨 12.4%，比全国平均水平的 8.1% 高出 4.3 个百分点，海南分别相当于全国的 1.40 倍和 1.53 倍，尤其是工业生产者购进价格上涨幅度高于出厂价格，对海南工业的发展会产生较大的负面影响。

表 1－1　海南与全国居民消费价格比上年涨幅比较（%）

项目	全国	海南
居民消费价格	1.6	2.8
食品烟酒	－0.4	0.1
衣着	1.3	－1.2

① 指农产品生产者第一手（直接）出售其产品时实际获得的单位产品收益。农民的农产品销售收益与农产品生产者价格同方向变动。

续表

项目	全国	海南
居住	2.6	6.0
生活用品及服务	1.1	0.3
交通和通信	1.1	2.0
教育文化和娱乐	2.4	4.4
医疗保健	6.0	11.1
其他用品和服务	2.4	3.1

需要特别指出的是，海南2017年的高物价指数是在2016年的高物价指数基础上叠加的。2016年，海南居民消费价格指数也高达2.8%，仅次于上海的3.2%，位居全国各省市区（不含港、澳、台）的第二位。连续的物价指数偏高与居民收入水平偏低及居民收入增速偏慢相叠加，对提高居民生活水平和质量显然是不利的，需要引起足够重视并采取切实可行的措施。

二、居民人均收入增速偏慢

2017年全省常住居民人均可支配收入22553元，比上年增长9.2%，扣除价格因素实际增长6.2%，略低于GDP增速的7%。应该说，与自身相比，成绩还是很不错的。但是，2017年，海南常住居民人均可支配收入仅相当于全国水平的86.83%，意味着海南在全国平均水平之下，与海南国际旅游岛建设所设定的城乡居民收入力争达到全国先进水平的目标差距很大。需要特备注意的是，不仅水平偏低，而且尽管名义增速略快于全国水平，但因物价因素的影响，居民人均可支配收入的实际增速比全国平均水平低1.1个百分点，仅相当于全国的84.93%（表1-2），从而导致城乡居民收入与全国水平的差距在进一步拉大。2017年，按照2016年的可比价格计算，全国居民可支配收入增长约1739元，而海南仅增长约1280元，致使海南与全国的差距由2016年的3168元扩大到3626元。切实设法增加城乡居民收入，使城乡居民收入尽快赶上甚至超过全国水平，应该作为省委省政府为民办实事的重中之重。全国居民人均可支配收入的实际增速比GDP增速快0.4个百分点，而海南则慢了0.8个百分点，数字说明海南在让人民有更多获得感方面所下的功夫还有待增强。

表 1－2　海南与全国城乡居民人均可支配收入及其增速比较

	全国	海南	海南/全国（%）
居民人均可支配收入（元）	25974	22553	86.83
名义增速（%）	9	9.2	102.22
实际增速（%）	7.3	6.2	84.93
城镇居民人均可支配收入（元）	36396	30817	84.67
名义增速（%）	8.3	8.3	100.00
实际增速（%）	6.5	5	76.92
农村居民人均可支配收入（元）	13432	12902	96.05
名义增速（%）	8.6	8.9	103.49
实际增速（%）	7.3	6.9	94.52

资料来源：根据《2017 年海南省国民经济和社会发展统计公报》和《中华人民共和国 2017 年国民经济和社会发展统计公报》有关资料整理。

从表 1－2 可以进一步看出，2017 年，海南农村居民人均可支配收入无论是绝对值还是增长速度，都仅是略低于全国水平，但是，无论是绝对值还是增速，海南城镇居民人均可支配收入都显著低于全国水平，其中，按 2017 当年价计算，海南城镇居民人均可支配收入仅相当于全国水平的 84.67%，扣除物价因素，海南的实际增速比全国低 1.5 个百分点，仅相当于全国的 76.92%，致使海南城镇居民人口可支配收入与全国的差距进一步拉大，从 2016 年的 5163 元拉大到 2017 年的 5925 元（2016 可比价）。根据《中国统计年鉴 2017》，2016 年海南常住居民人均可支配收入位居全国第 14 位，其中，农村位居第 15 位，而城镇位居第 18 位，处于中等偏下水平。2017 年海南城镇居民占比已达到 58.04%，成为海南人口的多数。2017 年，全国城镇居民人均可支配收入的实际增速仅比 GDP 慢 0.4 个百分点，而海南却比 GDP 慢整整 2 个百分点。由此可见，省委省政府要把提高城镇居民可支配收入作为今后一段时期内关键工作来部署，作为重要任务来落实。

三、房地产一业独大的势头在继续

2010—2016 年，海南房地产投资占固定资产投资总额的 45.3%，房地产税收占地方税收总额的 41%，反映出海南国民经济过于依赖房地产。

房地产一业独大对旅游业带来了多方面负面影响：助长地方政府“卖地财

政”，不利于创新发展；挤压了优质旅游项目的开发空间，使旅游资源碎片化；遍地“洋楼”冲淡了海南特色；是海南生态环境退化的重要原因。正如中央第四环保督察组2017年12月23日在海南省委省政府反馈时所指出的，财政过分依赖房地产，房地产企业指到哪儿，政府规划跟到哪儿，鼓了钱袋、毁了生态。这种现象必须及早纠正，否则“国际旅游岛”恐怕真会成为“国内地产岛”。在“生态立省”“多规合一”“生态红线”等形势下，海南的土地日益稀缺，土地供给越发紧张。2017年海南省土地供应481万平方米，环比下降58%，成交623万平方米，环比下降49%，成交价2722元/平方米，环比上涨124%。

然而，在“房子是用来住的，不是用来炒的”精神指导下，在供给侧“双暂停”和需求侧“限购”的背景下，海南2017年房地产“一业独大”的态势仍表现得非常明显。

2017年全省固定资产投资4125亿元，比上年增长10.1%，其中房地产投资2053亿元，比上年增长14.9%，明显快于固定资产投资总量的增速，更是显著高于2016年环比增速的4.9%，房地产投资占固定资产投资总额的比重高达49.8%，比2016年提高了2个百分点。从房地产投资占固定资产投资总额的占比看，2017年海南房地产一业独大的势头仍在继续。2017年海南商品房开工面积1599万平方米，环比增长139%。其中海口开工面积557万平方米，三亚新增226万平方米。这表明，海南房地产热在2017年表现得十分明显，房地产再次成为投资的热点领域。

其中最为重要的原因毫无疑问是受利益驱动。根据2017年海南房地产大数据报告和海南省统计年鉴相关数据，2017年海南商品房成交面积2239万平方米，环比增长52%，成交均价11837元/平方米，环比上涨20%。其中，海口商品房成交面积549万平方米，环比增长27%，成交均价11990元/平方米，比上年提高了60%；三亚成交面积214万平方米，环比增长41%，成交均价25794元/平方米，比上年提高了75%；万宁成交面积109万平方米，环比增长38%，成交均价13545元/平方米，比上年提高了71%，无论价格还是涨价速度都高于海口；西线的东方和中线的五指山的成交均价也都超过了7000元/平方米，都较上年出现明显提高。

四、环保督察发现较严重的生态环境问题

中央第四环境保护督察组于2017年8月10日至9月10日对海南省开展环境保护督察，2017年12月23日向海南反馈督察意见。督察意见在肯定海南省

生态环境保护工作取得积极进展的基础上，认为与国家要求，与生态省、国际旅游岛定位和人民群众期盼相比仍有差距。

一是对环保工作认识和推进不够。一些地方和部门对自身存在的问题与不足缺乏清醒认识，对生态环境保护仍然面临的矛盾与挑战缺乏忧患意识，工作责任感和紧迫感不够。一些市县重经济发展、轻环境保护，热衷于搞“短平快”的速效政绩工程，财政过分依赖房地产，房地产企业指到哪儿，政府规划跟到哪儿，鼓了钱袋、毁了生态，一些自然保护区、优质自然岸线、生态脆弱山体遭受破坏，成了当地生态环境难以抚平的伤痛。一些部门和地方不作为、乱作为。例如，省海洋与渔业厅对文昌麒麟菜省级自然保护区内椰林湾海上休闲度假中心、南海度假村人工岛2个填海项目违规开展竣工验收；2016年10月以来，三亚市政府及相关部门还违规为占用陆域Ⅱ类生态保护红线的鹿回头片区半岛一号项目办理相关手续。

二是海域岸线自然生态和风貌破坏明显。沿海市县向海要地、向岸要房等情况严重，对局部生态环境造成明显影响或破坏。例如，儋州市政府及海洋部门化整为零违规审批海花岛填海项目，项目施工造成大面积珊瑚礁和白蝶贝受损；三亚市凤凰岛填海项目以国际客运港和邮轮港名义取得海域使用权，但实际主要用于房地产和酒店开发，由于填岛造成水流变化，三亚湾西部岸线遭到侵蚀，为修复岸滩不得不斥巨资对三亚湾进行人工补沙。在海岸带开发过程中，相关市县政府违规越权审批问题突出。例如，琼海市对沿海防护林内违法建设不监管、不制止，并于2015年11月集中为13宗海岸带内违法建筑物补办临时手续；昌江县在编制棋子湾旅游度假区控制性详细规划时，擅自放宽海岸带和沿海防护林保护要求，将沿海防护林地规划为建设用地，侵占破坏200多亩海岸带。全省海水养殖长期无序发展，大量滩涂养殖位于潟湖、河口等污染物不易扩散的区域，甚至违规占用自然保护区和沿海防护林。

三是部分自然保护区管护不力。全省10个国家级自然保护区中有8个存在未经审批的旅游项目。文昌市将铜鼓岭国家级自然保护区1333公顷的陆域范围全部划入生态旅游区开发范围，涉及核心区468公顷、缓冲区171公顷。三亚珊瑚礁国家级自然保护区2932公顷陆域面积长期未纳入实际管护，人类活动频繁的鹿回头片区大洲岛海域和小东海海域活体珊瑚盖度分别从2013年的42%和18%下降到2016年的20%和5%。白蝶贝省级自然保护区成立以来未纳入有效管理，白蝶贝已濒临灭绝。文昌市政府对文昌麒麟菜省级自然保护区不仅疏于管理，甚至违规填海造地，原生麒麟菜已濒临灭绝。

四是环境基础设施建设滞后。海南省大量生活污水处理项目进度滞后。海口市列入全省“十二五”规划的桂林洋污水处理厂二期项目至督察时尚未动工，开发区大量生活污水直排，导致大排沟水质黑臭。全省有23座污水处理厂进水化学需氧量浓度低于100毫克/升，白沙、临高等县污水处理厂进水浓度长期低于40毫克/升。东方市一方面污水处理设施建设资金闲置，另一方面主城区污水纳管率仅为59%。一些市县生活垃圾大量堆存，臭气弥漫，渗滤液直排，群众反映强烈。琼海市每天产生500吨生活垃圾，现行垃圾焚烧厂实际处理量约200吨/日，大量垃圾堆积在山坳空地，环境污染和隐患突出。儋州市34座生活垃圾堆场大都无污染防治措施，周边环境污染严重。

不仅中央环保督察组发现了比较严重的生态环境问题，而且，根据海南省生态环境状况公报的相关数据，也可以清晰地看出，海南生态环境呈现退化趋势，空气质量呈恶化趋势。2017年与2009年相比，全省生态环境优级的市县个数从15个减少到7个，空气质量优级天数占比从98.6%下降到80.9%，降低了17.7个百分点，而空气受污染的天数占比从0%提高到1.7%（其中，轻度污染占1.6%，中度污染占0.1%，无重度污染现象），意味着2017年海南有6天以上出现空气轻度甚至中度污染。

第四节　海南发展进入新时代

在海南建省办经济特区30周年之际，中共中央国务院颁发了《中共中央国务院关于支持海南深化全面改革开放的指导意见》（中发〔2018〕12号，以下简称《指导意见》），习近平总书记也向全世界郑重宣布，“党中央决定支持海南全岛建设自由贸易试验区，逐步探索、稳步推进中国特色自由贸易港建设”（习近平，2018）。这给海南人口—资源—环境—经济—社会—政治复合系统的持续健康发展带来了比以往任何时候都更为重大的历史机遇，海南发展进入新时代。

一、海南发展机遇与条件

（一）习近平重要外交思想与海南机遇

习近平担任中共中央总书记、国家主席和中央军委主席以来，创造性地提出了一系列具有重大国际影响力的外交思想，对我国外交影响深远。2013年6

月，习近平与奥巴马以政治担当和智慧，提出共同构建中美新型大国关系：“不冲突、不对抗”“相互尊重”“合作共赢”。同年 9 月和 10 月，习总书记分别在出访中亚和东南亚国家期间，先后提出共建“丝绸之路经济带”和“21 世纪海上丝绸之路”的重大倡议，并在随后的系列论述中反复强调，“‘一带一路’建设秉持的是共商、共建、共享原则，不是封闭的，而是开放包容的；不是中国一家的独奏，而是沿线国家的合唱”。(习近平，2015)

2015 年 9 月，习近平在纪念联合国成立 70 周年大会上发表演讲时首次提出“人类命运共同体”的概念并详细阐释其核心思想。他说：“当今世界，各国相互依存、休戚与共。我们要继承和弘扬联合国宪章的宗旨和原则，构建以合作共赢为核心的新型国际关系，打造人类命运共同体。”（习近平，2015）“推动构建人类命运共同体”是习近平新时代中国特色社会主义思想的基本内容，是新时代坚持和发展中国特色社会主义的十四个基本方略之一，也是十九大报告十三个部分的第十二个部分（习近平，2017），“得到越来越多国家和人民欢迎和认同，并被写进了联合国重要文件”。(习近平，2018)

从“中美新型大国关系”到“一带一路”再到“人类命运共同体”，反映了我国在世界舞台上的责任担当越来越大，我们有信心、有能力扛起“负责任”的大国担当。而成为“负责任”大国的必要前提是实现中华民族的伟大复兴。这就要求我们必须全面深化改革开放，不断开展“深水区”和“无人区”的改革开放。为科学决策和理性发力，党中央赋予新时代的经济特区新使命——改革开放的重要窗口、实验平台、开拓者和实干家（习近平，2018），而海南作为全国最大的经济特区，理所当然要责无旁贷地承担这一光荣而伟大的新使命。

（二）海南具有“试验田”的独特条件

“经过 30 年不懈努力，海南已从一个边陲海岛发展成为我国改革开放的重要窗口。”（习近平，2018）1987 年，海南地区生产总值（GDP）仅 57.28 亿元，地方财政收入不足 3 亿元。到 2017 年，海南 GDP、人均 GDP 和地方一般公共预算收入分别达到 4462.5 亿元、7179 美元和 674 亿元，分别比 1987 年增长了 21.8 倍、14.3 倍和 226.8 倍。

“海南是我国最大的经济特区，地理位置独特，拥有全国最好的生态环境，同时又是相对独立的地理单元，具有成为全国改革开放试验田的独特优势。”（习近平，2018）

海南要坚持和加强党的全面领导，形成全面开放新格局，不断解放和发展社会生产力，推动经济高质量发展，为全国生态文明建设做出表率，让改革发

展成果更多更公平惠及人民，“让海南成为展示中国风范、中国气派、中国形象的靓丽名片”。（习近平，2018）

二、海南发展定位及其逻辑

《指导意见》明确了海南全面深化改革开放的“三区一中心”战略定位——全面深化改革开放试验区、国家生态文明建设试验区、国际旅游消费中心、国家重大战略服务保障区。为更好地理解和把握这四大战略定位，有必要辨析它们之间的逻辑。

从根本上说，区域发展的根本目标在于实现人的全面发展，“人”无非是本地居民和外来游客（旅行者）。因此，在“海南全面深化改革开放”的背景下，“三大愿景”——海南人民的幸福家园、中华民族的四季花园和中外游客的度假天堂，依然是新时代海南全面深化改革开放的宗旨和愿景。

在国家层级上，“国家重大战略服务保障区”无疑是海南全面深化改革开放的首要定位，海南要“深度融入海洋强国、‘一带一路’建设、军民融合发展等重大战略”（中共中央，2018），要为中华民族伟大复兴履行好党中央赋予的重要使命。全面深化改革开放和国家生态文明这两大“试验区”，要切中国家重大战略进行“实验”，要切实服务于国家重大战略，因而都是“国家重大战略服务保障区”的实现途径和举措。国际旅游消费中心在国家层级上也具有“实验”功能，既要为我国旅游业改革创新做“实验”，为我国旅游业转型升级探索道路和总结经验，更要为国家“探索消费型经济发展的新路径”（中共中央，2018）。

在海南省层级上，海南全面深化改革开放的首要定位是“国际旅游消费中心”，是要把海南打造成“业态丰富、品牌集聚、环境舒适、特色鲜明的国际旅游消费胜地”（中共中央，2018），但同时当然也要扛起国家使命的海南担当，要成为“国家重大战略服务保障区”。在中国特色社会主义新时代，海南经济社会需要实现跨越式发展，这样才能实现“三大愿景”，打造国际旅游消费中心正是最佳选择和路径。海南具有打造国际旅游消费中心的优越条件：（1）生态环境优美，这是“大自然赐予海南的宝贵财富”；（2）“海南已从一个边陲海岛发展成为我国改革开放的重要窗口”；（3）“国际旅游岛是海南的一张重要名片”。（习近平，2018）

为支持海南全面深化改革开放，实现“三区一中心”的战略定位，“党中央决定支持海南全岛建设自由贸易试验区，支持海南逐步探索、稳步推进中国特色自由贸易港建设”。（习近平，2018）我们要清晰地认识到，中国（海南）自由贸易试验区建设和中国特色自由贸易港建设是海南众多发展路径和方案的选择之一，而不是目标，过度抬高自贸试验区和自由贸易港建设的地位和作用，对“三区一中心”战略定位的实现是不利的。

无论是作为发展定位的“三区一中心”建设还是作为发展路径的自贸试验区和中国特色自由贸易港建设，都离不开经济体系创新、社会治理创新、生态制度创新、人才制度创新和保障措施创新，这些创新是更加具体的措施。总之，（海南）国际旅游消费中心的定位逻辑可用图 1－1 简要表达。

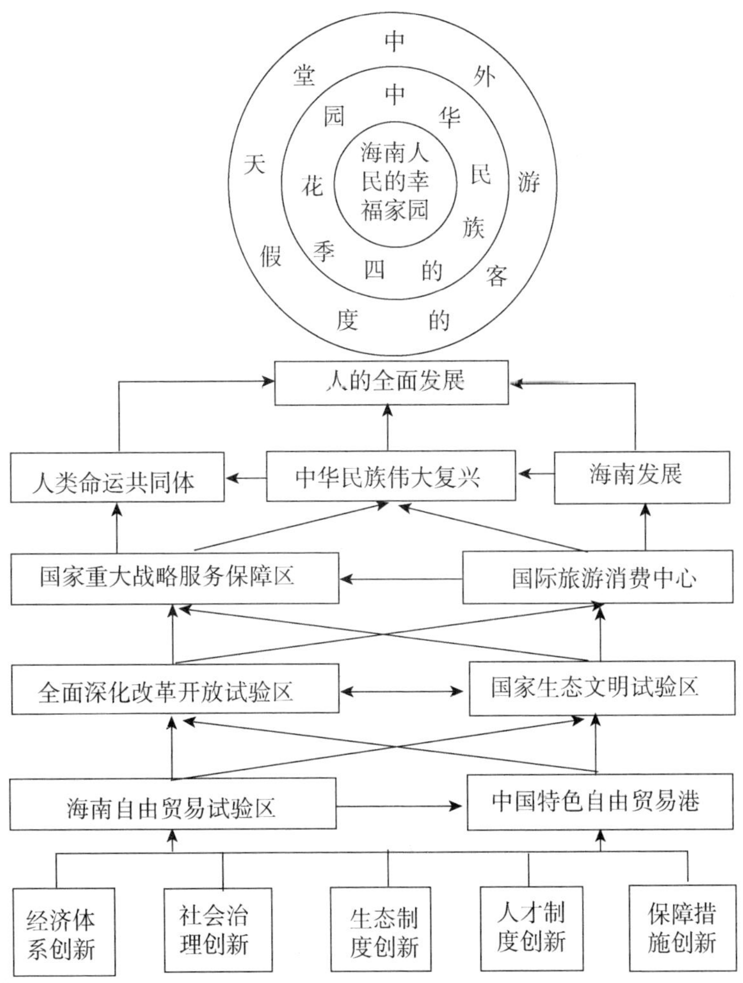

图 1－1 （海南）国际旅游消费中心的定位逻辑

三、海南发展路径与举措

1. 建设现代化经济体系。重点发展六大产业——旅游业、现代服务业、信息技术产业、数字创意产业海洋新兴产业和热带特色高效农业。打造五大平台——航天领域重大科技创新基地、国家深海基地南方中心、国家热带农业科学中心、全球动植物种质资源引进中转基地、国际离岸创新创业示范区。推进经济体制改革——国有企业改革，国有资产管理，产权保护制度，农垦改革，土地管理制度，设立国际能源、航运、碳排放权等交易场所，投融资方式，能源综合改革，通用航空分类管理。推进“五网”建设。

2. 推动形成全面开放新格局。海南岛全岛建设中国（海南）自由贸易试验区，形成法治化、国际化、便利化的营商环境和公平统一高效的市场环境，对外资全面实行准入前国民待遇加负面清单管理制度。逐步探索、稳步推进海南自由贸易港建设，打造开放层次更高、营商环境更优、辐射作用更强的开放新高地。海南自由贸易港建设不以转口贸易和加工制造为重点，而以发展旅游业、现代服务业和高新技术产业为主导。同时要加强风险防控体系建设。

3. 建设国际旅游消费中心。重点开发八大旅游产品——购物旅游、邮轮旅游、游艇旅游、海岛旅游、医疗旅游、文化旅游、娱乐旅游、体育旅游。通过旅游产业规模化、品牌化、网络化、连锁化、主题化、特色化等举措提高旅游服务质量。通过提升旅游设施和旅游要素的国际化、标准化、信息化水平等措施大力推进旅游消费国际化。

4. 服务和融入国家重大战略。海南要更好服务海洋强国、“一带一路”建设、军民融合发展等国家重大战略实施。要加强南海维权和开发服务保障能力建设。要深化对外交往与合作。要推进军民融合深度发展。要加强区域合作交流互动。

5. 加强和创新社会治理。要始终坚持以人民为中心的发展思想，形成有效的社会治理、良好的社会秩序，使人民获得感、幸福感、安全感更加充实、更有保障、更可持续。要健全改善民生的长效机制；打造共建共治共享的社会治理格局；深化行政体制改革。

6. 加快生态文明体制改革。要牢固树立社会主义生态文明观，实行最严格的生态环境保护制度。要完善生态文明制度体系；构建国土空间开发保护制度；推动形成绿色生产生活方式。

7. 完善人才发展制度。深化人才发展体制机制改革，实行更加积极、更加开放、更加有效的人才政策，加快形成人人渴望成才、人人努力成才、人人皆可成才、人人尽展其才的良好环境。要创新人才培养支持机制；构建更加开放的引才机制；建设高素质专业化干部队伍；全面提升人才服务水平。

参考文献

[1] 习近平．在庆祝海南建省办经济特区 30 周年大会上的讲话 [N]．人民日报，2018－04－14 (002)．

[2] 习近平．迈向命运共同体 开创亚洲新未来——在博鳌亚洲论坛 2015 年年会上的主旨演讲 [N]．人民日报，2015－03－29 (002)．

[3] 习近平．携手构建合作共赢新伙伴 同心打造人类命运共同体——在第七十届联合国大会一般性辩论时的讲话 [N]．人民日报，2015－09－29 (002)．

[4] 习近平．决胜全面建成小康社会 夺取新时代中国特色社会主义伟大胜利——在中国共产党第十九次全国代表大会上的报告 [N]．人民日报，2017－10－28 (001)．

[5] 习近平．开放共创繁荣 创新引领未来——在博鳌亚洲论坛 2018 年年会开幕式上的主旨演讲 [N]．人民日报，2018－04－11 (003)．

[6] 中共中央，国务院．中共中央 国务院关于支持海南全面深化改革开放的指导意见 [N]．人民日报，2018－04－15 (001)．

[7] 国务院．国务院关于推进海南国际旅游岛建设发展的若干意见 [N]．海南日报，2010－01－05 (A01)．

[8] 黄晓华．美丽篇章藉春风——习近平总书记考察海南纪实 [N]．海南日报，2013－04－13 (A01)．

第二章

海澄文一体化综合经济圈改革与融合发展

协调是建设美好新海南的内在要求，旨在坚持区域协同、城乡一体、经济建设和国防建设融合发展，在协调发展中拓宽发展空间，在加强薄弱领域中增强发展后劲。按照全省“一盘棋”，实现跨市县产业发展、基础设施、生态建设协调联动，构建更具活力的区域发展新格局。重点加快推进海澄文一体化综合经济圈建设，突出产业互补，促进错位发展，充分发挥海口对澄迈、文昌等周边市县的辐射带动作用，着力促进区域协调发展、缩小区域差别，实现海口、澄迈、文昌一体化发展，确保全省同步全面建成小康社会。

加快推进海澄文一体化是深入推进“多规合一”改革，助推琼北区域经济社会一体化、打造海南国际旅游岛升级版的重要举措。旨在按照“资源共享、互利共赢，分工协作、优势互补，统一规划、统筹推进，生态优先、绿色发展”原则，以资源利用一体化、产业布局一体化、基础设施一体化、生态环保一体化、公共服务一体化、配套政策一体化等六个一体化为重点，推进海澄文一体化综合经济圈融合发展。

自2015年以来，海澄文一体化综合经济圈建设实质性进展，启动建设了一批重点合作项目，率先在产业布局、资源配置、交通基础设施、生态环保、公共服务一体化上实现突破，但仍存在一些问题：区域内发展不平衡不充分，整体经济实力仍然不强；一体化规划不协调、审批程序复杂；资源没能充分共享，价值未能有效释放；公共产品基础薄弱，服务水平有待改善；产业雷同程度高，产业结构层次较低；人才质量不高，地区间参差不齐；融合发展程度较低，缺乏稳定可靠的可持续发展机制。因此，亟待发挥海澄文一体化综合经济圈在更大范围、更宽领域、更高层次上对全省经济社会发展的带动作用，特别是海口、澄迈、文昌要充分履行服务实体经济的责任，营造良好营商环境，吸引人才集聚，推动高质量发展，切实培育壮大十二个重点产业，推动海澄文区域一体化发展，充分发挥资源优势，实现综合效益，打造带动海南实体经济发展的增长极，成为建设经济繁荣社会文明生态宜居人民幸福的美好新海南，谱写美丽中国海南篇章的中坚力量。

第一节　海澄文一体化综合经济圈发展历程

一、海澄文一体化发展概况

近几年来，海南省委、省政府以新发展理念为指引，以供给侧结构性改革为主线，始终坚持发展是第一要务，充分认识到区域协调发展是缩小区域差别、确保全省同步全面建成小康社会的重要基础。为此，全省实行“多规合一”“一张蓝图干到底”，优化国土空间开发格局，强化生态保护红线、环境质量底线、资源利用上限的刚性约束，打造山清水秀的生态空间、集约高效的生产空间、宜居适度的生活空间。着力扶持海口做大做优做强、建设国际化滨江滨海花园城市，支持三亚建设国际化热带滨海旅游精品城市，加快推进“海澄文”一体化综合经济圈和“大三亚”旅游经济圈建设，充分发挥南北两极对周边市县的辐射带动作用。建设琼海、儋州区域中心城市，推动东西两翼齐飞。强化政策支持，保育发展好中部生态区，促进少数民族地区发展进步。按照全省“一盘棋”，实现跨市县产业发展、基础设施、生态建设协调联动，构建更具活力的区域发展新格局。

海澄文一体化综合经济圈旨在促进海口、澄迈、文昌一体化联动有序发展，进而推动琼北综合经济圈建设，实现区域经济实力明显提升，辐射带动效果逐步增强，产业协同优势不断显现，基础设施“同城”效应日趋明显，社会事业加快共建共享。力争到2020年海澄文三市县GDP总量、规模以上工业增加值在全省占比均为50%以上，社会消费品零售总额占全省比重保持在60%以上，地方财政收入占全省比重不低于30%，人均GDP达到全国平均水平，城乡居民收入高于全省乃至全国平均水平，基本实现区域间交通设施一体化、环境保护一体化，并形成特色鲜明、差异发展、优势互补的产业分工体系。

二、自发互动发展阶段

海口、澄迈、文昌三市县由于历史相亲、地缘相近、文化相连、空间相通、经济关联度高、社会共享度强，在海南省明确提出海澄文一体化综合经济圈发展战略之前，三市县的互动发展从未停歇且日趋增强，在产业、科技、交通、人才、教育、医疗、卫生、文化等多领域自发联动发展，为海澄文一体化综合经济圈的建设发展奠定了坚实的基础，打造了较为完善的支撑条件和现实准备。

一直以来，缺乏足够的产业发展腹地严重制约了海口实体产业发展，经济空间的局限性借重与澄迈、文昌的积极联动迎刃而解。而同时，澄迈和文昌经济基础薄弱、产业单一，且处于区域经济价值链分工的中低端，迫切需要海口的辐射带动作用。因此，海口拥有相对较强的经济实力、品牌号召力和产业集聚效应，为澄迈县、文昌市提供了农产品及其深加工产品等消费市场、劳务输出市场，且向澄迈县、文昌市转移了部分产业，澄迈县和文昌市为了对接海口市经济社会发展，主动承接了海口市的产业和功能。海口市、澄迈县和文昌市坚持贯彻海南省西工业东旅游的布局，海口市选择将工业西移，且自发地与澄迈县达成了一定默契，海口综合保税区、海南生态软件园、华能海口电厂等均地处澄迈县，而澄迈老城经济开发区紧邻海口，海口市的滨海大道一直贯穿该区域，文昌市主要与海口在农业产业领域的合作较多，且有海文高速贯通首尾，文昌市仅有的加工业也主要服务于海口市场需求。

三、有序联动发展阶段

2015 年 6 月，时任海南省省长的刘赐贵书记在海口调研时强调，要推动海口、澄迈、文昌一体化，实现联动有序发展，全力推动琼北省会经济圈建设。《海南省国民经济和社会发展计划十三五规划》及其配套的《海南省“海澄文”一体化发展规划》，指出海澄文一体化综合经济圈将深入推行“多规合一”改革，助推区域经济社会一体化，形成海南经济发展新的增长极，打造国际旅游岛升级版提供强大的内生动力。

近几年，三市县均充分认识到良好的生态环境是海南的核心竞争力，强调加强生态协同保护，是“海澄文”加快发展的最大本钱，牢固树立“绿水青山就是金山银山”的强烈意识，始终坚持保护好山水林田湖生命共同体，建设“海澄文”一体化的生态示范区，并持续强化协调协作机制。着力加快三地产业融合发展，在省域“多规合一”总体规划框架下，进一步深化航空航天、南海资源保护开发服务保障和应急救援、全域旅游、热带高效农业等领域的合作，在产业转型、服务业开放、体制创新等方面率先开展探索，推动融合发展、互利共赢。重点做大做优做强海口，充分发掘海口对澄迈、文昌拉动作用，在

"五网"基础设施建设、垃圾处理、水体治理、美丽乡村等方面继续加大区域性合作力度，海澄文一体化发展迈入有序联动发展阶段。尤其是随着全球首条环岛高铁贯通，三市县把构建高效便捷的立体交通网络为首要任务，基于轨道上的海澄文着力为商品、资本、人才、技术等生产要素提供高速自由流动的可靠保障，加快基础设施一体化建设，聚焦关键通道和关键项目。

加快推进江东大道二期、海口港和清澜港的资源整合、陆海交通工具及快速通道、八门湾和东寨港一体化等建设，以三地共同参与琼州海峡经济带建设，实现"路通财通、港通财通"。科学谋划好产业布局，在基础设施、产业、生态等领域深化合作，科学合理打造区域合作典范，全力加快推动琼北省会经济圈建设，为加快建设美好新海南做出新的贡献。海口与澄迈三港合一、自贸区、生态管控和修复、重大基础设施等方面实现了良好对接，综合保税区、椰树、椰岛等两市县共同的企业项目共同发展，已取得了合作共赢效果。文昌市进一步优化两市沟通和协商工作机制，在产业、旅游开发等方面与海口加强合作，以海口国家级新区为依托，高起点、高水平开发建设好木兰湾。

第二节　海澄文一体化综合经济圈基本情况

一、海澄文引领全省经济发展

海口、澄迈、文昌三地的土地总面积为6864.84千米，约占全省土地面积19.39%；2017年，三地常住总人口为346.09万人，占全省37.38%；三地国民生产总值总和为1884.6亿元，占全省的42.23%；地方一般公共预算收入为426.44亿元，占全省的34.89%；固定资产投资总额为2011.38亿元，占全省的48.76%；社会消费品零售总额854.24亿元，占全省的52.77%。由此可见，海澄文一体化综合经济圈在全省经济社会发展中占据重要地位，并发挥了至关重要的作用。

表2-1　海澄文一体化综合经济圈在全省经济中的地位

指标（单位）	全省	海澄文一体化综合经济圈				占比（%）
		海口	澄迈	文昌	合计	
土地面积（平方千米）	35400	2304.84	2072	2488	6864.84	19.39%

续表

指标（单位）	全省	海澄文一体化综合经济圈				占比（%）
		海口	澄迈	文昌	合计	
常住人口（万人）	925.76	227.21	59.88	59	346.09	37.38%
地区生产总值（亿元）	4462.54	1390.48	288.74	205.38	1884.60	42.23%
地方一般公共预算收入（亿元）	1222.24	388.48	23.8	14.16	426.44	34.89%
规模以上工业增加值（亿元）	487.08	130.29	251.08	10.41	391.78	80.43%
固定资产投资总额（亿元）	4125.40	1415.5	359.79	200.09	2011.38	48.76%
社会消费品零售总额（亿元）	1618.76	726.12	50.6	77.52	854.24	52.77%

资料来源：土地面积来自《2017年海南统计年鉴》《2017年海南省国民经济和社会发展统计公报》，其他数据来自海口、澄迈、文昌三地调研以及查阅三市县政府工作报告及国民经济和社会发展统计公报等。

二、海澄文互联互通取得关键突破

近几年，海口与澄迈、文昌三地不断协同开展轨道交通、公路交通建设工作，交通设施一体化的推进打破原先三地在资源交流、共享方面的瓶颈，有利于三地进行资源交流，实现基础设施和市政配套资源共享。海口与澄迈交通互联互通的具体体现是海口南海大道、海口西海岸景观大道西延线以及海口绕城高速公路均在澄迈区内交汇与外延；澄迈老城经济开发区至海口开通了两路公交车，在老城经济开发区工作的员工每天乘坐公交车往返于海口和澄迈，实现了同城化工作和生活。尤其是随着海澄文一体化经济圈内首个重大基础设施——海南澄迈盈滨半岛内海湾上的盈滨海湾大桥建成通车，琼北区域海口西侧、老城开发区的交通、居住和投资环境得到了有效改善。此外，海口与文昌之间，一批重大项目已经落地，海文高速公路已建成，并向南延伸。文昌的“两桥一路”已开工建设，它的建成将把澄迈老城经济开发区、海口江东组团和文昌市的铺前古镇、木兰湾、抱虎角、月亮湾、铜鼓岭、宋氏祖居等特色资源串成一线，使琼北经济圈和东部滨海旅游资源紧密联系起来，为实现海澄文一体化创造了有利条件。

三、海澄文初步形成长效合作共同基础

一是三地对推进区域一体化发展已达成共识，思想上的统一，成为推进海澄文一体化的重要前提。据实地调研发现，三市县政府相关部门、镇政府以及重要骨干企业对推进海澄文一体化坚决拥护和全力支持。他们普遍认为，推进海澄文一体化是推进琼北经济圈建设的重要战略举措，有利于整合资源，优势互补，实现三地共融、共赢、共同发展。二是三地已经形成良好的合作机制。作为海南首个开放型区域经济合作组织，省会经济圈论坛于 2012 年 9 月在海口正式成立，至今已成功举办 4 年。每年一次的省会经济圈论坛为琼北区域加强规划、产业、市场对接，促进区域一体化合作上发挥了积极作用。三是三地有进一步合作的需求，海口希望通过一体化拓展自身发展空间，增强辐射带头作用；澄迈希望通过一体化发展，能够像台湾省的台北市—新北市双核发展一样，与海口共造省会经济圈的繁荣；文昌希望通过一体化，更好地承接海口的辐射带动作用，共同发展航大、旅游、高效农业等产业。这些需求是推动海澄文一体化的原动力。

四、海澄文生态环保一体化成效显著

对于生态保护一体化工作，三市县也强化了滨海生态带管控，延伸海口市南部生态控制带向两翼展开，向东实现与东寨港自然保护区以及文昌湖山水库和抱虎角的延伸，向西与澄迈县太阳湾潟湖联通，形成海澄文南部生态控制带。并将实行最严格环境准入制度和负面清单，严守生态保护红线和环境质量底线，构建一体化的环境质量监测体系。按照区域生态安全格局和环境容量的要求，严格环境准入制度，提高产业项目准入“门槛”；推进岸线利用、红树林、南渡江流域生态环境、火山口温泉资源保护以及污水垃圾处理的一体化联防联保。目前三地正在探索如何对东寨港和南渡江统一管理，比如将东寨港红树林文昌境内部分委托海口东寨港自然保护区管理局统一管理；探索如何统一制订跨流域、跨区域河流、湖泊、水库综合整治方案，实现流域共保，上下游共治。

五、海澄文产业协同化发展条件充分

海口、澄迈、文昌三市县借力“海澄迈”一体化经济圈，带动产业多级发

展。海口、澄迈各市县之间深化飞地园区合作机制，通过“东西双港驱动”，实现港、产、城一体化发展。在产业发展定位方面，海口国家高新区重点发展以技术密集型、资金密集型、人才密集型为主的医药健康、高新技术类和低碳制造等三大产业，并将不符合美安生态科技新城产业定位的、港口依赖较强的项目以及海口市其他转型升级等项目，适当引导到海口高新区的云龙产业园和“海口飞地产业园”发展，实现海口和澄迈的产业差异化互动发展，形成海澄文一体化发展的产业基础。而文昌以航天发射中心为依托，谋划构筑航天产业基地，积极借助航天小镇辐射大产业集群。同时文昌也为拉长航天产业链，正在策划建设航天高科技产业园，以开发航天技术应用与服务为龙头，重点引进具有高附加值的航天高科技和 IT 电子信息产业、新能源、新材料等项目，逐步形成产业规模效应。

第三节　海澄文一体化综合经济圈发展成效

一、海口、澄迈、文昌经济快速增长

2015 年以来，海南省以供给侧结构性改革为主线，经济运行呈现“稳中向好”，主要经济指标达到全年预期目标，经济运行实现稳增长，经济运行呈现“稳中提质”。据统计数据表明（表 2－2），海口市、澄迈县、文昌市地区生产总值均逐年增长，达到历史最高值，其中海口市是澄迈县和文昌市总和的近三倍；地方一般公共预算收入也是逐年增长，其中海口市是澄迈县和文昌市总和的十倍多；规模以上工业增加值海口市和文昌市保持了逐年提高，澄迈县出现了小幅波动，该项指标海口市与其他两个实现总和接近仍达到了近 1.5 倍；固定资产投资总额中海口市和文昌市持续增长，澄迈县 2016 年到 2017 年出现了小幅下降，海口市是澄迈县和文昌市总和的两倍多；社会消费品零售额三个市县均保持了逐年增长，海口市是澄迈县和文昌市总和的五倍多；第三产业占比水平海口市和文昌市均逐年小幅上涨，澄迈县于 2017 年出现了一定幅度的下降。总体上讲，三个市县从 2014 年至 2017 年经济发展水平保持了加快增长，海口市依然占据绝对比重，且多为澄迈县和文昌市数倍甚至十倍多，但这一趋势出现了放缓迹象，一定程度上反映了海澄文一体化综合经济圈已经产生了较为积极的影响和作用。

表2－2　2014—2017年海口、澄迈、文昌经济变化情况

指标/地区	海口市				澄迈县				文昌市			
	2014	2015	2016	2017	2014	2015	2016	2017	2014	2015	2016	2017
地区生产总值（亿元）	1005.5	1162	1257.7	1390.5	225.89	268.56	286.78	288.74	159.8	169.63	186.88	205.38
地方一般公共预算收入（亿元）	100.1	290.49	330.94	388.48	20.51	18.45	20.37	23.8	12.96	13.69	13.56	14.16
规模以上工业增加值（亿元）	123.09	124.52	124.17	130.29	80.44	79.04	80.32	78.39	7.48	8.03	8.31	10.41
固定资产投资总额（亿元）	821.5	1012	1265	1415.5	263.71	303.31	363.14	359.79	141.91	160.02	176.45	200.09
社会消费品零售总额（亿元）	541.3	595.5	653.89	726.12	27.02	41.31	45.51	50.6	54.65	63.51	69.62	77.52
第三产业占比（%）	74.90	75.70	76.00	77.30	25.80	35.20	37.00	33.90	40.40	36.70	36.80	38.90

二、区域一体化发展体制机制不断健全

创新引领促改革，区域一体化发展的内生动力不断增强，省域“多规合一”改革持续深化，创新规划管理体制机制，完成了《海澄文一体化综合经济圈发展规划》《海澄文一体化区域基础设施规划》等编制工作，各项配套改革同步推进，溢出效应明显，为全省实现“一张蓝图干到底”奠定了关键性基础。中央评价海南省域“多规合一”改革“在推动形成全省统一空间规划体系上迈出了步子、探索了经验”。海口、澄迈、文昌继续强化协调协作机制，以“多规合一”改革为契机，牢牢把握海南省总体规划布局，积极衔接海澄文一体化发展规划，顺应三地“分层、组团、轴向”的发展趋势，优化海澄文地区空间布局，因地制宜探索完成空间类2015—2030年总体规划。

三、区域内交通一体化成效显著

基础设施一体化是实现综合经济圈一体化的前提，推进海澄文一体化综合经济圈协同发展，加快推动琼州海峡南北两港、美兰机场综合交通中心、铺前大桥、海澄文和“大三亚”轨道交通等重点项目，率先实现区域内交通一体化，率先实现区域内交通一体化。三市县加快铺前大桥、江东大道二期等项目建设；推动海口港与清澜港资源整合；合力推进木兰港建设；尽快启动海口通往航天发射城、八门湾绿道、月亮湾等旅游景区的跨区域公交；江东大道一期已投入

使用，二期已开工建设；东寨港大道计划2017年底前工程性通车，构建无缝衔接的综合交通网络。目前，海口正全力打造琼州海峡水上“半小时交通圈”，实现海口、文昌与环北部湾和泛珠三角的区域协作。

四、产业融合度不断深化

在“多规合一”总体规划框架下，三市县深化航空航天、南海资源保护开发服务保障和应急救援、全域旅游、热带高效农业等产业领域的合作。在融入“一带一路”方面，海澄文将抱团发展，加强与“一带一路”沿线国家和地区在海洋旅游、渔业生产、热带农业、医疗健康等领域的交流合作。2016在厦门举办的海澄文一体化综合经济圈专题招商推介会上，成功引进59个产业项目，协议投资金额409.86亿元，以海澄文为核心的琼北旅游圈已经成为新的旅游目的地。

五、生态协同保护富有实效

三市县牢固树立“一盘棋”的思想，加快推进海澄文一体化，合力打造区域合作典范。结合“多规合一”生态红线的划定，三市县设定产业园区的准入门槛与产业门类的负面清单，建设海澄文一体化的生态示范区，加强重大生态保护项目的合作等。积极推进海澄文水网、电网、气网、光网、垃圾、污水等区域重大基础设施一体化建设，形成现代化基础设施网络，努力提升区域协调发展水平。例如整合海口三江湿地公园、东寨港国家级红树林保护区和文昌八门湾红树林保护区。

第四节　海澄文一体化综合经济圈建设存在突出问题

一、区域内发展不平衡不充分，整体经济实力仍然不强

（一）整体经济实力不强

尽管海口市的经济总量在全省一直独占鳌头，2016年国民生产总值达到1258亿元，约占全省GDP（4044亿元）的31%，但是，与其他省会城市和发达地区相比，海口的总体经济实力还非常低，比如2016年广州市GDP近2万亿元，杭州市GDP是1.1万亿元。因此，海口核心城市能力不强，对带动整个区域的经济发展的马力不够强大，对周边的辐射拉动就显得“心有余而力不足”。

2016 年海澄文三市县 GDP 总量达 1703 亿元，超过海南 GDP 总量的 42%，但整体实力还不够强。这与省委省政府提出“力争到 2020 年三市县地区生产总值占全省 50% 以上、旅游收入占全省 25% 以上”要求还有一定的差距。可以说，海澄文一体化综合经济圈发展依然是任重而道远。

(二) 区域内部发展不平衡

海澄文经济社会发展不平衡，经济二元结构比较突出，主要是：一方面，海口和澄迈、文昌三市县的经济社会发展不平衡；另一方面，各市县的城乡之间发展也不平衡；还有一个比较特殊的方面是各乡镇之间靠海边（我们所说的浪花经济）的乡镇与没有靠海边的乡镇之间发展也不平衡，如文昌的月亮湾、澄迈的老城、红树林富力湾等开发速度快，让远离海边的乡镇望尘莫及。海口是海南经济、政治、文化中心，人口比较密集，交通、商业贸易、物流、人才、教育、医疗等优势比较大，澄迈和文昌相对比较弱一些。这种经济社会发展二元化结构会直接影响区域中落后的地区没有能力引进、吸收、消化核心发达地区转移出来的各种配套产业，而核心发达地区的产业聚集、规模和高层次的产业因为得不到坚实的腹地支撑而出现产业链中断，不利于区域内合理经济梯度的形成。

二、一体化规划不协调，审批程序复杂

(一) 缺乏统一规划，顶层设计不到位

由于海口、澄迈、文昌是三个互不隶属的行政区划，行政分割导致了规划不协调、规划之间不衔接、规划引领不到位等问题。目前三个市县还没有编制出台海澄文一体化建设的纲领性文件，没有就资源利用、产业布局、基础设施、生态环保、公共服务、配套政策等方面进行顶层设计，导致各市县产业发展、项日建设、资金倾斜力度的积极性和力度还不够大，三地市县、区、镇级建设在缺乏规划引领的情况下，存在“边走边看”的现象，没有就产业转移、区域分工协作等方面形成具体的实施方案。例如南渡江流域生态综合治理、海岸线统筹开发、港口（码头）的整合等跨区经济合作保护与开发没有放在一体化规划中统筹协调。

(二) 审批流程复杂，权力有待进一步下放

一方面，由于层级之间权力过于集中于上级部门，下放程度较低，另一方面由于层级部门之间信息共享机制不健全、壁垒现象严重，导致海澄文区域内

项目审批流程复杂、权力下放困难等问题。据调查发现部分产业园区在准入制度、退出机制等原则方面的审批流程过于复杂，存在很多项目多次审批的情况，例如拿到地之后，各职能部门设置重重门槛，审批手续的复杂化大大降低了项目的落地速度。另外，在权力下放的过程中，各部门之间没有建立很好的信息共享机制，在权力自上而下的推动过程中，部门之间就职能边界事宜存在互相推诿扯皮现象。此外，一体化过程中，区域之间各种对接过程中，往往会存在“我不归你管，凭什么听你的？听了你的，我又如何向上级主管部门交差”的心理。

三、资源没能充分共享、价值未能有效释放

（一）三市县资源共享度较低

受行政区划限制，三市县的资源不能充分共享，资源潜在价值难以释放。主要表现在两个方面。一是旅游资源不能共享。三市县的旅游资源难以有效整合串联起来，缺乏有吸引力的旅游产品；市县之间的旅游车辆不能跨区域运营，海口、澄迈的旅游车进不了文昌，给旅客带来诸多不便。二是管理资源不能共享。海口综合保税区在澄迈老城，属飞地工业园区，由于海口澄迈两地管理资源不共享，海口在区港联动、腹地拓展、属地管理等方面受到很大限制，企业往往要向两地分报材料，降低了效率。

（二）区域之间资源价值没能有效释放

目前海澄文三地还没有形成统一的经济区，地缘位置、经济水平、经济首位度等各方面的因素导致三地的资源价格差距较大，存在不平衡发展的现象。2013—2014 年，海口市土地出让均价为 153. 13 万元/亩，文昌市为 104. 43 万元/亩，澄迈县为 32. 33 元/亩，海口市是澄迈县的近 5 倍，文昌市是澄迈县的 3 倍多。另外，从小时最低工资来看，从 2013 年 12 月份起，海口小时最低工资标准 9. 9 元，澄迈和文昌小时最低工资标准 8. 6，海口市比澄迈、文昌高出 15% 左右。如果“海口、澄迈、文昌”能形成统一的经济区，海口与澄迈、文昌三地土地的出让均价差距有可能缩小到 2 倍以内，工资水平的差距也会减小。

四、公共产品基础薄弱，服务水平有待改善

（一）基础设施没有完全实现互联互通

目前，海澄文还没有完全按照“同城化”的思路统筹布局和建设市县间的

道路、港口、电力、信息、通信等基础设施，基础设施投资需求缺乏有效拉动，基础设施的效能没能得到有效的释放。如海澄文经济圈内交通、通信、供水、供电方面还都有欠缺，基础设施的不完善增加了企业的运营成本，比如说，供电不足经常停电会给企业造成损失，水质不好，加工企业需要自己净化水质，等等。再以交通设施为例，虽然海南省的交通运输条件已经有了极大的改善，但是海口、澄迈、文昌三地还没有形成覆盖整个区域的综合交通体系。交通基础设施建设的不完备，极大地阻碍了海澄文区域经济一体化的进程。当前落后迟滞的公路交通网络难以满足构建海澄文经济一体化的基础要求。目前三市县的城市快速干道、城际轨道交通、城市公交等城际公共交通尚未实现相连相通；从港口（码头）建设情况看，存在港口基础设施建设不配套、港口功能定位不清、相互竞争的情况。例如，海口港货运码头已搬至澄迈马村港，但产业企业没有及时转移，增加了物流企业的运营成本；另外三市县的工业园区、物流园区、经济开发区与港口的联动不够紧密，发展不协调，业主专用码头多，公共码头少，港口岸线资源利用率低，制约了港口的可持续发展。

（二）三市县的基本公共服务没有实现均等化

市县间经济发展的差距，造成了基本公共服务的较大差距，公共服务没有实现均等化。根据调研所掌握的实际情况，以公共医疗为例，海口拥有 8 家三级甲等医院，而文昌市、澄迈县两地没有一家三级甲等医院；2014 年，海口、澄迈、文昌人均公共医疗支出分别为 934. 6 元、513. 5 元和 734. 8 元，澄迈、文昌仅相当于海口的 54. 9% 和 78. 6%；以教育设施为例，海口汇集了全省最好的教育资源，高等教育资源占全省近 70%，而文昌和澄迈两地的教育资源比较落后。文昌和澄迈的基本公共服务的相对匮乏地位决定了两者在产业转移、项目落地、人才引入方面远远处于劣势地位，阻碍了海澄文一体化发展。

五、产业雷同程度高，产业结构层次较低

（一）产业发展趋同化，存在同质化竞争

三地在发展新型工业、生态旅游业、热带高效农业等方面高度相似，缺乏互补性。第一，从产业小镇的角度来看，海口、澄迈、文昌三地的产业小镇，三地纳入旅游风情小镇的就有 12 个，热带农业小镇有 11 个，互联网小镇有 2 个，同类小镇的特色产业存在定位趋同、品质单一、缺乏文化特色的现象。旅游风情类的小镇，如文昌的航天龙楼小镇与澄迈的福山咖啡小镇，小镇的建设普遍照搬生态旅游、休闲旅游模式，没能完全将海南本土文化融入风情小镇的

建设中，品质单一、缺乏文化厚重感，在福山咖啡旅游景区中心及其附近，到处都是千篇一律的房产。许多传统的产业如水产品加工、农副产品加工等，几乎各个市县都有，很难做到差异化发展。第二，产业园区之间产业雷同程度高，存在同质化竞争的现象。例如，海口美安生态科技新城、海口高新技术开发区与澄迈的生态软件园相距几千米，但在开发区产业定位上趋同，均将新能源、电动汽车、电子信息、节能环保、新材料、新医药等定位为战略性新兴产业，但是这些产业都普遍存在规模偏小问题，其中一个重要原因是产业链不完整，企业间、行业间没有跨市县的相互合作与上下游衔接，例如在某企业调研时，企业负责人反映缺少某个零部件还要专门从上海空运过来。另外三地在招商引资、项目引进方面缺乏协同和配合。受行政壁垒制约，一些园区入驻企业少、土地闲置严重，海澄文经济圈在建的工业园区 10 多个（不包括规划的），虽然各市县对园区投入较大，但收效不高。为吸引项目落地，各地存在互相压价、过度优惠等不良竞争，如海口和澄迈有时通过刻意压低土地价格等政策来争夺项目落户。

（二）产业结构层次较低

海口、文昌、澄迈三地产业结构都较为单一，普遍存在工业基础薄弱，农产品加工转化率较低，高新技术、战略性新兴等高附加值企业很少，服务业层次较低。

第一，海口、澄迈的产业规划都提到了以发展新型工业为支撑点，但是还是难以突破工业短腿严重，产业链短，科技含量低的弊病，一是大规模大项目、高技术、资金密集型工业企业少，从高新技术产业的规模来看，目前海澄文高新技术产业主要集中在海口国家高新技术开发区，至 2015 年年底，已经认定的高新技术产业有 56 家，与 2013 年的 38 家相比，平均每年仅增加 9 家，企业数量增长缓慢。开发区新能源、汽车零配件、机电制造等产业受宏观环境、市场因素等影响出现下滑；受国际光伏产业销售市场的影响，2015 年海南英利完成工业总产值 23.2 亿元，同比下降 7%。汽车零配件产业，受一汽海马市场销售及订单影响，完成工业总产值 6 亿元，同比下降 20.4%。2015 年机电制造业完成工业总产值 2.1 亿元，同比下降 32%。其中，美亚电缆受岛内电线电缆市场销售影响、清华显示器因国内销售市场影响、正红科技受国际柔性印刷版市场份额极度萎缩影响，产值均大幅下滑。第二，农产品加工转化率低，技术水平较差。据了解，海澄文瓜菜加工转化率平均约 1.5%，水果加工转化率占 2%，水产品约 18%，热作产品中的椰子加工转化率 32%。由此可见大部分的农产品加工基本上处于低级、粗放、零散的状态，严重影响了农业生产的良性循环。第三，第三产业内部结构不合理，低端产业占的比重较大，仍以商贸餐饮和房地产等传统服务业为主，金融、保险、信息、咨询、科技等现代化服务业严重滞后。

六、人才质量不高，地区间参差不齐

（一）人才结构有待优化，高层次人才缺乏

海澄文未来发展，经济实现跨越式发展，人才带动是一个很重要的因素，但是目前来看，在现有的高层人才中，拔尖人才、技术创新与产品开发人才、既懂技术又懂管理的复合型人才尤为紧缺。一方面，新兴产业需要有新兴人才来开拓。海澄文经济圈新兴产业缺乏专业技术人才。例如，太阳能和环保作为新兴产业，在海南省的发展前景广阔，但是公司在招聘此类专业研究人才时却困难重重。另一方面，传统行业在逐渐发展壮大时，也需要不断有人才的补充。但是实际情况却是海澄文热带高效农业的发展势头不错，但专业科研人员却显不足。例如海南正业中农高科股份有限公司缺乏玉米种子育种方面的人才，公司目前有近 20 名科研人员，但仍人力不足。

（二）人才区域布局不合理

三市县高等教育资源的差距、产业竞争力、基本公共服务水平不一致等因素导致了海口、澄迈、文昌各行业人才水平存在悬虚、布局不合理。总的来看，海口的人才质量远远高于文昌和澄迈。文昌、澄迈的各类机关单位和企业普遍出现人才缺乏的现象，以基层单位为例，澄迈、文昌平均每个镇的大学生村官人数不到小镇总机关人员的 10%。以旅游类企业为例，由于海口本地高校培养的人才除了选择离开海南的或者改行从事其他的行业的以外，大都愿意留在海口和三亚，而外来人才又不愿进入澄迈和文昌，导致文昌和澄迈人员队伍素质普遍不高。从地域分布来看，据统计，海口的人才数量占据全省的 30% 左右，但是文昌、澄迈的人才总数量占全省的 18% 左右，三地的人才数量存在差距。

七、融合发展程度较低，缺乏稳定可靠的可持续发展机制

（一）融合发展程度较低

海口、澄迈、文昌协同合作不够、融合发展程度仍然偏低。由于传统的行政区划体系形成了各个市县“各自为政”思维惯性，海澄文三市县缺乏区域经

济圈发展总体规划，区域认同感不强，本位主义依然比较突出，政府的行政壁垒尚未突破，市场发育不成熟，开放程度也不够高，三市县在发展上有些脱节，相互的空间联系不够紧密，产业的承接能力不强，产业链互补性不足等。现行的行政区划和财政分灶吃饭以及财政包干的政策会造成地方的利益分割，制约了各地区之间生产要素的自由流动以及地区之间的分工合作，行政壁垒和市场藩篱同时制约着海澄文一体化的发展进程。

（二）缺乏稳定可靠的可持续发展机制

当前，海澄文一体化综合经济圈虽列入省级规划并进行了诸多创新发展探索，在多个领域取得了实效突破，但仍然存在诸多不确定性因素影响区域融合发展可靠性和稳定性。空间上海澄文一体化综合经济圈存在中心区和外围区，特别是发展的不平衡会导致彼此互动又存在矛盾，如环境、资源、市场、人才等的系统性争夺，经济系统的不稳定存在二元化发展的可能。出于产业经济跌聚集性特征，三市县中经济发展快的吸引力强且条件充分因而发展更快，而落后的缺乏有利条件可能更落后，贫富差距、不平衡不充分的距离会进一步拉大，可能导致区域内各市县经济发展严重失衡。三市县目前尚未构筑起稳定、可靠且可持续的产业价值链分工体系，特别是各自优势产业的产业链条不完善，难以形成差异化的竞争优势，导致各市县支撑产业的利润率均不高，难以形成互动有序、合作共赢的区域可持续发展机制。

第五节　推进海澄文一体化发展的总体思路

综合海南省委书记刘赐贵代表中国共产党海南省第六届委员会在中国共产党海南省第七次代表大会上的报告《凝心聚力 奋力拼搏 加快建设经济繁荣社会文明生态宜居人民幸福的美好新海南》《海南省国民经济和社会发展第十三个五年规划纲要》《海南省“海澄文”一体化发展规划》等，系统梳理海澄文一体化综合经济圈建设发展的总体思路，需要从发展定位、发展原则、发展目标、发展任务等，指导引领海澄文一体化综合经济圈深入改革与融合发展。

一、发展定位

（一）打造全省经济增长的引领区

通过一体化，科学布局产业，高效配置资源，提升产业综合实力、开放合作水平、科技创新能力，使海澄文区域成为海南省经济快速发展的主要引擎，将海澄文打造成为海南版的“长株潭”。

（二）建设全省实现小康社会目标的先行区

在全省大力推进公共服务均等化，全面建成小康社会的大背景下，提高三地城乡居民收入水平，惠及当地老百姓，率先在全省实现全面建设小康社会的各项目标。

（三）打造全省体制机制改革创新区

通过一体化，率先在海澄文区域内实现规划的统一对接，构建充满活力、富有效率、更加开放的体制机制，使海澄文成为全省市场最开放、办事最便捷的地区，为全省全面深化改革做出示范。

二、发展原则

（一）政府引导，市场主导

以企业为主体推进区域经济合作，充分发挥市场在资源配置中的决定作用，实现资源和生产要素在三地之间的优化整合、自由流动；发挥政府在制定公共政策，创造公平、开放的市场环境，解决一体化发展中相互关联的重大问题，为老百姓提供均等化公共服务的重要作用。

（二）资源共享，互利共赢

以双赢多赢为目标，依托海口、澄迈、文昌三地的资源优势和产业基础，形成互惠互利、风险共担的利益分配与协调机制，实现优势互补、资源共享、利益共享、联动发展。

（三）规划引领，重点突破

坚持规划先行，按照“同城化”的要求，形成区域一体化的合理布局；从易到难，以交通基础设施建设的互联互通作为切入点，率先突破。

（四）分工协作，错位发展

坚持“统一布局、分工协作、突出特色、发挥优势、错位发展、集群集聚”的发展原则，合理布局海澄文的产业，扬长避短，推动形成更为科学、更为明晰、更为紧密的分工协作关系，达到三市县产业结构共同转型升级，良性互动，协调发展。

（五）生态优先，绿色发展

坚持在发展中保护，在保护中发展，实现经济社会发展与人口、资源、环境协调。不断提高资源利用水平，加快构建绿色生产体系。

三、发展目标

（一）近期目标（2017—2020 年）

到 2020 年，以全省 1/5 左右的土地、1/3 左右的人口实现全省 50% 以上的经济总量；三市县社会消费品零售总额占全省比重达到 60% 以上；三市县规模以上工业增加值占全省的 50% 以上；三市县地方财政收入占全省的 30%；三市县的人均 GDP 达到全国平均水平；城乡居民收入高于全省平均水平和全国平均水平，确保全面建设小康目标的实现；基本实现三地区域间交通设施一体化、环境保护一体化；三地基本形成特色鲜明、优势互补的产业分工体系。

（二）中长期目标（2021—2030 年）

实现海澄文三地的资源共享，生产要素自由流动；实现海澄文三地交通、供水供电供气、排污、电信等基础设施的互联互通；实现海澄文三地行政审批一体化、城市管理一体化、基本公共服务均等化。

四、发展任务

（一）优化区域发展格局，壮大琼北经济增长极

海口、澄迈、文昌三市县在海南优势明显，区位优越，地位突出，均拥有非常深厚的文化积淀，形成了相互衔接、独具特色的产业体系，传统行政区划也未能制约和阻碍海澄文一体化的自发融合趋势，海澄文一体化融合发展的基础条件已然完备。其中，海口作为海南省的政治、经济、文化中心，对澄迈、文昌等琼北市县已经形成了一定的拉动影响效应，澄迈已成长为全省第三大投资体，文昌在航天、侨乡、海洋等资源禀赋的支撑下后发优势明显。海南积极贯彻落实中央全面深化改革领导小组第十三次会议精神，统筹经济社会发展规划、城乡规划、土地利用规划等开展省域“多规合一”改革试点，充分尊重地缘空间的区域经济综合发展，以区域发展总体战略为基础，培育海澄文等辐射带动力强的城市群和增长极，优化区域发展格局，在协调发展中拓宽发展空间，优化全省城镇空间格局和功能定位，促进海澄文区域经济转型升级，打造海澄文一体化综合经济圈，通过海澄文区域内的合作共赢打造全省域“多规合一”的改革试点和经济社会发展一体化的先行范例。

（二）强化特色促进优势互补，建设经济增长引领区

海口、澄迈、文昌的区位、空间、资源、文化、产业各有特色、各具优势，

科学理解海澄文一体化综合经济圈独具特色、优势叠加、优势互补的内涵要领，充分尊重各自的特色优势，整合资源条件，突出海口的中心地位，推动海口与澄迈、文昌差异化、均等化、错位化发展，增进三个市县在资源利用、产业布局、基础设施、生态环保、公共服务、配套政策等的协调融合发展。譬如海口逐渐纾解养老、教育、医疗等社会建设和公共服务延伸到澄迈和文昌，澄迈继续主动承接产业转移和壮大产业集聚地等功能，文昌与海口、澄迈共筑共享航天产业价值链。海口、澄迈、文昌在基础设施一体化基础上，逐步实现经济的一体化，推动区域内人流、物流、资金流、信息流、技术流畅通无阻，建立健全产业互助机制和利益协调机制，促进新型产业聚集和发展，最终形成以产业协作、经贸发展、金融投资为主题的优势互补的区域经济一体化合作体系，主动承担全省经济增长引领区的历史使命和责任。

（三）扩大开放推动区域发展，生态示范引领合作共赢

海澄文一体化综合经济圈建设，必须立足“一带一路”、中国—东盟区域合作、澜沧江—湄公河合作机制、北部湾城市群、海洋强国、海南国际旅游岛建设等国家战略，特色社会主义实践范例、谱写美丽中国海南篇章、建设美好新海南、全域旅游示范省等海南发展全局，始终贯彻大发展、大开放、大合作、大生态四大理念。“大发展”就是要在过去3市县占全省经济总量40%的基础上，力争以全省1/6左右的土地实现全省经济总量50%以上的目标；“大开放”就是要为国家的“一带一路”倡议、环南海经济圈的发展，甚至为全省乃至全国改革开放的探索、体制创新做出贡献，加快谋划海口国家级新区；“大合作”就是海澄文一体化各方都要有大局意识，三市县在规划中都要有得有失、有取有舍；“大生态”就是三地要在生态保护上加强合作，共同建设海澄文一体化的生态示范区，切实发挥海口的中心辐射带动效应，突出澄迈、文昌的后发优势，努力实现1+2>3（海口+澄迈、文昌）的效果，以海澄文一体化综合经济圈建设提高人民群众的获得感和幸福感。

（四）突出区域发展重点，实现联动有序发展

做大做强海口市，突出省会城市功能，重点发展旅游、金融、会展、商务、购物、教育、医疗健康、科研等现代服务业和低碳制造业。充分利用美兰机场航运中心、空港保税区对海口市江东组团的带动作用，实现对文昌木兰湾新区的辐射；充分发挥海口市长流组团包括美安科技新城、秀英港西迁的带动作用，更好与澄迈老城经济开发区发展良性互动。积极争取设立海澄文国家新区，进一步放大海澄文一体化对全省的带动支撑作用。澄迈、文昌、定安、屯昌等卫

星城镇做好产业承接，推动互联网信息产业、现代物流业、旅游房地产、休闲度假、热带高效农业、绿色建筑产业、康体养生产业等优势产业。到2020年，海澄文一体化综合经济圈经济总量占全省50%以上。

（五）构建空间一体化布局，促进区域同城化建设

构建“滨海同城化地区＋卫星城＋特色产业小镇＋美丽乡村”的海澄文城镇空间一体化布局。以海口滨海地区、老城、木兰为重点建设滨海同城化地区，以文昌、澄迈、定安、屯昌县城为卫星城，以云龙镇、演丰镇、永兴镇、福山镇、铺前镇、龙门镇、黄竹镇等为特色产业小镇，依托交通区位和资源条件大力发展美丽乡村。加强同城化地区的资源、能源、环保、通信等基础设施同标准建设与共建共享。完善海文高速与海口绕城高速公路的连接，加快完善文昌—海口—澄迈滨海旅游公路体系；整合区内港口岸线资源，提升海口枢纽港的核心竞争力；合理布局邮轮游艇码头以及通用机场、临时起降点（场），探索开通琼北水上巴士和空中的士。支持海口创建全国文明城市和国家卫生城市，推进海口市综合管廊和海绵城市建设试点工作并扩展到同城化地区。

第六节　促进海澄文一体化发展具体措施的建议

针对海澄文一体化发展所遇到的问题并结合海澄文发展的实际情况，提出如下建议：

一、优化顶层设计，统一规划体制

2015年6月5日，中央全面深化改革领导小组第十三次会议上，同意海南省就统筹经济社会发展规划、城乡规划、土地利用规划等开展省域“多规合一”改革试点，省域层面的改革，对于海澄文经济圈的建设来说是个重大的契机，海口、文昌、澄迈应该乘势抓住机遇，在海南省总体规划部署下，探索建立一套可示范、可推广、可持续的一体化技术规范体系和体制机制。主要围绕以下几个方面：第一，建立全省统一的规划管理体制，成立高规格的海南省规划委员会，集中统一行使规划管理权；第二，在全省“多规合一”总体规划的框架下考虑海澄文区域一体化的发展定位、布局和目标，避免因部门分割、区划分割、行业分割造成的资源浪费以及资源的重复低效利用，进而实现海南空间布局的合理优化以及资源利用效率的显著提高；第三，按照一体化发展的思路推

进三市县经济社会发展规划和城市总体规划、土地利用总体规划、环境保护规划等重大的专项规划的对接和衔接，形成海澄文一体化发展规划。

二、深入推进放管服改革，激发市县活力

针对目前三地管理过于集中、市县活力受制的现状，未来海澄文一方面要加大力度向市县的职能部门下放权力，激发市县的经济发展活力，另一方面各承接部门要积极配合市级放权部门，做好相关委托授权的实施工作，要针对下放承接审批事项后可能出现的问题，研究制定具体措施和办法，加强事中事后监管，防止监管缺位。在统一规划的前提下，海澄文未来可以通过以下四个具体方面简政放权、提质增效。一是对产业园区建立准入制度、退出机制、底线原则，明确准入标准和原则，建立负面清单，最大限度地简化行政审批。可由园区管委会提供服务，采取备案制或登记制。二是围绕已经编制控规的区域，由相关部门开展区域环境评价、区域压覆矿产资源评估、区域地震小区划评估、节水审查等工作，对符合控规的项目，以区域为单位的专业评价、评估和审查，取代项目的专项评价、评估和审查，最终实现取消项目的专项评价、评估和审查。三是建立“多规合一”的地块开发建设条件制度，在地块出让前，明确和地块相关的出让条件，一经出让不再进行其他审批。通过“多规合一”体制机制的运行，不断深化和推进行政审批改革。四是建设一个平台，搭建数据录入、多规协调衔接、动态更新和信息应用为主要功能的数据库，构建“多规合一”审批与服务应用平台，统一接入省信息平台，实现数据共建共享。

三、着力打破区划壁垒，形成科学决策

长期的行政区域划分导致各市县普遍存在“各自为政”的硬板化的管理模式，这些传统的固化的思维严重制约了海澄文一体化综合经济圈的发展。因此，必须打破现有传统行政区划藩篱，建立新的利益分享机制，加强市县间的深度合作，促进产业在该区域内的合理转移，要同心协作，形成共商、共识、共建、共享的新机制，促进海澄文一体化综合经济圈的快速发展。如可以探索和建立“决委会、管委会、咨委会”三位一体的行政运行体制，决策委员会负责一体化发展的重大决策，管理委员会主要负责具体操作和执行事项，咨询委员会则由知名专家、学者、企业代表组成，为科学决策提供咨询服务。

四、增强资源利用效益与共享度，促进协调发展

以“多规合一”为引领，统筹推进海澄文一体化协调发展，一体化的核心是资源共享，资源共享的前提条件是统一规划。顶层设计，统一规划一张蓝图，对海澄文三市县的生产、生活、生态空间进行科学统筹规划。统筹土地空间的使用，做到土地资源的集约化利用；统筹公共基础设施的建设，做到公路网络等的互联互通；统筹产业的规划和发展，避免区域内同质化产业过度竞争；统筹生态资源的保护和利用，守护好生态的绿水青山；统筹社会公共服务事业的发展，做到“同城共享”。

目前，海澄文区域岸线土地资源存在低水平、无序、过度开发的倾向。针对这一问题，第一是统一土地利用。统筹区域规划建设用地，加大土地整合力度。在规划管控作用下，进一步加强用地计划调配能力和土地供应环节管理，重点保障海口、澄迈、文昌三地现代服务业、高新技术产业、重大基础设施、民生工程等项目用地。第二是建立统一的基准地价体系，统筹区域土地供应价格，避免工业园区之间通过刻意压低土地价格等恶性竞争行为来争夺项目落户。第三是通过区域内耕地占补指标统筹使用，缓解海口耕地占补压力。第四是统一海岸线资源利用，推进海岸线资源统一规划、开发、保护，严格落实用海审批制度和海岸线利用申请审批程序，在保护好宝贵的海岸线资源的同时，不断提升岸线资源集约节约和综合利用效率。

五、强化区域间合作，缩小地区资源价值差距

海澄文一体化发展过程中，存在土地、劳动力等资源价值差距问题。如何缩小区域间的差距，平衡区域间的发展，成为推动海澄文一体化发展的动力。本报告认为平衡区域间的发展，需要从以下两个方面着手开展：第一，政府需要加大对于处于资源劣势地位的澄迈、文昌的政策支持力度，给予税收、土地、财政等方面的优惠政策，对这些区域具有优势的生态旅游、乡村旅游和民族文化旅游项目从人才、资金、技术设备等方面重点扶持和发展；第二，缩小区域间的差距，需要加强区域间的合作，通过优势互补实现区域均衡发展。海口省会城市经济相对发达，基础设施完善，拥有巨大的消费市场和充足的资金与高素质的人才，而土地租金、人力成本、原材料的价格高；海口、澄迈地区自然资源丰富，土地租金、劳动力价格、原材料价格低廉，但基础设施落后，缺乏资金和高素质人才。海口与文昌、澄迈可以加强合作，海口为澄迈、文昌提供

资金和人才支持，澄迈、文昌为东部小镇提供原材料和人力资源。

六、深入推进基础设施一体化，促进区域互联互通

海澄文一体化的核心在于基础设施的一体化，实现互联互通。以交通基础设施的硬件联通开篇布局，积极推进绕城高速二期、铺前大桥、琼北滨海旅游公路、海澄文城际轨道（可以超前规划海澄文地下铁路网）等区域一体化交通工程建设，协同推进区域水网、电网、气网、光网等建设，推动形成布局合理、功能完善、衔接紧密、保障有力的现代化基础设施网络体系。加快建设“文昌—海口—澄迈”滨海旅游公路、海文高速＋海口绕城高速、文昌—定安—澄迈—临高高等级公路；加强机场、港口、动车站、高速公路连接线的互联互通一体化建设；加快港口岸线整合，合理布局邮轮游艇帆船码头；形成“水上快速通道、旅游观光通道、有轨城际交通、低空飞机”多元化、立体式、无缝对接的交通体系。同时，形成一体化的交通管理体制机制，区域内实现市民公共交通“一卡通”，游客客运联程联运、一票到底，旅游车辆、出租车统一管理，解决旅游车辆互认互通、旅游联票、线路整合等问题。

基础设施一体化包括综合交通，区域水网、电网、气网、光网、环卫设施、综合管网等多个方面的一体化。要促进经济融合发展，基础设施建设要先行一步，而基础设施建设需要大量的资金投资，海澄文三地基础设施一体化建设应从顶层设计入手，根据《海南省总体规划》，编制详细的《海澄文基础设施一体化规划》，由省政府牵头，协商三方共同建立规划信息共享和协同管理平台，强化规划实施和管控，保障基础设施建设规划顺利实施。同时，可以创新建设模式，成立跨市县区域的基础设施建设平台公司，按比例共同出资，对海澄文重大基础设施建设项目进行投融资和统筹建设，从根本上解决好基础设施建设三方利益协调，提高建设效率，并鼓励社会资本参与海澄文一体化建设，把交通一体化作为先行先试，加快构建快速、便捷、高效、安全的互联互通交通路网，进一步协同推进区域的水网、电网、气网、光网等多网一体化的建设，推动形成整体区域的布局合理、功能完善、衔接紧密、保障有力的现代化基础设施网络体系。

七、积极推动公共服务一体化，加快同城化发展

公共服务一体化主要是卫生医疗、教育、文体、社保、就业与社会保障、交通等方面的一体化。统筹医疗领域的综合性医院和专科医院的区域内建设布

局；逐步实现非户籍常住人口子女接受义务教育与当地城乡户籍学生享有同等待遇；探索建立社保互通模式，推进医保互认互结；在公共医疗卫生、公共交通、生活保障、住房保障等方面，逐步实现在海澄文区域内基本公共服务待遇互相承认、制度统一、要素趋同、顺畅流转。

海澄文要积极推动三市县从松散式区域合作向紧密型一体化融合的同城化发展，注重区域内公共服务建设的有效衔接，开展就业、养老保险、户籍制度改革以及教育、医疗等服务等方面的合作，协同管理社会治理、城市管理、社会治安等领域服务中的新情况新问题，促进社会公共服务和资源要素整合，形成同城化机制，全面提升社会治理水平，努力让区域内百姓更好地共享一体化发展成果。如利用海口的教育资源优势，加强三市县教育主管部门、学校与学校的合作与交流，建立和完善教育合作机制，推进三市县优质学校与薄弱学校的对口帮扶等；促进三市县医疗卫生资源有效利用，简化患者就医环节，改进医疗服务水平；建立区域内统一的公共就业服务平台和劳务协作会商机制等。

八、统一优化产业布局，强化优势协同互补

按照“优势互补、错位发展”的原则，优化三地产业布局。第一，海口重点发展“省会经济”，主要布局以旅游、金融、会展、商务、购物、教育、医疗健康、科研为主体的现代服务业，逐步分离非省会功能，将制造业转移至澄迈、文昌等周边市县。第二，澄迈、文昌要积极做好产业承接，同时依托本地现在产业基础，推动互联网信息产业、新型工业、现代物流业、旅游房地产、休闲度假、热带高效农业等优势产业进一步发展。第三，突破行政区划，科学布局产业园区，提高产业发展园区化、集约化水平。

在《北部湾城市群发展规划》获批的政策叠加效应带动下，以全省“多规合一”为统领，海澄文产业布局有了更大的腾挪空间。坚持产业协同，互利共赢的发展思路，以市场决定性作用为主导，政府协调引导产业分工格局，下大力度破除限制资本、技术、产权、人才、劳动力等生产要素自由流动和优化配置的各种体制机制障碍，推动各种要素按照市场规律在海澄文区域内自由流动和优化配置，使经济圈内的人流、物流、资金流信息流等畅通无阻，建立产业互助机制和利益协调机制，促进新型产业的聚集和发展，逐步形成以产业协作、经贸发展、金融投资为主题的优势互补的海澄文经济的一体化合作体系。可以探索建立新的合作机制，利用海口高新区的政策和聚集优势，在澄迈老城经济开发区建设“海口飞地产业园”，让部分不适应在海口省会城市发展的产业转移

到澄迈县，澄迈也可以按照“飞地政策”积极给予承接，形成互补型产业梯度。还可以依托海澄文一体化，统筹整合海口江东组团、海口综合保税区、美兰空港保税区、美安生态科技新城以及澄迈老城经济开发区、文昌木兰湾新区（包括三沙市战略腹地）等琼北核心区域和板块资源，积极筹备和启动海口国家级新区的建设。

九、合力促进调整产业结构，提升经济总量

第一，针对海澄文经济圈存在的高新技术产业数量少、规模小、产值下降的问题，一是积极地构筑海南省高新技术产业区域品牌，促进区域内高新技术企业发展。二是积极培育产业集群和促进产业在地区间的分工转移，借助产业集群内专业分工的不断细化，逐步壮大产业集群规模。三是依托海口高等院校资源，积极建设产研创新平台，整合企业、高校、科研机构的优势资源，帮助高新技术企业借外来资源和智力提升自主创新能力。四是加快推进科技成果转化体系、企业融资服务体系和知识产权保护体系的建设，为海澄文高新技术工业实现持续、快速和健康的发展夯实基础。

第二，针对农产品加工转化率的问题，未来农产品加工业应将重点放在发展农产品深加工业，提高农产品附加值，如椰子深加工、槟榔深加工、猪肉深加工等。产品加工业要实现由粗加工向深加工、由粗加工向精加工的转变，关键在于科技进步，加快设立农产品加工业发展专项资金，加大对农产品加工业的财政支持，加强对重点优势农产品加工业的基础设施建设、关键技术研发、引进和推广的扶持。

第三，海澄文还应该发展现代新兴服务业，提升服务业结构。一是加快发展信息、保险以及会计、咨询、法律服务、科技服务等商务服务行业，促进服务业行业结构优化；二是积极发展文化、体育健身、教育培训、社区服务、物业管理等需求潜力大的产业；三是加快发展计算机和软件服务业、创意服务业、动漫服务业、会展服务业等；四是运用现代经营方式和信息技术改造提升传统服务业；五是突出发展竞争力强的大型服务企业集团，促进服务业的集团化、网络化、品牌化、电子商务经营。

十、完善人才引进机制，优化人才结构

海澄文高层次人才缺乏，一个很重要的原因就是外来人才引进不足，未来扩大外来人才引进，必须完善人才引进机制。一是加大政府对政策和资金扶持

力度，加快海口国家高新技术产业开发区、老城生态软件园、文昌龙楼航天园等园区建设，以良好的事业平台吸引国内外高层次人才和智力。二是创新发展模式，加快高校和研究机构建设，吸引国内外高层次的研究型人才和智力。三是继续贯彻实施“大企业进入，大项目带动”的发展战略，加大招商引资力度，为吸引经营管理型人才提供载体。四是建立人才柔性流动机制，大力拓宽引才引智渠道，积极引进海澄文经济社会发展急需的各类人才。制定鼓励高层次人才来琼创业政策，放宽创业条件，降低企业申办门槛，提供优惠配套服务。五是实行特聘专家顾问制度，聘请一流专家学者为政府重大决策提供咨询，指导重点产业、重点项目的建设。六是建立与省外驻琼研究机构和重点企业的沟通制度，扩大双向交流，实现资源共享。

十一、鼓励三地间的人才流动，缩小三地人才差距

解决海澄文三地人才数量差距化发展的问题，需要从以下几方面着手：一是要优化文昌、澄迈的基础设施、公共服务等大环境，以各方面宜居环境的优化来吸引海口和外地的人才来文昌、澄迈定居和发展；二是制定人才鼓励政策，对转移进来的人才给予很大程度的资金、住房、薪酬等方面的优惠政策；三是完善按劳分配为主体、多种分配方式并存的分配制度。指导企事业单位深化内部分配制度改革，将薪酬与责任、风险和业绩直接挂钩，实现一流人才、一流业绩、一流报酬。对转移进来的有特殊贡献的经营管理人才、专业技术人才和技能型人才可实行股权或期权奖励。实行以政府奖励为导向、用人单位奖励为主体、社会力量奖励为补充的人才奖励政策，建立多元化的人才奖励机制，对具有自主知识产权和科技竞争力的科研成果、为经济社会发展做出重大贡献的优秀人才予以重奖，营造一个尊重人才创新创造、鼓励人才流动的社会氛围。

继续加快建设铺前大桥、文昌滨海旅游公路、东郊椰林景观公路等环岛旅游公路项目，增强骨干公路对重点片区的引导，强化三县市公路的协调对接，完善便捷通畅的公路交通网，并继续加快推动海澄文轨道交通重点项目前期研究，结合滨海同城化发展趋势，构建海澄文一体化城市轨道交通系统。

十二、遵循绿色发展理念，实现生态优先发展

党的十九大报告进一步强调绿色发展理念，在生态建设和保护上要积极探索生态保护整体化思路，建立生态保护协作机制，打造海澄文一体化生态示范区。首先要结合我省“多规合一”生态红线的划定，各负其责，严格把控按规

划使用土地，保护生态红线不能乱开发；其次，建立生态保护协作机制，完善防护林建设、生态化环境治理、清洁能源使用等方面的合作机制，如建立水污染、大气污染联防联控机制，统筹布局垃圾、污水处理等公共设施，探索协同治理流域污染，强化各类污染源的治理与监管，建立跨界河流水质监测制度和区域流域水环境管理协商及水污染事故响应联动机制；最后，建立海澄文三市县生态保护红线区域补偿、水环境补偿、湿地生态效益补偿机制，加快建立海口、澄迈、文昌三市县的横向生态补偿机制，牢固树立“绿水青山就是金山银山”的强烈意识，共同保护区域内的生态资源，守住青山绿水，实现绿色崛起，持续保持全国一流的生态水平。

第三章

“大三亚”旅游经济圈一体化发展现状与对策

加快打造“大三亚”一体化旅游经济圈，是深入推进“多规合一”改革、助推琼南区域经济社会一体化、打造海南国际旅游岛升级版的重要举措，是经济社会发展和旅游产业升级的必然要求，也是大三亚区域内各市县发展实践的现实需求和迫切愿望。“大三亚”旅游经济圈一体化发展取决于大三亚各市县在交通互联、规划布局、产业发展、生态环境、资源利用等方面的一体化状况，发掘“大三亚”一体化面临的实际问题与挑战，提出有利于“大三亚”一体化更加规范发展的有效对策，从而在更大范围、更宽领域、更高层次上发挥“大三亚”旅游经济圈作为南部增长极对全省经济社会发展的带动作用。

第一节 “大三亚”旅游经济圈一体化发展的主要特征

“大三亚”旅游经济圈以三亚为核心，包括陵水、保亭、乐东在内土地总面积为6967平方千米，占全省土地面积的19.71%；2017年，常住人口170.99万人，占全省18.64%，从经济效益来说，2017年，大三亚地区生产总值、地方一般公共预算收入、固定资产投资总额、社会消费品零售总额、旅游总收入、接待过夜游客数分别占全省的18.93%、22.50%、29.14%、18.71%、52.46%、39.16%。可见不仅是规模还是经济效益，“大三亚”在全省经济圈中均占有很重要的一席之地，特别是旅游总收入占全省过半以上。比较“大三亚”近三年（2015、2016、2017年）的各项经济指标数据发现，“大三亚”经济圈各项指标逐年呈现攀升状态（见图3－1），且地区生产总值、地方一般公共预算收入、固定资产投资总额的增长率提升幅度明显（见图3－2）。

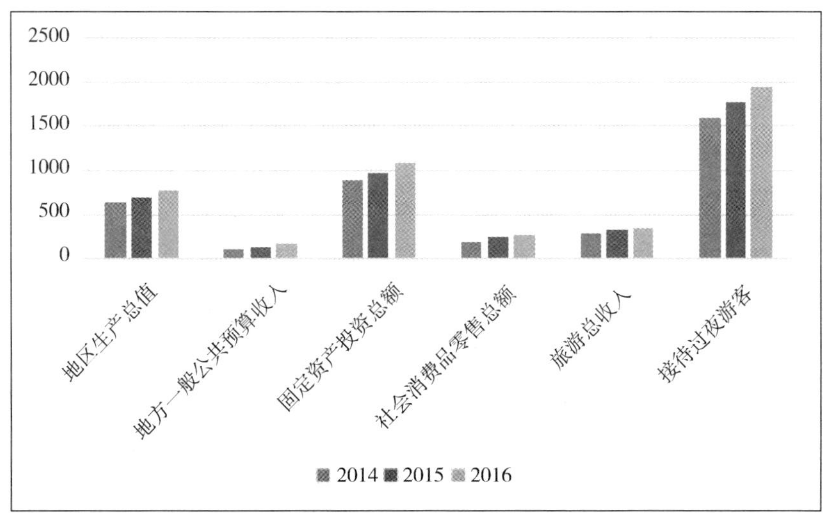

图3-1 “大三亚”经济圈近三年各项指标比较（单位：亿元、万人次）

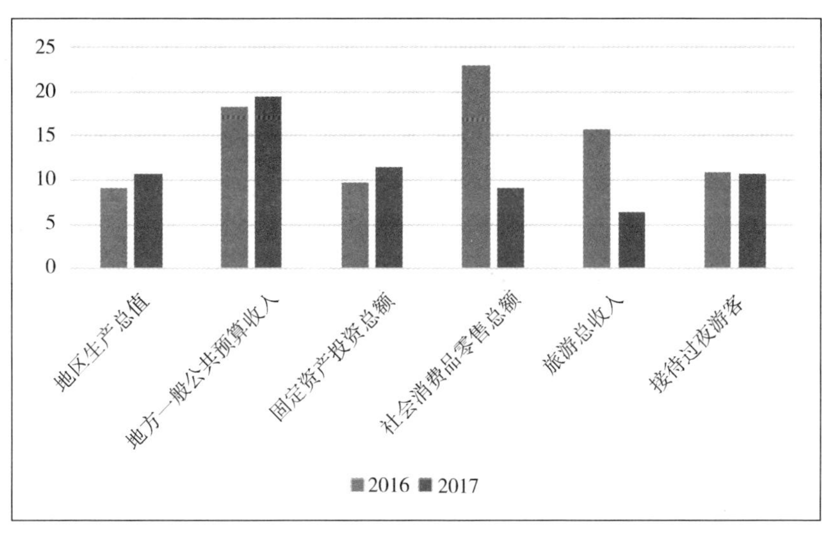

图3-2 “大三亚”经济圈近两年各项指标增长率（单位:%）

“大三亚”旅游经济圈一体化发展的主要特征如下：

一、圈内各市县已初步形成协同发展的协作机制

“大三亚”旅游经济圈内各市县地域相连、历史相承、文化同源、产业互补、交通衔接，经济社会发展水平较高，一体化发展已具备良好的基础。第一，“大三亚”片区内各市县均认识到行政区划壁垒所带来的市场分割、各自为政的

弊端，一致认为只有加强协调，组团作战，才能实现共同发展。认识上的统一成为推进“大三亚”一体化的重要前提。从调研情况看，各地政府相关部门、镇政府以及重要骨干企业对推进“大三亚”一体化坚决拥护和全力支持。他们普遍认为，推进“大三亚”一体化是推进琼南旅游经济圈建设的重要战略举措，有利于整合资源，优势互补，实现经济圈内共融、共赢、共同发展。第二，本着“平等协商、区域联动、资源共享、互利共赢”的原则，以努力打造国内优秀的区域经济合作示范区为目标，旅游经济圈内建立了由各市县分管旅游的市（县）领导为召集人，各市（县）发改、旅游、交通、科技、海洋等部门主要负责人为成员的“大三亚旅游经济圈”联席会议制度，原则上每年召开两次。2017年1月份召开了第一次“大三亚旅游经济圈”联席会议，确定了《“大三亚旅游经济圈”区域经济合作示范区实施方案及分工表》《“大三亚旅游经济圈”旅游工作实施方案及预算》和《大三亚旅游部门共同承担“大三亚旅游经济圈”旅游工作经费的提案》。

二、“大三亚”旅游经济圈经济效益提升明显

2017年以来，“大三亚”经济圈发展势头更加良好。总体上看，大三亚旅游经济圈的发展水平处于全省中上游水平，特别是财政、固定资产投资、旅游收入三大指标表现良好，整体经济效益高于全省水平。2017年大三亚旅游经济圈生产总值844.51亿元，增长9.6%，高于全省2.6个百分点，占全省18.9%。其中，第一产业增加值198.0亿元；第二产业增加值158.21亿元；第三产业增加值488.5亿元，增长13.72%。

三、三亚增长极优势明显，积极引领旅游经济圈发展

三亚作为“大三亚”经济圈的核心，增长极优势明显，统筹带动作用进一步显现。2017年，三亚市固定资产投资总额、社会消费品零售总额、接待过夜游客、旅游总收入分别占全省的21.04%、14.11%、32.74%、39.70%（见表3-1）；固定资产投资总额、社会消费品零售总额、接待过夜游客分别比2016年同比增长10.85%、11.79%、5.62%；三亚正在积极打造“一支柱两支撑”产业格局，发展以大旅游为支柱，以新兴科技产业和热带特色高效农业为支撑的产业格局，带动大三亚旅游经济圈区域产业发展。第一，带头农旅结合，调研了解到，目前，三亚市可常态接待的休闲农业园区达18个，带动农户1616户；第二，推动农业品牌化发展，三亚形成了“三亚芒果”，并带动形成了“陵

水圣女果”“保亭红毛丹”“乐东香蕉”已获评国家地理标志保护产品，形成大三亚旅游经济圈农业产品促销集群。第三，积极发展新兴科技产业，目前三亚市的高新技术企业和互联网企业分别是6家、34家，云数据中心等项目正在紧锣密鼓地建设当中。

表3－1　2017年大三亚经济圈各项指标及三亚在全省中的经济地位

指标	单位	全省	三亚	保亭	乐东	陵水	“大三亚”占全省比重（%）	三亚占全省比重（%）
地区生产总值	亿元	4462.54	529.25	45.09	121.02	149.40	18.92	11.85
地方一般公共预算收入	亿元	1222.24	130.00	4.91	8.06	45.74	22.50	10.63
固定资产投资总额	亿元	4125.40	868.09	34.26	65.18	234.71	29.14	21.04
社会消费品零售总额	亿元	1618.76	223.77	15.34	32.89	30.80	18.71	14.11
旅游总收入	亿元	811.99	322.4	9.68	5.35	15.13	52.46	39.70
接待过夜游客数	万人次	5591.43	1830.83	92.72	84.10	224.00	39.16	32.74

资料来源：三亚、保亭、乐东、陵水四地调研以及2017年国民经济和社会发展统计公报。

四、以旅游业为龙头的现代服务业特色逐渐显现

琼南地区得天独厚的气候、环境优势决定了以旅游业为龙头的现代服务业是大三亚经济圈的区域优势和发展根本。一体化发展过程中，三亚的产业发展和保亭、陵水、乐东之间存在着互动关系。四地正积极利用以三亚品牌为代表的虚拟资源，同时共享保亭温泉、热带雨林，乐东尖峰岭，陵水南湾猴岛等实体资源以及医疗、教育、培训、金融、互联网等方面的资源，共同建设旅游产业飞地。在已经初步具备“大三亚旅游经济圈”的意识下，三亚市以现代服务

业为抓手，重点引进了一批医疗健康、文化产业等项目，进一步增强了综合旅游接待和辐射能力。与此同时，经济圈内其余三市县正积极与三亚连接旅游、景区、酒店等不同方向，加强产业分工合作，共同打造区域品牌，2017 年 4 月，三亚、陵水、保亭、乐东四市县联合开展了旅游营销推广活动并开发跨区域旅游功能区和旅游精品线路。

五、现代农业基地化、智能化成效初显

目前“大三亚”经济圈以陵水县为代表，高标准推进农业示范基地建设，建成省级农业示范基地 4 个，无公害农产品基地 8 个，其中，陵水现代农业示范基地获得国家级农业科技园区称号，成为“大三亚”经济圈现代农业发展的一张金名片。陵水现代农业示范基地是集“种苗繁育、蔬菜栽培、热带水果种植、南药资源开发、精细加工、物流仓储、科研培训、旅游接待”等于一体的农业综合产业基地，由“五区一带”组成：科研培训展示区、生产试验区、生产示范区、物流加工交易区、国际农业论坛接待区及农业休闲观光带。运用物联网智能化种植管理技术，促进传统农业向自动化、智能化、集约化转型升级，该基地引入荷兰、以色列等地先进的环境控制、水肥一体化、专家远程监控诊断、劳动力管理等技术，自动进行生产环境和植物所需养分的智能调控，实现农作物全天候生产；农作物采收后，通过将现代物流技术与农业物联网技术融合，采摘的果实经由自动化运输，传送到包装分选车间。同时，采用无土栽培模式，选择保水透气性较好的椰糠，经过有机肥和有机酸的科学配比，形成独有的液态栽培机制，无须农药和化肥，保证了蔬菜优质、健康。调研了解到，经过一年多的运行，陵水现代农业示范基地目前可实现每 16 至 18 天种植一茬，一年可种 18 茬，亩产为一年 6 万斤左右，商品化率达到 90%。

第二节　“大三亚”旅游经济圈一体化的产业体系分析

一、“大三亚”旅游经济圈产业发展的优劣势分析

（一）优势分析

1. 区位优势明显

海南省是中国最南省份，地理位置大致处于东亚和东南亚的地理中心，具

有成为沿海开放经济中心的潜力。大三亚地处海南岛最南部，是东南亚国家与中国合作的第一站，在国际经济关系中有独特的区位优势，是中国真正的南大门。

2. 自然资源丰富

大三亚地处世界级养生度假天堂黄金线北纬18°附近，四市县自然地域空间连为一体，自然条件得天独厚。大三亚拥有阳光、空气、海水、沙滩、雨林、生物、温泉、田园等丰富的自然资源，现有海南省重点旅游景点22个，自然保护区8个，其中国家级4个，省级4个。

3. 旅游业发展速度可观

自海南国际旅游岛政策实施以来，旅游业发展的速度提升明显，旅游产品、旅游服务、综合接待能力不断提升。2017年春节黄金周期间大三亚旅游经济圈整个旅游业态成绩斐然，三亚、陵水、乐东等市县住宿业宾客盈门，平均开房率都超过73%。三亚接待游客83.9万人次，占全省总接待人次的22.6%；旅游总收入75.79亿元，占全省旅游总收入的61.73%，旅游收入增幅是游客量增幅的近3倍，旅游高端化效益凸显；保亭接待游客数同比增长32.84%，旅游收入同比增长21.6%，创历史新高；陵水、乐东等市县接待游客数和旅游收入也实现两位数的增幅。

4. 现代农业优势明显

三亚与乐东、陵水等周边地区是全国最大的南繁育种和农业科学研究试验基地，是国家稀缺战略资源。保亭是中国最大的红毛丹生产基地，已发展成为具有浓郁热带特色的农产品生产基地；乐东水稻、玉米育种基地规模全国最大，香蕉产量占全国3.6%，被誉为中国香蕉之乡。

（二）劣势分析

1. 旅游业发展不均衡

从旅游业的数据上看，各区域旅游业并未实现充分融合，三亚与其他三市发展严重失衡。2017年三亚、陵水、保亭、乐东过夜旅游人数分别为1883.83万、224.00万、92.72万、84.10万人次；从旅游收入来看，2017年三亚旅游收入占大三亚旅游总收入的82.5%；从旅游资源的空间布局来看，三亚、陵水、保亭、乐东内旅游景区分别有17、3、4、0个，其中5A级景区分别有2、1、2、0个。从旅游饭店设施来看，三亚、陵水、保亭、乐东饭店分别有252、42、52、9家，其中三亚、陵水四星级以上饭店分别有31、0家，星级饭店分别有44、3家。对比“西安咸阳”一体化的发展，2017年西安旅游收入占“西咸”一体化总收入的77%，接待国内外游客数占“西咸”一体化接待国内外游客总数的72%，另外西安、咸阳的星级饭店数分别为111、23家。相比之下，西安对咸阳的辐射、带动效应较强。而无论是旅游景区还是饭店设施，三亚与周边三市县的差距均较大，说明三亚的旅游扩散效应并不理想，并未实现与其他三市县的融合。从某种程度来说三亚市还可能抢占了陵水等地区的游客资源，造成“灯下黑”的现象。

2. 区域开发缺乏统筹

由于长期条块分割，缺乏有效的区域协调机制，大三亚地区四市县在区域开发上，特别是滨海地区开发上缺乏统筹协调，很多开发内容雷同。对重点区域开发与后续产业发展规划研究不够，使资源开发利用的效益不高。对新区与旧城（镇）协调发展问题重视不够。

3. 基础设施不完善

交通基础设施相对滞后，特别是各市县快速干道、城际公共交通尚未连通，严重限制了三亚对周边地区的辐射和带动作用。跨区域基础设施难解决，导致相互邻近市县之间无法形成环境保护、产业项目和生活措施等联动和互补，产业项目低水平重复建设。

4. 高端人才匮乏

创新发展的核心要素是人才，但大三亚地区目前在人才方面仍有欠缺。一是大三亚地区高端人才总量不足，相对海口还有很大的差距，远远不能满足服务业发展的需要。二是高端人才发展环境有待优化。三是由于岛屿经济体的限制，滨海地区物价偏高，人才吸引成本和企业进驻成本也较高。

这些劣势环环相扣，比如旅游业发展不均衡与交通设施的不完善相互深化影响，不能仅简单地分开来看。要解决这些问题就必须多管齐下，方能成效。

二、“大三亚”旅游经济圈一体化的产业体系及比较

（一）四市县特色产业及成效比较

“大三亚”旅游经济圈中的各市县紧紧抓住海南国际旅游岛和全域旅游示范省创建的重要契机，加快一体化融合，并实现产业差异化和特色化发展，在产业发展和项目建设举措方面取得了明显的成效，现将各市县的特色产业及相应的成效总结如表3－2：

表 3-2 各市县特色产业及相应的成效比较一览图

市县	特色产业	成效
三亚市	1. 大旅游（商贸、现代服务业、会展、婚庆、旅游等） 2. 新兴科技产业 3. 热带特色高效农业	1. 凤凰机场正在执行的国际及地区航线达 19 条、每周航班 65 班次；积极联合保亭、乐东、陵水发展新线路产品，目前收集到 50 条新线路产品；2017 年 6 月，出台了全国首份婚纱摄影行业标准化合同；将举办一系列国际影响力的会展和各种赛事活动（世界小姐总决赛、澜湄国家旅游城市合作论坛、世界青年帆船锦标赛等） 2. 设立专项资金，每年安排不低于 1 亿元用于扶持互联网产业发展。引进 58 集团、途家集团；具有 6 家高新技术企业，34 家互联网企业 3. 农旅结合，可常态接待的休闲农业园区达 18 个；三亚芒果获评国家地理标志保护产品
保亭县	1. 热带特色农业 2. 黎苗文化旅游	1. 加强“三品一标”认证和申报地理标志产品保护，强化品牌营销，鼓励创建和壮大红毛丹、益智、山竹、什玲鸡、六弓鹅等一批有影响力的本土特色品牌，“保亭红毛丹”“保亭山兰米”“七仙岭山竹”等地理标志商标相继获得国家商标局批准，国家级农产品地理标志商标达 5 个 2. 成立了“国家全域旅游示范区”创建工作领导小组；重点推进新建旅游景区景点建设，三道热带雨林黎苗风情小镇、新政旅游风情小镇、美丽乡村及文明生态村、五网建设；山海互动
乐东县	1. 热带特色农业 2. 商贸文化 3. 旅游	1. 形成了冬季瓜菜、热带水果、南繁育种、天然橡胶四大支柱产品，被评为“全国香蕉产业十强县”“国家级香蕉标准化生产示范区”“中国果菜无公害十强县”“国家现代农业示范区” 2. 黄流商贸城棚户区改造项目已累计完成投资 149350 万元；新建黄流中学与华东师范大学第二附属中学合作办学，已签订合作办学协议 3. 旅游房地产综合开发项目——波波利海岸项目正在建设投资

续表

市县	特色产业	成效
陵水县	1. 文化旅游 2. 热带高效农业 3. 互联网信息 4. 医疗健康 5. 高端房地产	1. 2017 年 1—4 月，全县服务业完成产值 26.6 亿元，增长 28.7%；全域旅游创建工作全面展开，雅居乐清水湾通过审批，光坡大艾园村、文罗坡村和大里小镇、什坡地区开启乡村旅游点创建工作
		2. 2016 年全县农业增加值 46.5 亿元，平均增长 4.7%；建成省级农业示范基地 4 个，无公害农产品基地 8 个；新增农产品注册商标 55 个，获得省著名商标 3 个
		3. 15 家企业加入清水湾国际信息产业园；与国家信息中心合作并引进南海大数据“一院一谷一中心”项目，建成 88 个村级电商服务站
		4. 形成四道医疗保障体系；三医联动综合改革成效显著；陵水医疗卫生中心、海南张仲景签约落户；农垦南平医疗养生产业园、301 后勤保障基地、国贸泥疗衍生休闲旅游度假区项目加速推进
		5. 海韵广场、海航 YOHO 已形成一定综合服务能力；房地产去库存成果丰硕

（二）四市县产业结构比较

就 2017 年圈内四市县三次产业增加值的数据来看（见图 3 - 3），“大三亚”旅游经济圈内，乐东第一产业的优势地位比较明显，三亚第三产业出现了一支独大的现象，遥遥领先于其余三市县，2017 年三亚市第三产业拉动经济增长 6.0 个百分点，对经济增长的贡献为 77.5%，但是其对其余市县的辐射效应有待增强，未来三亚应该积极发挥其极化效应和领头作用，带动经济圈一体化发展。

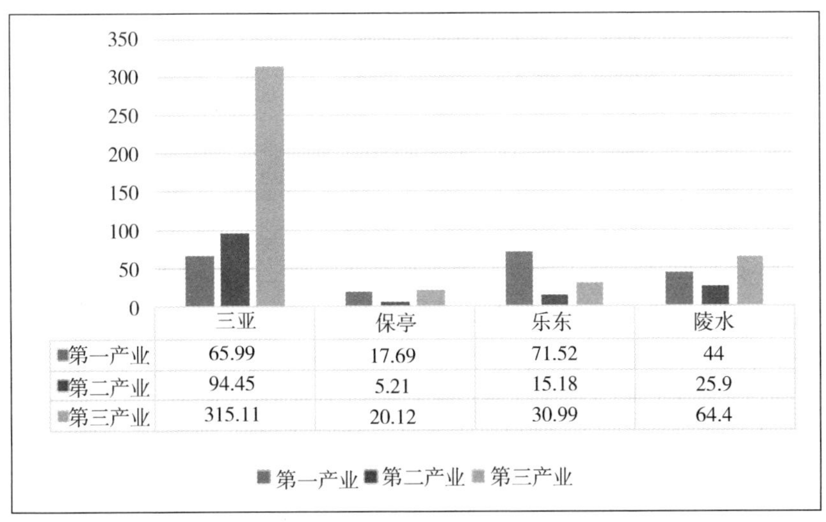

	三亚	保亭	乐东	陵水
第一产业	65.99	17.69	71.52	44
第二产业	94.45	5.21	15.18	25.9
第三产业	315.11	20.12	30.99	64.4

图 3－3　2017 年“大三亚”各市县三次产业增加值比较（单位：亿元）

第三节　“大三亚”旅游经济圈发展中急需解决的问题

一、缺乏统一的顶层规划和省级层面的协调合作机制

“大三亚”旅游经济圈作为依靠三亚的品牌效应辐射并带动陵水、保亭、乐东三县协同发展的区域性重大政治、经济、文化战略部署，需要从源头上做好统一的顶层设计，并在省级层面上建立行之有效的市县间协调合作机制。就现阶段情况来看，虽然《大三亚旅游经济圈发展规划》已印发实施，但推进“大三亚”旅游经济圈建设中的跨市县协调机制和游客集散、交通运输等方面的统一规划仍存在严重缺失。四市县之间实施各自为营的旅游产业规划方案，统筹协调效果不明显。比如：在旅游车辆调度方面，跨境运营的实施仍存在较为明显的阻碍；同时，如何引导大批在三亚观光之后的游客前往其他三县游玩，并确保各县具备相应的旅游承载能力，也未能有效地在统一规划协调的方案中体现。

在四市县针对“大三亚”旅游经济圈一体化发展的工作逐步展开的过程中，引入根本且有效的统一规划与协调合作机制，规范旅游经济圈内“各成员”之间应承担的责任和应分享的权益成为当务之急。

二、一体化过程中市县间旅游产业同质化竞争严重

同质化竞争一直是困扰实现产业协同布局和区域一体化发展的瓶颈和困难。在“大三亚”旅游经济圈一体化构建过程中，市县间同质化竞争与发展的现象仍旧十分突出。比如：乐东县效仿三亚开发滨海旅游度假产业，同时发展海上旅游观光、水上项目、海滨浴场为主要内容的旅游产品。这不仅未突出乐东黎族苗族既有的特色民族文化，同时也忽略了对乐东丰富的山地丛林旅游资源的整合与利用。体量偏小的乐东容易在与三亚的同质化竞争中“败下阵来”。再以陵水为例：陵水的椰田古寨景区和保亭的槟榔谷黎苗文化景区，都致力于发展海南黎苗文化；陵水的分界洲岛和三亚的西岛和蜈支洲岛，同属于海上娱乐观光型岛屿。诸如此类的例子还有很多。这不利于各市县在发展中根据特色有的放矢，同时也不利于“大三亚”旅游经济圈一体化的实现。

在“大三亚”旅游经济圈一体化发展过程中，需要实现资源的有效整合和利用。在遵循统一协调规划的前提下，各市县需在旅游产品打造和特色产品开发方面多下功夫，尽量避免同质化竞争现象的“蔓延”。

三、四市县间互联互通的现状不尽如人意

在“大三亚”旅游经济圈一体化建设过程中，道路交通等多领域的互联互通成为维系和拉近各市县间协同发展的重要纽带。同时，这也是凸显三亚对陵水、保亭、乐东三县辐射和带动作用的关键所在。

就现有情况而言，“大三亚”旅游经济圈一体化旅游交通道路规划方面存在严重不足。四个市县的数十个旅游景区景点未能实现连续而有效的串联，高速公路、旅游公路等基础设施建设步伐缓慢。起于乐东尖峰镇，终到龙栖湾抱套河，全长 50.6 千米的滨海公路，虽已于 2013 年 12 月开工建设，但目前进展较为缓慢。再比如：若需打通连接陵水土福湾和三亚海棠湾间的通道，则要在三亚藤桥段连通项目修路 2 千米，其中修桥 500 米左右。这些都是目前已设计开建的项目，还有许多区域间的道路互通项目未规划设计。同时，各市县间快速干道和城际公共交通线路尚未开通，旅游车辆跨境运营困境和阻碍自由行的地域限制还未打破。这阻碍了三亚客源向周边市县的顺畅流动。由于区域间道路建设发展的滞后所造成的跨区域相关基础设施建设发展的不足，也导致了各市县无法形成环境保护、产业项目和生活措施等的联动和互补，进而制约了“大三亚”旅游经济圈的推进。

四、特色旅游产业发展过程中的配套设施建设亟待完善

在“大三亚”旅游经济圈一体化发展中，以旅游业为主打的美丽小镇、美丽乡村建设成为区域内特色旅游产业发展的一大亮点。以乐东县的丹村和三亚市内的中廖村为例，在融合文化旅游特色、打造美丽乡村和乡村精品旅游示范点等方面均取得了较为显著的成效。这些乡村在改造过程中把民族歌舞、老年大学等元素融入其中，对境内外游客产生了较强的吸引力。但这些乡村在打造特色旅游的过程中，餐饮、住宿等配套设施的建设未及时跟上，导致旅游配套服务不完善。在上述两个村子中，成规模化且平民化的民宿和干净、卫生的就餐场所以及种类丰富的购物场所都未建成。这无疑导致了哪怕游客能到达这些旅游目的地，但这些地方却没法留住游客的尴尬局面的出现。尚处于“门票经济”阶段的旅游经济，在入境旅游人数不断增加的同时，过夜游客数却增长缓慢，这极大影响了市县间协调且长远的发展。

五、旅游资源整合力度不足、产品品牌意识淡薄

实现优质旅游资源的有效整合、重视并打造区域特色旅游品牌，成为推进“大三亚”旅游经济圈一体化的重要战略举措。在现有旅游市场体制下，各市县旅游资源整合力度存在明显不足、旅游产品品牌意识较为淡薄。以保亭、乐东两县发展黎族苗族文化旅游为例：保亭和乐东有着深厚且悠久的黎苗族历史文化底蕴，民族文化特征突出、手工艺等物质与非物质文化遗产特色鲜明。尽管这些都是不可多得的中华艺术文化瑰宝，但在保亭、乐东等县融入“大三亚”旅游经济圈的过程中，却没有充分整合利用好这些文化元素助力旅游业发展。尽管目前，保亭县已设立了县城文化中心、民族博物馆等文化展示机构，但缺乏专业的解说人员和与旅游团衔接的专项旅游项目开发，同时文化展示和演艺内容不足，这使得这些文化资源对旅游业的贡献度大大降低。

与此同时，旅游产品品牌意识的淡薄也阻碍了四市县的协调发展。谈到兵马俑，人们想到西安；谈到天安门，人们想到北京；但谈到黎苗族织锦技艺，人们未必会想到保亭或乐东等市县。由此体现了旅游品牌和文化品牌的重要作用。陵水、保亭、乐东这些以民族文化推动旅游业发展见长的地区，民族文化产品品牌不仅是这些地方的名片，同时也是推动它们可持续发展的内生动力所在。而以上三县却没有掌握品牌申报流程，也没有专门的申报机构。

六、旅游市场综合整治与跨市县联动协作不到位

随着三亚及周边市县旅游市场的不断发展壮大，旅游景区和旅游团欺客、宰客现象层出不穷，“野导”“黑导”等不正规导引乱象不断滋生、发酵。这不仅严重降低了游客旅行途中的观感体验质量，更损害了海南国际旅游岛旅游市场规范化治理的形象、阻碍了三亚及周边市县旅游业的长远发展。在打击旅游乱象的过程中，三亚市成立了全国首个旅游警察支队，一定程度上打击了当地旅游市场违法违规行为。但在这个过程中，一些不法分子和部分不合规的旅游业从业人员趁机涌入周边市县。在应对和处理旅游乱象和景区突发事件的过程中，陵水、保亭、乐东三县的旅游执法队伍建设力量较为薄弱。以陵水为例，虽然“1+3”陵水旅游综合监管模式已初步建立，但具备相应知识和经验的专业旅游执法队伍仍旧不健全。

此外，正如市县间旅游车辆跨境运营存在障碍、无法实现运营模式上的互联互通一样，“大三亚”旅游经济圈内跨市县旅游市场综合整治和市县政府间联动协作合作机制仍未构建。比如，立足“大三亚”旅游经济圈一体化下的旅游警察大队、旅游工商分局、旅游巡回法庭等机构尚处于酝酿阶段。“一堆人马两套牌子”的现象十分突出。这导致执法部门工作量大、专业技能不精等问题的出现，进而对规范“大三亚”旅游市场造成不利的影响。

第四节　“大三亚”旅游经济圈区域差异化定位

在“大三亚”旅游经济圈一体化发展的大背景下，精准合理的区域差异化定位是解决发展过程中的困惑并推进以三亚为龙头的四市县协调有序发展的基础与先导。结合此次调研，在印发实施的《大三亚旅游经济圈发展规划》的基础上，将探讨“大三亚”旅游经济圈一体化发展的区域差异化定位，包括总体定位、分定位、空间布局和片区发展定位等。

一、“大三亚”旅游经济圈一体化发展的总体定位

“大三亚”旅游经济圈一体化发展的总体定位是：充分发挥三亚的“领头羊”效应，协调带动陵水、保亭、乐东三县联动发展，成为打造环南海经济圈的重要组成部分。积极推进“大三亚”产业的总体统筹，重点发展旅游产业为

龙头的现代服务业、热带高效农业、高新技术教育文体产业、海洋产业五大类产业。同时，依托三亚区位优势，积极发展南海国际邮轮旅游航线合作。此外，各市县之间适度推进产业转移和分工，三亚要重点发展旅游、金融、会展、商务、购物、教育、医疗健康、科研为主体的现代服务业。其他三个县要主动做好产业分工，同时依托本地现有产业基础，推动旅游休闲度假、热带高效农业、健康养生、互联网信息产业、现代物流业等优势产业进一步发展。

在“大三亚”整体产业规划的统筹下，实现各市县的分工与协作，有利于推动市县间发展战略的对接与耦合，发掘区域内市场的潜力，促进投资和消费，创造需求和就业，增进各族人民的人文交流与文明互鉴，实现区域发展水平整体化提升，从而以更优质的服务和更多样的资源迎接五湖四海的游客。

二、陵水、保亭、乐东三县差异化产业定位

（一）陵水应充分利用三亚发展极的外溢效应拓展高端海洋旅游产业

陵水县位于热带气候区，滨海优势明显。陵水早期依托房地产起家，如今，借助现代农业示范基地建设和旅游业发展的大趋势，不断实现产业升级转型，且发展势头良好。依托毗邻三亚的区位优势，外加三湾三岛、珍珠海岸等丰富且优质的自然资源，该县应在热带滨海度假和岛屿旅游方面做足文章。三亚作为“大三亚”旅游经济圈一体化的增长极，极化效应和对外辐射效应非常明显，陵水可以利用三亚这些外溢效应，在旅游产品开发和营销方面，与三亚旅游产品实施捆绑销售，从而实现高度合作、协同发展，避免同质化竞争造成的两败俱伤。与此同时，陵水作为“大三亚”旅游经济圈一体化先行试验区，在海洋旅游产品开发方面也具有一定独特优势，比如即将建成开业的富力海洋世界，将极地动物引入热带滨海区域进行展示，这一首创之举形成的海洋特色产品品牌，正是陵水区别于其他市县的特色所在，同时与三亚旅游业发展形成互补。

（二）保亭应依托区域内差异化资源，蓝绿互动，大力开展淡季营销，开发反季节旅游产品

保亭的区位决定了其发展的特殊性。陵水的发展可以借助三亚发展的极化和外溢效应，实施联动发展；而保亭却必须依托自身优势，走绿色发展路线。保亭县境内拥有丰富的森林资源，该县可以充分发展热带雨林观光旅游项目，包括丛林探秘、踏瀑戏水、山地自行车、热带果园观赏与采摘等。同时，还可主打热带雨林文化品牌，在品牌运营中引入静思、修禅等理念，实现特色文化营销和旅游市场全县营销。这一发展模式刚好与三亚、陵水的蓝色发展之路形

成了区域优势的蓝绿互动和山海互补。由于森林、山地旅游不像滨海旅游那样受季节性和气候影响较大，而是一年四季都可以对游客产生吸引力，季节差异性较小。同时，当旅游淡季到来时，保亭县还可依托其丰富的地热温泉资源，吸引游客来此养生休闲，这可以成为其旅游业发展的又一特色营销理念。这些特殊性打破了保亭县旅游业发展的时空局限性，成为其发展全域旅游、全时旅游的得天独厚优势，更是其发展的亮点所在。

（三）乐东依托优越的交通物流、农业基础和深厚的文化教育资源，探索产业融合，实现农旅工文相结合的一二三产业联动

统计数据显示，乐东县第一产业发展比重在四市县中位居榜首，农业发展具有较为良好的根基。在乐东县旅游产品开发方面，生态农业与循环农业旅游观光可以成为其中的一大亮点，不断实现农旅结合。同时，乐东县县域交通和与临县交通发展情况良好，有效带动了仓储和物流产业的快速发展。因此，在乐东县境内还可建立“大三亚”旅游经济圈的物流集散中心，通过物流层级化管理，优化区域内资源流动，带动该县经济发展。此外，乐东县还具有深厚的黎族苗族历史文化底蕴，在城市规划改造方面，可汲取优秀传统文化元素，融入市政建设改造和旅游特色产品展示与开发，打造蜚声中外的民俗旅游文化品牌和精品特色化民族游项目。最终在乐东实现一二三产业联动协调发展。

三、“大三亚”旅游经济圈一体化发展的空间布局

“大三亚”旅游经济圈从空间布局来看，是以三亚为核心的圈层空间结构，参见图3－4。

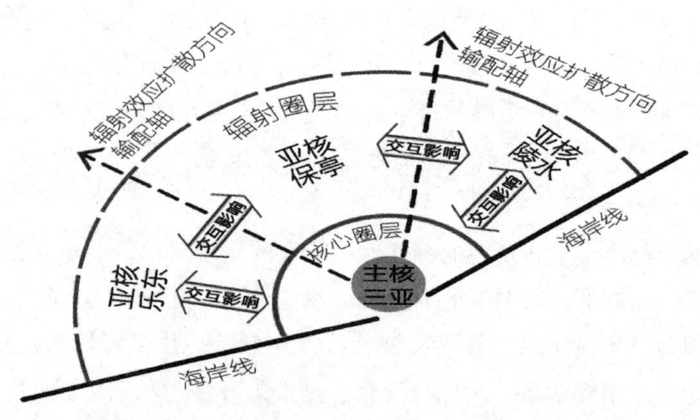

图3－4　“大三亚”旅游经济圈圈层空间结构示意图

按照有关规划，“大三亚”旅游经济圈一体化发展的空间布局思路是：一心一轴三脊五片区。

一心是指以吉阳区和天涯区为主的大三亚中心城区。以现代服务业为引领，提高大三亚中心城区综合服务水平，提高区域集聚辐射带动能力，成为区域经济最发达、人口最集聚、综合竞争力最强、承载都市圈最核心功能的战略功能区。

一轴是指滨海文化旅游发展轴。以三亚主城区和凤凰国际机场为旅游发展核心，环岛高速、环岛高铁，滨海旅游路线为依托，统一区域旅游形象、旅游营销、旅游市场和旅游管理，构建滨海旅游文化产业经济带。

三脊是指九所—乐东、天涯—乐东、海棠湾—保亭三个滨海—腹地发展脊。引导产业和人口向轴带聚集，形成区域发展的主要支撑，辐射带动周边区域发展。

五片区包括：南部（三亚）滨海发展区：重点发展高新技术教育文体产业、滨海度假、商务金融、海洋经济、商贸物流、互联网产业。东部（陵水—海棠湾）滨海发展区：着重发展海洋经济、休闲度假、免税购物、教育培训、文化创意产业、新型低碳工业、互联网产业。西部（乐东—崖州区）滨海发展区：打造集合农业、旅游文化和海洋产业于一体的产业综合体。中部（保亭—陵水）腹地发展区：重点发展特色民俗文化产业、生态旅游业、互联网、健康产业、会议会展产业。北部（乐东）腹地发展区：重点发展热带农产品加工和流通、旅游文化和商贸服务产业。

第五节 “大三亚”旅游经济圈一体化发展的建议

一、立足“大三亚”建立行之有效的合作协调发展机制

针对“大三亚”旅游经济圈一体化发展过程中出现的缺乏统一的跨市县协调机制和游客集散、交通运输等方面所存在的诸多不足，必须尽快从省级层面建立一套行之有效的合作协调发展机制，切实推进“大三亚”旅游经济圈一体化建设。为了实现这一目标，首先，必须以国际标准打造精品三亚，更好地塑造其国际形象并发挥其区域“领头羊”作用。其次，建议建立并完善“大三亚”旅游经济圈协调发展联席会议制度。构建这样一个以三亚市为核心的协调

机制，每半年召开一次会议。通过这一机制，在充分听取各市县发展规划和所遇困境的前提下，引导各方充分利用区域内比较优势，并依据自身发展现状，“量身定制”一套可行性强、冲突性小的旅游经济圈整体发展规划。同时，通过召开联席会议，协调各市县在区域内实现共建、共享、共赢，不断实现差异化优势互补、扩大三亚“一极”带动下的外溢效应。通过这一机制的推动，从制度层面有意识引导赴三亚旅游的客源向陵水、保亭、乐东三县流动，实现区域旅游“大网”的逐步铺开，最终形成发展合力。

在注重“顶层设计”的发展规划中，“大三亚”旅游经济一体化的建设应更为充分地关注到与“西安咸阳”一体化的相似之处：西咸两地地理位置接近且区位优势相近；相比之下，三亚与陵水、保亭、乐东也相互毗邻，且这些地区也拥有三亚相近的蓝色海洋旅游资源或与三亚互补的绿色山地丛林旅游资源以及民族文化旅游资源。这些均成为形成联动发展合力的动力来源。此外，在“量身定制”适合“大三亚”发展的规划中，还应借鉴“西安咸阳”一体化的设计——“规划统筹、交通同网、信息同享、产业同布、金融同城、电话同号、环境同治、服务同质”的思路，从市县间更为紧密的联通与互通的基础上制定和实施四市县一体化规划。

二、积极实施区域内差异化发展，打破同质化发展僵局

在打造“大三亚”旅游经济圈一体化过程中，要想实现各地区产业模式转型升级，加速各区域优质化发展，就必须突出自身的区位优势，实施区域内差异化发展。四市县必须有所为也有所不为，结合自身特征、寻求发展出路。根据此次调研，三亚、陵水、保亭、乐东四市县可在不同领域采取以下差异化发展战略。

（一）在发展海洋旅游方面

三亚突出发展滨海旅游度假、游轮旅游、三沙南海旅游以及高端游艇旅游等项目。

陵水突出发展休闲渔业、水上运动、海洋主题公园等内容。

乐东则突出发展大众化游艇旅游、滨海休闲康养、山海联通的综合型旅游产品。

（二）在发展康养度假方面

三亚突出发展现代医疗旅游、中医康养旅游。

保亭突出发展温泉康养、森林康养、山地运动养生。

乐东突出发展盐疗康养（乐东有个海南最大、国际知名的莺歌海大盐场）和森林康养、农庄康养。

（三）在文化旅游方面

三亚突出现代休闲时尚文化、佛教文化和大型文化演艺。

陵水、保亭、乐东三县都应突出黎族苗族文化，在建筑风貌、餐饮、旅游产品设计、产品开发、村寨社区文化展示方面做足功夫。其中，陵水还可突出体育运动文化；保亭突出绿色生态文化；乐东突出盐文化、农庄文化等开发项目。

（四）在体育旅游方面

三亚、陵水两地可突出以沙滩、水上、水下运动为主的旅游项目开发。

保亭加大以山地户外运动为主的项目开发。

乐东则以大规模体育冬训基地为主。

此外，在会展旅游方面，以三亚和陵水为主要发展地区，其他地区不必过多发展。

只有实施了区域内差异化发展，才能实现各市县生产要素市场布局的优化。在打破体制机制障碍的过程中，配合政府引导功能的实现，减少各地区间同质同业竞争压力，有效推进“大三亚”旅游经济圈一体化的推进。

三、加速构建畅通快捷的区域交通一体化网络体系

为了改变各市县仍旧较为闭塞的旅游交通网络现状，实现区域交通一体化发展，必须加速构建旅游引导机制和畅通便捷的区域交通一体化网络体系。用道路畅通带动资源流通，进而实现民心相通。按照统筹规划、合理布局的要求，逐步实现互联互通、共建共享，建立滨海腹地一体化旅游交通体系。

首先，应以三亚为中心建立综合旅游集散中心，并在其他三县也设置相应旅游集散场所。当旺季到来、游客数量激增的时候，可通过集散中心的分流效应积极引导游客向周围三县流动。与此同时，建议通过道路交通管理部门和旅游部门协作，探寻构建“大三亚”经济圈现代立体交通体系。通过立体交通的构建，将三亚海棠湾、陵水土福湾、乐东尖峰镇等节点性区域进行串联。同时，在现有环岛高铁线路的基础上探寻便捷高效的跨区域交通路线。在实现交通一体化的同时，推进网络通信和电站等配套基础设施在区域内实现全覆盖，建立“大三亚”交通配套设施一体化智能网络系统。通过更为畅通的一体化交通体系和相关配套设施的构建，带动三亚客源等资源向周围市县辐射，逐步提升“大

三亚”经济圈内各市县收入水平和整体效益水平。

四、构建“景区游客流量动态监测平台”

根据官方数据，2017年春节黄金周，三亚以不到海南省五分之一的接待人次，实现了全省近四分之三的旅游收入。与此同时我们也看到另外一个现象：三亚的拥挤。三亚已经连续多年春节期间呼吁游客慎重选择自驾游，甚至呼吁本市市民也要选择公共交通工具出行。2017年春节期间从媒体对三亚“网红”交警郭鹏的报道中，我们看到的是高速公路上“车辆排成了近20千米的长龙”。春节期间三亚从城市到景区无所不在的拥挤现象显示：三亚已经出现承载力瓶颈。出现承载力瓶颈问题是大量客流与三亚城市空间促狭的矛盾造成的。三亚作为中国最南端的滨海城市，一流的海水、一流的阳光、一流的沙滩、一流的基础设施建设，构建了强大的旅游品牌，吸引了大量的游客涌入三亚。以2017年春节来看，全市7天时间统计的接待游客人次已经达到95.7万，这还不包括在三亚已经购房，冬天到三亚只是居住的大量养老族。三亚城市规模不大，面对强大旅游品牌吸引而来的大量的客流，城市空间促狭尽显无疑。

然而，另一方面陵水、保亭、乐东却是鲜有问津。建立实时有效的旅客动态监测平台不仅是为了帮助陵水等地区获得三亚的游客资源，更可以提升游客在三亚的游玩体验，给三亚带来长足发展。

“景区游客流量动态监测平台”是利用移动公司已有移动基站，通过信令侦测技术，结合GIS地理信息技术，锁定各个景区范围在网用户，实时接收用户时空信息，进而分析出游客的流动情况。它主要实现六大功能：一是景区接待统计，统计景区游客接待人数情况，按年、季度、月、日统计，计算同比、环比增长比例；二是游客归属地分类统计，按国内游客、海外游客、港澳台游客，统计各月份、各季度游客人数和比例；三是景区实时游客数统计，通过实时数据采集、分析，统计分析景区当前在园的游客数量；四是景区新增游客数统计，通过实时数据采集、比对，统计分析景区每小时内新增的游客数量；五是游客旅游天数统计，按游客旅游天数统计各月份、各季度游客人数和比例，分析游客在我省的旅游天数；同时按游客景区驻留时间段（0~1小时、1~2小时、2~6小时、6~24小时、24~48小时、48小时以上）进行统计分析，分析各景点游客驻留时长；六是景区排行统计，通过分析各景区的入园总数或驻留时长进行综合排名，确定各个景区热度。相信该平台的运营一定会给大三亚的发展“如虎添翼”。

五、大力推动健全景区及周围区域基础设施建设

数据显示，陵水、保亭、乐东三县旅游业发展过程中游客境内过夜人数比例明显低于三亚。这一方面是由于尚未建立的一体化交通运输体系造成的，同时也严重受制于以上三县自身不完善的基础设施建设，包括酒店、餐饮、商贸服务等多个方面。

为了从根本上摆脱这一尴尬局面，使各市县不仅能吸引到游客，同时也能留住游客，就必须加快景区内和景区周边基础设施建设和配套服务的完善。四个市县可共同编制包含四市县的旅游公共服务设施规划，实现四市县合理布局共同建设。酒店和餐饮服务是旅游服务业发展的重要环节，更是在交通便利化程度之外决定一个地区是否能够吸引和留住客源的决定性因素。目前，虽然陵水、保亭、乐东三县均拥有不同数量的四、五星级酒店，但这些酒店与三亚同级别品牌酒店相比，提供的服务别无二致，这些区域的特色自然资源、人文资源以及美食小吃等元素并未在酒店中得到充分体现。为此，为了进一步吸引过夜游客，陵水、保亭、乐东三县应更多地在特色主体酒店方面下功夫。比如：保亭应将地热温泉资源、山景观光与酒店选址及设计规划相结合，为淡季旅游产品营销提供更广阔的空间；乐东可积极建设以黎苗族文化为代表的民俗文化主题酒店，在酒店外观设计和运营模式上引入黎苗建筑风情和黎苗歌舞表演，争取用区域民族文化留住来此短途旅行的客人。更为重要的是要提高这些酒店的从业人员素质。只有真正地提高服务水平，提升服务意识，才能真正赢得顾客的喜爱。这些都有助于弥补陵水、保亭、乐东三地自身旅游资源的不足，进而助力旅游业综合发展和“大三亚”一体化的统筹规划。

此外，四个市县还可采取一卡通的旅游服务模式，使游客从景区门票、住宿、就餐、乘车等都领域享受区域内一体化服务。这不仅能够进一步打破“大三亚”旅游经济圈发展的僵局，更有利于陵水、保亭、乐东在客源大批量跨区域流动过程中留住游客，增加政府收入。

六、积极打造“大三亚”旅游产业特色品牌

在调研过程中，课题组参观了陵水现代农业示范基地、保亭黎族苗族自治县数字文化馆、三亚亚龙湾奥特莱斯小镇等特色旅游业发展示范点。在这一过程中，充分认识到积极打造各具特色的“大三亚”旅游产业特色品牌的重要性。许多示范区需要进一步升级优化品牌理念。以发展现代农业为例，可主打现代

农业品牌。农业园区建设可从五个角度全方位展现现代农业特色：现代农业是绿色农业（有机农业）、现代农业是工厂化农业（设施农业）、现代农业是休闲农业（观光农业）、现代农业是立体农业（无土农业）、现代农业是生态农业（循环农业）。在保亭、乐东等地区，也应进一步深化品牌理念，进一步扩大黎族苗族织锦技艺、民俗乐器等非物质文化遗产传习所的影响力；将少数民族建筑风格融入市政建设规划等方案，扭转品牌意识淡薄的现状，不断实现旅游资源的整合，深化民族文化产业对区域发展的推动作用。此外，文化旅游品牌的打造还可以学习借鉴较为成功的杭州“印象西湖”、武夷山“印象大红袍”、无锡“千古宋城”等模式，将文化旅游与品牌运营相结合，打造一批耳熟能详的具有大三亚特色的品牌。

此外，各市县还可共同搭建旅游产品推广平台，发挥三亚火车头作用，整合品牌优势、开展国际国内四市县联合抱团市场营销，实施抱团推销和共享宣传，实现资源共享，以“1+3”模式在国内外市场上做大三亚旅游圈的品牌，共同做大旅游市场的蛋糕。

七、培育“智能互通”交流合作新格局

互联互通在“一带一路”倡议中被引为核心理念，并被广泛使用；同样地，互联互通在“大三亚”旅游经济一体化构建过程中也至关重要，它不断增进着各市县间经济文化等领域的了解和互信，推动着协调统一的旅游规划的实施。“大三亚”旅游圈内各市县的发展具有开放的特点，引入大数据后的“大三亚”一体化建设进一步打破了地域和时空的局限。而培育市县间的“智能互通”交流合作新格局便成了题中应有之义。

大数据下新格局的培育首先需要打破时空的局限。网上现有的对三亚、陵水、保亭、乐东的旅游业发展状况和信息的报道和披露往往局限于政府官网和部分零碎的专题报道，相关信息呈现“碎片化”、滞后性强的特点，很难给游客形成整体的印象，有些关于景区最新规划的信息甚至无处可查，这些状况有时甚至会误导游客出行。对此，国家旅游局可与国家信息中心下设的大数据中心等部门合作，专设一个类似于“百度百科”的信息平台，对“碎片化”的“大三亚”旅游经济一体化和各地区差异化发展的信息进行及时汇总，经分类（如按信息类别、紧急程度、差异化发展程度分类）后采用多语种发布在平台上，便于境内外游客及时查阅和规划路线。有关一体化发展中热门景区的票价、景区特色和规章等信息还必须定时更新，避免耽误出行者的出行。在借助大数据

计算中心强大的存储容量基础上，平台还可与气象部门合作，同时利用卫星定位功能，将各市县的天气和景区内推荐的游览路线以及特殊天气条件下容易出现的自然灾害等信息以链接的形式设置进去，进一步方便游客提前应对天气变化、规避灾害风险，同时根据游览时长选择合适的观光路径。人性化的服务将吸引更多的游客参与“大三亚”旅游，从而增加客源的整体规模，把“蛋糕”做大。长远来看，游客规模的不断扩大也将刺激陵水、保亭、乐东三县优化旅游产业结构、提升软硬件服务质量，逐步分享三亚“极化”发展过程中带来的外溢效应，留住游客，增加旅游收入。

在通过该信息平台公布的各市县旅游业发展信息中，不仅需要贯彻差异化的发展原则，让游客对各地区的特色旅游产品一目了然（对于部分同质化“结盟”开发的项目也应体现项目内是如何有机结合与联动差异化发展的）；同时，还应特别说明乐东、保亭等县淡旺季截然不同的旅游资源。这不仅有利于偏好不同的游客对旅游时间做出更为合理的规划，同时更有利于保亭在淡季突出地热和山地旅游优势、乐东突显少数民族文化旅游的特色，提升淡季旅游产品营销质量、弥补“蓝色旅游”的不足、增加旅游收入，打响文化和特色游品牌。

八、加强市场综合监管

旅游活动的主体是游客，而保护游客的权益是游客的迫切愿望和要求，也是推动旅游业发展的源泉和动力。只有致力于提高游客的满意度和幸福感，满足游客不断增加的个性化需求，才能获得持续发展的动力。在打造“大三亚”一体化的过程中，要想有效遏制景区内外“欺客宰客”的现象、降低天价菜品频现市场的概率、提升导游团队的服务能力、规范旅游服务业态、打击不法分子跨区域流动作案的犯罪行为，就必须进一步健全对造成乱象的个人或旅游公司的惩戒力度，让他们不敢再铤而走险。另外，为了减少游客破坏景区设施、滨海生态环境、海洋文物古迹等行为，也必须采取严厉的惩戒措施。这是在面对旅游环境日趋复杂的过程中，提升政府区域内和跨区行政执法质量，优化“大三亚”旅游经济圈内旅游结构的必然选择。

为此，在大数据的支持下必须健全“动态高效”的个人资信评级监管体系。加强旅游执法，扩大“红黑榜”应用。旅游“红黑榜”的设立是加强旅游诚信体系建设，推进旅游诚信建设制度化、规范化的有益探索和有效实践，具有非常突出的价值。“红黑榜”涵盖景区、旅行社、旅游工作人员、导游、游客五大类，包括了旅游业涉及的各个方面。在下一步的市场监管中要发挥好“红黑榜”

的引导性、警示性和教育性，特别要加大媒体曝光频度、加强惩戒力度、加深社会关注度，形成更强大的震慑力。

在大数据平台的支撑下，四市县应整合执法资源、形成执法合力，通过跨区域联合执法，共同建立旅游市场监管和治理的信息通报及条件查处的协作机制，打造大三亚旅游圈都良好的市场秩序。

九、优化旅游职能部门与其他部门间的统筹协调工作

在实施“大三亚”一体化全面统筹、各市县分产业重点规划、打破市县间交通阻碍、推进特色鲜明的旅游品牌建设及基础设施建设的基础上，还需不断强化旅游职能部门自身的监管工作，并优化与其他政府部门间的统筹协调工作。这其中重点包含：旅游局、旅游委等部门进一步从宏观层面加强对各市县新开发的滨海、山地、休闲养生等旅游项目的审批及旅游产品的监管；同时，还应密切与发改委、交通、工商、质监等部门的合作，从旅游线路规划的合理性和可实施性、旅游产品开发的成本和质量、旅游景区及周边区域旅游乱象的动态监管与综合治理、自然灾害的预防与救助、旅游品牌的长效建设等方面实现“大三亚”旅游经济一体化长期规划与重点发展的统一。以三亚、陵水两地都想发展游艇、游轮旅游为例，旅游监管部门应与交通、设计与测绘等部门合作，就三亚和陵水两地游艇、游轮靠泊水域的水深、水文状况进行系统测绘分析，根据两地不同的水域面积、海岸地理结构、水深水文特征、经济发展水平规划建设相应规模的游艇游轮港。同时，为避免三亚、陵水两地游艇游轮领域的同质化竞争，旅游职能部门还需要与航线规划等部门协调，为两地游艇游轮出港设计不同方向的航线，在避免同业竞争的同时更能有效扼制海上无目的游等欺诈行为的蔓延。通过这些协调统一的发展规划，可以实现各地区旅游业发展与经济社会发展状况和自然禀赋水平相协调，优化政府职能监管与旅游服务质量，逐步减少资源浪费。

第四章

国际旅游岛旅游业发展

旅游业是海南国际旅游岛特色产业结构中现代服务业这一主导产业的龙头产业，在全省国民经济中居于重要地位，2017 年拉动 GDP 增长约 0. 8 个百分点。作为海南国际旅游岛建设的抓手，全域旅游建设发展示范省（区）取得进展，在此基础上，无论游客接待量还是旅游收入，都呈较快增长，尤其是入境旅游实现跨越式发展。

第一节　2017 年海南旅游发展状况

海南国际旅游岛建设已进入攻坚克难的关键阶段。2017 年 4 月胜利召开的省第七次党代会和 6—8 月开展的“大研讨大行动”进一步确定了加快国际旅游岛建设在海南发展中的总抓手地位，为海南旅游业持续健康发展奠定了正确的指导思想。

一、游客接待量快速增长

首先，游客接待量稳步增加。2017 年海南接待游客 6745 万人次，比上年增长 12%，略低于全国水平的 12. 8% 和海南 2016 年的 12. 9%。其中，过夜游客 5591. 43 万人次，环比增长 12. 3%，比 2016 年高 1. 5 个百分点，占游客总接待量比重为 82. 9%，略高于 2016 年的 82. 6%；一日游客接待量从 1046. 38 万人次增加到 1153. 58 万人次，增长了 10. 2%，增速较慢。在过夜游客中，国内过夜游客 5479. 49 万人次，环比增长 11. 8%，比 2016 年高 1. 2 个百分点，占过夜游客接待量的 98. 0%，比 2016 年降低 0. 5 个百分点。

其次，入境游客接待量实现跨越式增长。2017 年，海南接待入境过夜游客

111.94 万人次，创造了历史新高，环比增长 49.5%，比上年高 26.4 个百分点，也创造了历史新高。而 2017 年全国入境过夜游客和外国过夜游客接待量的增速分别仅为 2.5% 和 3.8%，海南显著高于全国水平。正因为如此，海南入境过夜游客占过夜游客接待量的比重比上年提高 0.5 个百分点，达到 2.0%。其中，增速最快的是外国游客，由 2016 年的 46.98 万人次增加到 78.69 万人次，增长了 78.69%，外国游客占入境游客接待量的比重从上年的 62.7% 提高到 2017 年的 70.3%，而港澳台游客接待量仅从 27.91 万人次增加到 33.25 万人次，增速仅为 19.1%。

二、旅游收入增速快于 GDP 增速

2017 年海南创造旅游总收入 811.99 亿元，比上年增长 20.8%，比上年高 3.4 个百分点，比全国旅游总收入的增速高 5.7 个百分点。其中国内旅游收入 766.77 亿元，环比增长 18.4%；国际旅游（外汇）收入实现跨越式增长，从 2016 年的 34988.86 万美元（23.23 亿元人民币）增加到 68102.02 万美元（45.22 亿元人民币），增长了 94.6%，几乎翻了一番，创造了历史新高，而 2017 年全国创造的国际旅游（外汇）收入的增速仅为 2.9%。

经初步测算，2017 年全省旅游业完成增加值 347.74 亿元，占 GDP 的 7.8%，比上年增长 10.0%，比全省 GDP 增速（7.0%）高 3 个百分点，旅游业对 GDP 的贡献份额为 10.9%，略低于 2016 年的 11.1%，拉动 GDP 增长 0.8 个百分点，与上年基本持平。

但是，必须清醒地认识到，海南旅游业地位还有待进一步提高。据初步测算，2017 年全国旅游业对 GDP 的综合贡献为 9.13 万亿元，占 GDP 总量的比重为 11.0%①，比海南高 3.2 个百分点，拉动 GDP 增长 0.8 个百分点，与海南相当，这意味着海南作为国际旅游岛，旅游业的在国民经济中的地位与全国相当。

当然，这里也要注意到，全国测算的是旅游业对 GDP 的总和贡献，应该包含了直接贡献、间接贡献和引致贡献三部分，而海南仅仅测算了直接贡献。因此，要加强旅游业对 GDP 的综合贡献的研究，以更加准确地判断旅游业对国民经济和社会发展的重要贡献。只有充分认识到旅游业对国民经济和社会发展的重要贡献，才可能从思想认识的高度切实落实习近平总书记关于海南的发展要以国际旅游岛建设为总抓手的重要指示。

---

① 2017 年旅游业数据统计分析［EB/OL］. 中商情报网，2018－02－06.

三、游客接待的空间分布趋向均衡

从表4－1清晰可见，无论过夜游客接待量还是入境过夜游客接待量，在东中西线之间的分布呈现均衡化趋势。其中，东线占比都降低了0.89个百分点；中线和西线占比都提高，过夜游客占比分别提高0.24和0.65个百分点，入境过夜游客占比分别提高0.32和0.57个百分点。

表4－1　海南分年份不同区域过夜游客接待量占比

区域	过夜游客占比（%）		入境过夜游客占比（%）	
	2017	2016	2017	2016
东线	80.83	81.72	94.12	95.01
中线	7.50	7.26	1.93	1.61
西线	11.67	11.02	3.95	3.38

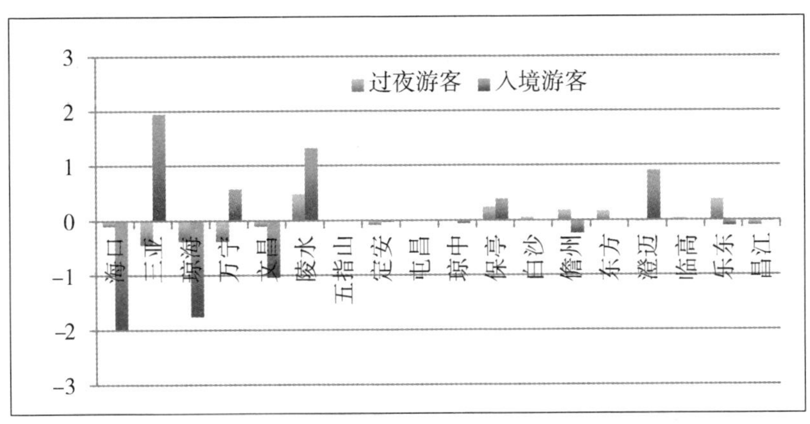

图4－1　2017年较2016年海南分市县游客接待量占比变化（%）

从图4－1可见：（1）过夜游客接待量在各市县的分布变化较小，占比提高最大的是陵水，提高了0.49个百分点，其次是乐东，提高0.38个百分点；占比降幅最大的是三亚，降低了0.44个百分点，其次是万宁和琼海，分别降低了0.38和0.37个百分点。（2）入境过夜游客在各市县的分布变化明显，占比提高最大的是三亚，从2016年的59.94%提高到2017年的61.89%，提高了1.95个百分点，其次是陵水，提高了1.33个百分点，再次是澄迈，提高了0.9个百分点；入境游客占比降幅最大的是海口，比上年降低了1.98个百分点，从18.22%降至16.25%，其次是琼海，降低了1.75个百分点。（3）与过夜游客的分布变化相比，入境游客在各市县的分布变化较大，2016 年至 2017 年，各市县入境游客占比变化的标准离差为 0.94，而过夜游客占比变化仅为 0.24。

四、旅游接待的季节性较强

旅游接待量的季节分布状况是衡量旅游目的地成熟程度的重要指标，通常，季节分布越均衡，目的地成熟程度越高。从图 4 - 2 和表 4 - 2 可以看出：

（1）海南旅游接待存在季节差异，且不同市场的季节性不同。对于国内过夜游客而言，旅游旺季出现在 1—3 月和 10—12 月，其中接待量最多的是 12 月，占全年总量的 11.31%，比月平均值高出 35.69%，4—9 月为旅游淡季，其中接待量最少的是 6 月，占全年总量的 6.61%，低于月平均值 20.7 个百分点。对于入境过夜游客来说，没有明显的旅游旺季和淡季之分，月接待量超过月平均接待量的月份有 4、5、8、11 和 12 月，其中最多的是 12 月，占全年接待总量的 11.43%，高出月平均值 37.21 个百分点，其余月份的接待量低于月平均值，其中最少的是 1 月，仅占全年总量的 7.0%，比月平均值低 16.5 个百分点。对于一日游游客，旺季为 1—2 月和 10—12 月，其中最多的是 10 月，占全年总量的 22.01%，比月平均值高出 164.12 个百分点，3—9 月为淡季，各月份接待量都明显低于月平均值，其中最低的是 6 月，仅相当于月平均值的 43.03%。

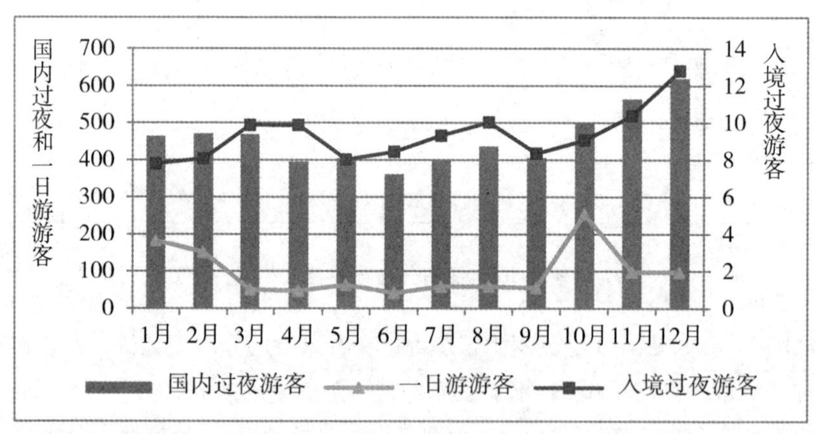

图 4 - 2　2017 年海南游客接待量的季节分布（万人次）

资料来源：根据阳光海南网有关数据整理。

（2）一日游的季节性最强。为衡量季节性强度，引进标准离差率，即标准差与平均数之比。在其他条件不变时，标准离差率越大，季节性越强，反之季节性越弱。表4－2清晰表明，一日游游客的各月接待量的标准离差率最大，达到69.0%，显著高于国内过夜游客和入境过夜游客的标准离差率。这从侧面反映出，海南过夜游客市场比较成熟，而一日游游客市场的成熟度还较低。

表4－2　2017年海南游客接待量的季节分布

项目	最小值	最大值	平均数	标准差	标准离差率（%）
国内过夜游客（万人次）	369.49	632.24	465.95	76.31	16.38
入境过夜游客（万人次）	7.79	12.80	9.33	1.40	15.05
一日游游客（万人次）	41.37	253.91	96.13	66.33	69.00

资料来源：根据阳光海南网有关数据整理。

五、入境游客结构发生变化

首先，外国游客占比显著提高。2017年，全省接待入境游客111.94万人次，比上年增长49.47%，实现跨越式增长。其中，外国游客占比从上年的62.7%提高到70.3%，提高了7.6个百分点，而港澳台游客占比则呈明显的下降趋势，其中占比下降最大的是香港游客，从上年的17.6%降低到13.6%，下降了4个百分点，台湾游客占比也下降了3.3个百分点。

其次，欧洲游客占比显著提高。2017年全省旅游饭店接待的外国游客76.65万人次，占外国游客接待量的97.4%，因此，旅游饭店接待的外国游客的国别构成基本上能够反映外国游客的国别构成。与2016年相比，2017年欧洲游客占外国游客的比重提高了13.5个百分点，达到43.5%，而其他各大洲的游客占比都在下降，其中下降最大的是亚洲，从48.1%下降到40.4%，其次是美洲，从9.9%下降到5.8%。

再次，外国游客客源国构成发生重大变化。省旅游发展委员会（简称“省旅游委”）在统计旅游饭店接待的外国游客时，共单列了25个国家。从占比来看，2017年与2016年相比，即旅游饭店接待的各国游客占总接待量的比重，仅有俄罗斯和印度尼西亚游客的占比提高，其中俄罗斯游客占比从上年的18.86%提高到37.05%，翻了一番；印度尼西亚游客占比从上年的1.11%提高到5.28%，翻了两番，而其他23个国家的游客占比都下降，其中占比下降最大的是新加坡游客，从2016年的8.44%下降到2017年的4.82%，占比下降超过1个百分点的依次有韩国（下降2.99%）、马来西亚（下降2.58%）、美国（下降

2.40%）、德国（下降1.1%）和泰国（下降1.01%）。从旅游饭店接待各国游客的绝对量看，在所单列的25个国家中，2017年较2016年减少的依次有越南、新西兰、菲律宾、德国和蒙古，分别减少了1907人次、953人次、606人次、538人次和328人次，其余20个国家的游客都增加，其中增加最多的是俄罗斯，从上年的8.1万人次增加到28.4万人次，增长2.5倍，增速最快的是印度尼西亚，从0.5万人次增加到4.0万人次，增长7.5倍。从位居前五位的国家看，2016年依次是俄罗斯、韩国、马来西亚、新加坡和美国，2017年则变为俄罗斯、韩国、马来西亚、印度尼西亚和新加坡。

入境游客结构发生变化的原因是多方面的，主要有：（1）加大国际旅游营销力度。与2016年相比，入境旅游尤其是国际旅游营销力度明显增强，突出表现在国际旅游营销经费的成倍增加、针对特定客源国的营销活动和项目的显著增加以及旅游营销推广的市场化。2017年海南国际旅游营销的重要亮点之一是旅游营销推广市场化。2016年海南成立了海南旅游推广中心，随后，海南旅游推广中心占部分股权的海南省旅游推广中心有限公司成立，从此，海南省旅游宣传推广走向市场化、专业化、精细化——让专业的人做专业的事。这在全国成为首创。2017年海南旅游推广中心与省旅游委合作，策划执行了多场国内外旅游推介会，制定了广告投放策略和方案，制作了门户网站宣传片等一批基础化素材。省旅游委主任孙颖认为："推广中心的建立帮助海南旅游聚集了大量专业化人才，再通过释放专业人才的聚集效应，对提升我省旅游人才队伍政策水平、专业技能和开拓国际化的视野等方面，都产生了良好的互推效应，对海南旅游营销进一步加强与国际接轨产生了强大的助推力。"（2）扩展国际航线。2017年海南省新增国际航线19条，境外航班起降1.5万架次，同比增长50%，境外航线旅客吞吐量171.4万人次，同比增长58%。其中，新开通国际直飞航线6条，使海南直飞国际航线增加到57条。（3）主动服务"一带一路"。2017年累计完成省级领导出访17批次，出访国家和地区41个，其中赴"一带一路"沿线国家访问15批次29国；对外正式缔结友好关系5对，签署省级友城结好意向3对，签署政府间深化友好合作备忘录4个。其中，省委书记刘赐贵在访问菲律宾和印度尼西亚期间，签署了《海南省与巴拉望省建立友好省协议书》和《海南省与巴厘省深化友好合作关系谅解备忘录》等有关合作协议。通过积极主动服务"一带一路"，与有关国家和地区建立友好关系，是推动海南入境旅游发展的重要原因。

六、全域旅游发展取得进展

海南具有发展全域旅游的优越条件，包括生态优势、经济特区优势、国际旅游岛优势、气候优势、海洋优势、产业基础优势等。全域旅游理念和模式的提出，也为海南国际旅游岛建设创造了新的机遇，开创了新的发展理念和模式。

在2016年在海口召开的全国旅游工作会议上，海南被确定为全国首家全域旅游示范省创建单位。经过两年的建设发展，海南全域旅游发展取得了系列进展，主要有：（1）编制了全域旅游发展规划。全省和各市县都按照全域旅游示范区建设的要求，编制了可验收、可考核、可操作的全域旅游发展规划。（2）创新“1+3”旅游市场综合监管机制。其中，“1”是指旅游局“升格”为旅游发展委员会，“3”是指“旅游警察、旅游巡回法庭、工商局旅游分局”，“+”有两层意思，一是创新“旅游委+旅游警察、旅游巡回法庭、工商局旅游分局”旅游市场监管体系，二是创新“旅游市场秩序+公安、工商、法院”专属职能，这不是简单叠加，而是把这些专属职能因地制宜地融入旅游市场秩序整治中，是旅游业发展到新阶段、新常态下，旅游市场秩序治理中涌现的“创新体”。“1+3”模式已在全国得到广泛认可和推广应用。（3）完善了旅游配套设施。包括旅游厕所改造、旅游驿站建设、旅游标识标牌更换、旅游信息与咨询中心建设等。（4）大力推进百镇千村建设。坚持以人为本、因地制宜、产业兴镇和市场主导的原则，按照“规划引领、项目带动、突出特色全面推进、总量控制、动态调整”的创建程序和“环境优美、功能配套、产业发展和特色鲜明”的目标要求，力争2017—2019年基本完成100个特色产业小镇建设；按照“规划引领、示范带动、全面推进、配套建设、突出特色、持续提升”的要求和宜居、宜业、宜游的标准，力争2017—2019年建成1000个美丽乡村示范村。（5）举办了系列旅游节庆活动。成功举办了海南国际旅游岛欢乐节、海南乡村旅游文化节、海口之春艺术节、海口金岛音乐节、“LUHO三亚”新春嘉年华、中国海南（万宁）国际冲浪节、海南黎族苗族传统节日“三月三”主会场活动、中国海南盈滨龙水节、保亭七仙温泉戏水节、海南雪茄文化旅游节等旅游节庆活动，丰富了我省旅游活动内容，提升了旅游目的地人气，增添了旅游目的地的节日气氛，有效地宣传了海南旅游的特色与形象。（6）创建了几个全域旅游示范区。截至2017年年底，三亚、海口、琼海和保亭等市县基本达到了全域旅游示范区的验收要求。其中，琼海以“打造田园城市、构建幸福琼海”为发展战略，推进“不砍树、不占田、不拆房，就地城镇化”的“三不一就”策略，主要由特色小镇、农业公园、基本公共服务均等化和旅游绿道系统这4根柱子来支撑，所属的12个镇各有特色和主题，两年多来，政府投资5亿元，完善基础设施和配套，有效激活内需，拉动社会投资超过50亿元，民间投资超过30亿元，吸引返乡就业4万人，农民人均纯收入年增长13.1%，城乡供水一体化达到90%，城市公交通达65%的行政村，由市、镇、片区和代办点组成的四级服务网络让农民不出村、不出镇就能把事情办好，城区优秀教师和医生到镇村支教、坐诊，让农民同样享受优质教育和卫生资源。

当然，海南全域旅游发展还面临一些问题，例如，陵水、定安等市县与全域旅游示范区的验收要求还有较大差距，还需要创新推进。

七、旅游景区发展态势良好

旅游景区是旅游目的地最为重要的常在吸引物，对区域和目的地旅游发展具有重要作用。在一定程度上，海南就是一个大景区，或者说，海南随处都是景。为了更好地满足游客需求，为广大旅游者提供更具特色的旅游吸引物，海南一直十分重视旅游景区建设。截至2017年年底，海南共有A级旅游景区52家，其中，5A景区6家，4A景区14家，3A景区27家，2A景区5家。此外，还有数量众多的一般景区、乡村旅游景点，例如，海棠湾度假旅游区、琼海潭门镇、文昌葫芦村等。

海南A级景区的空间分布很不均衡。第一，从分市县来看，全省19个市县中，仅有11个市县拥有A级景区，仍有8个市县没有A级景区，包括临高、东方、昌江、乐东、屯昌、白沙、琼中和三沙。其中，拥有A级景区最多的是三亚，有16家，占全省总量的30.19%，其次是海口，有10家，占全省总量的18.87%。第二，从分区域看，A级景区高度集中分布在东线市县。东线市县集中了43家A级景区，占全省的81.13%，而中线市县和西线市县的A级景区数量都很少，分别仅拥有6家和4家。第三，A级景区基本上分布在沿海市县。全省53个A级景区中，分布在沿海市县的有47个，占总量的88.68%。而且，保亭的呀诺达和槟榔谷两家5A级旅游景区距离海南线都在25千米之内，又紧邻三亚，在很多游客看来，这两家A级景区都是三亚的。海南绝大多数A级旅游景区集中分布在距离海岸线20千米以内，而在广大的内陆地区，A级景区数量很少。第四，形成3个A级景区集聚区。海南的A级景区集中于3个集聚区：一是以三亚为中心的琼南旅游经济区，包括三亚、陵水和保亭；二是以海口为琼北旅游经济区，包括海口、文昌、澄迈和定安；三是琼东旅游经济区，包括琼海和万宁。这三大旅游经济区分别拥有21家、16家和13家A级景区，占全省的比重分别达到39.62%、30.19%和24.53%，合计占全省的94.34%。

海南高A级景区空间上十分集聚。所谓高A级景区，是5A景区和4A景区的统称。首先，5A景区全部集中在琼南旅游经济区。截至2017年年底，海南拥有6家5A级旅游景区，包括三亚的南山文化旅游区、大小洞天旅游区和蜈支洲岛旅游区，保亭的呀诺达雨林文化旅游区和槟榔谷黎苗文化旅游区，以及陵水的分界洲岛旅游景区，全部集中在以三亚为中心的琼南旅游经济区，而其他区域包括省会城市海口都没有5A级旅游景区。其次，4A景区基本集中在东线。截至2016年年底，全省共有4A景区14家，除文笔峰盘古文化旅游区位于中线的定安县之外，其他全部分布在东线市县，又主要集中分布在三亚和海口。

第二节 海南旅游国际化水平偏低及其原因

国际化水平偏低是海南旅游业各种问题的集中表现。提高海南旅游业国际化水平具有重大意义，有利于优化海南旅游整体形象和提高海南旅游影响力和竞争力，可以带动海南国内旅游发展，提升海南旅游总效益。

一、与台湾相比海南旅游国际化水平偏低

选取入境过夜游客接待量、国际旅游外汇收入两个指标，从产出角度来衡量旅游国际化水平。为衡量国际化水平的高低，采用比较研究法，将海南旅游国际化水平与我国台湾地区做对比研究。之所以选择台湾地区做对比研究，是因为海南与台湾有很多相似之处，例如，都是岛屿型省级行政单元；主岛面积相似，海南岛面积为3.4万平方千米，台湾岛面积为3.6万平方千米；旅游业在国民经济中都占据重要地位；等等。而且，台湾是海南建省办经济特区的对标标的。1984年4月29日，邓小平在北京会见美国著名企业家哈默时说：“我们决定开发海南岛。”“海南岛自然条件不比台湾差，面积相当于台湾。”1987年6月12日，邓小平在北京对应邀来访的南斯拉夫客人说：“我们正在搞一个更大的特区，这就是海南岛经济特区。海南岛和台湾的面积差不多，那里有许多资源，有富铁矿，有石油天然气，还有橡胶和别的热带亚热带作物。海南岛好好发展起来，是很了不起的。”

（一）海南与台湾入境游客接待比较

对于海南而言，入境游客包括来海南旅游的外国人、香港同胞、澳门同胞和台湾同胞；对于台湾而言，入境游客包括去台湾旅游的外国人、大陆居民、香港同胞和澳门同胞。

尽管台湾的相关数据可以追溯到1956年，但海南的相关数据只能追溯到1998年，因而只对比1998年以来的入境游客接待量。通过对历史数据的统计分析，可以得出以下几点结论。

第一，海南入境游客规模小，相当于台湾的九分之一。从入境游客总量看，1998—2017年，海南与台湾接待的过夜入境游客总量分别为1023.56万人次和10595.78万人次，年均接待量分别为61.53万人次和529.79万人次（表4－3），海南仅相当于台湾的11.61%。从分年度看，在所对比的年份内，海南过夜入境游客总量相当于台湾的比重最大的是2008年，只相当于台湾的25.47%，最低的是2015年，海南仅相当于台湾的5.83%。尽管2017年海南过夜入境游客接待量实现了历史性突破，达到111.94万人次，但海南依然仅相当于台湾同年过夜入境游客接待量的10.42%；其中，外国游客接待量只相当于台湾的12.19%。从绝对量看，2017年，海南接待的入境游客规模仅相当于台湾的10.42%，与台湾1977年的水平相当。进一步比较，海南入境游客接待量从2008年的39万人次增加到2017年的111万人次，用时9年，而台湾入境游客接待量从37万人次（1969年）增加到111万人次（1977年），用时为8年。似乎可以认为，2017年海南入境游客接待水平与台湾1977年的水平相当，或者说，在入境游客接待方面，海南大约落后台湾30年。

表4－3　海南与台湾入境游客接待量比较

	过夜入境游客（万人次）		过夜外国游客（万人次）		国（境）内过夜游客（万人次）	
年份	海南	台湾	海南	台湾	海南	台湾
1998	39.42	229.87	8.71	203.18	816.55	
1999	45.49	241.12	7.32	211.57	883.58	
2000	48.68	262.40	9.37	231.07	958.89	
2001	45.68	283.10	12.96	229.19	1079.08	
2002	38.93	297.77	16.52	235.40	1216.03	

续表

	过夜入境游客（万人次）		过夜外国游客（万人次）		国（境）内过夜游客（万人次）	
年份	海南	台湾	海南	台湾	海南	台湾
2003	29. 33	224. 81	14. 43	181. 20	1204. 77	
2004	30. 86	295. 03	18. 38	242. 83	1372. 03	10933. 8
2005	43. 19	337. 81	26. 94	279. 82	1473. 28	9261
2006	61. 69	351. 98	46. 57	285. 56	1543. 33	10754. 1
2007	75. 31	371. 61	59. 31	298. 88	1770. 20	11025. 3
2008	97. 93	384. 52	73. 13	296. 25	1962. 07	9619. 7
2009	55. 15	439. 50	37. 21	277. 01	2195. 18	9799
2010	66. 31	556. 73	47. 38	323. 55	2521. 03	12393. 7
2011	81. 46	608. 75	56. 17	358. 87	2919. 88	15226. 8
2012	81. 67	731. 15	51. 97	383. 16	3238. 80	14206. 9
2013	75. 64	801. 63	50. 05	409. 56	3596. 87	14261. 5
2014	66. 14	991. 02	42. 15	468. 70	3994. 04	15626
2015	60. 84	1043. 98	35. 59	488. 30	4432. 11	17852. 4
2016	74. 90	1069. 03	46. 98	570. 30	4902. 32	19037. 6
2017	111. 94	1073. 96	78. 69	645. 29	5479. 49	
年均	61. 53	529. 79	36. 99	330. 99	2377. 98	13076. 75

资料来源：根据阳光海南网和台湾交通观光局官网相关数据整理。

第二，海南接待的外国游客少，相当于台湾的九分之一。从外国游客总量看，1998—2017 年，海南与台湾年均过夜外国游客接待量分别为 36. 99 万人次和 330. 99 万人次，海南仅相当于台湾的 11. 18%。从分年看，海南接待的外国游客量相当于台湾的比重最高的是 2008 年，为 24. 68%，但在 2000 年前，这一比重都在 5% 以下，最低的是 1999 年，海南仅相当于台湾的 3. 46%；2017 年海南接待的外国游客量实现了历史性突破，但也仅相当于台湾的 12. 19%。

第三，海南入境游客接待量增速慢，且年际波动大。1998—2017 年，海南入境游客接待量从 39. 42 万人次增加到 111. 94 万人次，增长了 1. 84 倍，年均增速为 5. 65%；而同期台湾入境游客接待量从 229. 87 万人次增加到 1073. 96 万人次，增长了 3. 67 倍，年均增速为 8. 45%。需要特别指出，这种增长速度的差异是建立在不同量级的规模上的。1998—2017 年间，台湾入境游客接待量除 2003 年受“非典”影响而出现 24.5% 的负增长外，其余年份尽管增速有起伏，但都始终保持着正增长，最低的是 2017 年，比上年增长了 0.46%。而海南期间共出现了 3 个时段共 7 年的负增长，分别是：2001—2003 年，入境游客接待量从 2000 年的 48.68 万人次连年减少到 2003 年的 29.33 万人次，减少了近 40 个百分点；2009 年，断崖式减少了近 44 个百分点；3013—2015 年，入境游客从 2012 年的 81.67 万人次连续减少到 2015 年 60.84 万人次，减少了约四分之一。统计描述表明，1998—2017 年间，海南入境游客接待量的环比增速的标准离差率和极差率分别为 292.22% 和 1111.32%，而台湾的该两个数值分别为 133.80% 和 622.22%，表明海南入境旅游接待量的年际波动远大于台湾。正是这种年际波动差异反映了台湾作为旅游目的地相对比较成熟，抗外部因素干扰的能力较强，而海南比较容易受金融危机、欧美对俄罗斯实行经济制裁等外部因素的干扰。

第四，海南入境游客占游客总量比重呈波动式下降趋势，与台湾相反。海南入境游客占过夜游客总量的比重呈现比较明显的年际波动，且总体上呈下降趋势，1998 年以来。占比最高的是 1999 年，达到 4.90%，最低的是 2015 年，仅占 1.35%，不仅降幅大，而且波动也大。而台湾尽管也有年际波动，但比较小。从统计描述可以得出这一结论。2004—2016 年，海南与台湾入境游客占游客总量的比重的标准离差率分别为 38.68% 和 24.08%，极差率分别为 128.34% 和 77.50%。从图 4 -3 可见，2004—2008 年，海南与台湾的入境游客占游客总

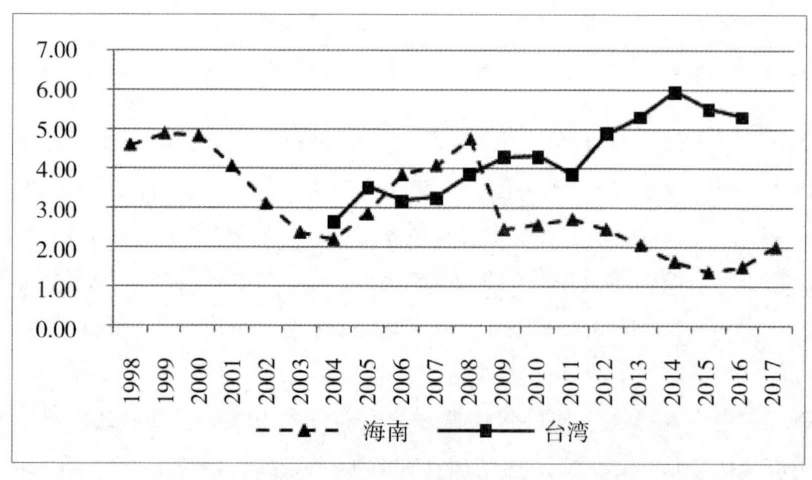

图 4 -3　海南与台湾入境游客占游客总量比重比较（%）

资料来源：根据阳光海南网和台湾交通观光局官网相关数据整理。

量的比重基本相当，相差在1个百分点之内，但从2009年以来，二者的差距呈现明显的拉大趋势，2009年相差1.84个百分点，到2014年扩大到4.33个百分点，随后尽管差距在缩小，但仍达到3.8个百分点。

第五，海南外国游客占入境游客总量的比重呈上升趋势，与台湾相反。从1956年至2008年，台湾外国游客占入境游客比重始终保持在77%以上，最高年份甚至超过90%（图4-4）。但2009年因向大陆游客开放，外国游客占比出现断崖式下降，从2008年的77.05%下降到2009年的66.03%，随后持续下降，到2014年下降到最低点，仅为47.30%，此后民进党执政台湾，两岸关系出现摩擦，大陆游客迅速减少，外国游客占比又有所上升，到2017年上升到60.09%。与台湾不同，海南外国游客占入境游客的比重在2003年之前一直低于50%，2003年开始，海南充分利用海南没有一例"非典"病例的事实，推出"健康"和"度假"两大品牌，并加大外国市场营销，尤其是加大对俄罗斯、韩国等市场的营销力度，使外国游客占比快速提升，从2003年的49.20%跳跃式升到2004年的59.56%，随后一直保持在58%以上，2017年，外国游客占入境游客比重为70.30%，比台湾高约10个百分点。

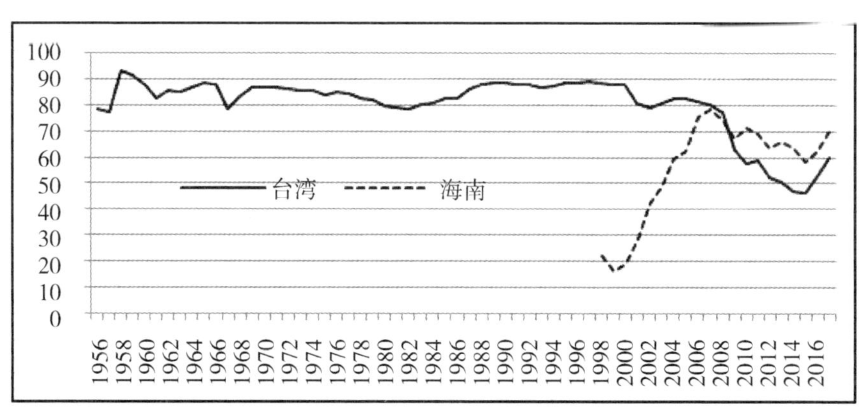

图4-4　海南与台湾外国游客占入境游客总量比重的年际变化（%）

资料来源：根据阳光海南网和台湾交通观光局官网相关数据整理。

（二）海南与台湾旅游外汇收入比较

旅游外汇收入占旅游总收入比重以及旅游外汇收入的增长速度是衡量区域旅游国际化水平的重要指标。

首先，海南旅游外汇收入占旅游总收入的比重低，且与台湾的差距拉大。自2008年以来，台湾的旅游外汇收入占旅游总收入的比重始终保持在50%以上，最高年份达到了58.94%（2014年）；而海南旅游外汇收入占旅游总收入的比重从来没有超过15%，自2009年以来，始终保持在9%以下，其中最低年份仅为2.87%（2015年），尽管近两年有所提升，但2017年也仅为5.57%。也就是说，海南旅游外汇收入占旅游总收入的比重仅相当于台湾的约十分之一。从占比的变化趋势看，总体上，台湾旅游外汇收入占旅游总收入的比重呈现波浪式提高趋势，从2004年的35.10%提高到2016年的52.12%，年均提高1.31个百分点。相反，海南旅游外汇收入占旅游总收入的比重则呈现波浪式下降趋势，从1988年的11.93%下降到2004年的6.10%，再提高到2008年的14.20%，随后逐年下降到2015年的2.87%，近两年有所上升，2007年为5.57%。相应地，海南与台湾的差距呈拉大趋势，从2003年的24.7个百分点拉大到2014年的55.71个百分点，随后有所缩小，但仍在45个百分点以上（图4-5）。

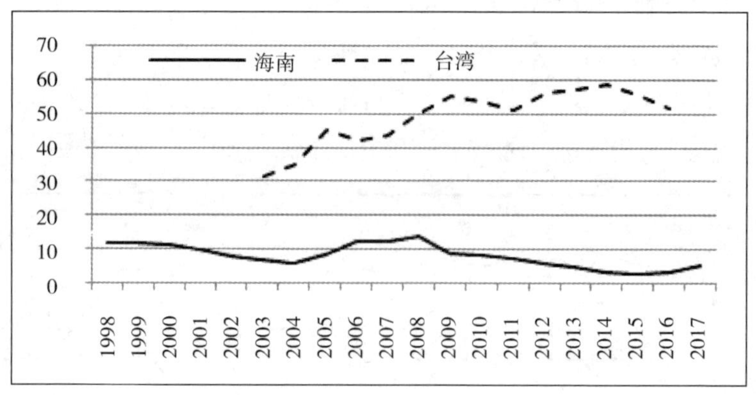

图4-5　海南与台湾旅游外汇收入占旅游总收入比重的年际变化（%）

资料来源：根据阳光海南网和台湾交通观光局官网相关数据整理。

其次，海南旅游外汇收入的年际波动大，而台湾比较平稳。从图4-6可以清晰地看出，海南旅游外汇收入的环比增速波动显著大于台湾。2004年至2016年期间，海南旅游外汇收入环比增速出现两次负增长，一是2009年，比2008年减少30.82%，二是2012—2014年，2014年比2011年减少了33.54%。早在2008年，海南的旅游外汇收入就已经达到27.32亿元，但直到2016年，仍只有23.20亿元，长期在较低水平上徘徊，2017年在2016年的基础上实现了94.91%的增速后才达到45.22亿元。与之形成反差，台湾旅游外汇收入的环比增速尽管也存在波动，但非常平缓，增速最快的是2004年，为32.02%，最慢的是2016年，为-5.82%。对2004—2016年海南与台湾的旅游外汇收入的环比增速进行统计描述可以发现，海南的标准离差率和极差率分别为 215.75% 和 744.12%，而台湾分别为 86.27% 和 308.99%，差距非常显著。

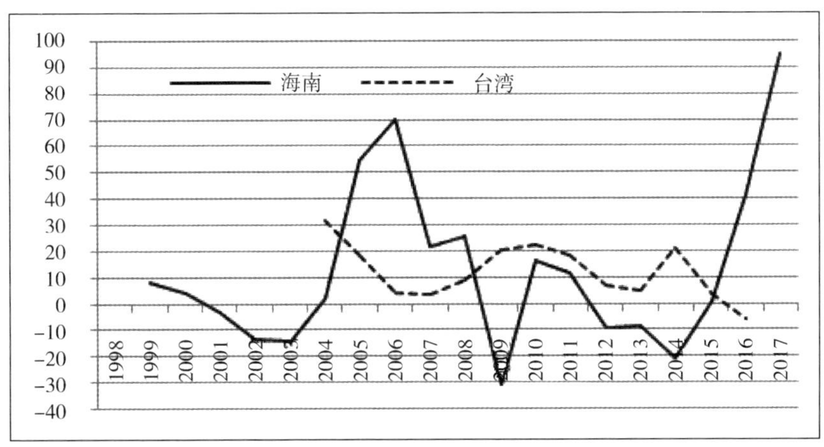

图 4-6　海南与台湾旅游外汇收入占旅游总收入比重的年际变化（%）

资料来源：根据阳光海南网和台湾交通观光局官网相关数据整理。

二、海南旅游国际化水平偏低的原因

（一）作为国际旅游目的地，海南存在不足

省旅游委组织了来自加拿大、以色列、日本、蒙古国、罗马尼亚、俄罗斯、塞尔维亚、韩国、西班牙、荷兰和美国等 11 国的 11 名国外旅游专家，于 2016 年 11 月初至 12 月底，考察了海口、三亚、陵水、万宁、琼海等市县 34 个重点旅游区域，以外国人的视角分别对旅游交通、硬件设施、服务质量等元素的国际化程度进行评价，找出了海南旅游国际化的问题清单，共 8 个方面 32 个问题。

1. 交通

（1）岛内交通集散地外语标识不完善。动车站、汽车站、邮轮港口等交通集散地无英文版的时刻表、外文游客手册，缺乏外语标识牌或有错译现象等。候车区、取票区、游客区等人流量大的区域只有中文标识指南，无对应外文翻译，如“咨询服务台”“出租车候车区”“老弱病残孕军专用通道”“取票区”“旅客须知”等。（2）旅游交通车通达性不足。便捷通达旅游景区、旅游集散地、旅游服务区的支线交通网尚不健全，旅游旺季游客进不去、出不来的问题突出，旅游交通“最后一公里”问题依然存在。旅游景点间、城市间交通不便，

交通集散地未能较好发挥承载作用。火车站至机场间列车班次有限，时刻未能较好衔接国际航班。（3）旅游交通车车况不佳。旅游交通车普遍存在车况较差、乘坐环境不佳的问题。例如车厢内气味难闻，垃圾清理不及时。（4）旅游交通服务水平不高。司乘人员服务意识较差，未按照国际通行标准提供司乘服务，例如不提供搬运行李服务。部分区域仍然存在出租车不打表等欺客宰客现象，部分司机对道路不熟且不会使用手机导航软件，基本外语沟通存在困难。（5）旅游客运车辆市场化程度不高。市县际旅游客运车辆由省旅游客运服务中心统一调配、统一管理，旅行社、酒店不能用自有车辆运送客人，市县审批的旅游客运车辆不能跨市县运营，对游客造成很多不便。

2. 通信

（1）缺乏国际通信配套服务。交通集散地和市内通信运营商网点均无针对外国游客的手机卡销售。（2）无线网络连接存在障碍。大多数旅游区域的公共无线网络需用国内手机号码登录获取验证码才可使用，部分登录界面无英文标识，无法满足入境游客的网络使用需求。（3）境外主流社交媒体无法使用。入境游客在主要旅游区域无法使用 Facebook、Twitter、YouTube 和 Instagram 等国际主流社交媒体。

3. 旅游饭店

（1）外语值勤人员匮乏。部分旅游饭店未配置或缺乏掌握英语交流技能的服务人员。（2）服务意识不强。未能主动用外语问好、介绍旅游信息或是询问入住需求等。（3）餐饮服务不到位。大部分旅游饭店内餐厅未能提供针对入境游客的服务，例如无英、俄、韩等语种的配图式菜单，服务人员不主动询问用餐需求。部分酒店不供应国外游客喜欢的现磨咖啡等饮品。

4. 旅游景区

（1）售票点外语信息不齐全。部分景区未能提供多语种信息服务，如多语种票价信息卡片、旅游宣传资料及电子无线导览器等。（2）外语服务不到位。大部分景区的工作人员及导览员不具备简单英语交流能力，景区内咨询和投诉服务中心未有英语熟练的工作人员执勤。（3）服务设施不完善。部分景区未能科学设立排队等候区、休息区及吸烟区，厕所和厕位不充足，缺乏母婴室、残障人士等专用厕所。（4）景区纪念品性价比不高。部分景区纪念品不能体现景区文化，存在质量差、价格高的问题。

5. 文化

（1）对外传播性不强。大部分景点等旅游区域缺乏本土文化的挖掘与传播意识，缺乏外文宣传材料。（2）文化表达专业程度低。部分文化演出的表演者专业意识不强，责任心较差。（3）文化宣传关联性不强。部分景点、老街及所属旅游目的地在宣传上未能体现一体性，信息整合程度不高。有关纪念品和当地文化无多少关联性。

6. 旅游信息服务

（1）外文标识匮乏。旅游饭店、景区和道路等公共区域缺少英、俄、韩和其他小语种的标识标牌。（2）外文翻译用语错误。旅游饭店、景区和道路等公共区域标识标牌的外语翻译存在翻译错误现象，部分用语表达不地道。（3）外文服务水平有限。多数旅游景点在网络及移动端上线的优惠活动缺乏多语种支持。（4）旅游官网未完善。现有多语版旅游官网信息不够丰富，版面设计不符合外籍游客浏览习惯。（5）信息更新不及时。重要旅游景点及动车站、汽车站等公共设施的运营时间更改、游览路线更新及有关注意事项发生变动时，未能发布外文通知。（6）紧急求助热线不完善。主要旅游城市未能开通多语种 24 小时紧急求助热线，出现外语沟通困难状况。

7. 金融服务

（1）支付系统不健全。部分旅游点售票处只收取现金。（2）货币兑换点缺乏。机场、动车站、汽车站、邮轮码头、邮轮港口及大型购物点基本上未设货币兑换点，外币兑换的便利性较差。（3）线上支付缺乏外文服务。线上购票渠道几乎无外文页面，且提供给游客的消费信息有限，外语版内容与中文版有较大出入，表达方式不地道。（4）金融业对外开放程度不够。全省仅有 1 家外资银行，与我省接待入境游客量不成比例。

8. 配套服务

（1）公共卫生欠佳。部分旅游公共区域卫生状况欠佳，定期清理力度不够。部分景区的公共厕所脏乱差，部分餐厅卫生标准较低。（2）服务水准不高。动车站、汽车站等场所部分服务人员和司机未接受专业培训，服务意识欠缺，无法为游客提供优质的服务。（3）残障人士配套设施不足。部分景区人性化设施配置不足，未针对残障人士设立相应的服务设施。（4）外语服务元素严重欠缺。大部分旅游区域服务咨询台未配置外语服务人员，未提供外语类宣传材料及指南等。（5）应急处理措施不到位。多数旅游区域未配备掌握外语的医护及安保人员，遇重大事故不能及时处理。

（二）海南入境旅游市场开发面临困难

一是 26 国免签政策效应难以充分发挥。海南 2017 年执行的 26 国免签政策属于团队免签政策（2人以上），且只适用于在海南入境的外国游客（乘坐国际直达航班的外国游客）。而在2017年，海南仅有通往韩国、新加坡和泰国等三个国家的直飞航线，这样，26国免签政策对于其他没有直飞海南国际航线的23国而言，基本上没有办法发挥作用。

二是国际航班不足。与相似岛屿旅游目的地相比，海南境外航班不足，每周仅有59个航班。而泰国普吉岛每周有境外航班402个，韩国济州岛每周有境外航班310个，印度尼西亚巴厘岛每周有境外航班840个。可能的原因之一是国际航班补贴方式不够科学。一方面补贴政策没有明确对国际航班入境游客的最低比例提出要求，目前所补贴的国际航班从客源国飞回海南的机票几乎被组织出境游的企业拿去，组织入境海南游的企业拿不到机票；另一方面对不定期航班（包机）的补贴低于定期航班，对开拓航线不利。

三是旅游宣传推广力度不够。相比国际相似旅游目的和国内旅游发达省市，由于宣传促销投入不足和出国审批政策的收紧，海南在投放国际广告和国际专项促销上力度不大，即便是对海南入境前十大客源国也难以做到一年一次的专门促销。

第三节　提升海南旅游国际化水平的十条建议

习近平2013年4月10日视察海南时指出：海南的发展要以国际旅游岛建设为总抓手，把开发改革作为海南发展的强劲动力，把生态环境作为海南科学发展的核心资源，争创中国特色社会主义实践范例，谱写美丽中国海南篇章。省第七次党代会报告提出，“建设国际旅游岛，要十分注重提升国际化水平”，“要全方位提升以旅游业为龙头的现代服务业的国际化水平，努力打造世界一流的国际旅游目的地”。《中共中央国务院关于支持海南全面深化改革开放的指导意见》指出：“大力推进旅游消费领域对外开放，积极培育旅游消费新热点，下大气力提升服务质量和国际化水平，打造业态丰富、品牌集聚、环境舒适、特色鲜明的国际旅游消费胜地。”提升海南旅游国际化水平，既要有宏观思路，又要有具体措施，更要有工作方案。

一、全面贯彻《指导意见》，建设国际旅游消费中心

在中国特色社会主义进入新时代的大背景下，赋予海南经济特区改革开放

新的使命，是习近平总书记亲自谋划、亲自部署、亲自推动的重大国家战略，对于探索可复制可推广的经验、发展更高层次的开放型经济、打造成新时代中国特色社会主义新亮点等方面具有重大意义，对于《指导意见》，全省上下必须深入学习、深刻领会、全面贯彻、认真落实、务求实效。

《指导意见》明确了海南发展的“三区一中心”定位——全面深化改革开放实验区、全国生态文明建设试验区、国家重大战略服务保障区和国际旅游消费中心，并提出了一系列具有可操作性的海南发展路径，主要有：（1）建设现代化经济体系；（2）推动形成全面开放新格局；（3）创新促进国际旅游消费中心建设的体制机制；（4）服务和融入国家重大战略；（5）加强和创新社会治理；（6）加快生态文明体制改革；（7）完善人才发展制度。这7个方面的发展路径既从宏观战略角度谋划海南发展，又从微观层面给海南发展提出了众多具有很强可操作性的举措，是海南今后相当长时间发展的行动指南。以下仅从国际旅游消费中心建设的角度展开分析。

（一）（海南）国际旅游消费中心的发展路径

《指导意见》明确要求海南“大力推进旅游消费领域对外开放，积极培育旅游消费新热点，下大气力提升服务质量和国际化水平”。

一是发展六大产业。《指导意见》要求海南自由贸易港“不以转口贸易和加工制造为重点，而以发展旅游业、现代服务业和高新技术产业为主导”，重点发展六大产业——旅游业、现代服务业、信息技术产业、数字创意产业、海洋新兴产业和热带特色高效农业。

二是打造八大产品。（1）购物旅游：免税购物离岛旅客全覆盖，提高限额；（2）邮轮旅游：开通跨国邮轮航线，开展公海游航线试点，加快三亚邮轮母港建设；（3）游艇旅游：放宽游艇管制；（4）海岛旅游：推进西沙旅游，稳步开放海岛游；（5）医疗旅游：全面落实博鳌乐城国际医疗旅游先行区政策；（6）文化旅游：文化和旅游融合发展，促进传统文化消费升级；（7）娱乐旅游：允许外资试点设立演出经纪机构和演出场所，允许接收境外电视频道；（8）体育旅游：建设国家体训南方基地，鼓励发展沙滩运动、水上运动、赛马运动等项目，探索发展竞猜型体育彩票和大型国际赛事即开型彩票。

三是保障消费质量。旅游企业规模化、品牌化和网络化；酒店连锁化、主题化、特色化、高端化、品牌化；建设具有国际影响力的大型消费商圈；加强旅游公共服务设施建设；规范旅游市场秩序；提升旅游形象。

四是提升国际化水平。引进国际优质资本和智力；设立中外合资旅行社；

积极参与国际旅游合作与分工；开展ISO质量和环境管理体系认证；系统提升旅游设施和旅游要素的国际化、标准化、信息化水平；办好国际体育赛事，再引入一批国际一流赛事；举办国际商品博览会和国际电影节。

（二）（海南）国际旅游消费中心的需求侧

需求和供给是旅游发展的两大动力（Clare A Gunn，1979）。其中，旅游需求可按照所涉及的区域分为入境需求、国内需求和本土需求。国际旅游消费中心的市场定位应该是：以入境旅游需求为主导，以国内旅游需求为主体，以本土旅游需求为根基。从1998年至2017年的20年内，海南接待的国内游客占过夜游客的比重高达97.48%，国内旅游收入也占旅游总收入的93.66%，表明国内旅游在海南旅游市场中的主体地位非常突出。在我国公民追求美好生活需要和海南建设国际旅游消费中心的双轮驱动下，国内旅游市场仍将是海南国际旅游消费中心的消费主体，这是毋容置疑的。但是，作为国际旅游消费中心，入境游客规模、旅游外汇收入及其占总量的比重必须逐步提高并达到较高水平，例如，入境游客占过夜游客的比重至少应该超过5%，即在现有基础上翻一番，旅游外汇收入占旅游总收入的比重至少应该达到25%，即在现有基础上翻两番，并引领世界旅游时尚尤其是引领国内旅游消费时尚，否则，难以在需求侧与“国际”名副其实。突出入境旅游消费的“引领”作用是建设国际旅游消费中心的核心思想和理念。同时，必须正视和肯定，提高本土居民幸福感是实施一切区域发展战略和举措的出发点和落脚点，因此，尽管2016年本地居民文化娱乐消费支出占全省旅游总收入的比重低于5%①，（海南）国际旅游消费中心也必须以满足海南本土旅游需求为根基，否则就会偏离正确的发展轨迹，难以实现可持续发展。

逐步探索和稳步推进中国特色自由贸易港建设是海南发展的重要和关键推手，但“国际旅游消费中心”决定了中国（海南）特色自由贸易港的基本性质是“旅游消费”，而不是“转口贸易”和“加工制造”。鉴于此，旅游者自然就是国际旅游消费中心的“财富之母”，因而国际旅游消费中心需要解决三个基本问题：旅游者愿意来消费、容易来消费、还想来消费。为此，要提供有效信息来激发潜在游客的旅游动机；要加密直飞国际航线和引进廉价航空来增强潜在游客的移动性；要建立友好联系（如友好城市）和扩大免签（力争从海南出境进入其他国家和地区的国内外游客都实行旅游免签）使潜在游客的旅游成行更

① 根据《海南省统计年鉴2017》有关数据整理。

为便利。

（三）（海南）国际旅游消费中心的供给侧

政府部门、旅游企业、旅游相关企业、本土居民、NGO 和外国部门通过合作和竞争等一系列市场机制，共同向旅游者提供旅游产品，包括吸引物、促销、交通、信息和服务。其中，吸引物是核心，是关键，也是基础，它吸引、诱惑和刺激人们产生旅游兴趣，并使旅游者在旅游过程中获得满足。因此，创新开发对接国际惯例、体现中国特色、符合海南实际、引领旅游时尚、诠释诗与远方的旅游吸引物，是建设（海南）国际旅游消费中心的核心任务和关键举措。

（海南）国际旅游消费中心的外资投资应该相当活跃，有为数众多的外资独资、中外合资的旅游企业，世界主要的国际旅游组织也至少要在海南设立办事处，同时，旅游从业人员中有相当比例的外国人。只有这样，才能在供给侧与“国际”实至名归。为此，海南要以全面深化改革开放为主旋律，以国际旅游消费中心建设为主旨，以稳步推进中国特色自由贸易港建设为主线，形成以负面清单简洁、税收制度优惠等为主要特征的优秀旅游营商环境。

我国对外资投资实行的“准入前国民待遇 + 负面清单”制度，其精髓是“负面清单”。中国（海南）自由贸易试验区与我国其他自由贸易试验区的最大区别在于前者从一开始就被赋予了“探索建设中国特色自由贸易港”的使命，又用“国际旅游消费”界定了（海南）自由贸易港的独特性质。因此，海南的“负面清单”不能局限于“可复制、可推广”，而要体现自由贸易港的要求，要更加简洁，尤其要体现“国际旅游消费”性质，推出极简的“旅游负面清单”。

资本的逐利天性决定了税收制度优惠是吸引外资投资的先决条件。韩正在担任上海市委书记时指出，“自贸区是创新高地，不是政策洼地”（王燕，2017）。但是，自由贸易港应该既是“创新高地”，又是“政策洼地”。正如汪洋（2017）所述，“自由港是设在一国（地区）境内关外、货物资金人员进出自由、绝大多数商品免征关税的特定区域，是目前全球开放水平最高的特殊经济功能区。香港、新加坡、鹿特丹和迪拜是比较典型的自由港”。其中，香港和新加坡的企业所得税税率分别为 16.5% 和 17%，远低于我国现行的企业所得税税率的 25%。

二、建设自由贸易试验区和中国特色自由贸易港

根据《指导意见》，海南要坚持全方位对外开放，按照先行先试、风险可控、分步推进、突出特色的原则，第一步，在海南全境建设自由贸易试验区，

赋予其现行自由贸易试验区试点政策，第二步，探索实行符合海南发展定位的自由贸易港政策。

（一）高标准高质量建设自由贸易试验区

以现有自由贸易试验区试点内容为主体，结合海南特点，建设中国（海南）自由贸易试验区，实施范围为海南岛全岛。以制度创新为核心，赋予更大改革自主权，支持海南大胆试、大胆闯、自主改，加快形成法治化、国际化、便利化的营商环境和公平统一高效的市场环境。更大力度转变政府职能，深化简政放权、放管结合、优化服务改革，全面提升政府治理能力。实行高水平的贸易和投资自由化便利化政策，对外资全面实行准入前国民待遇加负面清单管理制度，围绕种业、医疗、教育、体育、电信、互联网、文化、维修、金融、航运等重点领域，深化现代农业、高新技术产业、现代服务业对外开放，推动服务贸易加快发展，保护外商投资合法权益。推进航运逐步开放。发挥海南岛全岛试点的整体优势，加强改革系统集成，力争取得更多制度创新成果，彰显全面深化改革和扩大开放试验田作用。

（二）探索建设中国特色自由贸易港

根据国家发展需要，逐步探索、稳步推进海南自由贸易港建设，分步骤、分阶段建立自由贸易港政策体系。海南自由贸易港建设要体现中国特色，符合海南发展定位，学习借鉴国际自由贸易港建设经验，不以转口贸易和加工制造为重点，而以发展旅游业、现代服务业和高新技术产业为主导，更加强调通过人的全面发展，充分激发发展活力和创造力，打造更高层次、更高水平的开放型经济。及时总结59国外国人入境旅游免签政策实施效果，加大出入境安全措施建设，为进一步扩大免签创造条件。完善国际贸易“单一窗口”等信息化平台。积极吸引外商投资以及先进技术、管理经验，支持外商全面参与自由贸易港建设。在内外贸、投融资、财政税务、金融创新、出入境等方面探索更加灵活的政策体系、监管模式和管理体制，打造开放层次更高、营商环境更优、辐射作用更强的开放新高地。

三、构建海南特色产业结构体系

根据海南的资源环境禀赋、产业发展现状以及国家相关法律法规和政策等，海南应该构建以旅游业为龙头、健康产业为主导、海洋经济为支柱、热带高效农业为基础的特色产业结构体系。

强化旅游业的龙头地位。建立旅游卫星账户，明确旅游业对国民经济的贡献率和乘数效应，在思想上确定旅游业的龙头地位；成立由省委书记和省长担任主任的省旅游业促进委员会，在组织上确定旅游业的龙头地位；加大旅游业发展的资金、土地、技术、人力等方面的投入，在生产要素投入上确定旅游业的龙头地位；推进“旅游+”，形成以旅游业为龙头的产业集群；推进旅游综合体建设，形成“旅游+”产业的集聚效应，使“旅游+”成为海南城市化关键动力；引进国内外大型旅游企业，培育市场龙头主体。

确立健康产业的主导地位。发挥海南生态优势、气候优势、长寿岛优势、无疫区优势，重点发展高端康养、度假、旅居为核心的健康产业，引领其他产业发展。

筑牢海洋经济的支柱地位。大力发展海洋旅游业，形成临海旅游、滨海旅游、近岸旅游、远海旅游、海岛旅游以及低空旅游、海面旅游、水下旅游相结合的立体化海洋旅游格局，建成世界一流旅游海（南海），打造椰树海岸和金色海岸两大旅游海岸，建设三亚和海口等重要旅游城市，开发蜈支洲、分界洲、宣德群岛的重要旅游岛；积极发展低碳型海洋旅游装备制造业，培育游艇、游船、帆船、冲浪板等海洋旅游设备制造和维修企业；大力发展以海洋旅游为主题的会展经济，包括举办海洋旅游国际会议和国际展览会等；发挥21世纪海上丝绸之路重要节点的作用，构建泛南海旅游经济圈，强化与南海周边国家的合作，树立海南在泛南海旅游经济圈中的核心地位。加快南海开发服务基地建设，积极开展与南海周边国家的旅游合作，力争将南海建设成为我国海洋旅游发展创新实验区、世界海洋旅游新圣地和世界海洋旅游国际合作新高地。发挥南海的战略交通要冲优势，大力发展海洋运输业，同时，加快推进琼州海峡跨海工程建设，力争将海南建设成为南海重要的货物集散中心。发挥第二个波斯湾的优势，大力发展海洋油气业，积极尝试可燃冰等海洋新能源的开发。利用北斗系统等现代技术升级海洋渔业。

夯实热带高效农业的基础地位。做强南繁育种事业；加快设施农业发展；积极发展互联网农业和休闲农业，提升农业附加值；加强农业基础设施建设。

严控房地产业。充分认识房地产一业独大的负面影响；杜绝随意变更旅游项目的用地性质和用地指标。

大力发展教育事业。大力引进高内高水平基础教育机构和师资队伍，力争五年内海南基础教育有显著提高。建立国际高等教育园区，或者设立国际大学城（成立国际大学城管委会），通过优惠的土地政策、融资政策、税收政策等，引进国际（国内）顶尖学科（系、专业）来海南设立分支机构，以此吸引高端人才，培育和孵化研创中心，力争将海南建设成为国际化高等教育中心。

四、构建旅游人才特区

海南旅游国际化水平低的根源在于人才短缺。突破人才瓶颈，实质上是要设法引进、培育和留住人才，并为人才提供用武之地。《指导意见》要求海南完善人才发展制度，加快形成人人渴望成才、人人努力成才、人人皆可成才、人人尽展其才的良好环境；同时，提出了创新人才培养支持机制、构建更加开放的引才机制、建设高素质专业化干部队伍、全面提升人才服务水平等方面的具体路径，给出了一系列人才制度创新思路和方向，对构建旅游人才特区具有很好的指导作用，必须认真贯彻落实。

要放宽境外专业人才在琼就业、居住和出入境限制。力争境外人员在琼工作签证和居住审批权，鼓励符合条件的境外人员申请永久居住，获得永久居住权的境外人员与本地居民在就业、入学等方面享有同等待遇和权利；允许境外旅游人才在海南旅游行业就业，既缓解就业不足，又增强旅游业的外语服务能力，可以优先向海外华侨华裔开放旅游就业市场；在聘用外籍高层旅游管理人才时，允许他们聘用外籍佣人，以满足外籍人才的生活需要。允许在校留学生在旅游企业带薪实习；鼓励毕业留学生来琼创业；允许毕业留学生获得最多2年的旅游业就业签证。

要优化旅游人才的生活条件，解决后顾之忧。大力推行廉租房、公租房，并提供一定比例的政府住房补贴，解决人才的住房问题；大力发展基础教育，提高基础教育质量，解决人才的小孩教育瓶颈；坚决抵制垄断经营，引入竞争机制，切实降低物价，解决恩格尔系数和生活成本过高问题；大力发展医疗事业，提高医疗水平，降低医疗收费，解决人才的看病难问题。

要大幅提高旅游人才待遇，提高旅游就业获得感。要努力提高旅游人才的经济待遇：将城乡居民年均可支配收入提高到全国所有省份的前40%水平以上，使海南成为全国高收入省份；通过特区立法，设立具有明显吸引力的旅游就业最低工资标准，使旅游就业成为一种骄傲和自豪；参照航空补贴和产业基金等，设立政府旅游人才旅游业贡献奖金和旅游就业工资补贴；鼓励旅游企业参考华为的做法，为旅游人才配置企业股份，以增强旅游人才的企业归属感。在考虑人大代表、政协代表、劳动模范等的名额分配时，适当向旅游业倾斜，以提高旅游人才的政治待遇。广泛运用媒体宣传旅游人才的旅游业贡献，以提高旅游人才的社会地位；努力实现海南旅游行业干部队伍的知识化和专业化，大胆提拔对海南旅游业做出重要贡献的领导干部。

要创新旅游人才机制，提高旅游人才优越感。从落户、子女入学、安家补贴等方面创新具有竞争力的人才引进机制；设立最低学历门槛——初中毕业，这是对九年义务制教育的响应；执行初始工资标准与学历学位挂钩机制——建议第一年按研究生、本科、专科、中专（高中）、初中，每级相差10%，一年后按照实际工作业绩确定工资标准；将外语水平作为重要指标——建议同等条件下，按照专业级、大学六级、大学四级、未定级，每级相差10%，即大学四级（雅思5.0）、大学六级（雅思6.0）、专业级的工资分别在学历学位工资的基础上提高10%、20%和30%。

要推进旅游教育改革，提高旅游人才培养质量。全力推行“双元制”旅游人才培养模式，鼓励旅游企业与旅游院校开展“订单式”人才培养模式，使旅游人才具有扎实的理论功底和良好的实操能力；根据市场需求优化旅游人才培养方案，大幅增加外语教学课时量，将外语水平作为毕业的重要条件之一；增强旅游职业荣誉感的教育教学，培育学生的旅游就业动机，提高旅游类毕业生的旅游就业率；大力发展旅游教育的国际合作项目和机构，培养更多具有国际就业竞争力的高层次旅游人才；加强“双帅型”旅游师资队伍、实验室和实习基地建设，提高旅游实验室和实习基地的利用率。

强化在职培训，重视内部旅游人才培养。实现旅游企业、协会和行政管理部门在职培训的常态化，每位旅游从业人员每年的在职培训时间不少于16小时，采取请进来与走出去相结合、旅游院校教授与企业高管相结合、理论学习与技能培训相结合等方式。选派优秀员工赴旅游院校乃至出国进行定向培养，包括学历教育。鼓励旅游人才获得相关职业资格证书，目前约有30%的专业技术人才和57%技能型人才拥有职业资格证，建议开放旅游人才职称评定系列。畅通内部晋升渠道，选拔优秀干部，正如习总书记所强调的，建设国际旅游岛，干部是决定因素。

五、构建国际化服务体系

找准海南国际旅游岛的对标。美国的佛罗里达除了是半岛外，其他各方面与海南具有很强的相似性，其发展对海南具有很好的启示作用，可以作为海南国际旅游岛的对标。要深入研究佛罗里达的区域发展规划及旅游等相关专项规划、政策体系、产业体系、市场主体培育措施等，从中寻找借鉴和启示，推进海南国际旅游岛迈上新台阶。

充分挖掘本土文化，将本土文化融入旅游开发中。只有民族的，才是世界的。黎族文化、苗族文化、疍家文化、南海文化具有鲜明的海南特色，要树立民族文化自信，大力挖掘和开发。既要对海口和三亚等重点旅游城市及亚龙湾、海棠湾、博鳌等重点旅游园区进行国际化改造，又要在对已有旅游景区进行国际化改建、扩建和升级的同时，力争三年内按照5A标准新建3—5个大型旅游景区，五年内建成5A级旅游景区。

增开国际航线和航班。积极开发新航线，力争近年内将直飞的国际或地区航线增加到100条以上；积极鼓励包机业务，加大对包机的补贴力度；大力引进廉价航空，逐步建立起航空业的竞争机制；争取将部分广州的国际航线延长至海南。为此，要加大航空补贴力度，优化航空补贴方式。在加大航空补贴力度方面，要继续扩大对境外航线补贴的资金规模，而且，在三亚已经出台对国际航线补贴政策的基础上，海口也要尽快出台对国际航班补贴的政策，以便实现同一客源地同时开通海口、三亚航线，促进海口入境、三亚出境以及三亚入境、海口出境的旅游线路开发，延长境外游客在海南的停留时间，提高在琼旅游消费水平。在优化航空补贴方式方面，一要明确国际航班的补贴要求，入境游客数量占飞机座位数的比重应达到要求才能获得补贴，例如，亚洲航班最低应达到40%，洲际航班最低应达到30%，才能给予航班补贴，并按照入境游客比例进行递增补贴，即入境游客占比越高补贴也越高；二要加大对重点培育市场航线的专项补贴力度，即在一般航空补贴的基础上，另外设置专项航空补贴；三要在航线开拓期，考虑到初始包机飞行的成本和风险较高，参照定期航班标准对旅游包机进行补贴。

大力发展国际合作教育。继续扩大在琼留学生规模；鼓励设立国际合作办学机构；鼓励开发国际合作办学项目；大力支持教育走出去；持续推进交换生、带薪实习、高技能培训等国际合作项目；建设一所新大学——海南国际大学，由国际上著名的专业系所构成。

加快建立国际购物中心。允许有实力、有资质的国内外企业进入海南免税市场经营；免税购物区域由现有的海口、三亚扩展到全岛；免税品种由国外产品扩大到国内名优产品；免税对象由乘飞机、火车离岛的游客放宽至所有离岛（乘船、乘车等）游客；本岛居民无论是否离岛均可购买免税商品；增加市内免税区的数量；取消对免税商品数量、次数、金额等方面的限制。积极探索建立“琼港服务业合作试验区”，以委托经营、独资经营等多种形式，引进香港资本及先进的经营、管理和人才参与海南国际购物中心建设。

扩大医疗健康产业的市场开放。争取把博鳌乐城国际医疗旅游先行区的政策扩大到全省；尽快出台中央给予博鳌乐城国际医疗旅游先行区九条优惠政策的实施细则，允许在先行区内注册的医疗健康类企业在全岛设立分支机构，并享受先行区同等优惠政策；简化医疗设备、技术和药品进口审批程序，争取将先行区内医疗急需、国外已批准上市但国内尚未批准的药品进口审批权下放给海南。鼓励和支持社会资本和外资以多种形式在海南举办医疗健康机构，积极吸引国内外拥有专利技术、研发资源的企业到海南设立医疗健康机构，并为全国医疗健康市场的有序开放与严格监管提供重要经验。加快发展医疗健康保险产业，推进各类健康商业保险与主要客源国家医疗保险支付系统的对接，扩大境外健康消费；构建国际质量管理体系，鼓励省内医疗机构通过国际医疗标准认证，解决境外人员医疗保险结算问题。

推进文化娱乐产业市场开放。明确文化领域扩大对外开放的底线，实行文化开放负面清单管理；争取国家支持，扩大外资文化娱乐企业的经营服务范围；加大与国际友好城市之间的文化娱乐产业的交流与合作，积极开展文化娱乐产业项下的自由贸易。通过独资、合资、合作等多种途径，引进海内外具有国际竞争力和知名度的文化娱乐企业进驻海南，有效吸引社会资本和外资做大做强海南文化体育娱乐产业。以大企业带动，加快建设一批具有国际一流水平的文化娱乐项目，培育一批国际知名的文化娱乐品牌。例如，开放公益性赛马博彩，收益主要用于海南的教育、医疗等公益事业；按照国际惯例，在严格监管前提下，允许在海南注册的邮轮经营公海博彩业务。

形成国际化的营商环境。在海南率先实施企业自主登记制度，全面实施企业简易注销制度。取消企业一般投资项目备案制。创新旅游业发展的体制机制和政策，加快调整以旅游为重点的服务业用地政策，实现服务业用地优惠政策。为降低企业成本，振兴实体经济，适当降低企业所得税，例如，从目前的25%降至15%。改善企业投融资环境：放宽私募股权投资基金发起设立条件；吸引国内外产业基金进入海南；大力发展中小银行和民营金融机构；大力发展中小企业债券市场；发展依托现有产业基础的各类产权交易市场，提高产权流动性。

尽快争取到“全球免签”和“琼港澳自由行”政策。与我省相似的岛屿旅游目的地，如马尔代夫、巴厘岛、普吉岛、济州岛对绝大部分的国家和地区实行个人免签。北京、上海、广州、成都等15个国内主要城市实施的对45个国家旅客72小时过境免签政策，以及广东执行的粤港澳144小时自由行政策都有效地促进了当地入境旅游的发展。为提升入境游客来琼旅游的便利性，要尽快争取到“全球免签”和配套政策，允许外国游客免签证乘直达航班入境到海南旅游，同时允许外国游客从国内实行 72 小时过境免签政策的城市免签证，中转国内航班到海南，在琼停留 60 天；要争取“琼港澳自由行”政策，允许访问港澳的外国游客免签证到海南旅游停留 144 小时。

六、构建泛南海旅游经济圈

刘赐贵书记在 2017 博鳌亚洲论坛 21 世纪海上丝绸之路岛屿经济分论坛上提出“打造更高层次、更大范围、更深层次的海洋旅游经济圈”。海南省第七次党代会提出“积极争取泛南海旅游经济合作圈成为国家战略”。在经济全球化背景下，无论从服务于 21 世纪海上丝绸之路和经略南海的战略高度出发，还是提升海南的国际化水平，构建泛南海旅游经济圈都具有重大意义。

加快泛南海邮轮旅游发展。加快推进海口秀英邮轮码头和三亚凤凰岛邮轮码头建设，加快邮轮配套设施建设，使海口秀英港和三亚凤凰港能够满足外国邮轮公司母港航线邮轮对岸电供应、油料补给、食品及淡水补充等的基本需求。放宽进口邮轮的船龄限制，适量延长在泛南海海域航行的邮轮进口年限，或者针对特选船型采取“一事一议”的办法给予一次性政策支持。对国内企业进口邮轮给予税收减免，争取邮轮吨税优惠；放宽外籍邮轮多点挂靠审批条件。实施与国际接轨的邮轮旅游通关政策，在海口秀英港邮轮码头和三亚凤凰岛邮轮码头对邮轮游客实行 144 小时过境免签政策；实行海空联动 144 小时过境免签政策；简化母港邮轮外籍船员临时入境手续。

建立泛南海岛屿旅游经济合作体。借鉴 APEC 商务旅行卡的成熟模式，探索发起泛南海岛屿旅游卡发展计划，实现泛南海岛屿经济体之间的旅游相互免签，发挥岛屿经济体的产业优势，建立岛屿间健康养生、文化旅游联盟。可以率先建立海南岛—巴厘岛、海南岛—济州岛的岛屿旅游经济合作体，积极开展岛屿旅游经济合作体内部的旅游业项下的自由贸易，

加快推进三沙旅游及相关服务业开放。适时允许外籍邮轮公司经营三沙邮轮旅游航线；适时允许外籍邮轮挂靠永兴岛等三沙市管辖岛礁和海域；适时允许港澳台游客和外国游客赴西沙旅游。

力争“泛南海旅游经济合作圈”上升为国家战略。对“泛南海旅游经济合作圈”进行顶层设计，建立高层次协调机制，形成各方广泛参与的合力。

七、构建创新型旅游营销体系

酒香也怕巷子深。在信息化时代，旅游营销体系建设对提升旅游目的地影响力和竞争力尤为重要。要通过加大入境旅游营销投入、放宽出国（境）营销的限制、充分利用主流自媒体营销、与国际大型旅游企业开展深度合作等措施，开展整体营销、联合营销和精准营销，提升海南国际旅游岛的国际知名度、美誉度和认可度。

首先，优化旅游营销渠道。一是开展互联网营销。通过 Tripadvisor（猫途鹰）等国际著名旅游网站、重点客源国家和地区的主流旅游网站、Facebook（脸谱）、Twitter（推特）等社交平台和阳光海南网英、日、韩、俄四个外语网页，全方位推介我省的旅游形象、产品。二是加强与俄罗斯国家电视台、韩国 KBS 电视台、新加坡海峡时报等重要客源国的知名媒体合作，投放海南旅游广告。三是加强与国际友城、华人华侨社团、国际旅游组织、境外旅游推广部门的交流合作，建立跨国界、跨地区的旅游营销网络，开展“一程多站”联合促销。四是加大请进来力度，组织邀请台湾地区、香港地区以及俄罗斯、韩国等重点客源地的旅行商和媒体来琼考察踩线、拍摄，设计新的旅游线路，加大海南旅游在境外的宣传力度。

其次，积极开展政府营销。要积极参与国家各部委在国际上开展的活动和推介，2018 年 2 月 2 日，外交部举行的以“新时代的中国：美好新海南 共享新机遇”为主题的外交部省区市全球推介活动对提升海南旅游形象产生了积极影响，要多举行类似活动。要落实省政府提出的出境公务团队要增加宣传推广海南旅游的任务要求，省旅游委要积极主动与省人民政府外事办公室、省商务厅等相关部门共同研究，建立相关工作机制，充分利用出境公务团在各类国际交流、国际会议、国际培训中开展海南旅游宣传。省政府牵头，每年对重点客源国家或客源市场组织几次大型综合性促销活动，包括招商推介、旅游促销、文化展示、国际教育交流、境外媒体宣传等。要放宽出国（境）营销的限制，对省旅游委实行与省人民政府外事办公室、省商务厅同等的出境政策，适当放宽海口、三亚、琼海等重要旅游城市旅游分管领导和旅游行政管理人员的出境审批。

再次，向境外派驻营销代表。合理利用国发〔2009〕44 号赋予海南在海外主要旅游客源地设立旅游推介分支机构的优惠政策，向重要客源地如莫斯科、首尔、东京、纽约、新加坡、法兰克福、巴黎、悉尼、香港、台北等城市的我国国家旅游局驻外办事处派驻营销代表，并借助国家旅游局的平台，对客源市场开展市场调研、媒体公关和新闻宣传，联络旅行商和开展专项促销、展会促销等，同时利用在当地举行的全国性旅游促销活动积极促销海南旅游。

最后，扩大和优化旅游营销经费。从2016年起，每年递增2000万元，到2020年增加到1.4亿元（相当于2014年山东旅游促销经费）。设立省级财政专项奖补资金，对企业赴境外参展、组织推介会、请进来促销和其他营销创新项目予以资金支持；对旅行社、邮轮旅游经营企业、会展企业、酒店等根据开拓入境旅游业绩进行资金奖励。

八、打造旅游吸引物

海南特定区位和条件决定了海南的城市化动力源泉不能是工业化，而必须实现跨越式发展，依靠现代服务业的发展。在海南特色经济结构中，以旅游业为龙头的现代服务业是主导产业，因此，以旅游业为龙头的现代服务业的发展必然是海南城市化的根本动力源泉。也就是说，旅游化是海南城市化的根本动力，可以将海南的城市化称为旅游化的城市化。然而，自国际旅游岛建设以来，海南的城市化进程比较缓慢，反映出旅游业发展对海南城市化的推进作用不明显。酒店业对城市化的推进不强，海棠湾、七仙岭等酒店分布比较密集的区域都没有充分利用城市已有基础，而是另起炉灶；呀诺达、槟榔谷、分界洲、蜈支洲等旅游景区更是在比较偏远的区域开展基础设施建设，对城市化发展的贡献份额很小。由于海南旅游业的竞争力偏弱，旅游业难以承担起其他省、市、区靠工业化来承担的城市的基本功能的重任，城市化发展动力不足。

按资源集约、空间集聚、要素集合、产业集群原则打造吸引物。按照层次可以将旅游吸引物划分为旅游目的地、旅游综合体和旅游景区等。海南对外影响力最大、依存度最大的产业毫无疑问是旅游业，旅游业应该成为而且可以成为海南城市化的重要动力源泉。除三亚外，海南其他市县旅游业对城市化的推进作用都比较小，原因在于旅游项目的分散布局。必须改变这种局面。打造旅游综合体（目的地）与全域旅游发展并不矛盾，而是相辅相成。在全域旅游发展的背景下，需要打造若干个各具特色的旅游综合体，例如，观澜湖高尔夫特色旅游综合体、亚龙湾滨海旅游综合体、龙沐湾—尖峰岭山海互动旅游综合体，等等。这样才能丰富游客的旅游体验，延长游客的停留时间，增加游客的旅游消费，提高游客满意度。要完善旅游综合体的旅游要素配置，尤其要在旅游综合体配备技术要求低、参与性高、娱乐性强、关爱孩子的大型主题旅游项目。

要加快旅游综合体建设。旅游综合体是以旅游和休闲为导向进行土地综合开发而形成的、由众多旅游业态及其相关业态在一定空间范围内集聚、能够满足游客食住行游购娱等各方面需求、整体服务品质较高的旅游和休闲聚集区。旅游综合体可能是一个大型企业开发而成，也可能是众多企业共同开发而成。成熟的旅游综合体有可能发展成为旅游休闲目的地。旅游综合体具有几方面优点：（1）土地集约和节约利用，提升土地利用效率和开发价值；（2）各业态相互配合和协调共同为旅游和修休闲者提供优质服务；（3）实现客源共享，开展联合营销，可以提高综合体的整体效应和集聚效应；（4）旅游者在综合体内可以获得各类体验和愉悦，从而提升旅游者的旅游价值；（5）旅游和休闲业态的集聚有利于推进城市化进程。

要加大旅游景区建设力度。全域旅游是旅游供给侧结构性改革的重要手段，是增加有效旅游供给的重要举措。打造旅游吸引物是旅游开发的永恒话题，没有旅游吸引物的全域旅游将会缺乏吸引力和竞争力，是没有活力的。景区，尤其是核心景区，是全域旅游目的地的关键吸引物，是吸引游客和让游客满意的关键吸引物，因此，全域旅游开发离不开景区建设。

九、突破对外交通瓶颈

海南当前的对外交通能力有限，其中航空吞吐量约为4000万人次，港口吞吐量约为3500万人次，扣除海南居民的需求，每年实际能进入海南的游客约为2500万人次。对外交通能力小是海南旅游市场规模小的直接原因之一。2018年春节琼州海峡60年一遇的大雾造成海口全城大堵车，让海南尤其是海口经历了一次大考，海南也交出了满意的答卷，但是，再暖心的堵车也是堵车，这已经超出了海南基础设施的能力。要深入研究琼州海峡跨海工程可行性，并在条件成熟时建成跨海工程。

有观点认为，琼州海峡跨海工程的修建可能会导致大量车辆和游客涌进海南，使海南成为停车场，使海南的生态环境遭到破坏。不妨做以下两方面分析。一方面，简单比较一下游客生态足迹与常住人口生态足迹市场。2017年，海南年末常住人口925.76万人，折合为33.79亿人天；海南接待过夜游客5591.43万人次，假定全部为省外游客，且人均停留3天，则折合为1.68亿人天，再假定游客与常住人口的每人天的生态足迹相同（事实上游客会更高），则游客的生态足迹仅相当于常住人口的4.96%。如果因琼州海峡跨海工程的修建使进入海南的游客翻两番达到2.24亿人次（绝对是高估的），游客的生态足迹也仅相当于常住人口生态足迹的20%。可见，生态压力主要来源于常住人口。另一方面，简单比较一下海南与台湾的情况。海南岛与台湾岛的面积分别为3.4万和3.6万平方千米，二者相当；海南省人口约为925万，台湾地区人口约为2300万，台湾显著多于海南。如前所述，常住人口对生态环境的压力要显著大于游客。台湾的生态环境优良，并不比海南差。由此可见，与台湾相比，海南的生态环境容量还有很大的空间。由此似乎可以得出，只要管理水平够高，琼州海峡跨海工程并不会导致海南的生态环境遭到破坏。当然，建成跨海工程对海南的综合管理能力必将提出更高要求。

要增开国际航线，力争近年内将直飞的国际或地区航线从目前的50多条增加到100条以上。同时引进廉价航空，建立起航空业的竞争机制，有效降低来海旅游的长途交通成本，增强海南旅游的价格竞争力。当然，在跨海工程建成之前，还需要致力提升琼州海峡海运能力。

十、激发乡村旅游发展动能

第一，培育能人，树立榜样。村民是乡村旅游发展的主体。但村民创新创业精神和能力有限，尤其是资金短缺，技术缺乏，经验不足，不敢甚至不愿“吃螃蟹”。事实上，村民对失败的承受能力很弱，一旦创业失败，就有可能前功尽弃，一蹶不振。但是，如果已经有村民通过发展乡村旅游过上了小康甚至富裕生活，就会极大地鼓舞村民的创新创业动能。榜样的力量是无穷的。要带领村民外出参观学习和实地考察，用事实告诉村民，发展民宿、体验农业、创意农业等形式的乡村旅游能够发家致富。琼中县什寒村妇女主任随省旅游委组织的乡村旅游考察团外出考察，回来后就带头在村里开了第一家农家乐，获得了成功，当年年收入就超过10万元。在她的榜样作用下，村里陆续有多户村民参与到乡村旅游发展中。目前什寒村拥有民宿客房15间，客栈2家，共有床位70张，加上户外帐篷租赁，什寒村每天可接待游客近200人。有人种植铁皮石斛，有人织黎锦，有人养蜜蜂，有人开农家乐，什寒村从曾经的海南最为贫困的高山边远村之一发展成为海南乡村旅游发展的示范村。

第二，找准抓手——以“共享农庄”为抓手。

《中共中央国务院关于深入推进农业供给侧结构性改革加快培育农业农村发展新动能的若干意见》（中发〔2017〕1号）明确要求利用“旅游+”“生态+”等模式，大力发展乡村休闲旅游产业，推进农业、林业与旅游、教育、文化、康养等产业深度融合。

《财政部关于开展田园综合体建设试点工作的通知》（财办〔2017〕29号）要求加快培育农业农村发展新动能，实现“村庄美、产业兴、农民富、环境优”的目标，围绕农业增效、农民增收、农村增绿，支持有条件的乡村加强基础设施、产业支撑、公共服务、环境风貌建设，实现农村生产生活生态“三生同步”、一二三产业“三产融合”、农业文化旅游“三位一体”，逐步建成以农民合作社为主要载体，让农民充分参与和受益，集循环农业、创意农业、农事体验于一体的田园综合体。

《海南省人民政府关于以发展共享农庄为抓手建设美丽乡村的指导意见》（琼府〔2017〕65号）提出，建设产品订制型、休闲养生型、投资回报型、扶贫济困型和文化创意型等各具特色的“共享农庄”，使农民转变为股民、农房转变为客房、农产品现货转变为期货、消费者转变为投资者，实现农民增收、农业增效、农村增美。

《海南省委省政府关于乡村振兴战略的实施意见》明确指出，以“共享农庄”为抓手推进农村一二三产业融合发展。要大力发展乡村共享经济、创意农业、特色文化产业，开发农业多种功能，延长产业链、提升价值链、完善利益链，通过保底分红、股份合作、利润返还等多种形式，让农民合理分享全产业链增值收益，鼓励支持各类市场主体创新发展基于互联网的新型农业产业模式，探索与推行“共享农庄”等模式，打造海南乡村振兴的新载体。

第三，融合发展。融合发展内涵丰富，在此以三亚西岛为例，重点讨论乡村社区与旅游景区的融合发展。

西岛，即西帽洲岛，面积为2.68平方千米，是海南5个有居民海岛之一。它离海南岛较远，周边海域辽阔，地势较高，地貌类型丰富，海岛特征显著，周边海域珊瑚礁生态系统发育良好，特别是有优良的文化底蕴——渔民生活和生产为主的渔民文化、西岛女民兵连等红色文化。

西岛旅游区位于三亚市西南8海里处，西帽洲岛的西部，由肖旗港、西岛游乐世界、牛王岛生态公园组成，主要旅游项目有潜水、海上运动、拖伞、海钓和沙滩活动等，主要景点有海角金沙、金牛望海、海誓山盟、开天辟地、灵龟奇石，其形象口号为“海上桃源，动感天堂”，是国家4A级旅游区，2001年开始营业，现年游客接待量超过100万人次。

西岛社区现有居民4000多人，其先祖是400多年前来此定居的福建渔民。主要收入为捕鱼和西岛旅游区就业。西岛社区文化底蕴深厚，电影《海霞》及其插曲《渔家姑娘在海边》让西岛女民兵家喻户晓，毛泽东亲自为西岛女民兵题写七绝："飒爽英姿五尺抢，曙光初照演兵场。中华儿女多奇志，不爱红装爱武装。"刘少奇与夫人以及众多将军登上西岛看望女民兵。西岛社区现存众多就地取材用珊瑚礁石修建的民居民宅并留存着众多故事。

然而，一方面，长期以来，西岛社区被西岛旅游区用围墙隔离在旅游区之外，游客不能进入西岛社区，西岛社区深厚的文化底蕴没能得到挖掘和合理开发利用，西岛社区居民除在旅游区上班挣工资外，不能通过开发民宿和发展乡村旅游获得收益；另一方面，西岛旅游区经过26年左右的开发，又地处三亚这一巨大市场，但仍是观光型旅游景区，没有良好的住宿和餐饮接待条件和能力，而且与蜈支洲岛、分界洲岛等无居民海岛旅游区形成竞争关系，并且仍然是4A级旅游区，不像蜈支洲岛和分界洲岛已经是5A级旅游区了。

西岛景区拥有如此好的资源，如此好的区位，如此大的市场，为什么没能打造成5A级旅游区呢？为什么会与蜈支洲岛及分界洲岛形成同质化竞争关系呢？为什么西岛会成为观光点而没法留住游客呢？

直接原因就是，西岛旅游区自己抛弃了最具有特色最具优势的资源；就是对西岛文化的不重视和挖掘开发不够；就是没能实现景区与社区的融合发展。新时代的新矛盾在西岛体现得很突出——不平衡、不充分；景区和社区都没有得到充分发展。而事实上，西岛完全可以比现在发展得更好，完全具有打造成度假海岛的条件。如果能将来三亚的游客的10%吸引来西岛，就有170万人左右，如果20%呢？或者更多呢？

通过前面的分析可以得出：文化是西岛的比较优势所在；市场对文化旅游产品的消费偏好强；挖掘文化并开发文化旅游产品是西岛旅游景区转型升级的核心和关键；景区与社区融合是西岛旅游发展和社区发展的必由之路；文化应成为西岛的品牌和核心竞争力，要深度开发文化旅游产品，实现西岛旅游景区升级换代。

西岛旅游区和社区要通过融合发展，共同将西岛打造成三亚重要的旅游综合体。西岛旅游景区需要升级，西岛社区也需要升级，推进二者融合发展，体现了五大发展理念的要求，更体现了中共十九大的要求和省委第七次党代会的要求。要将民宿开发作为西岛景区与社区融合发展的关键抓手，将西岛文化挖掘、整理与开发成旅游产品作为西岛旅游升级的突破口。要拔高西岛发展目标——通过融合发展，将西岛打造成世界一流海岛度假目的地——国家5A级旅游区、国家度假海岛、国家景区、社区融合发展样板的海岛旅游综合体。

参考文献

[1] 习近平. 在庆祝海南建省办经济特区 30 周年大会上的讲话 [N]. 人民日报, 2018-04-14 (002).

[2] 习近平. 迈向命运共同体 开创亚洲新未来——在博鳌亚洲论坛 2015 年年会上的主旨演讲 [N]. 人民日报, 2015-03-29 (002).

[3] 习近平. 携手构建合作共赢新伙伴 同心打造人类命运共同体——在第七十届联合国大会一般性辩论时的讲话 [N]. 人民日报, 2015-09-29 (002).

[4] 习近平. 决胜全面建成小康社会 夺取新时代中国特色社会主义伟大胜利——在中国共产党第十九次全国代表大会上的报告 [N]. 人民日报, 2017-10-28 (001).

[5] 习近平. 开放共创繁荣 创新引领未来——在博鳌亚洲论坛 2018 年年会开幕式上的主旨演讲 [N]. 人民日报, 2018-04-11 (003).

[6] 中共中央, 国务院. 中共中央 国务院关于支持海南全面深化改革开放的指导意见 [N]. 人民日报, 2018-04-15 (001).

[7] 国务院. 国务院关于推进海南国际旅游岛建设发展的若干意见 [N]. 海南日报, 2010-01-05 (A01).

[8] 黄晓华. 美丽篇章藉春风——习近平总书记考察海南纪实 [N]. 海南日报, 2013-04-13 (A01).

[9] 海南省旅游发展委员会. 旅游统计 [DB/OL]. 阳光海南网.

第五章

海南热带现代高效农业发展与对策

农业农村农民问题是关系国计民生的根本性问题，党的十九大明确提出了实施乡村振兴战略，坚持农业农村优先发展，加快推进农业现代化。海南拥有得天独厚的生态环境，是我国唯一的热带岛屿省份，具有优越的生态环境和独具特色的农业资源，通过建设热带现代高效农业，完全有条件，也应该早日实现乡村振兴，为美好新海南绘出重要的篇章。

引　言

2009 年 12 月 31 日发布的《推进国际旅游岛建设发展的若干意见》提出，海南六大战略定位之一就是将海南农业建设成为“国家热带现代农业基地”，通过大力发展热带现代农业，使海南成为全国冬季菜篮子基地、热带水果基地、南繁育制种基地、渔业出口基地和天然橡胶基地，奠定了海南国家热带现代农业基地的战略定位。

2013 年 4 月 9 日，习近平总书记视察海南，为海南农业指明方向：要加快农业发展方式转变，做强做精做优热带特色农业，使热带特色农业真正成为优势产业和海南经济的一张王牌。省委书记刘赐贵在中国共产党海南省第七次代表大会上明确要打造“热带特色高效农业王牌”，推动农业向高品质、高效益、高产量转型。

党的十九大报告中提出乡村振兴战略，提出要加快推进农业农村现代化。2018 年的中央一号文件——《中共中央、国务院关于实施乡村振兴战略的意见（讨论稿）》，研究、部署了 2018 年和今后一个时期的农业农村工作，通过实施质量兴农战略，加快实现由农业大国向农业强国转变。

围绕党中央及海南省委省政府对农业工作的系列部署，海南省在《海南省国民经济和社会发展“十三五”规划纲要》明确了要做强做优热带特色高效农业，把热带特色高效农业打造成海南富足农民、服务全国的王牌产业。随后，海南省农业厅组织编制《海南省现代农业“十三五”发展规划》，提出海南农业发展目标：做大做强热带特色高效农业，推进海南省全面小康社会建设。

由此，海南热带现代高效农业提法得以明确，指明未来海南农业发展方向，意义重大：可保障国家热带农产品有效供给、推动海南乡村振兴、促进农民持续稳定增收、让农业成为保护海南生态环境的绿色生态屏障，通过加强与“一带一路”沿线地区农业合作，打造农业对外交流合作“桥头堡”。

第一节 海南热带现代高效农业的内涵、特征及发展趋势

海南全省陆地面积 3.54 万平方千米，占全国热带土地面积的 42.5%。年均气温 23 ~26℃，年光照时数 1832 ~2558 小时，年均降雨量 1600 毫米，热带生物物种丰富，农作物周年生长，四面环海形成天然的动植物疫病屏障，发展热带特色农业的条件较好。全省耕地资源 1255.8 万亩，其中，常用耕地 634.2 万亩。农业人口 570.99 万人，占总人口的 62.1%。独特的资源禀赋和优越的生产条件使海南农业在全国具有“人无我有、人有我优”的优势，为热带现代高效农业奠定了基础。

一、现代高效农业的内涵

现代高效农业是相对传统农业而提出的，与之对应的是高生产力水平下的先进农业状态，以保障农产品的供给、提高农民收入水平以及维持农业可持续发展为目标，以发展为指导理念，以现代高新科技及现代工业物质装备作为支撑点，合理采用现代经营方式及管理手段，以市场为导向，充分合理利用资源环境，实现各种生产要素的最优组合，最终实现经济、社会、生态综合效益最佳的农业生产经营模式。其本质是国民经济中具有较强竞争力的现代产业，是最新发展阶段的农业。

截至目前，关于现代高效农业的明确概念还没有一个统一的说法。然而关于其定义世界各国比较认同的标准有四个：（1）80% 以上的农业科技贡献率；

（2）95%以上的农业产品商品率；（3）低于20%的农业劳动力比率；（4）40%以上的农业产出比。

中国工程院卢良恕院士认为，现代高效农业应该以科学化为核心，以集约化为方向，以商品化为特征，以产业化为目标。

二、现代高效农业主要特征

（一）农业的现代性

第一，实现农业生产物质条件的现代化。以比较完善的生产条件、基础设施和现代化的物质装备为基础，集约化、高效率地使用各种现代生产投入要素，包括水、电力、农膜、肥料、农药、良种、农业机械等物质投入和农业劳动力投入，从而达到提高农业生产率的目的。

第二，实现农业科学技术的现代化。广泛采用先进适用的农业科学技术、生物技术和生产模式，改善农产品的品质、降低生产成本，以适应市场对农产品需求优质化、多样化、标准化的发展趋势，是用现代科技改造传统农业的过程。

第三，管理方式的现代化。广泛采用先进的经营方式、管理技术和管理手段，从农业生产的产前、产中、产后形成比较完整的紧密联系、有机衔接的产业链条，具有很高的组织化程度。有相对稳定、高效的农产品销售和加工转化渠道，有高效率地把分散的农民组织起来的组织体系，有高效率的现代农业管理体系。

第四，较高的农产品商品化率。农业主要为市场而生产，具有很高的商品率，通过市场机制来配置资源。一些拥有较高农业现代化水平的国家，对应的农产品商品化率都高达90%以上。为此，需要以市场需求为导向，建立非常完善的市场体系，包括农产品现代流通体系，完善市场经营主体，充分刺激市场活力，利用市场竞争的方式合理地配置现代高效农业资源，并根据所得到的配置方案规划产业发展的整体布局，积极调整农业发展结构，进而健全农产品流通体系。

第五，农业管理人才及农民的现代化。建设现代高效农业的首要条件就是培养高素质农业经营管理人才，同时实现农民素质的现代化。具有较高素质的农业经营管理人才和劳动力，是建设现代农业的前提条件，也是现代高效农业的突出特征。

（二）农业的高效性

第一，高经济效益。经济效益是一切经济活动的核心，指在经济活动中各种耗费与成果的对比。经济效果反映投入、产出关系，要求生产同量的有用效果，最大限度地节约劳动耗费；或者用同量的劳动耗费能生产尽可能多的有用效果。对于经营者来说，经济效益具有更大的吸引力，所以生产者往往能自觉地注意提高农业生态系统的经济效益。可通过实现农业生产经营的规模化、专业化、区域化，降低公共成本和外部成本，提高农业的效益和竞争力。

经济效益的主要指标有：土地生产力（单位面积上的产量、产值、净产值、纯收入）、劳动生产率（单位劳动的产量、产值、净产值、纯收入）、资金生产率（单位投资的产量、产值、净产值、纯收入）、经济产投比、资金利润率、资金周转率等。

第二，高社会效益。一般把社会效益集中于满足社会需要的程度上，随着社会文明程度的提高，社会效益受到人们的重视，并能最大限度争取社会效益。社会效益是经济效益的前提。一般情况，没有社会效益就不可能有经济效益。就农业生态系统的社会效益而言，较多的农产品输出，能够满足社会的需要，促进社会的安定；不断提高质量、产量，才可以满足人口增长和人类不断提高的物质生活水平的需要；生产项目的增多还可以提供更多的就业机会。在农业生态系统中还有一些项目，如自然风景区、饮食业、运输业、社会福利业等，就是直接对社会的服务。

社会效益的指标一般有：年人均各种生物产品占有量、年人均产值与纯收入、系统开放度（产品中商品数量与产品总量之比）等。

第三，高生态效益。生态效益的基础是生态平衡和生态系统的良性、高效循环。生态效益表现在生产活动对生态系统的物质生产过程、能量流动转化过程、自然资源的合理利用和保护，以及对环境的治理和改善等方面的好的效果和影响。空气、淡水资源可循环利用，但其质量如被污染则会失去利用价值。如果广泛采用生态农业、有机农业、绿色农业等生产技术和生产模式，实现淡水、土地等农业资源的可持续利用，达到区域生态的良性循环，农业发展则可持续，而且可以优化区域生态环境。生态效益的目标和根本标志，就是人类按照生态平衡规律和经济生态规律，调节和控制经济生态系统，协调人与自然的关系、生物与环境的关系。促进经济稳定、持续地迅速发展，人类生活环境不断优化。生态效益关系到人类发展的最根本效益，是经济效益和社会效益的基础和前提。

生态效益的主要指标有：植物光能利用率，辅助能产投比，森林覆盖率，水、空气和土壤污染程度，土地沙化、碱化、侵蚀面积及程度等。

（三）现代高效农业发展趋势

1. 新型农业形态迅速发展

相对于传统农业，现代高效农业正在向观赏、休闲、美化等方向扩延，假日农业、休闲农业、观光农业、旅游农业等新型农业形态也迅速发展成为与产品生产农业并驾齐驱的重要产业。传统农业的主要功能主要是提供农产品的供给，而现代农业的主要功能除了农产品供给以外，还具有生活休闲、生态保护、旅游度假、文明传承、教育等功能，满足人们的精神需求，成为人们的精神家园。从事农业不再是传统农民的一种谋生手段，而是一种现代人选择的生活方式；农业在保护环境、美化环境等方面也具有不可替代的作用；同时，农业作为我国五千年农耕文明的承载者，在教育孩子、发扬传统等方面也可发挥重要的作用。

2. 农业产业体系不断完善

现代高效农业是在工业化和城市化高度发展进程下，以现代产业体系来带动农业，以现代管理体系来推动农业的发展，构建企业与农民间的利益联结机制，建成比传统农业内涵更为丰富的农业。传统农业是以土地为基本生产资料，以农户为基本生产单元的一种小生产。在现代农业中，农户广泛地参与专业化生产和社会化分工，要加入各种专业化合作组织，农业经营活动实行产业化经营。这些合作组织包括专业协会、专业委员会、生产合作社、供销合作社、公司加农户等各种形式，它们活动在生产、流通、消费、信贷等各个领域。同时，现代农业发挥城市的资本充足、信息流动快、先进科技、市场广大等优势，从而将城市与乡村有效地融为一体，并加强推动农业与其他产业的融合，最终实现农产品在生产、销售、服务上的一条龙服务体系。

3. “互联网+”现代农业成为有效工具

国务院副总理汪洋2015年9月14日在北京市调研“互联网+”现代农业发展情况时强调，大力推进互联网技术和互联网思维在农业农村工作中的应用，为提升农业生产、经营、管理和服务水平不断注入新的动力。他指出，互联网与农业的融合发展，推进了现代要素在农业生产中的应用，拉近了生产与市场的距离，提高了效率，降低了成本，大大拓展了农业发展空间。要深入实施“互联网+”现代农业行动，从农村互联网发展的特点出发，探索可持续的商业模式，增强互联网在农资供应、技术指导、金融服务等方面的综合服务功能，积极推动农业经营模式和产业体系创新。推广和完善各地好的经验和做法，把“互联网+”现代农业成功的“盆景”变成“风景”。

促进“互联网+”现代农业的发展，要加强顶层设计，完善标准规范，营造良好市场环境。要加强农村互联网基础设施建设，完善农村物流网络体系，加快培养具有互联网思维、掌握信息化技术的新型农民。建立健全农业数据采集、分析、发布、服务机制，推动政府、企业信息服务资源的共享开放，消除数据壁垒和信息孤岛，加强农业大数据的开发利用，努力缩小工农、城乡之间的“数字鸿沟”。

第二节　海南热带高效农业发展现状

一、海南热带高效农业的资源与条件

（一）自然资源有优势

第一，具备发展高效农业的热带气候优势。海南陆地面积占全国热带土地的42.5%，年均气温23～26℃，年光照时数1832～2558小时，年均降雨量1600毫米，农作物可在自然环境下周年生长，独特的光温水条件，造就了海南农业独特的冬季优势。海南冬季瓜菜产业成为全国人民重要的冬季“菜篮子”；南繁育种基地将我国农作物育种周期从6～8年缩短至3～4年，成为保障国家种业和粮食安全的首要阵地。

第二，具备发展高效农业的种质资源优势。海南素有“绿色宝库”之称，630多种植物为海南所特有，是全国生物多样性及热带雨林特征最为突出的地区；海域面积占全国的三分之二，热带海洋资源极其丰富，鱼虾贝藻类800多种，约占全国海洋生物的40%。丰富而特殊的热带种质资源体系为发展热带特色高效农业奠定了重要基础。

第三，具备发展高效农业的生态环境优势。海南是生态省，森林覆盖率高达61.5%，空气质量、水环境全国一流，94.2%的监测河段水质达到或优于国家地表水Ⅲ类标准，一二类海水占91.1%，四面环海形成天然的动物疫病屏障，是全国唯一的全省性无规定动物疫病区。优越的生态环境为绿色优质农产品生产及品牌打造提供了先天条件。

（二）土地与劳动力资源有保障

海南省土地资源肥沃，为发展热带高效农业提供了基本生产要素。2016 年，海南省耕地面积为 7297.61 平方千米。其中，一等地 1350.06 平方千米占比 18.5%；二等地 1579.93 平方千米占比 21.65%；三等地 1461.71 平方千米占比 20.03%；四等地 1655.83 平方千米占比 22.69%；五等地 703.49 平方千米占比 9.69%；六等地 546.59 平方千米占比 7.49%。海南省土地资源丰富多样，宜农地占 30%，宜热作地占 23.9%，宜林地占 27.3%，宜牧地占 9.2%，宜淡水养殖的水面占 4%，其他地占 5.6%。土地的多样性对建立一个完整的有热带特色的农、林、牧、渔、热作齐全的大农业体系，是非常有利的条件。

海南农村组织结构相对稳定，农村劳动力资源不断增长，为发展高效农业提供必要人力资源。1988—2001 年，全省乡镇政府数量基本稳定在 305 个左右，2002 年经过调整之后，全省乡镇政府数量基本稳定在 200 个左右，村民委员会数量一直在小范围内波动。1988—2015 年的乡村户数和乡村人口都在逐渐增加。其中乡村户数从 1988 年的 91 万户增加到 2015 年的 141.35 万户。乡村人口从 1988 年的 430.88 万人增加到 2015 年的 605.08 万人，农业劳动力资源充足，但农业从业人员数量仅为农村人口的 36%，表明农业劳动力资源利用具备较大潜力可挖。伴随着海南省城镇化快速发展，越来越多的本地农村青壮年从农业中脱离出来，从事非农产业工作。与此同时，海南现代高效特色农业生产环节又吸引了大量外地来琼务工人员。

表 5－1　1988—2015 年海南省农村家庭从业人员　　单位：万

	乡镇政府个数	镇政府	村民委员会	乡村户数	乡村人口	农业从业人员
1988	307	207	2559	91	430.88	155.01
1989	304	204	2589	93	437.88	158.97
1990	304	207	2605	95	447.43	162.22
1991	305	204	2720	97	456.15	167.09
1992	305	204	2655	98	460.52	166.72
1993	303	203	2654	98	464.4	162.83
1994	304	203	2661	99.17	468.44	162.95
1995	305	203	2739	100.22	475.86	164.6
1996	307	203	2740	101.65	484.4	165.88

续表

	乡镇政府个数	镇政府	村民委员会	乡村户数	乡村人口	农业从业人员
1997	308	203	2651	101.97	489.65	169.25
1998	308	203	2660	100.55	485.39	170.71
1999	308	204	2652	102.78	492.17	171.97
2000	308	204	2647	105.02	499.09	177.36
2001	299	201	2676	106.35	504.62	179.88
2002	200	180	2666	107.28	507.58	181.7
2003	200	180	2633	108.73	511.44	187.25
2004	200	180	2624	110.88	519.61	190.76
2005	200	180	2615	112.58	525.6	193.39
2006	200	—	—	—	—	—
2007	203	182	2620	116.23	538.81	199.89
2008	204	183	2656	119.02	549.28	201.04
2009	204	183	2656	122.3	556.87	207.47
2010	204	183	2656	125.27	564.71	205.29
2011	203	182	2644	130.79	575.2	208.73
2012	204	183	2657	131.58	581.02	213.62
2013	203	182	2673	134.64	588.9	211.92
2014	203	182	2658	138.11	600.94	214.11
2015	196	175	2651	141.35	605.08	217.05

资料来源：2000—2015 年数据来源于历年海南省统计年鉴。

（三）农业基础设施逐步优化

自建省以来，海南省农业生产基础条件不断改善，农业物质投入不断增加，农业机械化和现代化水平逐步提高。农田水利有效灌溉面积从 1988 年的 134103.1 公顷增长到 2015 年的 197638 公顷，年均增长 1.69%；旱涝保收面积从 1988 年的 73093.1 公顷增长到 2015 年的 102925 公顷，增长了 40.81%。化肥施用量逐年增加，除 2014 年外（受当年两次台风及其过后的洪涝灾害影响），化学农药的使用量也逐年增加。2015 年，乡村办水电站 49 个，较 1988 年减少了 110 个，且有逐年递减的趋势，当前乡村的水电站已经相对完善，发电能力 472555 千瓦，比 1988 年 18065 千瓦增长了 25 倍；全省农业机械总动力达到 504.22 万千瓦，较 1988 年 128.0 万千瓦增长将近 3 倍。海南农业基础设施和农业机械化快速发展，为高效农业发展提供了重要基础。

表 5－2　1988—2015 年农业基础设施发展情况

	乡村办水电站（个）	发电能力（千瓦）	农村用电量（万千瓦时）	化肥施用量（实物量）（万吨）	农田水利有效灌溉面积（公顷）	旱涝保收面积（公顷）
1988	159	18065	6 206	32	134103. 1	73093. 1
1989	161	17028	7 705	35	139391. 7	78605. 7
1990	160	16930	8 880	37	142666. 7	82000
1991	142	15348	10 967	39	202000	91333. 3
1992	133	15124	11513	41	202000	88666. 7
1993	118	14103	12050	41	175333. 3	90000
1994	123	14964	11196	42	173275	80628
1995	124	14 356	11554	45	180562	85107
1996	133	22061	12100	49	175108	75041
1997	98	12673	18090	52	226905	111724
1998	105	11541	11550	51	176667	96651
1999	92	18740	14136	57	176799	98765
2000	83	27533	14930	65	179778	100354
2001	44	9 328	17598	70	180824	97575
2002	48	32634	22691	76	187960	107046
2003	57	83532	29850	86. 08	177274	104359
2004	40	87353	33111	126	169822	92312. 8
2005	38	83993	38452	93. 6	168266	92271
2006	—	—	—	—	—	—
2007	35	292924	46949	106. 73	169915	91198
2008	42	323185	51044	115. 27	175937	93596
2009	53	303182	56404	117. 42	178922	96902
2010	52	301183	59480	117. 5	179880	98350
2011	50	342003	70733	101. 03	163973	95134
2012	61	423662	85876	119. 44	178555	99335
2013	62	472478	96271	124. 05	195969	100266
2014	47	472555	108944	131. 3	197611	101860
2015	49	363483	130231	135. 74	197638	102925

资料来源：2000—2015 年数据来源于历年海南省统计年鉴。

表 5－3　海南省农业机械化条件

	农业机械总动力（万千瓦）	大中型拖拉机（台）	小型拖拉机（台）	柴油机（台）	电动机（台）	农用水泵（台）	农用排灌机械动力（万千瓦）	机动脱粒机（台）	渔用机动船（艘）	渔用机动船（万千瓦）	农用运输车（辆）
1988	128.0	3 656	28198	7701	1871	7 013	—	2 357	10657	17.67	4 606
1989	131.5	3 615	29683	9 005	1806	8 645	—	3090	10366	16.76	4 988
1990	133.2	3 461	29334	10542	1776	10256	10.09	4894	10677	20.45	4 369
1991	138.0	3 178	27617	14151	1703	12780	—	7541	10041	24.44	3 896
1992	147.3	3 026	28977	16207	1919	14135	—	8928	11915	27.17	4 095
1993	158.2	3 064	28344	19495	1788	17194	—	7 888	12426	31.84	5 142
1994	167.6	2593	28337	22786	1591	15905	14.31	11616	11230	30.68	5652
1995	176.0	2586	28235	25406	1634	18159	14.87	6908	12267	33.46	6228
1996	184.8	2683	26741	28056	1508	23751	15.84	11254	13356	34.97	7264
1997	189.6	2 305	27426	36143	1762	18812	23.61	15755	14259	44.42	5 985
1998	191.3	2649	26228	43043	2095	22251	25.15	18016	14217	38.53	6229
1999	191.7	2470	29471	43832	1726	30070	26.75	21882	15652	44.99	5796
2000	200.9	2 573	29931	61504	1 767	33570	—	106	4571	22.80	46.34
2001	212.2	2 696	28534	64596	1 914	34016	—	133	4946	23.59	51.49
2002	210.2	2 658	27616	69679	2 281	34871	—	407	5005	24.69	53.09
2003	219.7	4547	32128	75574	3066	45501	36.04	27837	16607	54.67	5872
2004	243.9	4835	28472	86092	4221	50111	—	37913	26717	52.15	23389
2005	268.2	3931	34419	93649	4472	62661	—	38543	25581	65.4	25581
2006	—	—	—	—	—	—	—	—	—	—	—
2007	—	—	—	—	—	—	—	—	—	—	—
2008	338.21	7854	54227	131201	22122	110257	82.73	41903	22737	73.09	25618
2009	396.07	12113	49557	140156	28477	119483	87.38	45082	22984	82.02	25911
2010	421.5	13203	52163	147085	29302	131697	90.52	47131	24799	84.56	27642
2011	404.5	15939	52742	143992	29437	127081	92.69	46014	24433	84.23	27995
2012	442.81	17723	58406	154879	35690	132242	98.9	50746	24703	92.96	28592
2013	491.99	21133	63930	195755	38275	145007	96.58	52858	23515	85.35	31076
2014	522.84	24118	67661	197037	39275	154488	94.45	52343	23648	75.47	33529
2015	504.22	23537	60978	188438	41628	140321	91.5	51325	24973	77.41	33596

资料来源：2000—2015 年数据来源于历年海南省统计年鉴。

（四）农业政策条件有支撑

第一，海南是国务院批准建设的国际旅游岛，具备独特的热带旅游资源，每年接待近5000万人次的游客，也带动了海南农业产业的发展。在国际旅游岛建设的大背景下，农业、旅游业等多产业融合蕴含着巨大的发展潜力。

第二，海南以独特资源优势承担了国家战略布局的天然橡胶产业、南繁育种基地。尽管近几年橡胶市场价格起伏波动较大，但海南为我国天然橡胶市场供给提供了安全保障。种子是我国农业产业链的重要源头，南繁育种基地作为全国最大的育种基地，在我国农业快速优质发展过程中起到了引领作用，提供了不可或缺的发展条件。

第三，乡村振兴战略实施要求海南利用优越的农业资源和特区经济政策，加快打造热带高效农业，实现农民增收、农村振兴。2017年，党的十九大提出全面建成小康社会，逐步实施乡村振兴战略，到2050年实现乡村全面振兴，农业强、农村美、农民富。海南作为经济特区，在新一轮的发展机遇中必须敢为人先。2018年1月，在海南省委农村工作会议上，省委书记刘赐贵强调，要以绿色生态为先、产业发展为重、共享农庄为抓手，投资者和老百姓互利共赢为目的，坚持不懈推进美丽乡村建设，把全国各地的人吸引到乡村创业、休闲度假，带动乡村消费和发展。

二、海南热带高效农业发展状况

（一）冬季瓜菜产业

海南省气候条件独特，是全国最大的天然大温室，也是全国重要的冬季瓜菜生产基地。近年来，海南立足本地资源优势，坚持调优、调精、调高的原则，不断优化和调整农业产业结构、产品结构和品质结构，加快冬季瓜菜产业发展，对保障冬季农产品市场供给起到了重要作用。2015年瓜菜种植面积299862公顷，总产22796千克，是海南农民收入的主要来源之一。冬季瓜菜有80%以上销往国内50多个大中城市，也有部分出口日本、韩国、香港等地区。

1. 生产规模逐年扩大

2002年，海南瓜菜播种面积为17.88万公顷，其中蔬菜播种面积为16.07万公顷，瓜类播种面积为1.81万公顷。到2015年，瓜菜的播种面积为29.99万公顷，较2002年增长了67.68%；其中蔬菜播种面积为26.40万公顷，较2002年来说增长了64.29%；瓜类的播种面积为3.59万公顷，较2002年增长了97.7%。

表 5-4　2002—2015 年蔬菜、瓜菜播种面积　　单位：万公顷

	蔬菜、瓜类	蔬菜	瓜类
2002	17.88	16.07	1.81
2006	20.85	18.42	2.43
2009	23.33	20.22	3.10
2010	24.63	21.46	3.17
2011	25.72	22.50	3.22
2012	26.24	22.95	3.29
2013	27.18	23.94	3.24
2014	28.19	24.88	3.31
2015	29.99	26.40	3.59

资料来源：1988—2015 年数据来源于历年海南省统计年鉴。

冬季瓜菜总产量逐年增加。2015 年，瓜菜总产量达到 683.56 万吨，比 2002 年的 323.07 万吨增加了 111.58%。海南冬季瓜菜的供给能力显著上升，同时，表明冬季时节国内居民对瓜菜的消费需求在不断攀升。

表 5-5　2002—2015 年瓜菜产量　　单位：万吨

	蔬菜、瓜类	蔬菜	瓜类
2002	323.07	279.42	43.65
2006	400.39	341.01	59.38
2009	492.47	410.00	82.46
2010	532.13	442.41	89.72
2011	564.58	469.06	95.52
2012	593.08	499.00	94.07
2013	621.71	524.78	96.94
2014	653.10	551.46	101.65
2015	683.56	572.19	111.37

资料来源：1988—2015 年数据来源于历年海南省统计年鉴。

2. 区域特色逐渐形成

海南各地根据不同产区特点和种植习惯，大力发展区域主导产品，突出了具有地理标识的初级品牌，形成了区域规模化的生产格局。如屯昌县的苦瓜种

植，三亚、乐东、陵水的长豆角种植，临高县的南瓜种植，文昌市的椒类种植等已成规模。其中，长豆角种植面积68.00万公顷，占全省豆角种植面积的66.9%。苦瓜、长豆角等产品已建立了对外销售渠道，优势产品区域化的格局正在逐步形成。

3. 质量安全逐步提高

海南省以“质量重于数量，质量重于泰山”的理念，全力推进全省瓜菜产品质量安全工作，并在基地规划论证及农药的规范使用等方面出台了有关条例。通过开展“无公害食品行动计划”，农业标准化水平和品牌农业初具规模。全省累计认定无公害瓜果菜生产基地216个，面积13.30万公顷，全省有256家企业的290个产品被农业部批准允许使用无公害农产品标志，有17家企业27个产品有效使用绿色食品标志，生产的绿色食品实物达14.74万吨，销售额达26亿元。瓜菜农药残留的超标率逐年下降，2007年平均超标率在5%以下。

4. 先进技术得到广泛推广

海南每年引进试验瓜菜新品种200个以上，推荐新品种100个，新优品种覆盖率达95.0%。各地大力推广瓜菜塑盘育苗和营养袋育苗技术，种植面积占总面积的35.0%；陵水、三亚、乐东等市县积极推广大小棚设施栽培哈密瓜；文昌、琼海、万宁、临高、定安等市县积极推广小拱棚设施栽培西瓜；喷滴灌生产技术也在一些精品瓜果菜生产中示范推广，生产出精致优质产品。此外，无公害栽培、测土配方施肥、节水灌溉、瓜菜地膜覆盖等先进实用技术也得到广泛应用，极大提高了冬季瓜菜的科技含量，增强了市场竞争力，较好地适应了市场需求。

（二）热带水果产业

海南因为独特的地域、气候条件而成为中国的“热带水果王国”，有不可多得的发展热带水果的“地利”优势。海南拥有29个科、53个属的水果品种，有香蕉、芒果、菠萝、菠萝蜜、荔枝、龙眼、杨桃、绿橙、莲雾等。其中许多水果都可以常年生产，水果因为独特的资源条件而成为海南产业的强项。热带水果是近年来增长速度较快，发展潜力较大的优势产业之一。全省的水果种植面积15万公顷左右，总产出400多万吨。其中，香蕉、芒果面积与产量居全国第一位，菠萝、荔枝、龙眼种植面积与产量也较大。

1. 水果产业发展稳步推进

海南建省以来，以发展热带作物产业为导向，在充分发挥热带资源优势的基础上，积极发展名优特新稀的热带水果。目前，海南热带水果产业已经成为海南经济中的一道亮丽风景线，对海南的经济发展起到了良好的促进作用。2004—2015 年，海南热带水果的产量总体是一个稳步上升的趋势，2014—2015 年略有下降。2004 年海南热带水果的总产量是 143. 45 万吨，2013 年总产量为 342. 54 万吨，涨幅为 138. 79%；2015 年的总产量为 296. 68 万吨，较 2013 年减少 14. 1%。收获面积也一直保持较高的增长趋势，除 2008 年略有下降之外，从 2004 年的 9. 63 万公顷到 2013 年的 15. 19 万公顷，涨幅为 57. 70%。2014 和 2015 年收获面积有小幅下降。由此可以看出，从 2004 年以来，海南的热带水果产业的生产基本稳步发展。

表 5 – 6 2004—2015 年海南热带水果概况

年份	年末面积/万公顷	当年新种/万公顷	收获面积/万公顷	总产量/万吨
2004	16. 38	2. 59	9. 63	143. 4
2005	16. 34	2. 34	10. 37	152. 53
2006	16. 97	2. 66	11. 45	187. 85
2007	17. 18	2. 60	12. 80	233. 31
2008	17. 12	2. 25	12. 77	247. 87
2009	17. 06	2. 83	13. 64	267. 95
2010	17. 45	2. 73	13. 89	285. 36
2011	17. 96	3. 25	14. 77	308. 17
2012	17. 98	2. 66	15. 14	334. 63
2013	17. 11	2. 11	15. 19	342. 54
2014	16. 54	2. 23	14. 01	311. 35
2015	16. 22	1. 54	13. 61	296. 68

数据来源：2004—2015 年海南省统计年鉴。

2. 区域优势布局逐步显现

海南省热带水果基本上已形成区域布局，热带水果种植和加工区域化格局日益明显，逐步形成优势产业带和以海南为主的热带水果（菠萝、芒果和香蕉）浓缩汁与浓缩浆加工基地。香蕉有琼南—西南部香蕉优势区、琼西—西北—北部香蕉优势区、中部山地蕉重点发展区、东部特色香蕉区。芒果种植面积逐渐集中于优势区位，目前海南芒果主要产地有三亚市、陵水县、乐东县、昌江县、东方市等。荔枝主要分布在海南省东部、东南部、东北部、北部等地。

3. 品质和品牌不断提升

现在海南热带水果除了榴莲之外，其他基本都能生产种植，并且品种和质量都不断提升。海南热带水果生产的栽培成本只有东南亚国家的1/3左右，而且随着需求量的不断扩大，海南热带水果的销售价格也在逐年攀升，有些热带水果品牌和包装在不断提高，低成本和高销售价格是海南热带水果竞争的价格优势。

海南的热带水果产业已经开始打造自己的地域品牌，并且已经具有一定的规模和影响力，产品具有知名度和优势地位，如海南香蕉打造的海南“尖峰岭”香蕉，海南芒果打造的“三亚芒果”被认定为地理标志证明商标；“神泉”“富农”“乐阳”“福田”“南山寿果”“南果”“斯顿”等芒果品牌在国内外享有较好的声誉。其中“乐阳”和“毛公”等芒果品牌还获得国家绿色食品认证。

（三）天然橡胶产业

天然橡胶是重要的工业原料，海南是中国最重要的天然橡胶生产基地，直接或间接从事橡胶相关行业的人数达到100万以上。海南地区全省橡胶的种植面积约为54万公顷，其中开割面积约为39.2万公顷，每年的干胶总产量在42万吨左右。

1. 与东南亚市场供给竞争激烈

1980年，全世界有43个国家从事天然橡胶生产，到2010年天然橡胶生产国发展到63个。非洲从事橡胶种植的国家越来越多，东南亚植胶面积和产量仍占据主导地位。长期以来，世界天然橡胶产量基本能够满足需求，而近年来天然橡胶产量超过需求，给东南亚生产国带来较大压力。中国天然橡胶自给率不足20%，是最大的天然橡胶进口国和消费国，进口主要来源于东南亚植胶国家。东南亚国家植胶环境比中国更具优势，且生产成本比中国低，产品质量更优；而随着劳动力成本上升，海南省橡胶种植在生产成本、产品质量和种植规模方面，都很难与东南亚植胶国家竞争。

2. 自然灾害风险制约发展

海南属于热带岛屿型气候，每年都会遭遇台风侵袭。制约海南省天然橡胶产业发展的主要自然因素是降雨量、台风。海南植胶区几乎每年都会有台风来袭，60多年来，因台风造成天然橡胶产量大幅度下降的年份就有1988、1989、1996和2005年；其他年份的台风灾害也不同程度影响着海南橡胶种植业的发展。土地资源稀缺，将束缚橡胶产业规模的继续扩张，同时其他经济作物与橡胶争地，将不可避免压缩橡胶种植规模。

3. 替代作物产业发展迅速

近年来，中国杜仲橡胶的利用研究取得成效，在杜仲胶提取技术及设备制造以及杜仲胶在轮胎、高铁减震部件、塑料改性、医疗器材、牙科材料等方面的研究均取得了一系列进展，获得多项专利。美国农业部拥有银胶菊、橡胶草、向日葵生产天然橡胶的工业技术专利。银胶菊、橡胶草可以种植在高纬度、干旱沙漠地区，这是巴西橡胶树无法与之竞争的。银胶菊的年产胶量约为每公顷1000千克，而橡胶草的年产胶量可以达到每公顷1100千克以上，秸秆渣滓发酵还能得到副产品乙醇2500多升。银胶菊和橡胶草被认为是橡胶树的首选替换作物。

4. 市场环境不容乐观

迫于国际油价低迷和世界范围内经济增速减缓的影响，橡胶消费量有所减少；与此同时，橡胶生产因为农业发展的滞后性，7—8年前橡胶价格好的时候被大量种植，如今进入投产期，橡胶产量不断增加，进一步加大了库存风险。此外，橡胶本身的金融产品属性并没有降低其市场风险，反而加剧了国内天然橡胶的价格波动。投资者的投机行为会引起天然橡胶价格与供需基本面脱离，起到推涨助跌的作用，加剧天然橡胶价格波动。作为天然橡胶主要消费渠道的轮胎产业，因受到贸易壁垒和纠纷的影响，发展愈发艰难，从而影响上游天然橡胶的消费。

（四）南繁育制种基地

海南是全国的南繁制种基地，每年都有来自全国各地的5000多名制种专家和科研人员，前来开展种子繁育、加代、鉴定和科研生产活动，年均繁制各种作物种子15万亩，产量2.8万吨，为全国种子改良和更新换代做出积极贡献。

1. 引领农业新品种研发

海南丰富的光热资源可以缩短育种周期一半以上，在内地需要8年完成的育种工作，在海南用4年的时间就可以完成。全国育成的农作物优良品种通过南繁完成了六至七次的更新换代，大大缩短了内地农作物品种自然改良时间，且每次品种更新增产幅度都达到10%以上。因此，南繁基地也被称为中国育种“加速器”。近年经过南繁加速品种选育的优势更加突出，空间聚集效应日益凸显。南繁作物种类扩展到水稻、棉花、小麦、油菜、烟草、蔬菜、西瓜、哈密瓜、豆角、辣椒等30余种，此外还正向水产、动物禽畜、中草药、花卉、果树、食用菌等新领域不断拓展。

2. 促进对外农业交流与发展

海南20万亩南繁基地，不仅为中国农业发展做出巨大贡献，也正在促进着世界农业发展。2015年5月9日，来自广东、广西、湖南、海南等地水稻专家对这片超级杂交稻“超优千号”三亚海棠湾百亩示范基地进行了测产验收，平均亩产达941.79千克，打破海南历史最高纪录。南繁，汇聚着中国顶尖级农业科学家、最新农作物品种和最新农业技术，每年都吸引了不少国内专家前来学习取经，成为中国对外农业交流与合作的重要平台。经过南繁的种子通过国际农业合作形式也走出海南岛，在其他发展中国家开花结果，推动了全球农业共同发展。例如，中国热带农业科学院通过农业援助形式已经将哈密瓜、洋香瓜、冬瓜、辣椒、空心菜等24类60多个品种瓜菜带到了非洲刚果。

3. 促进海南农业结构调整

南繁基地推动海南农业走向热带高效农业。历史上，海南从未种植过哈密瓜。哈密瓜进入海南并发展成为一大产业，得益于20世纪90年代中国工程院院士吴明珠在海南从事哈密瓜南繁育种时，选育出适合海南种植的品种，并且研究出了配套的栽培技术，让哈密瓜“南移”，实现了哈密瓜在海南高产高效。如今，哈密瓜在海南已发展到年种植面积近10万亩、产值20个亿。海南也从南繁获得了不少经济效益。南繁直接推动海南冬季瓜菜的发展，目前海南种植的冬季瓜菜品种90%以上来自南繁基地，海南冬季瓜菜种植面积稳定在300万亩，南繁基地建设让海南农业走向热带高效农业。

第三节　海南热带高效农业发展存在的问题

一、育种环节

（一）新品种更新慢，未利用本地优势

南繁单位选育品种很少在本地试点、推广，很多新品种反而多从内地带入，本地仅仅是原材料的生产地，产品就地转化率低。虽然南繁带动了海南农业结构调整，但是面对每年冬季汇聚海南的新品种，海南并未充分利用，实现“近水楼台先得月”。

随着人们生活习惯和口味的改变，瓜果菜品种大约五六年会更新一次，而海南很多农户种的是十多年的老品种。不管是瓜类、茄类还是椒类，各大类细

分的品种都有很多，海南虽然这几年种植的品种逐渐增多，但是还有很大的提升空间。

海南很多蔬菜品种先在内地大规模种植，市场需求已经形成，然后由收购商带到海南进行推广。而等到在海南进行选育、推广，农民大规模种植，内地最佳市场销售期已经过去。南繁单位选育品种重点考虑所针对的推广地区，很少在本地试点、推广，并且用人多从大陆带入，本地仅仅是原材料的生产地，产品就地转化率低。海南新品种新技术更新较慢，既有没有充分利用好南繁基地的成果转化的原因，也有没有找到合适的推广模式的原因，让农民快速接受新品种新技术。

（二）南繁育种未能形成企业聚集

大部分科研院所在海南只有南繁实验站，做完加代繁育就回内地了，没有实现就地转化。南繁基地因为农业科技的聚集而被称为中国种业“硅谷”，然而事实上，南繁基地并未像美国硅谷那样因为科技的聚集而实现企业的聚集，从而形成产业王国。南繁基地的科技其实是在一个时间段上的空间聚集，并没有实现真正的交流、合作与融合，达到产业聚集。大部分科研院所在海南只有南繁实验站，而没有机构，没有在南繁基地“生根”。

南繁基地未能实现企业聚集，并不像硅谷那样能够直接在基地将科技转化成为产品面向市场。农业与工业不一样，具有很强的地域特征，每个作物品种的适应性不一样。南繁基地是科研产物前期的研究聚集，最终种子品种的申报在内地，也就是种子最终形成产品在内地。特别是水稻等粮食作物，每个品种都有一个适应区域范围。

二、种植环节

（一）基础设施待更新，抗自然灾害能力弱

以瓜菜种植为例，瓜菜基地的道路系统、排灌系统、农村信息化及相关保护设施建设相对滞后，农业生产受天气等自然灾害的影响较大。例如，很多农田水利设施有待更新，造成抗洪排涝和灌溉功能不能很好发挥，大部分农田实现旱涝保收的能力低。

（二）区域发展失衡，种植结构需优化

产业区域布局仅考虑光、热等气候条件的单一资源因素，并未充分考虑土地、水、气候、生物等综合资源禀赋，导致区域发展的不平衡，很多作物在非

适宜区盲目发展，不仅带来土地和水资源压力，也导致土壤和病害问题。此外，种植环境种植不适应品种，种植地分散，种植品种单一，这些问题都导致了生产不能满足多层次、多样化的市场需求。

（三）种植管理不规范，资源利用效率低

海南热带水果生产管理组织缺乏统一协调，没有一套可操作的科学生产标准，种植环节科技含量不足，优质高档果率低，品种结构搭配不合理，专用加工品种缺乏和原料基地不足，对果园采取粗放式管理，为早日上市以及增加产量，采用产前灌水和大量施用化肥，超量使用化学激素制剂等，对水果的品质、营养成分及外观造成了严重影响，降低了高档优质水果的比率，弱化了市场竞争力，大约只有5%的产后商品化处理率，导致海南水果的附加值低，市场竞争力弱，出口创汇能力低，未能实现高效生产。

海南橡胶产业特别是民营橡胶，技术水平低是胶农普遍面临的问题，首当其冲就是割胶技术。胶农割胶生产大多没有经过系统、专门的培训，很多农户都是看别人怎么割自己观摩一下就开始割胶，造成的直接影响就是割面规划不合理，伤树严重，耗皮量大。在施肥技术方面，农民普遍缺乏认知，很多胶农将施肥简单地理解为只是撒施化肥，不仅很难达到施肥效果，还会降低土壤质量。

橡胶林合理间种可以充分利用土地资源，增加胶农的收入，降低橡胶价格波动对胶农收入带来的风险。限于农户生产规模小，种植分散，缺乏相关技术指导，林下经济的经营模式在一些地区示范之后就没有了下文。部分农户对发展林下经济的认知不足，认为发展林下经济和农业经济区别不大，不愿意投入更多的人力和财力。

三、加工环节

（一）深加工、综合利用不足

海南热带水果主要以原果方式销往岛内外，海南企业对水果的深加工多数停留在低水平，加工产品主要以果汁为主，产品比较单一，科技含量也不高。果品精深加工程度低，综合利用开发较差。目前，国内一些企业对水果的深加工转化率已达到80 %左右，但海南企业因受政策、设备、技术、资金等方面限制，对热带水果的深加工水平仍然比较低，海南热带水果加工转化率还不到20%，海南热带水果深加工当中，真正谈得上深加工的是椰子，但也仅有30 %的转化率。

（二）产业化、组织化程度低

海南的产业化经营模式虽然有“公司＋农户”模式，但大部分是小公司，实力有限，辐射面小，生产经营和市场开拓能力非常薄弱，区域化、规模化和产业化水平非常低。目前，海南热带水果生产和营销以独立生产、分散营销、单兵作战形式为主，缺乏各类中介组织和行业协会，没有龙头企业等市场竞争主体的带动，农户大多自主竞争，企业和专业户或农户之间只是简单的购销关系，经常在激烈的市场竞争中处于被动位置。

海南省天然橡胶种植、加工、销售相关的合作社约有1860多家，但发展程度普遍较低，“合而不作”的现象大量存在。众多橡胶专业合作社中，发展比较好的仅有琼中福岛橡胶专业合作社和儋州石屋有利橡胶购销专业合作社。绝大部分合作社并未真正发挥应有功能，农业生产主体组织化处于较低水平，难以实现规模经济效应和产品高附加值。

四、销售与物流环节

（一）市场信息不畅通，易产生滞销

由于农业生产的组织程度不够，海南冬季瓜菜生产目前还处于千家万户的分散生产状态，农民获取市场信息的渠道较少，很难跟上市场变化，常常出现优质农产品滞销情况。

面对全国农产品总量过剩、季节性过剩、区域性过剩的市场，各级政府扶持的龙头企业也难于驾驭。尤其是暖冬年份瓜菜产品供大于求，广东、广西等地的秋冬瓜菜凭借低成本的运输条件抢占了市场，海南同类瓜菜产品则处于劣势，出现运销亏本的现象。此时省、市、县龙头企业已不见踪影，当地的运销商亦束手无策，“冬交会”邀请的客商也望洋兴叹。

（二）物流运输网络不健全，物流成本高

目前，海南大部分从事瓜菜物流的企业拥有的运输手段单一，运输网络也不完善，重复、对流运输比率较高，货运汽车返空现象严重，导致出岛的农产品运输费用非常高，加之冷藏设备不足，严重制约了农产品的生产和流通。据统计，海南农产品出岛的运输费用就占了农产品收购成本的20%～50%。

五、产业链与品牌建设

（一）产业链不成熟，初级农产品获利少

目前海南蔬菜加工转化率只有2%左右，且局限于保鲜果蔬产品的出口；加工水平非常低，绝大多数蔬菜即收即走，加工不过是简单的保鲜，即过冰水后加冰用泡沫箱包装，或者辣椒、茄子等预冷后纸箱包装，深加工的精致包装速冻蔬菜、脱水蔬菜、糖盐渍果蔬产品、干果产品都很少。

（二）品牌建设与维系不足，品牌附加值待挖掘

海南高效农业已经开始打造自己的地域品牌，然而，海南农业产业生产经营主体主要为农户，普遍存在生产的产品标准化缺失问题，品牌建设与维系遇到困难。各区域虽已发展出了具有地理标志的农产品品牌，但未能对品牌附加值进行深度挖掘，缺少品牌内涵，且难以进行品牌维系，经常出现不同区域的产品相互“冒充”，品牌使用混乱，监管不力，削弱了品牌的正向影响力和市场价值表现。

第四节　台湾现代高效农业发展的模式与经验借鉴

我国台湾是世界上现代农业较为发达的地区，农民组织化程度和农业产业化、机械化、市场化程度高，具有知名品牌的高质量农产品享誉世界。台湾经验对海南热带现代高效农业发展具有重要的借鉴价值。

一、台湾现代农业发展成就

台湾面积为3.6万平方千米，岛内多山，农耕面积约占土地面积的四分之一。农业人口约为280万，占总人口的11%，农业人口人均产值高达10万元新台币，农业在经济和社会构成中仍占有重要地位。2016年农民年人均收入折合约为5.6万元人民币，成为世界上现代农业较为发达的地区之一，进入后现代化发展的“精致农业”时代，其精致种植的水果、蔬菜和部分特色作物处于世界领先地位。

二、台湾的成功做法和经验

（一）整合土地资源，大力培育“核心农户”

1979年初颁布《台湾地区家庭农场共同经营及委托经营实施要点》，鼓励农民转入土地，创办规模相对较大的家庭农场；推行农地重划政策，鼓励农户以交换分合的方式，促进土地要素向核心农户集聚。还通过财政补贴、农业基金等各种形式切实使农业生产资本向专业农户集聚。

（二）建立完善的农业合作组织

台湾农会管理体制和服务网络十分健全，一般以乡镇为单位设立农会，每个农户都可以参加。其主要功能：一是从事新技术的辅导、推广和农民培训教育；二是农产品销售，有些农会还承担农用生产资料供应和农产品加工等职能；三是农民的借贷保险业务，同时也接受委托办理农业保险事业；四是承办农村的文化、医疗、卫生、福利及救济事业等。

（三）高度重视科技创新对现代农业的促进作用

（1）建立健全的农业科技研发体系。大力实施以良种为中心的技术革新，增加对肥料、农药、农膜等重要生产资料的投入。（2）促进农业科技研发产学结合，对产学合作计划实施目的、产学合作计划范围等做了明确规定。（3）确定发展8大科技作为科技升级带动产业升级的重点，随后以重点发展精致农业、创造新一轮的“农业黄金时代”等作为不同时期农业科技发展方向。

（四）实行严格的农产品质量安全管理

（1）建立健全的法律法规和农产品安全标准。（2）明确农产品管理部门职责，健全检测体系。（3）严格农产品进入市场。大力推行GAP、GMP、ISO、HACCP等质量认证，所有农产品批发市场均设有农药残留超标快速检验室，合格后方可进入市场。（4）建立农产品追溯制度。进入市场的产品均注明农产品的名称、产地、生产者、产品等级、供应市场。（5）健全动植物防疫检疫体系，加强研发检验检疫处理技术。

（五）建立高效快捷的农产品运销体系

（1）建立以批发市场为主体的运销骨架。80%的生鲜农产品经由批发市场进行交易。（2）建立多样化的运销渠道。各农会下设有各县特色的农产品产销班，专职负责农产品的收购、分级、包装、运销等各类产后业务。（3）在健全相关法规制度的同时，从规划、建设、运行、资金、税费等各方面都大力鼓励和扶持农产品运销体系建设。

（六）着力打造国际知名农业品牌

（1）2003年专门出台品牌建设的整体方案，打造“一村一品”特色精品，大力实施农业标准化生产，注重农产品精深加工开发，积极发展生态绿色有机农业，推进农业品牌化建设。（2）产品品质高端化。农业发展重点转向发展新的优良农产品，提高农产品质量。在农产品开发和营销方面，注重创意创新，努力迎合消费者需求。

（七）大力发展休闲农业

（1）建立完善的休闲农业法规体系。鼓励发展休闲农业，建设得到地方政府贷款和经营辅导。（2）规范休闲农业设施用地。对用地规模、使用分区、使用限制等主要内容进行规范和约束。（3）多元的政策扶持。专门设立了休闲农业管理、辅导和推广科室，政府搭建平台，对休闲农场申报、开发、建设等进行辅导。

（八）健全法律和政策体系，加上有效的金融措施支持保护农业

（1）财政税收政策。投入大量资金进行农村基础设施建设，对农民实施直接补贴，农业生产经营、休闲农业税收予以减免。（2）金融政策。建立健全农村金融体系，新建农业信用保证基金、台湾中央存款保险公司、台湾合作金库等农村服务性金融机构。（3）保险救助及福利政策。对受灾农民进行补助和救助；对高龄农民（65岁以上）给予补助，等等。（4）农业保护政策。台湾还出台对主要农产品实行高保护价收购、对进口农产品实行贸易壁垒等农业保护政策。

三、台湾经验对海南的启示

（一）家庭小规模经营是山地较多区域现代农业发展的重要基础

现代农业是规模化的农业。海南岛地形与台湾类似，耕地资源严重短缺。台湾选择了以农户家庭为单位的精耕细作的适度规模经营的模式，着重培养经营面积较大的“核心农户”，从而大幅提高了土地利用率和农业生产效率。

（二）农民合作组织是连接分散农户与大市场的重要纽带

现代农业是市场化的农业。台湾高度重视通过农民合作组织，提高农户组织化程度，实现“小生产”和“大市场”对接，完善农业企业与农户之间的利益联结，帮助农户适应市场、防范市场风险，带动农村和农业经济发展。

（三）科技创新是提高农业生产率的重要动力

台湾始终将各种农村实用技术的研发与应用作为农村农业发展的重要助推器，实现机械化提高农业生产率，利用生物技术培育良种提高农产品品质，使得农村、农业实现了跨越式发展，快速完成了农业现代化。

（四）健全的运销体系是农业产业化运行的重要支撑

运销渠道是农产品走向市场的必经之路。台湾依托成熟、高效、快捷的农产品运销体系，基本实现了依订单生产、货畅其流的目标，不仅提高了农产品

产能，还强化了各环节无缝衔接，推动农产品在市场流通中增值增效。

（五）品牌建设是提高农产品价值的必然选择

农产品的市场竞争是品牌与品牌之间的竞争。台湾十分重视打造“品牌农业”，以高附加值产品参与市场竞争，塑造高品质农产品的形象，在国际上获得了较强的市场竞争力。

（六）质量安全是赢得消费者信任的关键

农产品质量是赢得市场消费者信任的关键。台湾是世界上食品安全保障体系最完善、监管措施最严厉的地区之一，确保农产品质量安全，促进了农产品品牌发展，获得了较强的市场竞争力和世界性的声誉。

（七）产业融合是现代农业发展的必然趋势

台湾十分重视发挥农业的多功能性，大力发展都市农业、环境保全型农业、休闲农业、生态农庄等农业新形态，努力实现农业与其他产业的融合发展。

（八）技能型农民是现代农业发展的关键要素

现代农业的农民是技能型农民。台湾通过多种渠道不断完善农业职业教育培训体系，不断提升农业人力资本，大力培养具有现代意识和技能的新型职业农民，建设一支结构合理、充满活力的农业科技创新人才队伍、农业技术推广人才队伍和农村实用人才队伍。

（九）政策及金融支持是现代农业发展的重要保障

现代农业的发展需要政策扶持，包括制定专门法规、增加科研投入、加强农民教育和优化经济金融制度安排等多个方面。政策中农村金融支持又至关重要，保障了现代农业的可持续推进和发展。

第五节 海南热带高效农业发展对策建议

一、着力构建海南质量兴农、绿色兴农的长效机制

贯彻落实中央农村工作会议精神，推进农业供给侧结构性改革，推动农业由增产导向转向提质导向，构建现代农业产业体系、生产体系、经营体系，培育新主体、新产业、新业态，推进质量变革、效率变革、动力变革，为实施乡村振兴战略奠定坚实的产业基础。

一是在深化“多规合一”改革中明晰农业产业发展的总体布局。我省“多规合一”改革取得了重大的阶段性成果，为解决各类规划重叠、资源配置低效、区域功能雷同、重复建设、行政分割等突出问题提供了有力手段。要用好“多规合一”改革成果，深化“多规合一”改革，对高效农业产业进行合理布局，形成全省“一盘棋”的顶层设计。可梳理各市县区域生产优势和省外市场需求特点，引导各市县差异化发展，采用集团军作战方式，避免产业趋同、产品同质导致的内耗竞争，同时也能尽量避开与岛外主要竞争产区优势产品的直接冲突，增强海南农产品的市场竞争力。

二是实施海南特色农产品调优增效行动。落实《海南省特色农产品调优增效实施方案》，研究借鉴桥头地瓜等产业发展的成功经验，立足海南热带特色农业资源优势，集约土地、资金、品种、品牌等资源，优化农业的产业结构、布局结构和品质结构，逐步淘汰甘蔗、桉树等低效品种和落后产业，大力发展水晶蜜柚、百香果、无核荔枝、无籽黄皮、优质地瓜、冬季瓜菜等高效品种和优质产业，积极发展益智、粽叶、牧草等林下经济产业。通过集约土地调整品种结构、扩大优良种苗繁育规模、建立标准化栽培示范基地、建立农业特色产业联盟、培育壮大一批龙头企业、打造特色农产品公用品牌、推行绿色安全生产、拓宽特色农产品市场渠道、完善产业配套体系等综合措施，促进海南农业向标准化、规模化、产业化和高品质、高效益、高产量转型升级。

三是加强产业升级换挡的配套服务体系建设。加强配套服务体系建设是政府引导和支持产业发展的重要抓手。目前，农业产业结构调整主要面临农田水利等基础设施薄弱、良种良苗体系不健全、技术服务手段滞后、市场信息不畅通等问题，农民在结构调整中存在顾虑。要以问题为导向，加强基础设施、种苗供应、技术指导、市场流通等配套服务体系建设，解决农民的后顾之忧。

四是注重示范带动、典型引路。继续实施省级现代农业示范基地创建行动，创建100家产业特色鲜明、要素高度聚集、设施装备先进、生产方式绿色、经济效益显著、辐射带动有力的现代农业产业园，引领海南农业向形态更高级、分工更优化、结构更合理阶段演进。

五是以品牌建设和质量保障为龙头促进农业市场培育。注重抓好优质农产品的培育与发展，建立农产品本地认证制度，帮助农户加强农产品品种的培育，从源头上打造精致农业。高度重视农产品质量安全，实行农产品可追溯管理模式、产品召回制度、严格的检验检疫制度。抓好具有地方特色的品牌农业产业发展，发展“一村一品”等特色农业。

二、着力构建农村一、二、三产业深度融合发展机制

推进农村一、二、三产业融合发展是乡村产业兴旺的必然要求。要发挥海南国际旅游岛的优势，大力发展乡村共享经济、创意农业、特色文化产业、乡村旅游和农产品加工业，让田园变公园、农房变客房、劳作变体验，全面提升海南农业的产业链价值链，振兴乡村经济。

一是深入推进美丽海南“百镇千村”建设。着力打造100个基础设施完备、公共服务配套、旅游要素齐全、特色产业突出、治理管理精细、就业创业集聚、人文气息浓厚、生态环境优美、兼具旅游与社区功能的美丽特色产业小镇，建设1000个宜居、宜业、宜游的美丽乡村示范村，助力全域旅游示范省建设，全面提升农民生活质量，拓宽农民增收渠道。

二是促进休闲农业提档升级。以促进农民就业增收、满足居民休闲消费需求、建设美丽宜居乡村为目标，坚持农耕文化为魂、美丽田园为韵、生态农业为基、传统村落为形、创新创造为径，加强规划引导，丰富产品业态，改善基础设施，优化发展政策，推进农业与旅游、教育、文化、健康养老等产业深度融合，提升休闲农业发展水平，将休闲农业产业培育成为繁荣农村、富裕农民的新兴支柱产业。

三是补齐农产品加工业“短板”。优化原料基地和农产品加工业布局，推进农产品加工园区与特色小镇建设，形成生产与加工、科研与产业、企业与农户相衔接相配套的上下游产业融合格局，促进农产品就地加工转化、增值增效。大力发展农产品精深加工业，提高产品附加值。提高农产品产地初加工发展水平，完善贮藏、保鲜、烘干、精选分级、包装和运销等设施条件，提高鲜活农产品市场竞争力。出台针对农产品加工企业和人才引进的扶持政策，培育壮大一批骨干龙头企业。

三、着力构建小农户与现代农业有机衔接机制

统筹兼顾培育新型经营主体和扶持小农户，采取龙头企业带动、村集体经济组织带动、农民合作社带动等方式，把小农生产引入现代农业发展轨道，全面提升农业组织化、产业化程度，增强农业竞争力。

一是立足资源优势，提升规模基地，实现“基地组织化”，突出区域特色。按照“围绕龙头建基地，突出特色建基地，连片开发建基地”的思路，壮大农业基地规模，促进生产要素优化配置。以区域特色产业或产品为基础，按照

“依法、自愿、有偿”的原则，引导土地经营权向种养能手、农业科技人员、农业企业集中，形成一批特色专业乡镇、专业村。以品牌和标准为纽带，加强基地与农户之间的联结，通过基地带动农户按照品牌的质量要求，按照安全农产品的标准组织生产，统一经营，实现“生产在一家一户，规模在千家万户”的目标。

二是育强龙头企业，创新经营机制，实现“企业组织化”，打造特色农产品产业链。农业企业内联千家万户，外联国内外市场，具有生产加工、科技创新、开拓市场、提供服务的综合功能，是农民组织化的主要形式。应完善招商机制，创优招商环境，吸引农业企业落户海南。应着力扶大扶强，以热带水果、热带作物、热带花卉等为重点，充分利用南繁基地优势，形成研发企业和生产加工企业的产业集聚。以海南农产品品牌化建设为核心，力争每个主导产业都要形成1～2个带动能力强的龙头企业。充分发挥行业协会的作用，提升企业的整体竞争力和对农户的带动能力。创新经营机制，引导农业企业采取“订单合作”“股份合作”等模式，与农民建立起稳定的合作关系，真正发挥企业对基地、对农户的带动作用。

三是壮大集体经济，发展专业合作，实现“合作组织化”。开展资源变资产、资金变股金、农民变股东改革，建立农村集体经济发展的长效机制，推进农村集体产权制度改革，让农民分享集体经济发展红利。加快发展农民经济合作组织，通过统一布局、统一品种、统一标准、联合营销、联户担保等形式，增强凝聚力和吸引力，提高农民自我服务的能力。抓住供销社改革的契机，联合农民组建一批区域性专业合作社。相关惠农政策向专业合作社、专业协会重点倾斜，促进专业合作经济组织的快速发展。

四、着力构建新型农业科技创新、推广和服务机制

科技是农业发展进步的第一动力。应加大农业科技的体制机制创新力度，构建新型农业科技创新、推广和服务机制，为农业发展和农民增收插上科技的翅膀。

一是建立以实用性为主的农业科技创新机制。构建热带农业产学研科技创新体系，发挥中国热带农业科学院、海南大学、省农科院、省林业研究所、省水产研究所和南繁等科研单位的作用，建立以任务分工为基础、以权益合理分配和资源信息共享为核心、以项目为纽带的协作攻关机制，不断攻关槟榔黄化病、柑橘黄龙病、香蕉枯萎病等病虫害防治技术难题，强化绿色防控技术研究，

加快推广绿色农业生产新技术和新品种的应用，建设完善的“互联网 + 农业”服务平台，从而解决农业发展的重大需求和关键技术问题。

二是加强农村基层农技推广队伍建设，充分利用本地优势，加快技术和品种更新。建立定向专业、定期培养、定向服务的基层农技人员补充机制，推动海南“三区”人才、科技副镇（乡）长、科技特派员、农业科技 110“四位一体”结合，培育一批基层科技人才。深化农业系列职称制度改革，基层农业技术人员聘用不受岗位限制，鼓励农技人员下基层。在建立多方有序合作创新机制基础上，充分实现包括南繁基地的省内新品种和技术成果的共享，加速本地农产品品种的更新和新技术的推广，推进高效农业发展。

三是创新农业技术服务机制。建立“1 个首席专家团队 +1 个地方农技推广组织 + 若干农业经营主体”的农技推广模式，通过政府订购、定向委托、招投标等方式，扶持农民专业合作社、供销合作社、专业技术协会、涉农企业等社会力量，广泛参与农业产前、产中、产后服务。

四是创新新型职业农民培育机制，规范农民生产管理，有效利用土地资源。建立健全“三位一体、三类协同、三级贯通”的新型职业农民培育制度，实施新型职业农民培育工程。组织实施“现代青年农场主计划”，吸引年轻人到农村创业兴业。大力发展农业职业教育，深化产教融合、校企合作，推动集团化办学。健全完善以农广校为主体的农民教育培训体系，加强师资队伍、精品课、精品教材、田间学校和新型职业农民创业基地建设。建立特色农产品种植生产规范与标准，组织农民深入学习，充分利用土地资源，提升农产品品质和市场竞争力。

五、着力构建农产品合理价格形成机制

海南农业在全国有特色、有市场，在一定程度上属于稀缺资源。但长期以来，由于市场在外、运输路途远，加上省内农产品运销体系不健全，导致海南农产品价格受市场波动影响大，丰产不丰收等问题频发；农产品市场信息主要掌握在省外运销商手中，信息不对称导致的“压价”收购现象严重损害了农民利益；农产品销售标准不统一，优质优价的机制尚未建立。这些问题成为制约海南农民增收的瓶颈，必须加快构建农产品合理价格形成机制，从源头保护农民利益、增加农民收入。

一是建立海南农产品产销联盟，突出品牌溢价。整合全省标准化农业生产基地、农产品运销企业和电商、物流、媒体、金融等资源，组建海南农产品产

销联盟，打造海南本土农产品运销体系，变孤军深入为集团作战，减少流通环节，降低流通成本，打造和挖掘农产品品牌内涵和价值，切实增强海南农产品的市场竞争力和对外议价能力。

二是建立农产品外延生产基地。引进省外大型农产品批发市场和企业、学校等消费终端，在海南建设规模化、标准化的农产品外延生产基地，根据个性化需求，实施定制化生产，改变传统的协议订单农业模式，让收购商转变为投资者，建立更加长期稳定的产销合作关系。

三是建立农产品拍卖和期货交易中心。按照政府主导、企业主体、各方参与的机制，建立海南农产品拍卖和期货交易中心，围绕冬季瓜菜、热带水果、热带兰花等在全国市场有较强影响力的产业，推行拍卖和期货交易模式，建立优质优价的价格形成机制，倒逼农业标准化生产，打破运销商的信息垄断，提高交易流通效率，保护农民利益。

四是大力发展农产品电商。引导农业规模化、标准化生产，打造“一镇一品”“一乡一业”，发展农产品加工业，打造农产品电商供应链。建立农业产销管理“大数据”服务平台，增强农业生产对接市场需求的能力。实施农村电商万名带头人计划，吸引优秀人才加入电商行业，做好培训和跟踪服务。做强农产品电商平台，打造海南农产品电商品牌，推进农村淘宝项目落户，促进“网货下乡”和“农产品进城”的双项流通。

六、着力构建农村金融服务机制

金融服务是推进农业产业化的原动力，是农业现代化的加速器。目前，融资难仍是海南各地农村中普遍存在的制约“三农”发展的最大瓶颈。推进海南农业金融服务，建立健全海南农业金融服务体系，创新海南金融服务的机制与体制，是海南农业现代化之路的当务之急。

一是设立省热带农业产业发展基金。联合省财政厅、金融保险机构实施“农保贷”无抵押惠农贷款项目，完善农保贷财政信用担保体系。通过债务担保、农协系统金融机构的低息资金、各级农林渔业金融公库发放财政资金贷款等多种方式为农业基本建设提供信贷支持。

二是拓宽农业融资渠道。责成省农业发展行和农村信用社等研讨和制定农民专业合作社信贷支持办法、贴息信贷扶持专项资金，给予专业合作社社员贴息贷款帮助。推进村镇银行、贷款公司等农村金融机构建设，加快构建多层次、多元化的农村金融服务体系。因地制宜推行村镇银行、小额贷款公司等金融服务机构试点的建立，形成以农村信用社等传统金融机构为主体，多种新型农村金融机构共生的现代农村无盲区金融格局，实现存贷结合的支农金融机构。

三是改善农村金融生态环境。地方政府应组织相关评估机构，尽快规范土地承包经营权和宅基地使用权评估行为，为金融机构发放土地承包经营权抵押贷款和宅基地使用权抵押贷款扫清障碍，有效缓解“农民组合”融资难问题。

七、着力构建农民增收风险防范保障机制

海南农业面临严重的市场和自然灾害双重风险，农民每年的因灾损失和农产品滞销损失比较大，严重影响了农民收入的稳定增长。要着力构建农业风险防范保障机制，为农民增收保驾护航。

一是加强农业基础设施建设。推进标准化农田改造，重点改善排灌系统，加强渔港建设，提高抵御台风、洪涝等自然灾害的能力。加强农产品产后预冷处理系统建设，提高农产品临时收储能力，防范市场风险。

二是推行冬季瓜菜、天然橡胶等大宗产业目标价格保险。完善目标价格动态调整制度和市场价格调控预案，加大财政资金对目标价格保险的补贴力度，推动农业保险从保生产扩展到保市场的重要探索，利用保险手段分散和转移市场价格波动风险，防止因价格下跌带来的农民收益骤减。

三是建立农业保险大灾风险分散机制。建立财政与金融保险支农联动机制，采取税收优惠、贷款贴息、风险补偿、股权投资、担保补贴、保费补贴等多种形式，支持农业金融保险业发展，拓展农业政策性保险范围，开发新型保险产品，建立农业保险大灾风险分散机制，增强对重大自然灾害风险的抵御能力。

第六章

海南省医疗旅游发展模式选择与产业发展对策

随着医疗产业与旅游业的深度融合，以“医 + 旅游”或者“疗 + 旅游”为主要特征的医疗旅游正逐步成为现代旅游业的重要内容。医疗旅游业正在全世界范围内蓬勃发展，为全球经济的发展带来第五波浪潮。一些国家与地区的医疗旅游产品让越来越多的旅游消费者为之着迷，医疗旅游的发展也为当地旅游业做出了重要贡献。现在，健康已成为保障经济社会持续性发展并具有影响的驱动力，医疗旅游产业成为目前全球增长最快的新兴产业之一。根据美国斯坦福研究机构调研数据，全球医疗旅游增速是旅游业增速的两倍。据世界卫生组织（WHO）预测，至2020 年，医疗健康相关服务业将成为全球最大产业，观光休闲旅游相关服务则位于第二，两者相结合将占全球 GDP 的 22%。

医疗旅游是将医疗技术和旅游资源完美结合的一种新兴的特殊旅游形式和专项旅游项目。党的十九大提出我国社会主要矛盾已经转化为人民日益增长的美好生活需要和不平衡不充分的发展之间的矛盾，人民群众对健康追求更突出、更迫切就是其中一个重要体现。旅游业和医疗健康产业是海南省“十三五”期间重点发展的十二大产业的一部分，医疗旅游作为医疗健康产业中的一部分，对于建设“健康中国”与海南国际旅游岛有着深远的意义。海南在向着医疗健康养生天堂发展过程中，已探索设立了海南博鳌乐城国际医疗旅游先行区，将医疗护理、疾病与健康、康复与疗养和旅游观光相融合，引入了具有国际先进水平的医疗技术及医疗设备，将先行区逐步打造成国际医疗旅游业先试先行的改革创新试验区及世界一流的健康医疗旅游观光基地。

第一节　海南省医疗旅游发展概况

随着经济的快速发展和人们生活水平的不断提高，人们对健康的追求越来越强烈，以健康为动机的旅游形式成了21世纪旅游业发展的重要趋势。近年来，医疗旅游作为医疗业与旅游业相互融合产生的一种新型旅游业态，顺应了时代潮流并成了旅游业继观光游、休闲度假游、体验游之后的一个新领域。从国内消费来看，随着国内居民消费支出的不断增加，人们对于消费需求的不断提高，对健康的重视也使得健康产业成为国民重要的消费投入领域，出境游中涉及医疗旅游项目的游客呈现逐年增多的趋势，然而国内医疗旅游建设缓慢，尚不能满足国内市场需求，但海南医疗旅游发展相比而言在国内起步较早，拥有着领先优势。十九大结束后，海南省委提出要“建设健康海南，提高重特大疾病保障水平，鼓励发展各类商业医疗健康保险。大力发展医疗健康产业。提高全民健康素养”，一切都表明海南医疗旅游的发展进入新时期。

一、国内医疗旅游发展趋势

据相关研究机构调查发现，未来十年内，全球医疗旅游市场仍将处于高速成长期，且发达国家高度重视发展大健康产业，医疗与健康产业的市场化、园区化、高端化特征明显。随着国内“亚健康”人群对预防和保健的需求日益增加，“防病”“治未病”与健康管理正逐步成为医疗服务关注的重点。而医疗旅游的主要吸引力在于价格差异与服务水平差异，由于发达国家的医疗消费普遍较高，而工薪阶层更倾向于到优惠且服务效率更好的国家进行治疗，这成为医疗旅游快速发展的动力之一，因此，很多患者希望赴医疗费用相对低廉的发展中国家就医，与此同时，国内相关医疗水平的提升与医务人员服务质量的提高使中国医疗旅游产业面临着前所未有的发展机遇。海南作为国内医疗旅游发展的先行者，在产业转型的大背景下，发展医疗旅游恰逢其时。

据2017年携程旅游发布的《2016年在线医疗旅游报告》显示，2016年我国出境进行医疗旅游消费的人均支出超过五万元，且是我国出境旅游人均费用的10倍左右。相对于传统的旅游方式而言，医疗旅游不仅需要支付传统旅游的费用，还要负担医疗服务项目的支出，因此医疗旅游消费金额偏高。医疗旅游活动过程中消费者支出远高于其他旅游形式的支出，反而对于医疗旅游供应商来说是良好的行业发展机遇。

在健康生活方式日益被广泛提倡的今天，医疗旅游是旅游者实现身体健康与医疗过程轻松愉悦的最好选择。医疗旅游区别于普通旅游形式最明显的优势在于其独有的保健与康复性。旅游者参加医疗旅游活动就是为了能在享受医疗旅游目的地具有优势的医疗服务项目的同时也能够参与到当地休闲旅游活动当中，既能治愈疾病、疗养保健，也能享受到轻松和娱乐的体验项目。伴随着人们观念的转变，“花钱享乐”的消费方式已逐渐被“花钱买健康”的理念所取代，特别是高端旅游者对健康需求的快速增长，而国内医疗服务尚不能完全满足其需求，使得医疗旅游市场中的各个机构跃跃欲试，高端消费者追求健康的医疗旅游又迎合了这个趋势，并逐渐被更多消费者认可，医疗旅游成为追求健康的方式之一。

现如今人们追求的不仅仅是健康，还有对自己的提升和改进，基于此，医疗旅游产品及形式十分丰富，并且其涵盖的范围较广，例如保健、体检、康复、疗养及常见的治疗项目等。国际上，医疗旅游发展较好的国家会根据旅游者的不同医疗需求，相应地提供形式不同的医疗服务产品，甚至针对旅游者个人实行定制化服务，使得旅游者不仅能选择单一功能服务，也能享受有综合性的链条服务，进而满足每一个医疗旅游者的需求。国内医疗旅游供给方面对着巨大的市场需求，也在国内多个城市开始建设医疗健康联合体，当下医疗服务设施的不断完善也契合了当下国内医疗旅游的巨大发展机遇。

二、海南医疗旅游发展现状

相对而言，海南在国内医疗旅游发展中处于领跑者。早在2011年，海南省卫生厅就出台了《关于加快海南医疗保健旅游产业发展的意见》，提出到2020年要力争将海南建设成为闻名中外的医疗保健旅游目的地；在海南省“十三五”规划中，旅游业和医疗健康产业被列入海南十二大重点发展产业之一，海南省提出到2020年，要把海南医疗健康产业总产值做到1000亿元。医疗旅游产业作为医疗健康产业中的重要组成部分，也拥有巨大的市场空间。根据海南省卫生和计划生育委员会（今海南省卫生健康委员会）的统计数据，2017年，海南医疗健康产业招商签约项目共23个，签约额445亿元，签约额比去年增长31.3%。

医疗旅游的发展有助于海南旅游业提质增效，医疗旅游也是海南寻求经济发展新的增长点之一。随着博鳌乐城国际医疗旅游先行区的批复，以及国务院赋予的九项优惠政策的不断落地，海南也在已有的政策优势基础上不断提升自身的知名度和国际影响力。

海南医疗旅游发展从总体上来看呈现出“重点突出，区域协同，独具特色”的发展格局。（1）以博鳌乐城国际医疗旅游先行区为龙头，高标准规划、高起点建设高端医疗旅游产业；（2）海南作为全国中医药服务贸易重点区域，启动了海口、三亚中医药健康旅游国际示范区建设；（3）海南主动与国内外优质医疗资源对接，开展交流与合作；（4）“互联网＋医疗＋旅游”形成新业态，一批新型企业形成一定规模，一大批医疗机构与国内外的高端医疗机构建立了远程会诊机制；（5）海南从多个维度推进医疗旅游，形成一批各具特色、不同模式的医疗旅游企业。

与此同时，海南省医疗旅游在发展过程中面临着众多的社会问题与现实问题：在当前的市场环境下，医疗体制的改革尚在进行中，医疗服务条件较为落后；面向社会的医疗设施尚不完善，投入不足，基础较差；缺乏大量的高端医疗旅游人才；相关法规政策相对滞后；医疗旅游产品缺乏特色，服务国际认证程度不高；同时高端医疗技术分布发的区域不平衡性也更加明显。海南医疗旅游发展所需要的高端医疗技术、先进的医疗药物、顶尖的医疗设备以及国内外知名的医疗机构与健康管理机构的不完善，都成为海南医疗旅游建设过程中亟待解决的问题，在当前海南旅游业面临转型升级的重要节点，医疗旅游对于海南旅游业转型发展具有深远意义。

三、海南省医疗旅游发展的典型代表

当下，我国医疗旅游业仍处于初步阶段，医疗旅游园区的建设也多数处于前期发展阶段。就海南全省而言，目前三亚与博鳌乐城正在充分发挥海南独特的地理资源优势与政策优势，依托国家政策大力发展医疗旅游。

相关研究认为，医疗旅游消费者选择医疗旅游目的地的重要原因就在于医疗旅游目的地具有独特的治疗技术和良好的医疗效果，能够更好地为他们提供诊疗服务。而医疗旅游客源地医疗技术的缺乏导致了旅游者需要到外地接受服务，这会引起旅游者的空间位移。随着博鳌乐城国际医疗旅游先行区的建设，海南正在弥补医疗旅游目的地医疗技术滞后的短板，未来海南医疗旅游的发展将重点集中在特许医疗、健康管理、照护康复、医学美容和抗衰老等方面。下面将以博鳌乐城国际医疗旅游先行区与三亚市为主要案例对海南医疗旅游的发展进行分析。

（一）博鳌乐城国际医疗旅游先行区发展状况

2013 年 2 月，国务院正式批复设立海南博鳌乐城国际医疗旅游先行区，标志着我国第一家以国际医疗旅游服务、低碳生态社区和国际组织聚集地为主要内容的国家级开发园区宣告成立，为海南医疗旅游产业发展奠定了基础。博鳌乐城国际医疗旅游先行区作为中国唯一一家经国务院批准设立的高端医疗旅游先行区，建园伊始便拥有着国务院赋予的九项特殊政策。

先行区位于琼海市嘉积镇城区与博鳌亚洲论坛核心区之间的万泉河两岸，区域规划总用地面积 20. 14 平方千米，其中建设用地面积 9. 96 平方千米，规划总人口 6. 29 万人。2017 年 1 月，国内首家以“生命养护”命名的高端医疗旅游机构——博鳌一龄生命养护中心开始试运营，此后，一批健康管理、医疗美容和抗衰老、生殖医学等项目开始投入运营。2017 年 5 月，先行区成为首批中国“健康医疗旅游示范基地”。2017 年 9 月 14 日，先行区迎来首批俄罗斯医疗考察团体验医疗旅游服务。截至 2017 年年底，先行区建设共创造近 2000 个就业岗位，先行区接待客商、游客达 1. 5 万人次。

政策方面，近年来，海南省政府通过了《海南省博鳌乐城国际医疗旅游先行区医疗产业发展规划纲要（2015—2024）》，并紧接着启动基础设施建设，提出三年内完成先行区所需的设计规划和基础设施。省人大常委会审议通过了《海南省人民代表大会常务委员会关于在海南经济特色博鳌乐城国际医疗旅游先行区等三个产业园区暂时变通实施部分法律法规规定的行政审批的决定（试行）》。随着省委省政府权限的下放与审批制度的改革，以及乐城“多规合一”试点工作的推进，先行区内项目不断落成。乐城将在 10 年内建成世界一流的医疗旅游目的地、医疗高端人才聚集区、健康领域国际交流平台和领先的国家医学科研基地，届时，产业规模将达到 500 亿元以上。

先行区作为全国目前唯一由国务院审批、以医疗旅游为主导、致力于发展现代服务业的第三产业园区，其战略定位、总体规划以及产业发展思路较为清晰。在实践中要实现可持续、健康发展，一方面应在生物医药、医疗服务、养生等新一轮新兴产业发展中博取先机，不断挖掘和开发医疗旅游资源，另一方面需要积极争取医疗旅游发展所需的人才优势、发展空间优势以及政策优势，从而促进医疗产业集群化、网络化发展，延伸产业链，将医疗旅游培育成海南新一轮产业增长点的重要内容之一。

按照国务院批复的内容，海南博鳌乐城国际医疗旅游先行区需要依托海南地区的生态资源，创建低碳、低排放生态环境典范，在当地试点开展医疗、养老、科研等国际医疗旅游产业，完善国内外医疗旅游领域的合作交流平台。主要包括两部分：一是位于万泉河南岸的以“保健养生”为核心的产业区，建设亚健康疗养中心、传统医学中心、老年健康养护中心、整形美容中心和慢性病康复中心等五大功能中心；二是位于万泉河北岸的以“医学治疗”为核心的产业区，与国外知名医疗机构开展合作，引进先进的医疗技术和设备，建设具备国际一流水平的产、学、研基地，并积极开展特色治疗、医疗教学活动。在此基础上，将该先行区作为承接博鳌亚洲论坛产业的拓展，需要引荐与医疗、健康、健康、生态领域相关的国际科研机构、组织，增强我国与其他国家的城市生态改造及城市生态建设等方面的对话与交流。根据《海南博鳌乐城国际医疗旅游先行区医疗产业发展规划纲要（2015—2024 年）》的要求，乐城园区主要医疗旅游发展内容及项目如下：

1. 特许医疗

充分利用先行区享有的医疗新技术、新器械、新药品（未列入国家允许临床应用医疗技术目录）和境外医疗资本的准入政策，引进一流的医疗机构和医疗服务团队，建设若干个医疗中心，打造特许医疗平台。

建设项目：近期优先建立博鳌抗癌治疗中心、博鳌干细胞移植中心、博鳌骨科（关节）医疗中心、博鳌牙科医疗中心等；中期可根据需要建立博鳌中西医医疗中心、博鳌再生医学中心、博鳌转化医学中心、博鳌心血管病医院、博鳌血液病中心、博鳌呼吸系统疾病治疗中心、老年病医院等。

技术要求：引进和应用新技术、新器械、新药品，开展专业化、高水平医疗服务，如干细胞移植、质子重离子放疗系统、关节置换、再生医学等临床应用技术以及针对晚期恶性肿瘤等重大疾病双特异性抗体 T 细胞治疗平台技术。

2. 健康管理

在健康管理领域，建立现代健康管理组织，充分运用和发挥健康大数据的基础支撑作用，开发和应用健康管理软件，建立数字化健康信息系统和管理体系。

建设项目：重点建设博鳌国际健康管理中心和博鳌国际健康体检中心等。

技术要求：积极引进、培育若干个高端健康管理机构或组织，运用“云健康”管理技术，创新服务模式，为客户提供涵盖生命周期的全方位、一体化、个性化、全程的健康管理服务；基本服务涵盖家庭医生、个性化体检、疾病筛查、保健指导、健康干预、慢病管理、心理健康咨询等；以引进尖端设备和技术为基础，打造高端体检中心，重点提供精密体检、健康评估、健康咨询、健康教育、重大疾病筛查、肿瘤的超早期检测等服务。

3. 照护康复

以养生养护、母婴、康复为重点，重点建设博鳌相关的产业基地。发展老年人健康管理、乐活休闲、康复促进、生活支援、医疗护理等服务，拓展老龄旅游、老龄社区、老龄保险等服务领域。发展适应不同人群需求的备孕调理、生产全程护理、孕妇产后康复、母婴专业营养饮食、新生儿早起智力开发等新业态、新模式。

建设项目：重点建设博鳌国际养生（护）中心、博鳌国际产婴医院、博鳌国际康复中心。

技术要求：充分发挥区位和自然环境等综合优势，引进、培育一批社会化、综合性国际养生（护）服务机构，完善老龄健康支持体系；重点开展专业化、一体化的母婴护理服务和女性产后修复服务；开展国际领先的眼科、骨科、口腔、神经等康复治疗服务以及功能障碍评估及康复、脊柱康复、形体纠正、心理咨询与辅导等服务。

4. 医学美容和抗衰老

以安全可靠和政策法规允许为必要前提，发展以个性化定制为特色的医疗美容项目和抗衰老服务。

建设项目：重点建设博鳌国际医学美容中心、博鳌国际抗衰老中心。

技术要求：支持开发和应用医疗美容新材料、新仪器、新技术，发展美容外科手术、激光美容、微整形、口腔美容、美容护理等先进医疗美容技术；开发基因和细胞抗衰老应用疗法，开展细胞抗衰老应用服务试点。

5. 第三方医学检测

支持新型第三方医学检测技术开发和服务模式创新，培育第三方医学检测机构，优化医学检测技术、设备及人员等资源，提高检测的稳定性、先进性和精确性。健全医学检测报告互认制度，加强医学检测数据管理，促进第三方医学检测行业规范化、标准化、市场化发展。

建设支撑体系：支持建设第三方医学检测数据库和公共技术服务平台，建立健全第三方医学检测服务行业标准和技术质量评价体系，建设第三方医学检测机构与医疗机构的数字化互联互认系统。

推进试点示范：引进和培育 2—3 家具有国际水平的独立第三方医学检测机构，建设获得国际认可、具备高水平的独立第三方医学检测机构；支持第三方医学检测机构开展特色服务，推进无创产前检测、恶性肿瘤、心脑血管、糖尿病等疾病的分子诊断、基因检测、特殊化学检测、特殊影像学等检验服务试点及示范应用。

政策配套：探索借鉴先进国家或地区的监管模式，稳步推广基因检测等第三方医学检测服务项目；研究制定创新型第三方医学检验管理标准，推动实现医学检测结果互认制度；支持医学检测设备、试剂等相关产品的研发制造和应用。

6. 构建国家级医学科研基地

依托进入先行区的医疗机构，紧密结合临床，积极建设若干国家级重点专科和实验室，开展医学科研和先进技术的引进，在医疗服务中形成科研，另一方面以科研支持医疗服务，取得经济效益和技术效益的最佳结合。

同时，海南博鳌乐城国际医疗旅游先行区为规范市场将申报设立行业自律组织——博鳌健康会，该健康会是由国内外计划在先行区从事医疗健康产业的开发、服务、建设、运营等的个人、企业组成的行业自律组织。自律组织成立之后再共同制定进入先行区的制度与规范，即行业共建规则，建立相应的退出机制，设立优胜劣汰制度，从而维护先行区的整体形象和保护入驻企业的合法权益，并保证该先行区开展的项目和服务始终具有先进性及达到国际水平，保证进入先行区的医疗健康行业和项目服务的稳定、持续发展。先行区还将建立技术专家与伦理道德委员会，为先行区提供干细胞等前沿的医疗技术研发平台，并积极将医学的技术及相关研究成果转化为相关应用服务。先行区入驻的各企业和个人提供的医疗健康服务，必须通过博鳌健康会下属的委员会（由国内外专家组成）进行独立甄别以及审核，符合社会伦理道德的标准并遵循“安全第一”的法律原则，将风险降到最低水平。

（二）三亚市医疗旅游发展状况

海南三亚作为我国最早开展医疗旅游的地区之一，目前也是国家级中医康复保健旅游示范基地。近年来，在海南省政府积极促进经济转型，将发展健康之都作为重要目标，通过发展健康产业并推出健康旅游，打造“健康岛”品牌的机遇下，三亚市政府将自然风光和中医药特色相互融合，打造新型的保健、康复方式，加快发展休闲、健康旅游，重点开发中医保健、温泉疗养、美容美体等医疗康复项目产品，创建规模较大的康复疗养项目，目标是将三亚打造成具有特色的中医保健、康复疗养中心，为越来越多的人提供保健疗养服务。

此前，三亚市中医院与瑞典、俄罗斯、哈萨克斯坦、奥地利等国家签订了国际中医疗养合同及进修带教合同，并与莫斯科地区的两大医疗所签订了医疗旅游领域的“中医疗养联络协议”，协议约定签订协议的国家及单位需要负责派送专业疗养团队到三亚市医院工作。三亚市中医院组织了一批责任心强、具备专业水准的技术人才及中医专家学者，对患者进行诊治及疗养，采用传统中医保健如拔火罐、针灸、牵引、推拿按摩、中药药浴等传统方式，让用户感受专业的中医疗养活动。同时，三亚将新建国际中医友好疗养院，以国际医疗旅游消费者的“中医保健康复+旅游”为主题，提供宾馆式、花园式的具有现代气息的疗养院，包括中医国际疗养中心、保健康复中心、培训中心等，以满足国内外的医疗旅游需求。

除三亚市中医院外，解放军301医院海南分院也积极开展医疗健康服务工作，全国首个军地“医联体”解放军总医院海南分院·三亚市海棠区医疗联合体已成立。三亚市海棠区已与海南分院开展医疗联合体建设合作，建立急救中心、开展急救培训、建立该区社区卫生服务站和建立乡村医生常规培训制度等。该“医联体”以301医院海南分院为龙头，辖区卫生院为枢纽，社区卫生服务站、村卫生室为终端，充分利用301医院海南分院的医疗资源优势，委托其负责“医联体”内各成员单位的日常管理和人员招聘，安排分院专家定期到社区坐诊，有效建立各成员单位间分诊、转诊绿色通道，推动三亚分级诊疗就医新格局的形成，惠及更多群众。该“医联体”急救中心启动以后，将逐步承担起周边区域约10万人口的急救保障任务，该“医联体”同时将建立水、陆、空三位一体的复合型急救中心。

当下，三亚医疗旅游发展迅速，据相关报道，每年来三亚的俄罗斯游客贡献的旅游收入超过1亿元，其中三亚中医院推出的“中医疗养游”逐渐成为国内外游客受欢迎的医疗旅游项目。三亚中医院作为海南省较早从事中医疗养旅游的组织，受到俄罗斯、瑞典等旅游人士的肯定。此举不仅带来了较好的社会效益，也带来较高的经济效益。据相关数据显示，三亚年平均接待外宾3000人次，外宾平均消费在2万美元，可为三亚地区带来的综合收益超过8万美元/人次。三亚将自然环境与中医药特色有机结合，积极开展实践，已形成了新型康复保健模式。很多来海南的国外人士主要做中医推拿和针灸，此外还有相关的中草药种植园、中药店也逐渐成为中医旅游的重要目的地。三亚市中医院建设的国际友好中医康复疗养院自建成以来按照市场化模式运营；哈尔滨医科大学鸿森医院、三亚阜外心血管医院、三亚健康国际中医养生保健中心也正在规划，努力打造中医养生保健品牌。

此外，海南各地的医疗机构建设也在加快，海南积极引进了多家著名医疗机构分院，除解放军总院（301医院）分院外，还有恒大国际医院（由恒大健康与哈佛医学院布莱根医院合作建设）与复旦大学附属华山医院、中山大学医学院眼科中心等多家国内知名医疗机构的合作也在洽谈推进中。以社会非营利性医疗机构供地的三亚国康医院已开工建设；引入社会资本举办的三亚哈尔滨医科大学鸿森医院即将建成；海南睿德外科医院、海南鑫桥康复医院、海南吉祥康复医院、五指山曜阳渊明康复医院正在建设；三亚海棠湾恒大国际医疗中心、中国人寿医养结合项目、文昌潮滩湾国际医院、儋州滨海国际医院等项目不断落地；引入外资合作的海南优联国际医院已落户海口；圆美国际医院和中俄医科大学联盟国际医院等也在启动落户海口和三亚的工作。同时，海南省从多个维度对医养结合产业进行了有益探索，形成了海口恭和苑、颐康中医疗养、一龄医疗、东软·熙康、金域检验、琼海天来泉、颐养公社等一批各具特色、不同模式的医养结合企业，为海南发展医疗旅游产业提供了广阔的平台。

第二节 海南省医疗旅游发展成效与不足

海南国际旅游岛建设过程中，我们明显地可以看到医疗旅游依旧存在一些不足，医疗旅游的未来发展，需要不断地补充人才和医疗技术设备，拓展各个企业的融资渠道。以下将在深入分析海南医疗旅游带来的成效同时，深刻了解其存在的不足，为后期医疗旅游的健康发展提供借鉴。

一、海南医疗旅游产业效益

在很多国家，医疗旅游的发展推动着许多其他相关产业的发展，在其过程中不仅带来了直接的经济效益，还带来了丰厚的社会效益和环境效益。海南作为我国最早开展医疗旅游的地区，打造了以三亚为代表的国家级中医、康复保健旅游示范基地和我国首个国际医疗旅游先行区——博鳌乐城国际医疗旅游先行区，使海南有基础、有条件、有优势向国际医疗旅游发达的瑞士、泰国、新加坡等地区看齐，并推动海南发展成为国际医疗旅游目的地，为海南医疗、养生、科研等旅游相关产业转型升级提供了动力，也为海南国际旅游岛建设注入新的经济活力。海南发展医疗旅游带来的成效表现如下：

（一）医疗旅游综合效益明显

医疗旅游融合医疗产业与旅游产业的资源，产生了大于医疗效益与旅游效益之和的经济效益。当今国际医疗旅游主要是由发达国家流向医疗服务优良的发展中国家，给医疗旅游目的地带来了可观的经济收入。医疗旅游打破了传统旅游六要素格局，实现了医疗业与旅游业的跨界融合，产生了新经济增长点。医疗旅游经济效应在于创汇量和就业吸收量大，医疗旅游的发展对目的地经济增长和就业率提高起着巨大的促进作用。

近年来，在海南省政府大力扶持下，海南省医疗旅游得到了快速发展，其医疗旅游需求也比较旺盛。据2017年海南省相关部门发布的统计数据显示，三亚市中医院中医药健康旅游项目在2016年接待外宾量7530人次，实现收入440.89万元，其中外国参观考察团共21批，约3500余人次，三亚太极康体养生中心中医药健康旅游项目接待外宾1万人次，总营业额约2000万元，全省医疗健康产业增加值101.6亿元，增长11.9%，① 医疗旅游经济增长强劲。在医疗旅游发展等各方面推动下，海南旅游业的发展进入了快车道。2017年全省接待游客6745.01万人次，同比增长12%，实现旅游总收入811.99亿元，同比增长20.8%，旅游经济发展质量效益显著提升，旅游收入增长明显高于接待游客数量增长比率。入境游提前3年完成接待百万人次的目标，全年接待入境游客111.94万人次，同比增长49.5%，旅游外汇收入6.81亿美元，同比增长94.6%。② 随着海南旅游业的快速增长，入境旅游人数不断取得新的突破，未来海南医疗旅游市场也将随着行业的快速发展而带来丰厚的经济回报。

（二）带动海南医疗相关产业发展

医疗旅游以医疗活动和旅游活动为核心，突破传统旅游产业边界，把传统旅游资源和医疗卫生资源创新整合，拓展原有产业及广泛交叉着许多行业。在为国家带来丰厚经济收入的同时，也会带动其他细分产业领域的发展，例如医疗旅游中介服务机构、保险公司、医药制药企业、医疗器械制造企业、医院组织等领域，形成多层次医疗旅游产业链网络体系，从而带动医疗领域相关产业的发展。在海南医疗旅游产业的带动下，海南逐渐形成“医疗+基地”“医疗+保健”的发展模式，促进了医药健康产业的发展。据第三次全国经济普查数据测算，海南省健康服务业单位有2176家，从业人员91254人，营业收入243.74亿元。初步估算，海南全省健康服务业现有规模以上企业近50家，增加值突破200亿元，高于全国平均4.5%的水平。据统计，2017年海南医药产业继续保持两位数增长，实现产值192.7亿元，增长20.6%，全年医药出口额8000万元，

---

① 符王润．擦亮健康岛中医药名片［N］．海南日报，2017-03-30（B07）．

② 资料来源：海南在线新闻中心网址站。

南药黎药等特色医药实现产值 8 亿元，在开拓国际市场和发展特色医药方面有了新突破。博鳌乐城国际医疗旅游先行区汇集了近 40 个国际一流的医疗健康企业，将在干细胞临床研究、肿瘤治疗、医美抗衰与辅助生殖等四个方面形成产业聚集，产业规模和效应初显，未来预计产业规模可达 500 亿元。

（三）提高海南城市知名度

国际上许多国家与城市因为开展医疗旅游而树立了良好口碑与品牌，提升了城市知名度与美誉度，比如泰国、韩国、印度等国家。医疗旅游的发展不仅带动了当地经济良好发展，同时优质的医疗服务和医疗效果会大大提升当地的城市知名度与美誉度。我国五大连池地区的温泉度假项目，非常重视温泉的医疗保健作用，实现了将温泉旅游与城市发展完美结合。五大连池温泉项目将医疗与旅游结合不仅加强了对慢性病的治疗效果，也带动了当地经济的发展。优质的医疗效果会提升城市知名度，城市知名度提升会进一步带动医疗旅游产业发展，二者共同发挥作用。

医疗旅游的品牌效应体现在城市品牌的提升与宣传，城市文化是城市品牌的灵魂，是城市发展的根基。海南医疗旅游项目能够有效将与海南文化相关的旅游项目展现给游客，并将当地文化遗存、民族风情等吸引物让用户体验、感受并传播。博鳌亚洲论坛自 2001 年首次成功举办以来，在国际上的影响力日益凸显，享有“东方达沃斯”的美誉，目前已经逐渐发展成为中国高端对外交流平台和世界顶级国际会议中心。据统计，博鳌每年召开的国内外高端会议近 200 次，吸引了大量的政、商、学和媒体参会。先行区借助博鳌品牌和影响力，加快发展海南省医疗旅游业和高端医疗服务，这是博鳌亚洲论坛的延伸和发展，被誉为博鳌亚洲论坛的第二乐章。

（四）大量投资带动了海南医疗基础服务设施的建设

医疗旅游市场会促进医疗资源的整合和基础设施的完善。医疗旅游目的地会投资高质量医疗设施、升级医疗设备，加强当地医疗基础服务设施建设，以提高医疗服务水平。在医疗旅游的推动下，海南全省各级公立医疗机构基础设施得到明显改善，海口、三亚、琼海、儋州、五指山五大区域医疗中心初步建立，医疗卫生机构数量明显增加，社会资本办医力度不断加大。截至 2017 年年底，全省医疗卫生机构数为 5032 家，床位数 34522 张，全省社会办医疗机构 1273 家、床位数 4695 张，分别占全省医疗机构总数的 25.3% 和 13.6%。同时，社会资本对医疗机构的投资力度明显加大。以三亚为例，该市不仅有三亚市中医院这样的公立医院的参与，还吸引了大量的社会资本参与建设医疗相关专业机构，如三亚太极康体养生中心、三亚浪琴坞美疗中心等，并筹划在三亚建立北京中医药大学附属医院的分院。

博鳌乐城国际旅游先行区吸引了社会和政府的大量投资，带动了医疗服务基础设施的建设。2017 年上半年，先行区便已完成基础设施建设投资 13 亿元。北岸的基础设施则运用低碳生态、循环技术、智能化手段打造博鳌乐城一期基础设施工程，包括区域范围内的道路、供水、供电、垃圾污水处理、两个大型停车换乘中心等的建设。“南北海生命养护中心”的一期工程、博乐府和抗癌城也都基本建成。2017 年 3 月，生命养护中心一期项目的 11.5 千米道路全面通车，二期项目建设在进行中。

（五）增强了国际间文化交流

医疗业和旅游业具有消费品不动，消费者跨国运输等特点，会冲破贸易体制的不合理壁垒，不会引起相关贸易纠纷，在维护与促进国家地区之间的友好往来方面发挥重要作用。由于参加医疗旅游的多为国际游客，除了各地精湛的医术保证外，吸引他们的是异国文化。目前，三亚中医院已将海南海岛风光与中医药特色有机结合，形成了“中医药保健康复 + 旅游”的新模式，采用传统中医保健如拔火罐、针灸、牵引、推拿按摩、中医药药浴等方式让游客感受中医疗养体验，既增强了国外游客对我国中医药养生文化的了解，又极大传播了中国传统文化。

医疗机构陆续开展许多对外医疗合作业务，尤其是参与医疗科研和学术合作，以发挥本地医疗旅游服务，增强国际文化与科研交流。海南发展医疗旅游产业，促进海南经济转型并做强做大海南经济总量，有效加快了医疗保健、医疗健康文化等观念的传播，带动了海南的全民保健意识。

二、海南医疗旅游产业存在的不足

近年来，海南省医疗旅游产业虽然有了快速发展，但是由于起点低、基础弱，医疗旅游产业发展不平衡，医疗旅游基础设施不够完善，专业医疗人才匮乏，创新能力和有效供给不足，高端品牌缺乏，有些专科医院还属空白，医疗服务水平整体还不高，医疗旅游产业尚处于起步阶段，尤其是在国际机构认证、资源整合等方面与国内外发达地区存在着明显差距。具体表现如下：

（一）政府扶持力度不够，部门协调机制缺失

政府的关注与支持是行业发展的重要支撑和有效保证，有了政府在政策、财力等方面的大力支持，行业发展才会有章可循、有法可依，并实现良性循环。

尽管当下海南省政府意识到医疗旅游发展的广阔前景，并给予相应政策导向和支持，但并未针对医疗旅游出台相应规章制度和行业规范，也未在签证、税收、土地和融资等方面实行更多鼓励政策。相关规章制度和行业规范的缺失，使得本就倾向于综合性、多样化发展的医疗旅游市场更加混乱，这些都会限制医疗旅游在海南的发展。同时，海南的医疗与旅游未进行有机结合，大部分医院依然专注于传统医疗机构运作模式和经营方式，并未把医疗旅游纳入医疗发展体系中。并且一些医院尽管医疗服务项目和治疗效果显著，但缺乏旅游部门的有效推广和旅游企业的联合经营，导致海南医疗产业与旅游产业未能实现有效结合。

（二）医疗机构国际认证滞后

医疗技术水平和服务条件是患者选择医疗旅游目的地的首要因素，但海南有规模、有影响力的医疗机构较少，能开展高端医疗服务的医疗机构比较匮乏，同时，海南医疗机构国际认证滞后。截至 2017 年年底，海南省仅有三家医疗机构通过了 JCI 认证，分别是海南现代妇女儿童医院、海南现代妇婴医院和海南瑞韩医学美容医院。这不仅使外国游客对海南医疗机构认可度不高，也使得其业务发展模式和服务标准无法与国际接轨，难以适应海南国际旅游岛建设和医疗旅游产业快速发展的需要。JCI 是美国医疗机构认证联合委员会国际部的英文缩写，是医疗旅游机构获得国际医疗旅游者信任、发展国际医疗旅游的基础。JCI 国际认证是全球公认的、世界卫生组织认可的评价医院管理、医疗质量和服务水平的最高级别认证体系，被誉为医疗服务“金标准”。当前海南获得 JCI 国际认证医疗机构数量的匮乏严重影响和制约了海南医疗旅游企业开展国际医疗旅游业务。

（三）医疗旅游资源未整合，医疗旅游产业链不完善

医疗旅游以医疗和旅游活动为核心，通过把传统旅游资源和医疗资源相融合，拓展原有产业并广泛交叉许多其他行业，形成一条独立产业链。医疗旅游中介服务机构、保险公司、医药制药企业、医疗器械制造企业、酒店、会议展览服务、旅游公司等都是医疗旅游产业链网络体系不可缺少的一部分。医疗旅游中介行业已经成为医疗旅游业发展重要的推动因素，医疗旅游中介公司有效的宣传手段和完善的服务使主要的医疗旅游目的地声名远扬，有效地吸引了旅游者前来就医。如韩国的旅行社，从旅游者办理签证、进行治疗、术后康复到旅游观光都属于其服务范围，切实体现了顾客至上的理念。海南医疗旅游虽然有了初步发展，但消费者并未从旅行社或其他中介机构的有效宣传中获得有效

咨询，缺少了解的正规渠道。海南医疗旅游缺乏有效的宣传手段和正规的接待渠道，其旅游观光、国际医疗法律、跨国保险理赔以及语言翻译各自为战，未能形成有效合力，整个医疗旅游业无法发挥全部潜力。

（四）医疗旅游产品缺乏特色，缺乏营销经验

世界上发展较好的医疗旅游目的地都打造了具有地方特色和优势的旅游产品，并形成了完整的旅游产品体系，如韩国的医学美容、日本的入境体检、匈牙利的专业牙科手术，产业发展日益成熟，竞争优势明显。我国的上海、北京、云南等地也利用自身的优势积极发展医疗旅游，并且成效显著。相比，海南还未形成独具特色的医疗旅游产品，比较具有中国特色的中医药文化旅游目前仍处于自发发展状态，未形成成熟的开发理念和完整的发展规划，发展规模小，发展程度低。加上缺乏特色和竞争力的旅游产品，海南医疗旅游品牌形象还未完全树立起来，未打造出海南医疗旅游的知名度和美誉度。由于缺乏营销经验，医疗旅游品牌效应不足，并且海南医疗旅游发展起步较晚、宣传不到位，在国内外缺乏一定影响力。因此，面对行业的激烈竞争，要打造具有竞争力的旅游产品并大力宣传，让海南医疗旅游在国际医疗旅游市场占有一席之地。

（五）从事医疗旅游的专业人才匮乏

海南省在医疗旅游方面的专业人才还比较匮乏，目前从事医疗旅游的专业人才，尤其是能通晓国际语言的医护与行政人员紧缺。据统计，海南省每千人口拥有执业医师（含执业助理医生）数仅为1.61人，低于全国平均水平1.75人，即使是医疗卫生机构和医疗人员比较集中的海口市和三亚市，每千人口拥有执业医师（含执业助理医生）数也仅分别为2.51人和1.99人，不仅低于世界一流水平，而且与我国一线城市相比还有一定差距，这也是海南医疗旅游发展面临的一大瓶颈。熟悉国际医疗旅游经营与管理模式的高端医疗服务管理人才和专业技术人才的匮乏，导致了海南大部分医疗旅游机构竞争力不足。目前，海南省既懂医疗知识又懂旅游的医疗保健类人才、高端医学专业技术人才和高层次医务管理人员匮乏，并且通晓英语的医护人员和从事医疗旅游的专业人才紧缺。随着海南国际旅游岛建设进程的加快，来海南就医的国际旅游患者会增多，因此，海南省需要引进大量懂外语并能够流畅地与外国患者交流的高级专业医学人才。

第三节　海南省医疗旅游发展模式选择

海南医疗旅游发展拥有丰富的资源优势与政策优势，充分发挥海南在这方面的优势将更加有助于全面提升医疗旅游的发展水平并提高综合竞争力。海南发展医疗旅游具备一些有利条件，海南具有良好的生态环境和丰富的热带医疗旅游资源。明媚的阳光、温暖而不失凉爽的热带海岛气候、洁净的空气和海水，对多种疾病治疗有着良好的理疗康复效果。

海南旅游业发达，客源基础雄厚，医疗价格低廉，中医黎医苗药资源丰富，城市配套设施相对完善，人居环境一流。同时海南是中国唯一获得世界长寿岛殊荣的省份。据相关数据显示，2017 年年初，海南省现存活百岁老人 2083 人，海南每十万人中有百岁老人 22.86 人，远远超过世界长寿地区 7.5/10 万的评定标准。

一、海南医疗旅游发展机遇

随着国内消费者生活水平的提高与健康需求的增加，国内医疗产业快速增长，同时海南医疗旅游也迎来巨大发展机遇，主要体现在以下几个方面：

（一）健康观念的不断更新

人们不断加强的健康观念是医疗旅游市场不断壮大的重要原因之一。随着我国国民收入整体水平的逐步提升、医疗改革相关制度出台，以及多数企业带薪年假制度等进一步深化落实，我国的旅游发展形式也逐渐由最初的观光型旅游向疗养、休闲、度假、观光等复合体验式旅游模式转变，这些都将为我国发展医疗旅游带来巨大的发展机遇和坚实保障。以中国医疗旅游者赴韩为例，据韩国保健福祉部相关统计数据显示，近年来中国出境前往韩国医疗旅游的人数呈逐年递增趋势，2009 年为 4725 人次，2010 年为 12789 人次，2011 年为 19222 人次，2012 年为 32503 人次，2013 年为 55972 人次，2014 年为 79481 人次，2015 年为 99059 人次，2016 年约为 12.7 万人次。2017 年赴韩国接受医疗服务的中国客户同比剧增 69.1%，占整体韩国入境海外医疗旅游客户的 20.4%，超过美国、日本、俄罗斯及蒙古等国，居首位。就全球而言，美国、英国、加拿大、法国、德国等发达国家每年出境医疗旅游的人数也在逐年增加。逐渐增加的医疗旅游人数正是受人们生活水平的提高和不断更新的健康观念所驱动。

（二）旅游业的快速发展

伴随着全世界范围的旅游业的快速发展，各个旅游目的地的接待能力、服务能力逐渐增强。旅游航空的快速发展也极大地降低了人们出行的时间和成本，这些都为医疗旅游尤其是跨国医疗旅游的发展带来了有利条件。海南拥有着以中医药为特色的医疗旅游资源，面对巨大的发展商机，医疗机构、旅游企业等也在积极发展医疗旅游。有专家预计，海南将成为世界医疗旅游业的热门目的地。由于医疗旅游业具有综合效应，不仅能够增加医院的收入，还能带动整个区域的酒店、餐饮、交通、保险和法律服务等相关产业，因此发展以医疗旅游为代表的现代医疗服务产业成为地方政府调整产业结构的重要方向之一。

（三）国际医疗业发展的不平衡

不同国家和地区医疗业的发展有着显著的差异。对于医疗技术相对发达的西方国家来说，其医疗费用相对较高。而东南亚国家的医疗费用只有西方国家医疗费用的几分之一甚至十几分之一，巨大的价格差异是西方发达国家患者选择国外医疗旅游的重要动因。对于医疗技术相对落后的发展中国家而言，医疗费用虽然相对较低，但是国内的富裕阶层，在面对本国医疗资源缺乏和医疗技术落后（这种落后和缺乏也有可能是因为政策的限制）的情况时，就会选择到该领域的权威国家进行医疗消费。总之，价格差异和本国医疗资源的紧缺是国际患者外出寻找医疗服务的主要动因。我国医疗消费水平普遍低于发达国家，具有一定的价格优势。

（四）人口老龄化

人口老龄化是现代医疗旅游发展的契机之一。欧洲等发达国家在很多年以前就已经进入了人口负增长阶段，美、日、欧洲、中国等国家和地区都进入了人口老龄化阶段。以我国为例，据全国第六次人口普查结果统计，我国老年性人口已达1.78亿人，占人口总数的13.26%。到2020年，老年人口将达到2.48亿，老龄化水平将达到17.17%。人口老龄化对医疗照顾提出了严峻挑战，这些国家没有足够的人力资源来满足广大老龄人口的医疗照顾需求，因此这些国家的老龄人口向人力资源丰富的其他国家转移。这种转移成为亚太地区劳动力资源丰富的发展中国家发展国际医疗旅游的契机。

（五）个人隐私意识的增强

随着人们自我保护意识的增强，隐私保护意识也逐渐增强。个人的健康状况涉及社交、就业等问题，人们不希望自己的病历被别人知道。特别是选择变性、美容整形等的患者，要对身体做一个人为的巨大改变，他们更倾向于选择一个远离自己生活环境的地方进行手术。相对于传统医疗机构，医疗旅游机构会更重视对隐私的保护，海南医疗旅游园区建设中特别注重对患者隐私的保护，并对就诊环节等内容提供远超于普通大众就医的隐私保护举措。

二、海南医疗旅游发展优势

（一）得天独厚的旅游资源

海南具有丰富的旅游资源，海南是中国唯一的热带岛屿省份，是中国最受欢迎的热带滨海度假胜地。海南四季无冬，阳光充沛，空气清新，水质纯净，堪称人间天堂、南海明珠。岛上具有医疗保健功能的森林、海滨、矿泉等资源丰富优质，且分布广泛。岛内森林覆盖率达60.2%。截至2017年年底，全岛有10个国家级自然保护区，8个国家级森林公园，五指山、鹦哥岭、霸王岭、黎母山、尖峰岭、吊罗山等6大林区，是海南热带森林和生物多样性的主要分布区。海滨资源分布在海南岛长达1500多千米的海岸线上，沙岸约占50%～60%，沙滩宽数百米至一千多米不等，向海面坡度为5°左右。阳光充足明媚，空气清新湿润，沙滩干净柔软，一年中多数时候可进行海浴、日光浴、沙浴和风浴，仅自海口至三亚东海岸线就有60多处可辟为海滨浴场。历史上的火山喷发在海南岛留下了许多死火山口，如雷琼海口火山群世界地质公园等。岛上温泉分布广泛，多数温泉矿化度低、温度高、水量大、水质佳，大多属于治疗性温泉，且温泉所在区域景色宜人。海南的温泉数量多，种类全，分布广，开发的形式也各显其长。全岛已知的温泉点近40处，其中最著名的有兴隆温泉、官塘温泉、七仙岭温泉、南田温泉、珠江南田温泉、蓝洋温泉等6处，这些资源具有良好的医疗保健功效。总之，优越的旅游资源使海南成为开展医疗旅游的理想地区。

（二）强有力的政策支持

海南建省三十年来，国家赋予海南特区立法权，海南国际旅游岛建设上升为国家战略，成为海南医疗旅游发展的重要优势。同时海南与国内部分省区市实现异地医保报销等政策。特别是海南博鳌乐城国际医疗旅游先行区，享受医药卫生、土地、投融资及对外开放等9项政策，都是特有的先行先试政策。先行区已获得国务院批复的9项政策支持，包括：（1）加快先行区医疗器械和药品进口注册审批；（2）先行区可根据自身的技术能力，申报开展干细胞临床研究等前沿医疗技术研究项目；（3）卫生部门在审批先行区非公立医院机构及其开设的诊疗项目时，对其执业范围内需配备且符合配备标准要求的大型药用设备可一并审批；（4）境外医师在先行区内执业时间试行放宽至3年；（5）允许境外资本在先行区内举办医疗机构；（6）可适当降低先行区部分医疗器械和药品的进口关税；（7）适当增加先行区建设用地计划指标；（8）支持并指导先行区引入生态、医疗、新能源等相关国际组织，承办国际会议；（9）鼓励先行区利用多种渠道融资，吸引社会投资等。这些政策已经在多个方面突破了国家现行的管理规定，如进一步明确了先行区开展第三类医疗技术临床应用准入的途径。允许先行区申请开展干细胞临床等前沿医疗技术项目研究，突破了“明确禁止外商投资人体干细胞、基因诊断与治疗技术开发”的规定，对先行区的医疗服务业发展具有十分重要的意义；“逐步取消合资或合作医疗机构的境外资本股权比例限制，逐步放开境外资本在先行区设立独资医疗机构”，也是国家赋予先行区的一项重要优惠政策。国家已批准香港、澳门医疗服务提供者在广东省可以独资设立门诊部，合作投资额度、比例不受限制。而先行区的政策适用范围更大，不仅适用于香港、澳门投资者，而且适用于其他所有境外投资者，可以获得更加广泛的国际交流和合作机会。

（三）丰富的中医药资源

海南黎苗等特色中医药资源丰富，海南岛有药用植物3100多种，有630多种为海南所特有，被载入药典的有500多种，槟榔、益智、砂仁、巴戟天为海南四大南药，五指山地区素有“天然药库”之称，植物药有500多种，动物药200多种，矿物药近50种。黎医常用的黎药有300多种，加上中草药约有1000多种，有10多种特有药用植物和32种国家重点保护药用植物分布于黎族地区，许多新药资源仍不断地被发现。海南利用黎药植物的制药企业10余家，有10余个品种获国家中药品种保护，进入规模生产的中成药达9种，年产值在4亿元左右。

传统中医药游独具特色，三亚市把中医药特色和自然环境有机结合，通过实践形成了新型康复保健模式。三亚市中医院和多个国家签订了中医国际疗养和进修带教合同，接待了大批的国际游客到该院进行中医疗养和观光，其中包括哈萨克斯坦总统的旅游疗养团和多位俄罗斯高官及富商。俄罗斯人对按摩、针灸、拔火罐等中医保健都十分认同。三亚市中医院在中医药医疗旅游方面的尝试取得一定成功，获得了宝贵经验，为海南后续医疗旅游的发展奠定了基础。

（四）相较而言的价格优势

发达国家与发展中国家之间巨大的医疗费用差是医疗旅游兴起的主要动因，

低廉的价格则是发展中国家开展医疗旅游吸引国际游客的关键因素。海南医疗服务的价格不仅明显低于发达国家，而且还低于一些开展医疗旅游且比较发达的亚洲国家，即使是与国内开展医疗旅游较早的上海比也是相对低廉。

（五）不断完善的基础设施

从国际经验来看，在医疗旅游产业发展的起步阶段，政府应该起到扶持、引导、催化作用。研究发达国家的产业发展过程可以发现，政府在直接鼓励医疗旅游产业发展过程中，不仅给予一定的扶持优惠政策，同时也在发挥政府的经济功能，完善当地相关配套设施的建设。一个地区的基础设施完备情况是一个产业起步和发展的重要条件，也是带动产业集群发展的最基本且重要的条件。目前海南博鳌乐城国际医疗旅游先行区内基础设施、产业项目建设等工作有序推进，增强对产业园区的支撑能力。

（六）四通八达的交通网络

近年来，海南道路交通设施建设不断加快，环岛高铁建成通车，纵横交错、四通八达的海陆空立体交通网络为海南医疗旅游的发展奠定了坚实的交通基础。在航空方面，航空运输是海南省进出岛游客的主要交通方式。海南已建成使用的机场有三个，海口美兰、三亚凤凰两个国际机场的改扩建工程正在加紧实施，博鳌机场也已经投入使用。在铁路方面，海南岛现有铁路近千千米，主要有两条线路：粤海铁路西环线起点海口，途经澄迈、临高、儋州、白沙、昌江、东方、乐东、终点三亚；海南东环路起点海口，途经文昌、琼海、万宁、陵水、终点三亚。2015 年，全球首条环岛高铁贯通，对于带动全岛旅游业发展意义深远。在海运方面，海南省已初步形成“四方五港”的局面，即北有海口港，西有洋浦港、八所港，南有三亚港，东有龙湾港。在公路方面，“一环三纵四横”网络格局便利了岛内的出行，“一环”即环岛高速公路，“三纵”即海榆东中西三条干线，“四横”即澄迈经屯昌到黄竹线、儋州经琼中至万宁线、邦溪经五指山至陵水线、东方经乐东至天涯线，南北联结，左右贯通，国道和省干线为骨架的“田字形”公路网，岛内“3 +1 交通圈”的基本格局已形成。

三、海南医疗旅游发展模式选择

近年来，随着全球越来越多的国家掀起医疗旅游发展之风，全球范围内已经出现几大医疗旅游主要目的国，主要包括亚洲的泰国、印度、韩国、新加坡、马来西亚，欧洲的德国、瑞士、匈牙利、土耳其，美洲的巴西、哥斯达黎加和古巴等。尽管各国资源优势不同，特色的医疗旅游项目各异，但在医疗旅游发展模式的选择上，有一些共性经验值得借鉴。

国外主要医疗旅游目的地的发展模式可以分类为以综合治疗为主的医疗旅游模式、以专科治疗为主的医疗旅游模式、以健康检查为主的医疗旅游模式、以养生康复为主的医疗旅游模式、医疗旅游聚集区模式。就全省总体发展情况而言，近年来，海南在医疗旅游发展过程中形成的是以综合治疗为主的医疗旅游发展模式，并通过建设国际医疗旅游先行区等项目形成产业集聚区。就海南几个主要医疗旅游城市的建设来看，又体现出独具特色的专科性治疗的医疗旅游特征。因此海南医疗旅游未来的发展模式以综合性治疗为主，并建设有一定特色的专科治疗的项目，最终随着规模的扩大，而形成医疗旅游产业集聚区。

（一）以综合治疗为主的发展模式

为治疗疾病尤其是疑难病症出国寻医是早期医疗旅游的主要形式，以综合治疗为主的医疗旅游目的国多拥有较完善的医疗系统以及较高的医疗技术水平，医疗旅游者多来自医疗服务体系不完善或医疗价格太昂贵的国家。获得健康是医疗旅游者进行医疗活动最根本的原因，因此医疗旅游中最普遍、发展最快的是以疾病疗愈为主的治愈旅游。这一类旅游者进行医疗旅游的主要原因是碍于本国或本地区的技术水平有限，无法得到满意的治疗进而寻求更好的医疗方式；或者是想在获得同等或更好的医疗水平的同时，为自己争取到更加低廉的医疗服务。基于这两个目的的医疗旅游主要以治疗康复为主，旅游活动只是其在治疗期间的即兴活动，并不是其旅游的主要目的。随着社会的发展和生活水平的提高，人们越来越关注自身的健康，以健康检查为目的的医疗旅游随之兴起。该模式以健康检查为主，医疗旅游目的国多拥有完备的健康检查设备。例如，新加坡结合自身拥有的优良医疗系统优势，主推以健康检查为主的医疗旅游项目，其推动重点涵盖了基本健康检查到尖端手术疗程、癌症治疗与各种专业护理。目前，在国际医疗旅游市场上，新加坡已经形成以健康检查为主的医疗旅游品牌。此外，日本大多数医院的医疗设施比较先进，保持着世界癌症早期发现的新纪录。凭借先进的医疗设施、较高的医疗水平和高水准的医疗服务，日本主推以癌症检查为主的医疗旅游项目，吸引众多医疗旅游者前往健康检查。

海南医疗旅游的发展以健康管理、医学美容、抗衰老、体检等综合性的项目为主，医疗旅游者所能够选择的项目就会增加，此时对于提升海南医疗旅游目的地吸引力具有深远影响。综合性的治疗将能够满足不同层次患者的需求，同时能够为海南医疗卫生事业的全面发展服务。

（二）以专科治疗为辅的特色模式

随着医疗旅游的发展，人们的需求更加多元化，不再仅限于以综合治疗为主的单一模式，专科治疗类医疗旅游日益受人们的欢迎。在该模式中，医疗旅游目的国多依托自身特色资源优势，开发具有专科治疗特色的医疗旅游项目。社会的发展让人们有能力追求更好的生活。随着对自己要求的不断提高，把自己打造得更加精致是每个人的追求。例如专项医疗项目的整形美容，其能够根据人们的需要和需求改变容貌，从而提升个人气质，使人更加自信，因此以整形美容为主的医疗旅游快速被大众接受并迅速发展。美容整形类医疗旅游发展的典型代表是韩国，近年来，韩国重点聚焦战略发展医疗旅游产业，其美容整形产业已经实现了产业化、系统化、规范化。医疗旅游者入境韩国后，从旅行社到进行治疗的医疗机构再到各个旅游景区游览观光都有专业人士负责接待。在医疗技术方面，韩国的医疗机构以优质的服务让旅游者宾至如归，医生在整容和美容治疗方面有着丰富的经验和专业的知识，得到海内外的认可，品牌影响力也随之提升。整形美容类的医疗旅游目的地还有巴西、瑞士、泰国等国家，其羊胎素疗养及牙齿美容技术吸引了大批的游客。巴西结合自身优势推出整形美容，据巴西旅游部估计，大约一半来巴西医疗旅游的外国人是到里约热内卢和圣保罗的诊所或巴西东北部的浴场疗养院做整容手术。匈牙利也发展以专科治疗为主的医疗旅游，凭借极具特色的牙科优势吸引众多医疗旅游者。

海南医疗旅游发展过程中吸引了一批具有国际领先技术的医疗机构的参与，建设了以干细胞治疗、质子重离子治疗系统等具有特色的项目，这些以专科治疗为主的特色项目的实施更为直接地带动了海南医疗技术水平的提升，与此同时，也为海南医疗旅游品牌形象的构建做出了一定的贡献。在综合治疗的基础上，建设一批专科治疗特色的项目，也是一项完善海南医疗旅游产业链的重要举措。

（三）医疗旅游产业集聚区

医疗旅游产业聚集是在医疗机构与旅游联盟发展到一定程度时形成的产业集聚特征，随着以综合治疗为主、专科治疗为特色的各个医疗机构的建设，医疗旅游产业区可以有效利用资源，形成产业集聚优势，发挥产业集聚效应，进一步推动医疗旅游的发展。国外已有部分国家建设医疗旅游聚集区，例如：土耳其已经建立包含医院、旅馆、旅行管理机构和基础设施的医疗旅游聚集区；墨西哥也已经建立医疗旅游聚集区，定位为拉美地区的医疗旅游集散中心。医疗旅游产业的大力发展与政府的强力支持密不可分，在形成产业集聚过程中，政府需要发挥其自身的作用。资本是项目落地的重要因素，医疗旅游产业的发展过程中同样需要巨额资金投入，资金的缺乏已成为医疗旅游产业发展的重要瓶颈之一。因此政府必须通过相关政策实施，吸引投资者注入资金，强化现有企业自身的融资功能，逐步建立起以企业为主体，多渠道、全方位的资金支持和保障体系，最终依托建成的项目形成产业集群。

以海南博鳌乐城医疗旅游先行区为例，截至2017年12月，园区内有意向项目共101个，正式受理71个，通过医疗技术评估39个，已有27个项目开工，大都是通过社会资本与国际优良资源相结合的模式建设，博鳌一龄抗衰老中心、慈铭奥亚慢病康复医院等项目已建成投入使用。随着未来医疗旅游机构的不断增加和医疗旅游联盟的快速发展，未来将形成具有一定规模和影响力的国际医疗旅游区。

未来，海南将通过探索以医疗护理、疾病与健康、康复与疗养和旅游观光相融合的方式，引入具有国际先进水平的医疗技术及医疗设备，吸引高端医疗旅游人才的加入，逐步打造世界一流的健康医疗旅游观光基地。

第四节　海南省医疗旅游产业发展对策建议

海南国际旅游岛在未来建设发展过程中，需要依托旅游新业态来促进产业转型升级。医疗旅游作为一种创新业态，拥有着巨大的发展潜力，应利用此契机将海南打造成国际生态旅游岛。海南需要在发挥自身优势基础上，提升医疗服务水平，充分发挥产业集群效应，促进产业规模化发展，并加强市场营销，注重医疗旅游人才的培养，从而促进海南国际医疗旅游目的地的建设。

一、深入发挥政府政策优势

（一）进一步加大政策扶持力度

国家赋予海南省特区立法权，海南国际旅游岛建设上升为国家战略，这是海南医疗旅游发展的重要优势。海南目前除了博鳌乐城国际医疗旅游先行区之外，其他地区并没有享受到足够的政策支持。明确医疗旅游产业在海南省的定位，促进产业集聚和产业链的形成与运作，海南省政府可以从产业刺激政策和法律法规两个方面来指导加速海南医疗旅游业的发展。产业刺激政策方面，在不影响海南公共医疗资源情况下，尽可能放宽相关政策，支持医疗旅游的发展。

如鼓励民营医疗机构发展；引进国际先进医疗机构落户海南，鼓励并吸引医疗旅游经销商来海南投资开发；引导扶持符合海南省国际医疗旅游产业发展规划和相关政策的产业重点项目建设。政府投资资金方面，给予适当倾斜，对企业技术创新和国际市场开拓给予资金支持；建立适应国际医疗旅游产业发展的人才引进、激励机制；适当放宽签证制度和简化签证流程，延长游客签证停留时间。同时，在资质审查、卫生条件、服务环境、服务质量等方面出台相应的法律法规，规范医疗服务标准和价格，努力为海南医疗旅游发展营造一个良好的环境。

（二）建立有效部门协调机制

目前，海南省卫生和计划生育委员会牵头承担了医疗健康产业前期的运作，并设立了健康产业处负责相关事宜。由于医疗健康产业涉及产业规划、产业研究、产业招商甚至金融投资、市场运作等诸多方面，必须有一支强大的市场管理团队进行决策和管理，因此，应建立医疗健康产业决策机制，成立直属省政府的医疗健康产业管理委员会，主抓医疗健康产业。首先，设立旅游管理部门与卫生部门之间的互动协调机构，统筹医疗旅游工作，协调各部门，具体规划医疗旅游的发展方向。其次，设立医疗旅游行业协会和相关研究机构，健全行业管理体制，实现资源有效整合。最后，成立医疗旅游协会组织，通过协会组织加强各相关部门间的沟通协作，维护行业内的公平竞争，并加强行业内的技术交流与合作。

（三）完善医疗保险体系

政府部门要进一步规范医疗旅游市场，加快国际医疗保险体系的建立，引入国外医保先进经验，简化医保报销程序，将商业性医疗保险作为完善海南医疗保障制度层次的补充。首先，逐渐完善医疗保障制度，鼓励并支持商业保险机构开发多层次、多样化的商业健康保险产品；支持发展与医疗保险相关的健康产品；发展多种形式的商业护理保险，提供疾病预防、健康保险、养生保健等服务。其次，商业保险机构应利用保险机制推动和保障海南省医疗健康服务产业项目建设，实现商业保险信息与公共卫生、医疗服务、基本医疗、医疗救助等信息共享，持续完善商业保险机构与医疗、体检、护理、养生机构的合作和监督机制。最后，积极推进省内健康卡、社保卡的普及，针对不同人群开展与基本医保、大病保险相衔接的商业医疗保险；为来海南获得养生医疗服务的人群提供配套的综合保险；支持在博鳌乐城国际医疗旅游先行区等区域设立专业健康和医疗保险机构，向境内外游客提供与国际接轨的医疗、救援、赔付等保险服务。

二、加强医疗服务设施保障

（一）完善疗养设施，建设中医药疗养基地

海南独特的中医药文化及场所为开发医疗旅游提供了较好的硬件设施环境基础。目前我国很多旅游景点在建设设施完备的疗养院，海南省可投资兴建医疗旅游综合疗养院，确保基础设施按照星级宾馆标准进行配置，并配备保健区、商场、餐厅、多功能会议厅等设施，为来海南进行医疗旅游的中外游客提供完善的医疗保健服务。海南政府要充分发挥引导性作用，促进非公有制医疗机构实现高水平、大规模的发展，并支持与鼓励专业化、大型的医院集团和二级以上的医疗检验机构全面开放，推动实现医疗机构和检验机构的互认。我国目前开展医药旅游活动主要依托中医院、中药材基地、中医机构药博物馆等场所。中药材的种植和使用有严格要求，中药材在种植过程中需要特定的地理环境。海南中医药、黎苗族药用资源丰富，海南省应因地制宜，建立一大批优质、高产的中药材的种植基地。由于中药材种养基地的观赏性和参与性很强，医疗旅游者到此不仅能观赏各种各样的药用植物，还能品尝到许多由中草药配制的产品，包括中药保健茶、药膳等，购买特质中草药配方，使其成为海南医疗旅游的一道亮丽风景。

（二）积极推动开展 JCI 国际标准认证

为规范医疗市场，保证医疗服务质量，必须尽快推进海南各医院和各医疗机构的 JCI 国际标准认证，这对海南医疗旅游企业打造国际认可的医疗旅游产品，吸引国际医疗旅游消费者，推动海南国际旅游岛建设具有重大意义。JCI 标准作为全球公认的医疗认证准则，代表医院管理和服务的最高水平，要想取得国际患者对医疗服务的信任，需要得到国际权威机构的资格认证。除此以外，JCI 资质也是商业保险机构向国际医疗旅游者支付医疗保险费用的前提条件，商业保险机构仅向获得 JCI 认证的医疗组织提供国际医疗赔付行为。通过 JCI 认证是发展国际医疗旅游的基础。当下亚洲很多医疗机构在努力取得 JCI 认证，但海南目前通过 JCI 认证的医院仅有三家，这严重制约了海南旅游企业今后开展国际医疗旅游业务。海南应积极提高医疗服务水平，不断发展业务模式，将服务标准与国际接轨，使更多的医疗机构通过 JCI 认证，赢得国际医疗旅游者信任。

三、发展医疗旅游相关产业，拓展医疗产业集群

依托资源和政策优势，海南省应大力发展中医药健康服务业、健康养生业、医疗健康产业新业态等相关医疗旅游产业，建立覆盖全生命周期、结构布局合理、功能互补的医疗健康产业体系，打造一批知名品牌和良性循环的医疗健康产业集群，形成一定的产业竞争力，不断满足国内外高端医疗旅游人士的健康服务需求，为将海南省建成全国医疗健康产业示范基地、国内一流的健康管理和养生休闲服务中心、国际先进的医疗专科服务中心，形成全国乃至全球独特的“健康海南”品牌打下良好基础。

（一）积极发展中医药健康产业

大力发展中医药健康服务业，依托海口市和三亚市中医药资源，初步构建起海南省中医药健康旅游产业体系。建设国家级中医药健康旅游示范区，开发和丰富中医药健康旅游线路和产品，培育具有国际知名度和市场竞争力的中医药健康旅游品牌；发展中医养生保健服务，实施中医治未病健康工程，支持中医养生保健机构发展，推动建设中医养生保健基地，规范中医养生保健服务；支持中医特色康复服务机构建设，拓展中医特色康复服务，开展中医特色健康管理；鼓励海南各市县因地制宜，结合自身特色探索建设以温泉、保健、养生、康复、疗养、运动为主题的健康小镇。促进中药种植及产品研发与应用，大力推广槟榔、益智、莪术、胆木、广藿香、草豆蔻等地道药材、大宗药材、名贵特色药材和重点中成药品种所需中药材的规范化种植，加强药食同源中药材的种植及产品研发与应用。大力开发药香两用特色芳香型和药食同源保健型南药产品，树立海南中药“香岛”和“健康岛”品牌。积极开发黎药、南药保健品，推进黎药、南药配方与现有成熟产品（如保健食品、化妆品）的结合，扩大黎药、南药相关产品的品牌效应。

（二）积极发展医疗健康旅游新业态

推动医疗旅游业融合发展。加强优质医疗机构、疗养机构和旅游服务机构之间的合作，利用海南良好的自然环境资源、热带海洋资源、热带养生资源等，开发多种类型的医疗健康旅游产品，大力培育具有海南特色的医疗旅游品牌，拓展国内外医疗旅游市场，不断延伸与医疗健康相关的产业链。首先，积极发展旅游与健康体检、疗养结合的模式，针对不同消费需求，开发温泉养生、中医药养生、游乐养生、美食养生等特色养生产品。其次，发展体育运动养生旅游，充分发挥体育在健身强体、预防疾病、康复方面的作用，建设健身休闲综

合服务体系，将体育与健康生活方式融合，形成健康旅游服务新优势，打造具有海南特色的健身运动产业链，增强海南国际旅游岛竞争力。再次，将养生服务、医疗保健、康复护理等医疗健康服务功能融入房地产开发和社区建设中，通过拓展多元化需求，优化健康、护理、医疗、文体娱乐等综合供给，为业主提供个性化的健康评估和干预计划服务，提升社区品质和价值，创建健康品牌社区。最后，促进医疗和保健食品行业的融合发展，推动以海洋生物、特色动植物为基础的新型保健食品和功能食品的开发，促进保健食品与养生服务、美容美体、医疗康复等行业的融合。

（三）积极拓展健康服务产业集群

海南医疗旅游市场的蓬勃发展需要培育医疗旅游相关产业，拓展产业集群，为海南医疗旅游市场奠定良好的经济基础。从实际出发，海南应积极推行“五中心、四集群、多点分布”的医疗旅游产业发展格局。五中心是指要依托海口、三亚、琼海、儋州、五指山的医疗卫生资源，打造“东西南北中”五大区域医疗卫生中心，构建起更加完善的“1小时三级医院服务圈”，促进海南医疗卫生事业协调发展。四集群是指在海南省内分别形成以博鳌乐城国际医疗旅游先行区、海口、三亚、儋州为中心的东部、北部、南部、西部四大医疗健康产业集群。东部产业集群利用先行区政策优势，引入国内外优质医疗资源，建设包括医疗康复、健康养生、健康管理、医学美容等在内的完整医疗产业链，打造世界一流的博鳌乐城国际医疗旅游先行区。北部医疗集群以海南省人民医院为龙头，依托海南医学院第一、二附属医院，以及海南省儿童医院、海南省肿瘤医院、海南省眼科医院、海口市人民医院和海口市中医药等资源进行发展。同时，以解放军301医院海南分院为龙头，依托海南省第三医院、三亚市人民医院等发展南部医疗健康产业集群；以西部中心医院、儋州市人民医院等为依托，打造西部医疗健康产业集群。最后结合海南各市县和农垦优质、特色资源，发展温泉疗养、医学美容、健康养生、休闲、康体运动、南药和芳香药种植等特色医疗健康产业。

四、实施品牌战略营销推广机制

（一）打造知名医疗旅游品牌

打好海南特色品牌，走中医保健与旅游相结合的道路。中医药养生保健方式对于亚健康群体的治疗、普通人群的保健和健康检查等有着显著的疗效，已经引起了西方国家的兴趣和广泛关注。目前，海南中医保健游已开拓了部分市场，如海南三亚市中医院在传统中医药旅游开发方面积累了宝贵的经验，且具有一定国际知名度。但从整体来看，规模普遍较小，技术含量不高，并未开发出满足游客个性化需求的医疗旅游配套产品。因此，应该注重产品创新，完善医疗旅游产品体系。首先，海南省应组织成立专门团队或部门，加强市场调研，有效整合资源，并进行市场细分，针对不同医疗游客群体，研发系列医疗旅游产品，丰富医疗旅游产品体系。其次，充分利用海南特色旅游资源，如温泉、海滩、原始森林、热带植物及黎苗医药等，建设一批集养生保健、医疗康复、观光休闲、美食娱乐等为一体的中医保健旅游网点，不断延伸产业链，主动开拓中、高档医疗保健旅游市场，形成海南特色鲜明的医疗旅游品牌。

（二）建立企业品牌信任战略

加强海南医疗旅游品牌建设。医疗旅游品牌能展示当地的文化内涵，保证医患服务质量。良好的口碑代表了顾客对企业医疗技术和服务质量的依赖与认同。医疗旅游企业在宣传中，重点向顾客灌输企业的品牌理念与服务承诺，从品牌理念的推广、品牌承诺的坚守、消费者品牌关系维护三方面构建企业品牌的信任度，以不断提高客户的满意度和黏合度。首先推广品牌理念，在产品手册上进行品牌的理念介绍时，可以组织一些与品牌理念相关的市场宣传活动。其次坚守品牌承诺，强化医疗旅游企业内部员工的服务理念，在服务中使客户得到完美的医疗旅游体验，并将这种理念渗透到服务过程中的每一个环节，包括治疗的效果、电话医生咨询的答复、旅游的行程安排、客户海外紧急电话和事后投诉处理等。最后维护消费者品牌关系，借助一系列的渠道宣传推广来增强与消费者之间的黏度。例如定期举办会员活动和优惠促销活动来跟消费者建立更多的互动沟通，让消费者对产品内容、企业品牌理念产生更清晰的认知。

（三）加强媒介宣传，拓展多渠道营销

由于传统旅行社和旅游公司产品推广的手段和方法相对单一，为提高海南医疗旅游的知名度，海南本地医疗企业要与旅游业、官方机构展开联合营销。首先，要与资源型企业合作以提升医疗旅游产品服务能力。其次，要与海南省政府官方机构进行联合营销。良好的合作关系对旅游营销的带动作用是相当强大的，也是医疗旅游品牌在目的地发展的一个极大的契机。最后，努力促成异业联盟。医疗旅游企业要努力和上游的资源企业建立同业联盟，并积极同目的地机构进行直接的结盟合作，实现企业与资源的整合，再通过商务企业研发成旅游产品向客户推广，最终达成销售。医疗旅游企业也可以和不同层次、不同行业的企业和机构建立战略伙伴关系，将合作双方的优势资源进行有效整合，提升合作双方在市场上的影响力，使消费者利益实现最大化，增强消费者对企业的信任度及对产品的安全感。

（四）利用节庆活动，实行多样化宣传

近年来，我国每年都会举办“中国医疗保健旅游年”的主题会议活动。年会活动主要依据医疗旅游项目的实际需求对我国传统医学动态、现代医学及特色旅游资源进行宣传推广，它已成为向国际医疗旅游市场推广我国医疗旅游资源的重要举措。自海南国际旅游岛建设上升为国家战略后，海南的会展业迎来了快速发展“黄金期”：会展项目不断增多、各大体育赛事纷纷落户海南。节事节庆项目的不断增多为海南医疗旅游的宣传推广提供了良好契机。海南医疗旅游业要借助这些知名的会议展览、节事节庆活动实行医疗旅游的营销推广。借用博鳌亚洲论坛的知名度，努力将以“生命与健康”为主题的博鳌国际健康论坛打造成先行区的示范品牌，进一步扩大先行区的知名度。同时继续邀请国际医疗旅游领域的知名人士作为博鳌亚洲论坛的发起人，邀请世界各国卫生界政要或政府领导出席，围绕全球健康政策行动，一年一个主题连续举办世界健康峰会，例如在先行区已连续举办三届中美健康峰会，这种利用国际高层会议的方式会极大地提高先行区的知名度、美誉度和国际影响力。

五、实施医疗旅游人才培养机制

21 世纪是人才的竞争，医疗旅游企业必须在人才队伍建设方面达到国际化标准。坚持“以人为本”发展原则，实施医疗旅游人才培养机制，培养高素质的医疗旅游人才队伍是医疗旅游企业需要长期坚持的基本战略。

（一）制定培养计划，确定人才培养目标

政府、企业、高校和相关行业协会需要共同努力，挖掘和培养医疗旅游方面的专业人才，提升医疗服务的专业水平，在人才培训方面，首先要积极利用海南本地各种资源，整合高校中医疗、健康和旅游方面的教师人才队伍，建立专业培训基地，制定人才培养计划，满足医疗旅游项目的人才需求。其次，支持海南高等院校、中高职院校大力开展健康服务的专业学习，高效合理地确定人才培养规模及培养方向。最后，鼓励集合社会资本联合办学，成立相关的职业学校，加快培养护士、护理员、育婴师、营养师、康复治疗师、按摩师、药剂师、健康管理师、体育指导员、健身教练等从业人员，提升健康管理服务行业的整体从业人员的数量及质量。同时，政府和行业协会要有针对性、有计划地进行专业技术培训，加强医疗旅游企业的高级技术员工、服务管理人员的在职培训，不断提高医疗旅游的服务质量和管理水平。如利用三亚中医院和博鳌乐城国际医疗旅游先行区的知名度，邀请国内外医疗方面的知名专家学者开展有关医疗旅游项目的组织培训、服务理念等方面的讲座，培训旅游企业的在职员工，着力提高从业人员的职业素养。行业协会应主导建立行业认证制度，规范和约束职业培训市场，让职业教育和在职培训成为推动医疗旅游产业健康稳定发展的重要推动力。

（二）增强文化认同，培养高素质人才

医疗旅游作为高端旅游消费方式，使医疗旅游者对旅游目的地的医疗技术水平、景点环境、餐饮住宿和公共交通等服务方面有很高要求。针对海南目前存在的国际医疗旅游专业人才不足、医疗旅游产品开发能力薄弱且缺乏特色等问题，医疗旅游机构要不断引进和培养高素质的医疗旅游服务人才，提升主管部门和基层从业人员的技术水平。在对海南医疗旅游产品的宣传过程中，要将当地的文化融入进来。海南生态环境良好，黎族苗族文化浓郁，中医药、黎药、苗药等资源丰富，在对中医药产品的对外宣传推广过程中，着力加强特色医药文化的宣传，并为医疗旅游者提供中医药养生文化和黎苗族医药文化常识的学习机会。对于医疗旅游从业人员，要加强医疗保健、文化礼俗等的基础技能与理论知识的学习，并实行严格的资格认证，从根本上提升医疗旅游从业人员的技能素质。对于专业的临床医护人员，强化其岗位职能管理职责，完善对其服务质量的评价机制，加强对岗位人员的培训考核，努力提升临床护理质量并科学开展护理岗位的职称评定活动。

（三）提升外语能力，提高国际化水平

海南作为我国最早开展医疗旅游的地区，在加快国际旅游岛建设和培育发展博鳌乐城国际医疗先行区的过程中，要与国际接轨，紧跟国际市场需要，加快推进医疗旅游国外文化及外语培训项目，提升国际化水平。确保海南医疗旅游的相关中介服务机构、机场接待等服务场所、旅游景区景点有明确的外语引导标志，医疗服务人员能为游客提供满意的翻译服务。借助博鳌先行区的优势，加强与医疗旅游产业发达的国家和地区的交流与合作，不断引进知名高技能型国际医疗团队、国际著名教育培训机构，并与外国医院建立医疗旅游联盟。国际医疗旅游教育机构具有丰富的教育、科研和人才资源，也拥有旅游、健康和医疗领域的专家学者，可考虑合作建立协调机构并设置专项科研经费。海南医疗旅游要快速发展，缩短与国际一线旅游企业间的差距，需加强国际合作，把握市场的准入机会，并营造有利于国际合作的氛围，实现海南医疗旅游企业与国际发达地区医疗旅游企业间的互利共赢。

参考文献：

［1］刘建国，张永敢．医疗旅游：国内外文献的回顾与研究展望［J］．旅游学刊，2016，31（6）：113－126.

［2］杨阿莉．构筑入境旅游新高地："十三五"中国医疗旅游发展思考［J］．旅游学刊，2015，30（4）：8－9.

［3］王秀峰．发展国际医疗旅游的意义、经验及建议［J］．中国卫生政策研究，2015，8（2）：66－70.

［4］耿松涛．中国医疗旅游发展研究：理论创新与实践探索［M］．天津：南开大学出版社，2015.

［5］王红芳．医疗旅游发展与国际经验研究［J］．调研世界，2012（1）：61－64.

［6］高静，刘春济．国际医疗旅游产业发展及其对我国的启示［J］．旅游学刊，2010，25（7）：88－94.

［7］宋玉芹，汪德根．近10年国内外医疗旅游研究比较［J］．地理与地理信息科学，2011，27（6）：105－110.

［8］詹丽，谢梦琳，周鑫．印度国际医疗旅游发展的经验、风险与启示［J］．对外经贸实务，2014（11）：82－84.

［9］刘永丽，黄燕玲．我国医疗旅游发展对策研究［J］．江苏商论，2013（10）：60－63.

［10］张文菊．我国医疗旅游发展对策研究［D］．重庆：西南大学，2008.

［11］丁志良．国际医疗旅游的发展趋势及对海南的启示［J］．宏观经济管理，2013（12）：81－83.

［12］王颖．上海国际医疗旅游发展的困境与对策思考［J］．上海管理科学，2012，34（5）：99－102.

［13］梁金兰．新加坡医疗旅游发展研究［J］．东南亚纵横，2012（10）：55－57.

［14］刘庭芳，苏延芳，苏承馥．亚洲医疗旅游产业探悉及其对中国的启示［J］．中国医院，2009，13（1）：74－77.

［15］王燕．国内外养生旅游基础理论的比较［J］．技术经济与管理研究，2008（3）：109－110＋114.

［16］罗丽娟．印度医疗旅游业发展对海南的启示［J］．企业研究，2010（10）：67－69.

［17］李爽．国际医疗旅游的发展对中国的启示［J］．技术与市场，2010，17（7）：106－107.

[18] 蔡卫民．医疗出境旅游的发展机遇及研究前景［J］．旅游学刊，2011，26（9）：9－10.

[19] 邓文志，闻武刚．旅游业中的奇葩：泰国医疗旅游的经验与启示［J］．东南亚纵横，2011（9）：22－25.

[20] 赵阔，易丹，刘旭，等．探究医疗旅游对我国旅游产业的影响［J］．中国医药指南，2011，9（31）：237－238.

[21] 杨利．长沙市医疗旅游的发展思路［J］．经济地理，2012，32（4）：167－172.

[22] 张广海，王佳．中国医疗旅游资源及功能区划研究［J］．资源科学 2012，34（7）：1325－1332

[23] 毛晓莉，薛群慧．国外健康旅游发展进程研究［J］．学术探索，2012（11）：47－51.

[24] 侯胜田，刘华云，张永康．中国医疗旅游的发展前景与挑战［J］．中国医院，2013，17（5）：27－29.

[25] 浙江省发改委课题组．国内外健康产业发展之经验借鉴［J］．浙江经济，2013（16）：28－31.

[26] 耿松涛．海南医疗旅游产业营销策略探析［N］．海南日报，2016－12－21（A07）．

[27] 陈永涛，谭志喜．养生旅游概念探析［J］．商业时代，2014（7）：131－133.

[28] 柯茂桥．做优做强海南医疗旅游产业刍议［N］．海南日报，2017－02－15（B05）．

[29] 罗霞．彰扬海南精神奏响“博鳌亚洲论坛第二乐章”［N］．海南日报，2017－03－23（A03）．

[30] 林诗婷．海南驶向医疗旅游新蓝海［N］．海南日报，2017－03－22（B07）．

[31] 周义龙．海南医疗旅游供给侧改革探讨［N］．海南日报，2017－05－24（B05).

[32] 梁振君．支持“国家队”进驻博鳌乐城医疗旅游先行区［N］．海南日报，2017－06－24（A01）．

[33] 符王润．“海南医疗健康产业有了很大的发展”［N］．海南日报，2017－04－14（A03）．

[34] 孙婧．三亚、博鳌乐城入选国家首批健康旅游示范基地［N］．海南日报，2017－06－09（A01）．

[35] 杜颖．将海南打造成世界医疗旅游目的地［N］．海南日报，2017－02－25（A05）．

[36] 钟瑜．乐城奏响博鳌“第二乐章”［J］．今日海南，2017（3）：42－44.

第七章

近年来海南省生态文明建设状况评估与展望

近些年来，随着中国改革开放进入了新的历史阶段，生态文明建设在国家发展战略中的地位显得日益重要。中共中央国务院在2015年公布的《中共中央国务院关于加快推进生态文明建设的意见》中指出：生态文明建设是中国特色社会主义事业的重要内容，关系人民福祉，关乎民族未来，事关“两个一百年”奋斗目标和中华民族伟大复兴中国梦的实现。① 不仅如此，中共十九大报告中对于生态文明建设的重要性也同样给予了高度的重视，十九大报告指出：“建设生态文明是中华民族永续发展的千年大计。必须树立和践行绿水青山就是金山银山的理念，坚持节约资源和保护环境的基本国策，像对待生命一样对待生态环境，统筹山水林田湖草系统治理，实行最严格的生态环境保护制度，形成绿色发展方式和生活方式，坚定走生产发展、生活富裕、生态良好的文明发展道路，建设美丽中国，为人民创造良好生产生活环境，为全球生态安全做出贡献。”② 由以上论述可知，生态文明建设对于我国的长远发展有着十分重要的意义。

海南省是全国陆地面积最小、海洋面积最大的省级行政区，也是我国最大的经济特区。1999年，海南率先在全国建设生态省的发展路线。2009年年底，国家确立了“海南国际旅游岛建设”战略，明确将海南建设成为“全国生态文明建设示范区”，并且深刻指出：“海南是我国最大的经济特区和唯一的热带岛屿省份。建省办经济特区20多年来，经济社会发展取得显著成就。但由于发展起步晚，基础差，目前海南经济社会发展整体水平仍然较低，保护生态环境、

① 中共中央　国务院关于加快推进生态文明建设的意见［EB/OL］. 中国政府，2015－04－25.

② 习近平在中国共产党第十九次全国代表大会上的报告［EB/OL］. 中国网，2017－10－27.

调整经济结构、推动科学发展的任务十分艰巨。”① 2012 年 4 月，海南省委第六次党代会确立“坚持科学发展观，实现绿色崛起”发展方向和奋斗目标。2013 年 4 月，习近平总书记在海南考察时指出：青山绿水、碧海蓝天是建设国际旅游岛的最大本钱，必须倍加珍爱、精心呵护；希望海南处理好发展和保护的关系，着力在“增绿”“护蓝”上下功夫，为全国生态文明建设当个表率，为子孙后代留下可持续发展的“绿色银行”。2017 年 9 月，海南省委书记刘赐贵召开专题会议，研究部署省委第七届二次全会文件起草工作，强调要深入贯彻落实习近平总书记关于生态文明建设的系列重要讲话精神，牢固树立全局意识，切实提高政治站位，明确目标任务，进一步加强生态文明建设，确保海南生态环境质量只能变好不能变差。刘赐贵还强调：“保护生态环境就是保护发展生产力。我们要牢记总书记的嘱托，倍加珍爱、精心呵护好海南的青山绿水、碧海蓝天，进一步加强生态文明建设，闯出一条人与自然和谐发展的新路，在生态文明建设上争创中国特色社会主义的实践范例。”2018 年 4 月，在“党中央决定支持海南全岛建设自由贸易试验区，支持海南逐步探索、稳步推进中国特色自由贸易港建设，分步骤、分阶段建立自由贸易港政策和制度体系”的背景下，4 月 11 日国务院出台了《中共中央国务院关于深化海南改革发展的指导意见》，在该意见中，党中央国务院提出了把海南打造成“全面深化改革开放试验区、国家生态文明试验区、国际旅游消费中心、国家重大战略服务保障区”的战略定位。② 由此可见，在党中央和国务院对生态文明建设越来越重视的今天，海南省作为生态文明建设的示范区，对于国家的生态文明建设有着重要的战略意义。那么，近些年来海南省在生态文明建设方面有哪些新举措，取得了哪些新进展，存在什么样的问题，以及将如何进一步加强生态文明建设？本章试图围绕以上几方面的问题，以最近几年来（主要是 2014—2017 年）海南省委省政府关于生态文明建设方面的公开文件资料、历年环境状况公报、历年海洋环境状况公报以及媒体报道等资料为基础，对海南省的生态文明建设工作进行回顾和展望。

---

① 国务院关于推进海南国际旅游岛建设发展的若干意见（国发〔2009〕44 号）［EB/OL］. 中国政府网，2010 - 01 - 04.

② 中共中央国务院关于支持海南全面深化改革开放的指导意见（国发〔2009〕44 号）［EB/OL］. 新华网，2018 - 04 - 11.

第一节　近年来海南省生态文明建设的新举措与新成就

一、近年来海南生态文明建设的新举措

海南省政府于2015年、2016年和2017年连续三年发布了《海南省生态文明建设工作要点》，在数年的生态文明建设工作要点中，海南省生态文明建设以改革创新、优化发展为主线，以建设生态环保“十大工程”为载体，大力发展生态产业，壮大生态经济总量，加强环境污染治理，完善生态建设制度，改善人居环境，培育生态文化，在生态文明建设方面推出了一系列新举措。①

（一）大力发展生态产业，壮大生态经济总量

大力发展生态农业。重点发展热带高效农业、生态循环农业，大力推进农产品质量安全县和农业标准化示范区创建，开展种养结合循环农业整套试点工作。继续抓好水产健康养殖示范场的创建工作，力争全省建成水产健康养殖示范场42家。继续推进全省水产养殖池塘标准化改造，推进完成120公顷老旧低产池塘的标准化改造。大力发展生态循环农业，新增无公害瓜菜基地面积2万亩，测土配方施肥推广面积600万亩。大力发展环境友好的特色海洋产业，推动深水网箱养殖发展，新建200口深水网箱。

积极发展生态旅游。完善17个省重点旅游区环境基础设施，重点完善中部生态旅游景区基础设施建设，积极推进森林公园、湿地公园、海洋主题公园、地质公园和旅游景区创建生态旅游示范区和旅游服务业标准化试点区。推进博鳌、尖峰岭、五指山、霸王岭、吊罗山、七仙岭、铜鼓岭、鹦哥岭、百花岭等重点生态旅游区建设，争取将部分重点生态旅游景区和线路纳入国家生态旅游规划中。

引导发展生态工业。加快重点工业园区生态化改造步伐，推进工业园区循环经济试点示范、推行清洁生产、深化资源综合利用。积极推进各类工业园区

---

① 海南省人民政府办公厅.2015年度海南省生态文明建设工作要点［EB/OL］. 海南省人民政府网，2015-06-18；海南省人民政府办公厅.2016年度海南省生态文明建设工作要点［EB/OL］. 海南省人民政府网，2016-05-17；海南生态省建设联席会议办公室. 2017年度海南省生态文明建设工作要点［EB/OL］. 三亚市生态环境局网站，2017-10-24.

创建生态工业园区，重点推进洋浦经济开发区创建国家生态工业示范园区，提升昌江循环工业园区创建水平。

（二）加强自然生态保护，修复退化生态环境

加强自然生态保护。组织修订《海南省自然保护区发展规划》，编制《海南省生态保护与建设规划》。编制完成《海南省生态红线区域保护规划》，划定生态红线保护区域，明确重要生态系统、生态环境敏感区和脆弱区等生态红线区域的管控措施。加强自然保护区规范化建设，重点提升10个国家级自然保护区和22个省级自然保护区管理水平，整治和规范保护区内人类活动。加强对热带雨林、红树林、珊瑚礁、海草床、麒麟菜、潟湖等重要生态系统和区域的保护，强化海洋特别保护区生态环境保护工作，争取在东部沿海地区申报1个国家级海洋公园。进一步加大中部山区国家重点生态功能区生态环境保护，推进保亭、乐东国家重点生态功能区生态环境保护全过程管理试点工作。积极推进饮用水水源地安全隐患整治，推进实施松涛水库生态环境保护与治理，保障饮水安全。加强松涛水库和南渡江、昌化江、万泉河、宁远河、太阳河五大流域以及城市内河生态系统的保护，提高水环境质量。

继续推进绿化宝岛行动。进一步推进村镇绿化，围绕村镇家园、村镇街道、观光果园、庭院绿化开展植树造林活动，打造一批城市森林公园、城郊湿地公园，推进海防林恢复工程和天然林保护工程，完成造林面积15万亩。大力推进公路生态绿化改造。科学编制和分步实施各市县橡胶林和浆纸林采伐更新计划，争取全省森林覆盖率提高到62%。推进中小河流生态修复和水土流失治理，综合治理水土流失面积13.5万亩（90平方千米）。建设东方市西湖湿地、昌江县南雅等水上公园。加强矿山地质环境保护与恢复治理工作。积极推进绿色矿山建设和“矿山复绿”工作，使矿山的地质环境生态得到恢复、景观得到美化。

加强城镇生态文明建设。组织制定实施《海南省清洁水行动计划》。制定跨区域污染防治对策和协调联动工作机制，加强赤田水库跨界污染治理，加快保亭三道污水收集处理项目建设进度。加强城镇内水系的水环境综合整治，加大城镇环境基础设施建设。建设城镇污水截流工程，截流城镇内河、内湖的排污口，清理城镇内河、内湖底泥，打造良好的人居环境。开展城镇集中饮用水水源保护区环境整治，拆除一级水源保护区内的违章建筑和排污口。推动城镇垃圾处理及收运体系建设和垃圾分类试点工作，加强对生活垃圾处理设施运营管理的监督检查。

主动推进农村生态文明建设。继续推行实施农村环境综合整治规划，提升

农村污染防治水平。大力推进农村垃圾无害化处理试点建设，加快乡村生活垃圾收运体系建设，建立健全乡村生活垃圾清扫保洁、收运处理的工作机制。推进土壤污染防治和高标准农田建设。推广农村生活污水、垃圾、畜禽养殖废水等环保实用技术，推动人工湿地污水处理等示范项目建设。推进畜禽养殖污染防治，划定畜禽养殖禁养区、限养区、宜养区，引导畜禽养殖向种养平衡的生态养殖模式发展，推进养殖废弃物减量化、资源化、无害化。严格控制秸秆焚烧。推进槟榔加工点合理布局和烘烤技术改造。加强农村沼气建设，新增沼气用户 1.2 万户、养殖小区沼气工程 80 处、联户沼气工程 100 处、大型沼气工程 15 处，以沼气工程为纽带，大力发展生态循环农业。回收废旧农膜 1000 吨、农药包装 120 吨。继续实施海南省城乡“膜法”饮水安康示范工程。加强乡村集中式饮用水水源地生态保护。新建农村饮水安全工程 100 处，解决 15 万农村人口饮水安全问题。

（三）实施“节能减排”工程，建设环境友好型社会

加强污染防治。一是加强大气污染防治。组织实施《2015 年主要污染物总量减排计划》。全面完成国家责任书重点减排项目，完成“十二五”剩余的 100 个省重点减排项目建设。实施《2015 年大气污染防治实施计划》和《海南省大气污染防治行动计划实施细则》，加强大气污染防治。出台《海南省大气污染防治实施情况考核办法》，严格考核市县政府落实大气污染防治目标责任。研究出台黄标车提前淘汰鼓励政策，完成 2.5 万辆黄标车淘汰年度工作任务。加强机动车定期检验和机动车报废注销登记工作，依法严格查处报废机动车上路行驶和驾驶未按时检验车辆的交通违法行为。基本淘汰海口和三亚市建成区 10 蒸吨/小时以下的燃煤锅炉，海口和三亚市建成区内禁止新建燃煤锅炉。全面完成加油站、储油库、油罐车油气回收治理改造任务。完成华能海口电厂 4#、5#、9#机组和东方电厂 1#机组的脱硝和除尘设施改造。二是加强水污染防治。继续推进城镇污水处理工程和配套管道建设。力争 2014 年计划内新建污水处理厂或污水处理厂升级改造工程在 2015 年上半年全部完成并投入运行。建设完成城镇（开发区）污水配套管网 180 千米，新增污水处理能力 8.8 万吨/日，抓好“截留并网，提高负荷”减排专项行动，提高污水处理厂运营负荷率，发挥减排效益。完成海口污泥综合利用示范中心项目建设。三是加强农业面源污染防治。编制实施《海南省畜禽养殖污染防治规划》，加强规模以上畜禽养殖项目污染防治监督管理。四是加强重金属和危险废物污染防治。实施东方、昌江两地重金属污染治理项目，建设危险废物监管信息平台，建成省危险废物处置中心项目、

三亚医疗废物处置项目和海口医疗废物处置项目。五是推进清洁生产审核。对我省重点企业实施强制性清洁生产审核，减少工业点源污染。

加强节能减排降耗工作。加强城市建设和传统工业项目的节能减排工作。严格实施《海南省2014—2015年节能减排低碳发展行动方案》，强化目标责任，落实奖惩措施。严把新建目标节能准入关，强化标准约束，加强执法监察，实施能耗强度和能耗总量“双控”，对超标准用能采取惩罚措施。大力推进《海南省节能减排综合示范试点实施方案》确定的七大节能减排示范工程建设，推动环保产业发展。大力推进生物质能源的开发利用。启动2014年单位地区生产总值二氧化碳排放降低责任考核工作。继续做好新建建筑节能监管，强化建筑节能标准执行力，确保建筑节能工程实体质量稳步提高。进一步深化和规范我省公共建筑节能监管体系建设工作。积极推动绿色建筑发展，完成新建绿色建筑550万平方米、农村危房改造节能示范工程2000套。加快推进全省公共照明设施智能监控系统及能耗监测平台的建设工作，全面提高我省公共照明精细化管理水平。强化污染减排设施的运行监管，确保减排设施稳定运行和污染物达标排放。严格落实减排责任考核及追究制度，对未完成减排工作任务的市县，启动约谈问责和限批机制。

（四）推进生态文明建设示范创建，改善城乡人居环境

开展国家生态文明示范创建工作。加强对海口、三亚、儋州、琼海、万宁、白沙、保亭等地区生态文明示范区创建工作的指导，积极推进国家级生态市（县）、生态工业园区、生态旅游示范区创建工作。继续推进洋浦经济开发区、昌江循环工业园区和老城经济开发区等工业园区创建生态工业园区。积极推进陵水分界洲岛、三亚南山等5A级旅游景区和保亭槟榔谷旅游区等生态旅游景区创建国家生态旅游示范区。积极推动万宁老爷海潟湖国家级海洋公园、三沙市国家级海洋生态文明示范区和三亚市创建国家级海洋生态文明示范区建设。继续推进琼海、万宁国家生态文明先行示范区建设。大力推进国家级生态市县、生态乡镇、生态村创建工作，推进海口、三亚、万宁、琼海、陵水、保亭、白沙、琼中等市县争创国家级生态市（县）。积极推进生态环境良好、土壤未受污泥的地区开展可持续发展试验区、国家有机农产品示范基地（县或乡镇）建设，积极推进24个国家级美丽乡镇建设。

积极推进省级生态文明建设示范创建工作。进一步规范省级生态文明市县、生态文明乡镇、小康环保示范村和生态文明村创建工作。积极推进20个省级美丽乡镇建设，进一步巩固文明生态村建设成果。力争建成6个省级生态文明乡

镇和36个省级小康环保示范村。新建822个文明生态村，使全省文明生态村占自然村的比例达到70.4%。继续开展省级绿色社区、绿色学校创建活动，改善人居生态环境。

（五）加强生态文化建设，建立健全生态文明建设制度

积极培育生态文化，提高公众参与水平。采取多种形式加大生态文明宣传力度，营造生态文明建设氛围，提高公众自觉保护生态环境的意识。通过开展世界环境日、地球日、节能宣传周、科技活动月等生态环境保护宣传教育活动，引导青少年和社会公众增强节约意识、环保意识、生态意识。积极保护原生态文化和非物质文化遗产，引导创作倡导生态文明的文艺作品。加强人力资源培训，提高人口素质和人口结构，推进人和自然和谐发展。

完善生态文明建设制度。建立社会经济环境综合决策体系，落实主体功能区战略，优化国土空间开发格局。实施最严格的耕地保护制度，完善水资源管理制度、环境影响评价制度和建设项目生态环保“三同时”制度。全面清理与《中华人民共和国环境保护法》相悖的“土政策”，加强生态环境保护法规政策的“立、改、废”工作。在琼海、万宁推进生态补偿机制试点，探索建设生态环境损害责任终身追究制。

加强生态文明建设科学研究。加强生态环境科学研究。组织开展生态环保、低碳技术研究开发及成果转化应用，重点扶持建筑、交通等重点领域、重点行业企业开展节能减排共性技术、关键技术科技攻关。继续开展绿色崛起统计指标体系研究及测算，深入开展资源产出率调查制度研究，建立完善循环经济统计评价体系，进一步研究完善将生态环境保护与生态建设等相关指标纳入考核。

建立健全生态文明建设考核制度。完善生态文明建设考核制度，将生态文明建设重点工作纳入市县主要领导任期考核内容。修改完善《海南省生态文明建设考核办法》，探索研究将生态红线保护成效纳入生态文明建设考核内容。编制完成《海南省生态文明建设规划纲要》，科学规划，合理划定生活空间、生产空间、生态空间，明确生态文明建设目标、指标、建设内容和重点工程，大力推进生态环境保护和生态文明建设，努力建设全国生态文明示范区。

加大生态省和生态文明示范区建设投入。多方筹措资金，加大对生态文明示范区建设的资金投入，争取国家资金和社会资金，推进实施生态文明建设重点工程。重点支持建设蓝天工程、清水工程、碧海工程、土壤污染防治工程、重点区域生态保护工程、城镇环境基础设施建设工程、农村环境综合整治工程、工业产业生态化改造工程、三沙生态环保工程和环境保护能力建设工程等十大

生态环保工程。研究出台优惠政策，鼓励社会资本和民间资本投入经济效益比较好的生态产业和生态文化项目。

制定完善生态文明建设地方性法规规章。加强生态省和生态文明示范区建设相关立法工作，不断完善地方生态环境保护法规政策体系和管理制度体系，制定最严格的生态环境保护制度，加强和推动生态环境保护工作。加快制定出台《海南省生态保护补偿条例》和《海南省实施〈中华人民共和国水土保持法〉办法》等一批生态保护和生态文明建设相关法规规章和规范性文件。研究制定省级生态文明建设示范市县、示范乡镇和示范村庄建设标准和评定办法。

加强生态环境保护执法。严厉查处生态环境违法行为，遏制生态破坏现象发生。加大对环境违法案件查处力度，严厉打击各类环境违法行为，对偷排偷放、非法排放有毒有害污染物、非法处置危险废物、不正常使用防污设施等恶意违法行为，依法严厉处罚。全面清理违法违规的建设项目，对未履行环保审批手续的“未批先建”“边批边建”“越权审批”“未验先投”的建设项目实施整改，提高建设项目环境准入标准，严防污染型建设项目转嫁我省，保障城乡生态安全。加强环境保护执法和环境污染应急能力建设。加强海洋和海岸工程环境监督管理，重点推进对昌江核电厂等临岸重大工业区的突发性重大海洋污染损害的应急管理与预警工作。贯彻落实市场“限塑令”，加强业务指导，严厉查处市场上违法销售不可降解塑料袋的行为。推行信息公开，发布重点监管对象名录，定期公开曝光一批重大环境违法企业。建立社会诚信档案，将环境违法信息记入社会诚信档案，列入“黑名单”，并在开展企业和企业负责人“评先评优”时实行一票否决。建立环境执法社会监督员制度。充分发挥“12369”环保举报热线和网络平台作用，鼓励公众积极参与环境保护工作，邀请公民、法人和其他组织参与监督环境执法。

二、海南近年来生态文明建设的成就

在2016年新出版的《中国省域生态文明建设评价报告》生态文明绿皮书中，海南省以93.27分的生态文明指数排名全国首位。报告还显示，在生态活力、环境质量、社会发展、协调程度4个评价指标中，海南均获得理想成绩。① 不仅如此，在2016年国家统计局依据《生态文明建设考核目标体系》公布的

① 严耕，等. 生态文明绿皮书：中国省域生态文明建设评价报告（2016）［M］. 北京：社会科学文献出版社，2016.

《绿色发展指标体系考核》结果中，海南省在环境质量指数排名中亦以94.95分位居第一名，在生态文明建设年度评价绿色发展指数排名中位居第六名。① 据介绍，绿色发展指数侧重于从资源、环境、生态、经济等方面多维度、多层面地综合反映生态文明建设总体进展。绿色发展指数包括6个方面55项指标，涉及生态文明假设领域的各个方面。对当地空气、水、居住周边环境等环境质量相关指标，公众的主观感受相对更加深刻，在年度评价结果中，也体现出“公众满意度”与“环境质量指数”排名具有较为显著的相关性。以上两份来自国家权威机构发布的生态数据表明，近年来海南的生态文明建设各方面均取得了良好的成绩。

表7-1　2016年中国各省区环境质量指数排名②

地区	2016年环境质量指数	2016年环境质量指数排名
海南	94.95	1
西藏	94.39	2
福建	92.84	3
广西	91.90	4
云南	91.64	5
青海	91.42	6
贵州	90.96	7
甘肃	90.27	8
重庆	89.31	9
湖南	88.27	10
江西	88.09	11
浙江	87.23	12
湖北	86.86	13
黑龙江	86.51	14
广东	86.38	15

① 2016年生态文明氨基酸讷河年度评价结果公报［EB/OL］．中华人民共和国国家统计局网站，2017-12-26.

② 严耕，等．生态文明绿皮书：中国省域生态文明建设评价报告（2016）［M］．北京：社会科学文献出版社，2016.

续表

地区	2016 年环境质量指数	2016 年环境质量指数排名
四川	86. 25	16
吉林	85. 05	17
辽宁	85. 01	18
内蒙古	84. 60	19
安徽	84. 25	20
江苏	84. 04	21
陕西	82. 41	22
山东	82. 35	23
上海	81. 28	24
新疆	80. 34	25
河南	79. 60	26
宁夏	79. 48	27
北京	78. 75	28
山西	77. 51	29
河北	77. 31	30
天津	67. 13	31

注：不包括港、澳、台地区。

表 7－2　2016 年度生态文明建设年度评价结果排序①

地区	绿色发展指数	资源利用指数	环境治理指数	环境质量指数	生态保护指数	增长质量指数	绿色生活指数	公众满意程度
北京	1	21	1	28	19	1	1	30
福建	2	1	14	3	5	11	9	4
浙江	3	5	4	12	16	3	5	9
上海	4	9	3	24	28	2	2	23
重庆	5	11	15	9	1	7	20	5
海南	6	14	20	1	14	16	15	3

① 2016 年生态文明氨基酸讷河年度评价结果公报［EB/OL］. 中华人民共和国国家统计局网站，2017－12－26.

续表

地区	绿色发展指数	资源利用指数	环境治理指数	环境质量指数	生态保护指数	增长质量指数	绿色生活指数	公众满意程度
湖北	7	4	7	13	17	13	17	20
湖南	8	16	11	10	9	8	25	7
江苏	9	2	8	21	31	4	3	17
云南	10	7	25	5	2	25	28	14
吉林	11	3	21	17	8	20	11	19
广西	12	8	28	4	12	29	22	15
广东	13	10	18	15	27	6	6	24
四川	14	12	22	16	3	14	27	8
江西	15	20	24	11	6	15	14	13
甘肃	16	6	23	8	25	24	23	11
贵州	17	26	19	7	7	19	26	2
山东	18	23	5	23	26	10	8	16
安徽	19	19	9	20	22	9	23	21
河北	20	18	2	30	13	25	19	31
黑龙江	21	25	25	14	11	18	12	25
河南	22	15	12	26	24	17	10	26
陕西	23	22	17	22	23	12	21	18
内蒙古	24	28	16	19	15	23	13	22
青海	25	24	30	6	21	30	30	6
山西	26	29	13	29	20	21	4	27
辽宁	27	30	10	18	18	28	29	28
天津	28	12	6	31	30	5	7	29
宁夏	29	17	27	27	29	22	16	10
西藏	30	31	31	2	4	27	31	1
新疆	31	27	29	25	10	31	18	12

注：不包括港、澳、台地区。

（一）生态环境质量总体继续保持优良

2016 年海南省生态环境保护厅公布的《2016 年海南省环境状况公报》显示：海南省生态环境质量总体继续保持优良。2016 年海南省全省环境空气质量优良天数比例为 99.4%，轻度污染天数比例为 0.56%，中度污染天数比例为 0.02%，重度污染天数比例为 0.02%，无严重污染天。优良天数比例高于全国平均水平（78.8%）20.6 个百分点，而且在全国各省中排名第一。全省地表水质优良率为 90.1%，开展监测的 52 条主要河流 110 个断面、23 座主要湖库 32 个点位中，91.8%河流断面、84.4%湖库点位水质达到或好于电表水Ⅲ类标准。全省 28 个在用城市（镇）集中式饮用水水源地水质总体优良、水质达到优于Ⅲ类比例为 96.4%。全省近岸海域水质优良率（一类、二类）为 97.7%，三类海水占 2.3%，无四类和劣质四类海水。全省 60 条重点治理城镇内河（湖）水体的 64 个监测断面中，42.2%的城镇内河（湖）水质状况达到治理目标（2016 年 12 月份）。全省耕地土壤环境质量达到二类标准比例保持在 81%以上。全省声环境质量总体较好，城市（镇）区域声环境质量为二类，声源主要来自社会生活噪声，道路交通声环境质量为一级（昼间）。全省 18 个市县（不含三沙市）生态环境质量状况指数介于 61.56～88.03，琼中、五指山、白沙、保亭、万宁、乐东、昌江等 7 个市县生态环境质量状况等级为“优”，县域植被覆盖度高，生物多样性丰富，生态系统稳定，其余 11 个市县生态环境质量状况等级为“良”，县域植被覆盖度较高，生物多样性较丰富。

（二）海洋生态环境质量总体优良

《2016 年海南省海洋环境状况公报》显示：2016 年，海南省海洋生态环境质量总体优良。近海岸和各沿海市县重点海域海水水质状况优良；海南近岸海域和东海岸、西沙生态监控区海洋生物群落结构稳定；海口东寨港、临高后水湾、陵水黎安港和陵水黎安港和陵水新村海水增养殖区环境质量能满足养殖要求；海口假日海滩海水浴场、三亚海棠湾海水浴场和三亚亚龙湾海水浴场适宜和较适宜游泳天数的比例分别为 75%、74%和 90%；三亚珊瑚礁自然保护区、万宁大洲岛自然保护区、陵水海草省级特别保护区、亚龙湾海滨旅游度假区、昌江核电站周边海域工业用海区、海洋倾倒区等功能区环境状况保持良好，均符合功能区环境要求；白沙门污水处理厂深海排放口邻近海域海洋环境质量满足所在海洋功能区要求；全年共监测到赤潮 3 次、绿潮 3 次，均未造成明显生态环境损害；监测的三亚海棠湾和榆林湾地区海水入侵和土壤盐碱化情况保持稳定。

在2016年度，海南12个沿海市县重点海域共88个监测站开展的春季和夏季两个航次的海水质量监测结果中，春季，重点海域水环境质量总体优良，绝大部分监测海域为一类海水，占海南重点海域面积的比例为98.3%，二类海水占1.4%，三类海水占0.1%，四类海水占0.2%。约99.5%的重点海域海洋环境功能区水质符合功能区环境要求，不符合功能区环境要求的海域主要分布在儋州新英湾和临高后水湾近岸局部海域。夏季，12个重点海域水环境质量总体优良，绝大部分监测海域为一类海水，占海南重点海域面积的比例为96.1%，二类海水占3.1%，三类海水占0.8%，约98.8%的重点海域海洋环境功能区水质符合功能区要求，不符合功能区要求的海域主要分布在文昌冯家湾、三亚崖州、琼海及陵水近岸局部海域。

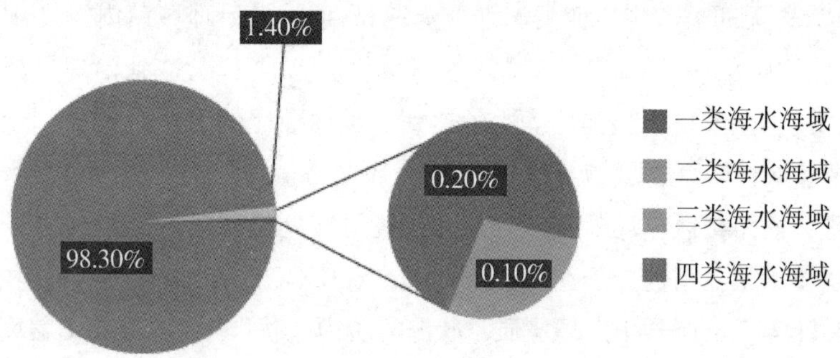

图7-1　2016年海南岛春季重点海域各类水质所占比例情况

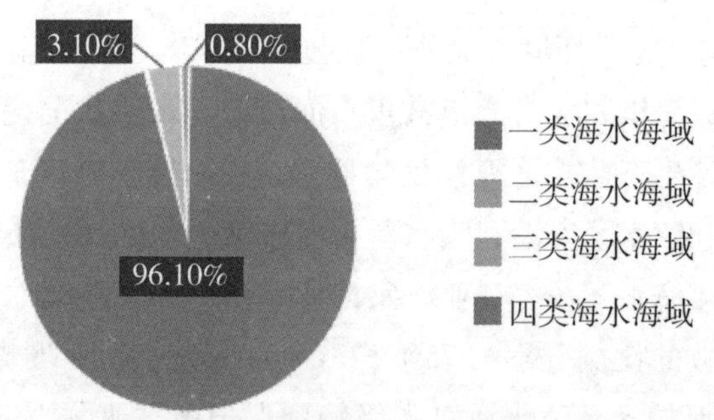

图7-2　2016年海南岛夏季重点海域各类水质所占比例情况

（三）生态保护制度建设取得长进

“十二五”期间，海南省印发了《海南生态省建设工作考核办法》，对市县政府开展以生态省建设为主的绩效考核，并将考核结果纳入市县主要领导政绩考核内容。为进一步从考核机制上为保护生态树立导向，2014 年，省委第六届五次会议做出取消中部生态核心区市县的 GDP 考核的决定，对中部市县实行生态保护优先的绩效评价。2015 年 5 月，海南省生态环境保护厅正式挂牌成立。2015 年，海南省研究划定生态保护红线、环境底线和资源上限，确定生态保护和资源消耗的控制性目标，将生态红线、环境底线和资源上限作为全省“多规合一”的刚性约束，做到保护生态环境“一把尺”。

在生态立法方面，在“十二五”期间全省累计出台《海南省环境保护条例》《海南省饮用水水源保护条例》等 70 余项与生态省建设相关的法规规章和规范性文件，为全省生态文明示范区建设全方面保驾护航。

（四）生态文明村庄建设取得长足进步

近些年来，海南继续积极推动生态文明村庄的建设。2013 年 6 月，全省已建成生态文明村 13988 个，占自然村总数 60%。至 2016 年海南文明村镇创建转型升级，实现质的飞跃，全年共创建生态文明村 822 个，完成年度创建任务。此时海南全省生态文明村总数达到了 17003 个，占全省自然村的 80.7%。

第二节 近年来海南省生态文明建设存在的问题

以上各方面表明近年来海南在生态文明建设方面取得了有目共睹的可喜成就，然而，当前海南生态文明建设也存在很多的隐忧。下文中主要以近年来的环境公开报告和媒体报道为主，对这些问题进行分析。

一、房地产项目开发极大破坏海南生态环境

2017 年年底，一份在“中青在线”网站发布的名为《中央环保督查狠批：房地产绑架海南规划，鼓了钱包毁了生态》引起了人们的广泛关注，这份报道指出了房地产项目开发对海南生态文明造成极大破坏的事实：“财政过分依赖房地产，房地产企业指到哪儿，政府规划跟到哪儿，鼓了钱袋，毁了生态。”督察组说，海南一些地市轻视环境保护，热衷搞“短平快”的速效政绩，导致当地自然保护区、优质自然岸线、生态脆弱山体遭受破坏，成了当地生态环境难以抚平的伤痛，以下是报道主体内容：

督察发现，海南沿海市县向海要地、向岸要房等情况严重，对局部生

态环境造成明显影响或破坏。万宁市日月湾综合旅游度假区人工岛月岛项目于2015年10月未批先建，直至督察组进驻时才实际停止违法填海行为，周边岸滩已出现大面积淤积并形成连岛沙坝，破坏了海洋自然风貌。三亚市凤凰岛填海项目以国际客运港和邮轮港名义取得海域使用权，但实际用于房地产和酒店开发，由于填岛造成水流变化，三亚湾西部岸线遭到侵蚀，为修复岸滩不得不斥巨资对三亚湾进行人工补沙。

房地产和养殖等违规项目侵占海岸带，占有大量海岸线资源，背后是市县政府违规越权审批。

文昌市自2012年以来对沿海防护林采取托管方式交由企业管理，仅高隆湾片沿海防护林就托管给13家企业，放任企业随意占用，造成沿海防护林破坏严重。琼海市对沿海防护林内违法建设不监管、不制止，并于2015年11月集中为13宗海岸带内违法建筑物补办临时手续。昌江县在编制棋子湾旅游度假区控制性详细规划时，擅自放宽海岸带和沿海防护林保护要求，将沿海防护林地规划为建设用地，侵占破坏200多亩海岸带。

督察组指出，海南全省海水养殖长期无序发展，大量滩涂养殖位于潟湖、河口等污染物不易扩散区域，甚至违规占用自然保护区和沿海防护林。清澜省级红树林自然保护区内鱼虾养殖面积多达760公顷，分别侵占保护区核心区、缓冲区面积的31.4%和20.3%。

除了海洋和岸线遭遇房地产项目侵蚀外，海南省的一些自然保护区也难逃劫难。全省10个国家级自然保护区中有8个存在未经审批的旅游项目。

文昌市将铜鼓林国家自然保护区1333公顷的陆域范围全部划入生态旅游区开发范围。2014年又将自然保护区41.3公顷现状林地规划为酒店用地，并侵占5.5公顷林地开展旅游道路建设。督察组说，在调整规划过程中，海南省国土、林业、住建等部门把关不严、大开方便之门。

三亚珊瑚礁国际级自然保护区2932公顷陆域面积长期未纳入实际管护，人类活动频繁的鹿回头片区大洲岛海域和小东海海域活体珊瑚盖度急剧下降。白蝶贝省级自然保护区成立以来未纳入有效管理，2013年以来，临高县政府在保护区内违规审批用海项目54个，办理海水养殖证77个，截至督察时，保护区内仍存在167家海水养殖单位，白蝶贝已濒临灭绝。

文昌麒麟菜省级保护区作为海藻场被盲目开发，原生麒麟菜已濒临灭绝。督察组指出，文昌市政府不仅疏于管理，甚至违规造海填地，建设清澜半岛、东郊椰林、海南度假村等项目，侵占保护区 174 公顷。

中央环保督察组认为，海南省近年来出现的生态给大开发让路，根源是当地一些地方和政府部门对全省得天独厚的生态环境盲目自满，认为自然环境好是自己的工作做得好，对生态环境保护面临的矛盾与挑战缺乏忧患意识。①

《2017 年海南统计年鉴》表明：2016 年海南房地产开发投资 1787 亿元，占全年 GDP（4044.51 亿元）的 44.2%，可见长期以来房地产业一直都在海南的经济中占有很大的比重。针对以上情况，中央环保督察组形成督察意见，经党中央、国务院批准向海南省进行反馈，随后引起了海南省委省政府的高度重视。在新一年的工作中，海南省委省政府随后做出了改革举动：彻底取消总共 19 个市县中的 12 个市县的 GDP 和固定资产投资考核（分别是万宁、东方、陵水、定安、屯昌、临高、乐东、昌江、五指山、琼中、保亭和白沙）。②

二、城镇内河（湖）水污染状况加重

《2016 年海南省环境状况公报》指出：2016 年，纳入省重点治理的 60 个城镇水体的 64 个城镇内河（湖）断面（点位）水质有所改善，达标率已从 2015 年的 4.7% 上升到 42.2%，但总体污染状况仍然严重。2016 年 12 月，海南省 60 条重点治理城镇内河（湖）水体的 64 个监测断面中，18.8% 的断面（12 个）水质优良，15.6% 的断面（10 个）水质轻度污染，7.8% 的断面（5 个）水质中度污染，57.8% 的断面（37 个）水质重度污染。按水质治理目标评价，有 27 个监测断面水质达标，占断面总数 42.2%。

---

① 刘世昕．中央环保督察狠批：房地产绑架海南规划，鼓了钱包毁了生态［EB/OL］．中青在线，2017-12-23.

② 王伟凯．要生态还是要经济？海南七成市县取消 GDP 考核［N］．南方周末，2018-01-25.

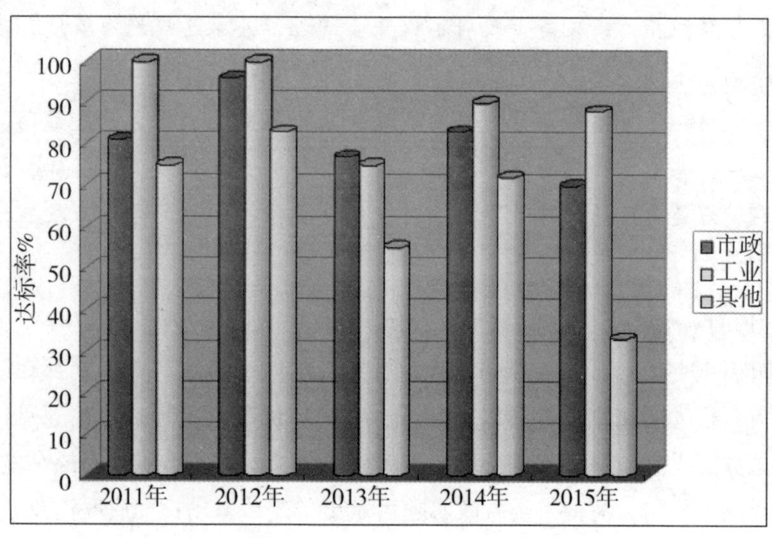

图 7-3　2011—2015 年不同类型入海排污口达标排放次数比率

三、部分海域珊瑚礁生存处于亚健康状态

2015 年公布的中国海洋环境状况公报表明：西沙群岛的珊瑚礁生态系统处于亚健康状态。据分析，海南东海岸和西沙海域珊瑚礁生态系统呈亚健康状态主要是受自然和人类活动长期影响的结果。其中，自然因素有全球气候变化和病敌害生物爆发；人类活动主要有近年来海岸工程建设和旅游观光业的发展、水族贸易和工艺品行业的开采、水质污染和过渡渔业捕捞等。

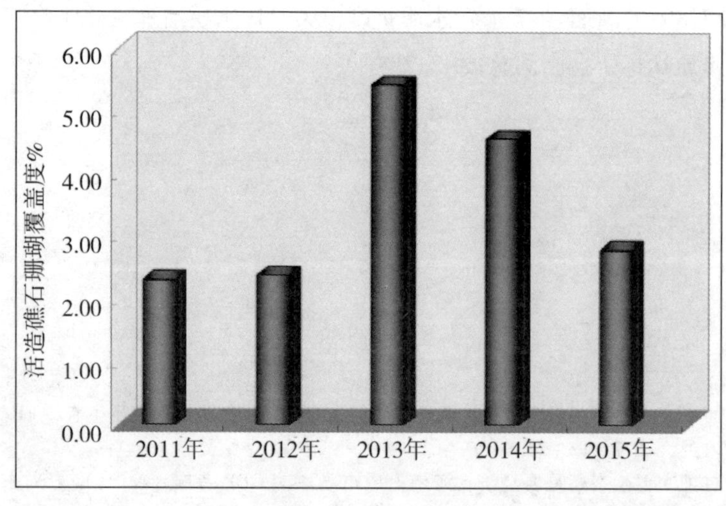

图 7-4　2011—2015 年西沙群岛监测海域造礁石珊瑚覆盖度变化

四、海岸侵蚀连年增加

最近几年来，受海平面上升、海浪、风暴潮等自然因素作用以及人工涉海项目建设等各种因素的影响，海南部分地区沿海海岸线受侵蚀较为明显，对当地环境造成了一定的影响。海岸侵蚀造成土地流失、房屋、道路、沿岸工程和旅游设施损毁，给沿海地区的社会经济带来较大损失。近年的海洋环境状况公报显示：2015—2016 年，海口西海岸镇海村 0.3 千米的海岸受到侵蚀，平均侵蚀速度为 1.1 米/年；三亚市三亚湾西部 2.1 千米的海岸受到侵蚀，平均侵蚀速度为 1 米/年；琼海市博鳌镇出海口北侧约 3.4 千米海岸受到侵蚀，平均侵蚀速度为 3.3 千米/年。

五、海洋垃圾破坏生态突出

近年来，海洋垃圾（包括海面垃圾、海滩垃圾和海底垃圾）对海洋生态造成不良影响的状况逐渐明显。2016 年在三亚湾附近海域开展的海洋垃圾监测中，监测内容包括海面漂浮垃圾、海滩垃圾和海底垃圾的种类、数量和来源。结果显示：三亚湾海域的海面漂浮垃圾主要为聚苯乙烯泡沫塑料、塑料袋和塑料瓶等。大块和特大块漂浮垃圾平均个数为 28 个/平方千米；监测时段内，中块和小块漂浮垃圾平均密度均为 0。分类统计结果表明，聚苯乙烯泡沫塑料和塑料类垃圾各占 50%，均来源于陆地活动。海滩垃圾主要为香烟过滤嘴、塑料类瓶盖和包装纸等。平均个数为 117857 个/平方千米，香烟过滤嘴数量最多，占 63.9%；平均密度为 154.2 千克/平方千米，塑料类垃圾密度最大，占垃圾总数的 59.8%。来源统计结果表明，海滩垃圾均来源于陆地活动。海底垃圾主要为塑料袋，平均个数为 721 个/平方千米，平均密度为 0.8 千克/平方千米。

第三节 海南省加强生态文明建设的战略与路径

当前，海南省加强生态文明建设的道路仍然任重道远。在这样的背景下，2017 年 9 月 22 日中共海南省第七届委员会第二次会议通过了《中共海南省委关于进一步加强生态文明建设谱写美丽中国海南篇章的决定》。为深入贯彻落实以习近平同志为核心的党中央关于加强生态文明建设的系列决策部署，推动全省转变发展理念、转换发展动力、转型发展方式，充分发挥全国最好的生态环境、全国最大的经济特区、全国唯一的省域国际旅游岛“三大优势”，加快建设经济繁荣、社会文明、生态宜居、人民幸福的美好新海南，实现全省人民的幸福家园、中华民族的四季花园、中外游客的度假天堂“三大愿景”，在该决定中，海南省委提出了加强海南生态文明建设的一系列举措①。在党中央决定支持海南全岛建设自由贸易试验区，支持海南逐步探索、稳步推进中国特色自由贸易港建设，分步骤、分阶段建立自由贸易港政策和制度体系的背景下，2018 年 4 月发布的《中共中央国务院关于支持海南全面深化改革开放的指导意见》中更是提出：“牢固树立社会主义生态文明观，像对待生命一样对待生态环境，实行最严格的生态环境保护制度，还自然以宁静、和谐、美丽，提供更多优质生态产品以满足人民日益增长的优美生态环境需要，谱写美丽中国海南篇章。”②

一、以党中央最新发展理念指导海南生态文明建设

（一）牢固树立新发展理念

全面贯彻落实党的十九大和十九届历次全会精神，深入贯彻落实习近平同志系列重要讲话精神和党中央治国理政新理念新思想新战略，特别是习近平 2013 年视察海南时的重要讲话精神以及 2018 年 4 月出席博鳌亚洲论坛开幕式的主旨演讲的重要精神，认真贯彻落实创新、协调、绿色、开放、共享的发展理念，按照省第七次党代会部署，统筹推进“五位一体”总体布局和协调推进“四个全面”战略布局，为建设美好新海南打牢生态基础。坚持生态立省不动摇，倍加珍爱、精心呵护海南的青山绿水、碧海蓝天，以生态文明建设引领经济社会发展。坚持绿色发展不动摇，以供给侧结构性改革为主线，加快形成绿色产业体系，不断提高资源利用水平，闯出人与自然和谐发展的新路。坚持正确的政绩观、发展观，始终做到保护和发展并举，任何影响生态环境的项目，即使再多税收也坚决不上，防止急功近利，多做打基础、利长远的工作，努力创造经得起实践、人民、历史检验的业绩。坚持以人民为中心，以最好的资源吸引最好的投资、最好的资源让广大人民共享，让绿水青山成为造福海南百姓的金山银山。坚持改革创新，以解决生态环境领域突出问题为导向，因地制宜

① 中共海南省委关于进一步加强生态文明建设谱写美丽中国海南篇章的决定［EB/OL］．海南省人民政府网，2017－09－25.

② 中共中央国务院关于支持海南全面深化改革开放的指导意见［EB/OL］．新华网，2018－04－11.

大胆探索，充分借鉴国内外先进技术和经验，形成生态文明建设长效机制。

（二）力争生态文明建设走在全国前列

确保海南的生态环境质量只能更好、不能变差，努力建设全国生态文明示范区。到2020年，生态环境方面的突出问题得到有效治理，生态环境质量持续保持全国领先水平，生态安全屏障得到全面巩固，城乡人居环境明显改善，绿色的发展方式、生活方式基本形成。森林覆盖率稳定在62%以上，城镇空气质量优良天数比例保持在98%以上，主要河流湖库水质优良率不低于95%，近岸海域水环境质量优良率不低于95%，土壤环境质量总体保持优良水平。到2025年，生态文明建设取得重大进展，在推进生态文明领域治理体系和治理能力现代化上走在全国前列。

二、继续推进城乡生态环境改善工作

（一）坚持“多规合一”一张蓝图干到底

把海南作为一个大城市、大景区来统一规划、建设和管理，严格实施《海南省总体规划（空间类2015—2030）》和各市县总体规划，组建市县规划委员会，构建高效统一的规划管理体系。加强国土空间用途管制，统筹陆海、区域、城乡发展和各类产业，优化生产空间、生活空间、生态空间。强化对海岸带、生态敏感区以及历史文化保护区域的省级规划管控。明确空间规划的法律地位，修订完善空间规划法规体系，建立规划调整硬约束机制。严守生态保护红线、环境质量底线、资源利用上线，严格控制城镇开发和产业园区边界，严禁生产、生活空间挤占生态空间。建立完善全省统一的规划管理信息平台和监测预警机制，加强对生态保护红线区、农林业生产空间、城镇和产业园区开发边界的监管。

（二）走绿色城镇化路子

推广“不砍树、不占田、不大拆大建，就地城镇化”模式，因地制宜推进城镇化。全面开展“生态修复、城市修补”工程，实施城市更新计划，加强山体、自然水系保护与生态修复，开发利用好地下空间，妥善解决城镇防洪安全、雨水收集利用、供水安全、污水治理、河湖治理等问题。推进新型绿色城镇化建设，打造一批具有海绵城镇、智慧城镇特色的新型绿色城镇。加快补齐短板，实施现代化环境基础设施提质全覆盖工程。尊重自然格局，保护自然景观和历史文化风貌。加强城镇规划管理，突出各地特色，合理控制建筑体量、高度和规模，让居民望得见山、看得见水、记得住乡愁。

（三）扎实推进“美丽海南百镇千村”建设

大力推动有产业支撑、有文化底蕴、文明程度较高、生态环境优美的特色产业小镇建设。大力推动美丽乡村建设，实现生态文明村全覆盖。探索与推行“共享农庄”等模式，推进田园综合体建设。加强村镇规划和宅基地管理，弘扬特色乡土田园文化，农村新建住房高度不得超过椰子树，使建筑、道路与自然景观浑然一体、和谐相融。

三、加强海洋生态环境监管和保护

（一）严格保护海洋生态环境

加强海洋环境治理、海域海岛综合整治、生态保护修复。强化陆海污染同防同治，建立健全陆海统筹的生态系统保护修复和污染防治区域联动机制。推行减船转产和近海捕捞限额管理。科学规划、严格控制、规范管理滩涂和近海养殖，划定禁养区、限养区和适养区，在生态敏感区和滨海旅游区逐步实施退塘还林、退塘还湿、退塘还海。全面推行“湾长制”，建立海湾管理保护责任体系。实施蓝色海湾整治行动。推进绿色航运发展，严格控制港口和船舶污染。

（二）强化用海管理和海岸带保护

坚持依法用海、规划用海、集约用海、生态用海、科技用海，实施严格的围填海总量控制制度和规范审批程序，除国家和省重大基础设施建设、重大民生项目和重点海域生态修复治理项目外，严禁围填海。科学合理开发利用海域、海岛，对可开发利用的海域、无居民海岛，严格环境准入与环境保护要求。全面恢复修复受损海岸带生态系统，严守海岸带生态保护红线，全面实施海岸带开发规划管控，实行岸线分级分类管理。建立海岸带管理责任制，对海岸带保护开发、海岸带防护设施建设、填海造地用海等实施动态管理。

四、继续推动经济结构转型、优化产业结构

（一）构建绿色产业体系

坚持“绿色、循环、低碳”理念，推进供给侧结构性改革，着力发展以现代服务业为主导的十二个重点产业。提高企业节能环保准入门槛，大力引进一批生态型、环保型、低消耗的项目，坚决不上污染环境、破坏生态的项目。建立农业生产全过程质量追溯体系，全面减施化肥，强制施用低毒低残留农药，

加快农业废弃物资源化利用，推进农业绿色化、标准化、品牌化建设。高标准优化发展医疗、文体、会展等消费性服务业。加快创建全域旅游示范省，积极发展生态旅游。着力发展互联网、金融、物流等生产性服务业，培育壮大绿色金融市场主体，完善三级物流体系建设。科学调控房地产开发布局、规模、结构和总量，稳妥发展分时度假、共享型住房产品，全面实施商品住宅全装修，发展装配式建筑，永久停止中部生态核心区开发新建外销房地产项目。制定严格的地方环境标准，分区分类集约发展医药、油气、低碳制造等新型工业，高标准规划建设六类24个产业园区，实施“飞地”政策，原则上所有工业项目须依规划进入园区。

（二）加强绿色“五网”基础设施建设

坚持“安全优质、绿色生态、经济实用”原则，科学规划路网、光网、电网、气网、水网的布局、选线、选址，尽可能避让特殊生态敏感区和重要生态功能区，建立绿色基础设施体系，把“五网”建成生态网、景观网。路网建设要充分考虑原有的自然地貌类型，与其他各网建设统筹规划、设计、施工，在城市主干线采取综合管廊设计，避免多次开挖对环境产生不利影响，配套节能环保设施。统一规划光网和基站布局，最大限度实现共建共享。全面实施电网升级改造，推进智能电网建设。气网实现全省城镇全覆盖，积极推进燃气下乡进村“气代柴薪”。科学实施水资源开发保护工程，优化配置全省水资源，全面禁止新建小水电项目，建立现有小水电逐步退出机制，恢复和推进河湖水系的连通，着力增强水资源水环境承载能力，提高河湖生态系统的平衡性和稳定性。

（三）建设绿色能源岛

大力推行“去煤减油”，加快构建以清洁电力和天然气为主体、可再生能源为补充的清洁能源体系。禁止新增煤电，安全推进核电，分阶段逐步淘汰现有燃煤机组。加大天然气资源开发利用，全面推进城镇燃气工程，全面推广农村用气，实施车船“油改气”，加快电能、天然气替代。鼓励发展应用可再生能源，跨市县合理布局建设垃圾焚烧发电厂，推广规模化沼气工程，推进海洋能开发利用。通过园区集中供热、清洁能源替代改造等方式，全面淘汰分散燃煤小锅炉，限期退出企业自备燃煤机组。在海口、三亚开展试点，科学合理控制机动车保有量，严格外来车辆环境准入。实施新能源汽车推广计划，逐步实现公交车、出租车、公务用车、景区用车新能源汽车全覆盖。严格控制温室气体排放，实行碳排放总量增量控制，创建近零碳排放示范区、低碳小镇。

（四）推进节能环保产业发展和科技创新

以企业为主体、市场为导向、重点工程建设为依托，推进节能环保产业集群化发展。推动低碳循环、治污减排、监测监控等核心环保技术工艺、成套产品、材料药剂研发与产业化。加快发展节能环保服务业，支持专业化节能服务、环保服务、环境咨询等市场主体发展壮大。推广合同能源管理方式，实施节能改造，大力推进产业园区和各类污染物排放企业实施环境保护第三方治理和服务。围绕十二个重点产业发展，开展环境风险评估、监测预警及污染治理修复、生态修复、资源综合利用等关键技术的研究。完善产学研协同创新机制，培育和发展一批环保型的高新技术企业和科技型企业，开展环保技术集成应用示范工程。建设一批环境保护重点实验室、工程技术中心，建立环保科技信息共享平台。深化节能环保人才发展体制机制改革，引进和培养一批高水平生态科技专家和生态文明建设领军人才。加强生态环保领域的国际交流合作。

五、继续巩固已有生态优势

（一）保护和修复自然生态系统

以中部山区热带雨林集聚区为核心，以重要湖库为空间节点，以自然保护区、主要河流和海岸带为生态廊道，筑牢生态安全屏障。强化中部山区国家重点生态功能区的保护和管理。实施生物多样性保护战略行动计划，加强对我省极小种群野生植物、珍稀濒危野生动物和原生动植物种质资源拯救保护。加强对外来物种的环境监管，强化南繁育种基地外来物种环境风险管控。实施林业生态修复与湿地保护专项行动，按照山水林田湖草是一个生命共同体的理念，全面恢复修复生态保护红线区、林区、矿山、湿地、沿海防护林带和红树林的生态系统。探索通过“生态赎买”方式逐步将经济林退出中部生态核心区，逐步恢复扩大热带雨林面积。针对目前各类自然保护地交叉重叠、碎片化、产权不清晰、多头管理的问题，推进国家公园体制试点，逐步建立以国家公园为主的自然保护地体系，保护好海南有国家代表性、全民公益性的自然生态空间和自然文化遗产。研究制定热带雨林国家公园、海洋国家公园试点实施方案，为建设国家公园探索经验。

（二）实施生态移民搬迁

力争5年内对生态环境脆弱的核心区，南渡江、万泉河、昌化江三大流域源头，水源保护地，公益林保护区，热带雨林保护区，海岸带生态敏感区，地质灾害易发区范围内的居民有计划、分步骤实施生态移民搬迁，促进迁出区生态恢复修复、生态环境质量明显改善。建立跨行政区域生态移民搬迁安置机制，优先选择靠近城镇、现代农业园区、工业园区、旅游景区规划建设集中安置点，为搬迁群众就地就近进入园区或城镇就业创造条件，充分保障搬迁居民住房、安全饮水、交通、用电、通信、教育、医疗等基本公共服务，确保其有稳定收入，生活水平明显改善。

（三）加强耕地保护

加强耕地数量、质量、生态、效益“四位一体”保护，划定并严守永久基本农田保护红线，按照面积不减少、质量不下降、用途不改变的要求，将基本农田落地到户、上图入库，坚决守住耕地保有量 1072 万亩、永久基本农田 909 万亩的耕地保护红线。完善耕地占补平衡制度，加强土地整治，科学划定耕地开垦区，实行“以补定占”。对新增建设用地占用耕地规模实行总量控制，严格实行耕地占一补一、先补后占、占优补优。

六、继续加强节能减排工作

（一）持续开展生态环境整治

落实大气污染防治行动计划，加快实施工业污染源全面达标排放计划，开展治理“小散乱污”企业专项行动，全面取缔不符合产业政策、污染严重、治理达标无望的小制造、小加工、小作坊。加大建筑工地和道路扬尘污染治理，逐步淘汰老旧车，强化餐饮业油烟、露天烧烤、秸秆焚烧、槟榔加工污染及生产生活噪声的监管控制。加快实施水污染防治行动计划，实施饮用水水源地保护与整治工程，取缔水源保护区内违法建设项目和排污口，加强保护区内植被恢复修复。严格入河（湖、海）排污管理，控制和规范淡水养殖。坚持防治结合，加强南渡江、松涛水库等水质优良河流、湖库的保护。实施城镇内河（湖）水污染治理专项行动，严厉打击非法采砂、非法排污，用 3 年时间基本消除全省 64 个重点治理的城镇黑臭水体，实现河湖环境整洁优美、水清岸绿。落实土壤污染防治行动计划，推进土壤和重金属污染防治重点工程，全面保障农用地和建设用地土壤环境安全。加强农业污染防治，开展农药和化肥增效减施行动，强化畜禽养殖污染综合防治，划定禁养区、限养区和适养区并严格落实分区管理。实施城乡环境综合整治专项行动，加强城镇污水管网和垃圾处理设施建设，实现城乡生活污水处理、生活垃圾和医疗废弃物无害化处理全覆盖。在各市县开展生活垃圾分类试点，并逐步在全省推广。继续深入开展整治违法建筑三年攻坚行动，推行网格化管控，推进“无违建”示范点创建，构建“地上巡、网上管、天上拍”的立体化防控体系，实现增量基本控制、存量基本整治、建立长效机制的目标。

（二）强化资源节约

把节约资源作为生态环境保护的根本之策，不重复建设、不浪费资源、不粗制滥造。加强全过程节约管理，全面实施水、土地、矿产等资源使用总量控制。建立完善自然资源资产有偿使用制度，充分发挥市场配置资源的决定性作用和政府的服务监管作用，实现自然资源开发利用的生态、经济、社会效益相统一。健全水资源费征收制度。建立农业灌溉用水量和定额管理制度，推进农业水价综合改革。严控地下水、地热温泉开采。坚持最严格的节约集约用地制度，实施建设用地总量和强度双控制度，提升土地资源利用效率。深化矿产资源勘查开发清理整顿，加强矿山地质环境恢复治理。发展绿色矿业，推进绿色矿山建设。

（三）推广循环经济

按照减量化、再利用、资源化的要求，加快建立循环型工业、农业、服务业体系。以“布局优化、产业成链、物质循环、集约发展”为原则，推进洋浦、老城、东方、昌江等重点产业园区循环化、低碳化、生态化改造。全面推进生态循环农业示范省建设，构建资源节约、环境友好、产业循环、综合利用的新型农业发展模式。对电器、电子、铅酸蓄电池、汽车、饮料纸基复合包装、农业废弃物等逐步实行生产者责任延伸制度，推动落实废弃产品回收处理责任。健全再生资源分类回收利用体系，推进农林废弃物以及建筑垃圾、餐厨废弃物等资源化利用，推动再生资源利用产业化。

七、加强生态文明建设教育宣传工作

（一）提高全民生态文明意识

牢固树立“生态兴则文明兴”的生态文明观，使尊重自然、顺应自然、保护自然的生态文明理念深入人心。将生态文明教育纳入国民教育、农村夜校、干部培训和企业培训体系，融入社区规范、村规民约、景区守则。将生态文明教育摆上中小学素质教育的突出位置，完善课程体系，丰富教育实践。将每年3月份定为海南全民义务植树月，广泛开展植树造林活动。将企业环境信用作为社会信用体系的重要方面，建立环保“黑名单”，完善守信激励和失信惩戒机制。挖掘海南本土生态文化资源，积极打造热带休闲农业、精品生态旅游、海洋休闲渔业等生态文化品牌，擦亮红树林、热带雨林等海南生态名片。鼓励生态环保领域社会组织健康有序发展，发挥民间组织和志愿者的积极作用。加强新闻舆论宣传，为生态文明建设营造良好的社会氛围。

（二）全面开展生态文明示范创建

以生态文明建设示范区创建、文明市县创建、卫生（健康）市县创建为抓手，建立生态文明建设正向激励机制，构建全民参与生态文明建设的绿色行动体系。探索推进生态文明建设示范区创建，推动形成绿色生产方式和生活方式。扎实推进文明城市、文明村镇创建，全面提升文明素养。推进移风易俗，深化殡葬改革，推动绿色殡葬。全面开展卫生（健康）城市、卫生（健康）村镇创建，广泛开展群众性城乡清洁运动、爱国卫生运动。鼓励市县创建国家森林城市、园林城市和湿地城市。用 5 年左右时间，争取全省所有市县达到国家或省级生态文明建设示范市县、文明城市、卫生（健康）城市标准。

（三）推行绿色生活方式

推动全民加快向节约适度、绿色低碳、文明健康的生活方式和消费模式转变。健全绿色产品认证和市场准入制度，从供给侧推动绿色消费转型。发挥政府机关和企事业单位绿色节能的引领示范作用，积极创建绿色机关、绿色企业、绿色社区、绿色校园等。引导公众改变不良消费方式，抵制高能耗、高排放产品和过度包装商品。在全省范围大力推广环保可降解包装物，全面禁止生产、销售和使用一次性不可降解塑料袋、塑料餐具。优先发展公共交通，推广分时租赁、共享交通，提倡绿色出行。

八、继续深入推进生态文明制度建设

（一）共建共享军民融合生态设施

强化军地军民融合发展意识，整合军民科研力量和资源，搭建军地生态资源和信息共享平台，促进生态保护、污染治理、水文气象、防灾减灾等重大基础设施建设兼容共用。加强军地在海上消防、核应急救援、生态环境保护等方面的技术交流与合作。把军民共建生态文明纳入“智慧海洋”建设框架，建设军民融合式海洋产业基地、航天产业基地、天地一体化信息化基地，实现南海气象观测、海洋环境监测与保护、海啸预警等科研服务保障基地和海底光缆、频谱共建共享。

（二）完善生态补偿机制

建立形式多元、绩效导向的生态补偿机制，加快形成生态损害者赔偿、受益者付费、保护者得到合理补偿的运行机制。完善重点生态功能区生态补偿、流域生态补偿、森林（湿地）生态补偿、海洋生态补偿和生态保护红线区生态补偿。在赤田水库流域、小妹水库流域开展上下游生态补偿试点的基础上，引导和鼓励受益地区与保护生态地区、流域上游与下游通过资金补助、对口协作、产业转移、人才培训、共建园区等方式实施流域横向生态补偿。归并和规范现有生态保护补偿资金渠道，多渠道筹措补偿资金。完善生态保护成效与财政转移支付资金分配挂钩的激励约束机制，提高生态转移支付资金使用效率。

（三）全面推行河长制

坚持节水优先、空间均衡、系统治理、两手发力，以保护水资源、防治水污染、改善水环境、修复水生态为主要任务，在每条河流（湖库）全面实行河长制，统筹上下游、左右岸，实施“一河一策”“一湖一策”。建立省、地级市、县（市、区）、乡（镇、街道）四级河长体系，完善由水环境指标、群众满意度等相结合的评价考核体系，构建责任明确、协调有序、监管严格、保护有力的河湖管理保护体系，实现河畅、水清、岸绿、景美的目标。

（四）建立健全自然资源资产产权制度

对水流、森林、山岭、荒地、滩涂等自然生态空间进行统一确权登记，明晰自然资源资产产权主体和行使代表，创新自然资源全民所有权和集体所有权的实现形式，建立健全归属清晰、权责明确、监管有效的自然资源产权制度。整合分散的全民所有自然资源资产所有者职责，组建对全民所有的土地、矿藏、水流、森林、山岭、荒地、海域、滩涂等自然资源统一行使所有权的机构，完善自然资源资产现代监管体制。

（五）完善以绿色发展为导向的考核评价体系

建立体现生态文明要求的目标体系、考核办法、奖惩机制。把资源消耗、环境损害、生态效益等指标纳入经济社会发展综合评价体系，强化指标约束。创新经济社会发展考核办法，淡化并逐步取消省对市县 GDP、工业产值、固定资产投资的考核，根据《海南省总体规划空间类 2015—2030》确定的主体功能分区和产业布局，实行差别化的绩效评价考核。探索建立绿色 GDP 核算体系。编制自然资源资产负债表，对领导干部实行自然资源资产和环境责任离任审计。

（六）加大生态环境资源保护投入

建立多元化资金投入机制，形成以财政投入为引导、社会投入为主体、金融支持为辅助的多元投入体系。加大地方政府债券对重大生态修复、环境基础设施工程的支持力度。统筹整合各类生态环保专项资金，优先用于重要生态功能区保护和突出环境问题治理。创新生态环境资源保护投融资机制，推动建立节能环保产业基金。积极发展绿色金融，创新绿色金融产品和服务方式，引导银行业金融机构对绿色产业实行差别化授信政策，鼓励发展绿色债券、绿色保险、绿色股权融资。

（七）加强环境监测和信息化管理

提升生态环境统计和监测的科学性、权威性和信息化水平，加快推进资源环境统计监测核算能力建设，为生态文明建设提供重要支撑。加快建设形成覆盖所有生态环境要素、统一规划、统一标准的现代化生态环境监测网络体系。建立以应用为导向的资源环境监测预警数据库和信息技术平台，实现信息共享、自动预警。开展生态环境大数据分析应用，推动建立生态环境质量趋势分析和预警机制。

（八）加强生态环境监管能力建设

适应统筹解决跨区域、跨流域、跨部门环境问题的新要求，建立健全条块结合、权责明确、各司其职、保障有力、权威高效的地方环境保护管理体制。加快推进省以下环保机构监测监察执法垂直管理制度改革。加强多部门、跨市县环境执法联动，以南渡江、万泉河、昌化江三大流域为试点构建流域水环境综合监管执法协作机制。按照“大部制”原则，探索研究将分散在各部门的生态环境保护职责整合调整到一个部门，并建立统一的监管和执法体制。加大对破坏生态环境资源违法犯罪的打击力度，畅通完善生态环境资源行政执法与刑事司法的联动衔接机制，依法有序推进环境公益诉讼，深入推进环境资源审判改革，创新推进生态环境修复性司法长效机制建设，充分发挥生态环境资源司法保护合力。

第八章

海南海洋强省建设现状与建议

15 世纪后，人类文明进入了“海洋时代”。纵观世界近代历史，海洋与国家的兴衰紧密相连，世界强国依靠海洋崛起更是不争的事实。孙中山先生曾指出：“自世界大势变迁，国力之盛衰强弱，常在海而不在陆，其海上权力优胜者，其国力常占优势。”①在现代科学技术飞速发展的今天，海洋是人类赖以生存的资源宝库，各国的发展也日益依赖海洋，海洋正在成为国与国之间竞争力的新标杆。我国是一个海洋大国，积极开发海洋资源，大力发展海洋经济，不断实施海洋强国战略，对我国经济社会的可持续发展具有十分重要的意义。

第一节　海南海洋强省战略的形成

一、海洋强国战略的提出及目标

（一）我国海洋强国战略的提出

2003 年，我国政府首次在《全国海洋经济发展纲要》中提出，逐步把我国建设成海洋强国。② 2008 年国务院发布了《国家海洋事业发展规划纲要》，指出要“全面落实科学发展观，准确把握新时期海洋事业发展的阶段性特征，抓住发展机遇，以建设海洋强国为目标，统筹国家海洋事业发展，维护国家海洋权

① 孙中山．孙中山全集：第 2 卷［M］．北京：中华书局，1956：79.

② 全国海洋经济发展规划纲要［EB/OL］．中华人民共和国政府网站，2008 - 03 - 28.

益，保障国家安全”。①以此为基础，中国的海洋事业发展在国家战略中的地位逐步上升，从而为“海洋强国”战略的正式提出奠定了坚实的基础。2012 年 11 月，党的十八大报告中正式提出：“提高海洋资源开发能力，发展海洋经济，保护海洋生态环境，坚决维护国家海洋权益，建设海洋强国。”②至此，“海洋强国”正式上升为国家发展战略，为我国海洋事业的发展指明了新的方向。

2013 年，国务院新闻办公室在发布的《中国武装力量的多样化运用》国防白皮书中强调，“海洋是中国实现可持续发展的重要空间和资源保障，关系人民福祉，关乎国家未来。开发、利用和保护海洋，建设海洋强国，是国家重要发展战略”③。同年 7 月，中共中央政治局就建设海洋强国进行第八次集体学习时，习近平总书记强调：“建设海洋强国是中国特色社会主义事业的重要组成部分。对推动经济持续健康发展，对维护国家主权、安全、发展利益，对实现全面建成小康社会目标、进而实现中华民族伟大复兴都具有重大而深远的意义。”④ 2017 年 10 月，习近平总书记在党的十九大报告中再次强调，“坚持陆海统筹，加快建设海洋强国”⑤，进一步明确了推进海洋强国战略的重要性和紧迫性。

（二）我国海洋强国战略的阶段目标

海洋强国战略是一个宏远的、循序渐进的过程。中国的海洋强国战略目标，大体上可以分为以下三个阶段：

2003—2020 年为起步阶段。这一阶段的发展目标是在建党 100 周年时，建成亚洲地区的海洋强国。具体而言，海洋经济增加值占国内生产总值的 10% 左右，海洋经济综合实力显著提高；海洋发展和安全战略成为国家战略的有机组成部分，战略规划和立法体系基本完备；不断深化海洋管理体制机制改革，海洋综合管理职能进一步强化；海洋生态环境的恶化趋势得到有效控制，海洋生态环境得到持续改善；海洋科技自主创新能力和产业化水平大幅提升，海洋基

---

① 国家海洋事业发展规划纲要［EB/OL］. 中央政府门户网站，2008 - 02 - 22.

② 坚定不移沿着中国特色社会主义道路前进 为全面建成小康社会而奋斗［N］. 人民日报，2012 - 11 - 09.

③ 国防白皮书：中国武装力量的多样化运用［EB/OL］. 中华人民共和国国防部网站，2013 - 04 - 16.

④ 国家海洋局学习贯彻习近平海洋强国思想纪实［EB/OL］. 中华人民共和国国土资源部，2017 - 10 - 19.

⑤ 习近平. 决胜全面建成小康社会 夺取新时代中国特色社会主义伟大胜利—在中国共产党第十九次全国代表大会上的报告［EB/OL］. 中央政府门户网站，2017 - 10 - 27.

础研究水平进入世界先进行列，部分海洋工程技术和装备跻身世界领先地位；周边海域局势基本稳定，海洋事务发展得到有效提高；海上力量显著改善，海防装备的现代化水平明显提高，为维护国家主权、安全和可持续发展提供必要的保障。

2021—2035 年为全面发展阶段。这一阶段的发展目标主要包括：全民具有强烈的海洋意识，海洋发展战略列为国家重大政治决策议题之一；国家海洋战略规划体系和立法体系基本完善，实现真正意义上的海洋综合管理；海洋经济进入成熟稳定发展阶段，对国民经济做出更大贡献；海洋资源开发利用高效有序，海洋生态环境优美、和谐、健康，实现陆海统筹；海洋科技水平进入世界前列；周边海洋局势和平稳定，在国际海洋事务中发挥大国的责任与担当；海上武装力量和执法队伍的能力与水平位居世界前列，为维护中国在全球的利益提供有力的保障。

2036—2050 年为腾飞阶段。这一阶段的发展目标主要包括：在新中国成立 100 周年的时候，建成世界性海洋强国；建成与国家经济社会发展相协调以及与国家安全权益维护要求相适应的现代化海洋强国；海洋经济发达，海洋生态环境优美，海洋科技先进，海洋文化繁荣，海上力量强大，海洋维权有力，大洋深海和极地利益不断拓展，蓝色伙伴关系发展成果惠及全球。

二、海南海洋强省战略的提出及要求

海南省陆地面积约为 3.54 万平方千米，授权管辖海域面积约为 200 万平方千米，地理位置优越，自然条件良好，发展潜力巨大。2010 年，国务院公布了《关于推进海南国际旅游岛建设发展的若干意见》（国发〔2009〕44 号，以下简称《若干意见》），标志着海南国际旅游岛建设正式上升为国家战略，海南发展迎来了新的历史机遇。2013 年 10 月，习近平主席出访印度尼西亚时，提出了与东盟各国加强海上合作，共建“21 世纪海上丝绸之路”的倡议。海南作为中国东南沿海地区古代海上丝绸之路的重要组成部分，是我国海洋强国建设的战略支点和 21 世纪海上丝绸之路建设的战略纽带。

首先，海南丰富的海洋资源为海洋强省建设提供了物质基础。海南管辖海域面积广阔，所辖海域内蕴藏着丰富的石油、天然气、可燃冰、矿产、渔业、旅游等资源。海南可充分借助 21 世纪海上丝绸之路建设，加强与沿线国家的贸易和经济往来，加快海南海洋经济的快速发展；其次，海南得天独厚的地理位置为海洋强省提供了必要支撑。海南地处南海交通要道，是来往亚洲和大洋洲、太平洋和印度洋的必经之地。在区域经济合作和地区一体化过程中，海南对于促进“泛珠三角”“泛北部湾”以及中国—东盟自由贸易区三个区域的经贸合作、协同发展方面具有得天独厚的优势，而这三个区域本身也蕴含着极大的经贸合作潜能；最后，国际旅游岛建设为海洋强省提供了战略保障。在国务院公布的《若干意见》中，关于国际旅游岛的战略定位部分，明确提出把海南建设成为南海资源开发和服务基地，要加大南海油气、旅游、渔业等资源的开发力度，加强海洋科研、科普和服务保障体系建设，使海南成为我国南海资源开发的物资供应、综合利用和产品运销基地。由此可见，推进南海资源开发是国际旅游岛战略的重要组成部分，它既是国际旅游岛建设的内在需求，同时也是国家整体发展宏观布局的外在需要。

（一）海南海洋强省战略的提出

海南作为海洋大省，承担着依托南海富民强省和维护我国海洋权益的双重职责，是我国海洋强国建设以及推进海洋合作的最前沿。作为管辖海域面积远远大于陆地面积的省份，海洋经济一直是海南谋求发展的着力点。

2005 年 7 月，海南省委、省政府通过了《关于加快发展海洋经济的报告》，明确提出“以海带陆、依海兴琼、建设海洋经济强省”的发展目标。2007 年在海南省第五次党代会的报告中，首次提出海陆并举的发展战略；2012 年在海南省第六次党代会的报告中，提出发展海洋经济是拓展发展空间、培育新的经济增长极的战略选择。2013 年 8 月，海南省委、省政府出台了《关于加快建设海洋强省的决定》，“加快建设海洋强省，服务国家海洋战略”成为海南全省工作的重点。2015 年时任省长刘赐贵在主持召开省政府专题会议时强调，“要加快把海洋经济培育为海南新的经济增长点，推动海洋强省建设，在海洋强国战略中作出更大的贡献”①。

2017 年召开的海南省第七次党代会强调，海南要充分发挥自身优势，加快推进南海资源开发，加快南海各岛礁海事、海洋、气象等民事项目建设，完善西沙、南沙海上救援、综合执法、后勤补给等服务功能，加大海洋生态保护力度，积极支持国家海洋强国战略的稳步实施。此外，在国家“十三五”规划纲要中也特别提出，支持海南利用南海资源优势发展特色海洋经济。要坚持把做大做强海洋经济放在海南省发展全局的突出位置，在加快推进海洋渔业转型升

---

① 刘赐贵：努力把海洋经济打造成为新的经济增长点［EB/OL］．海南省人民政府网，2015 - 11 - 25.

级的同时，重点发展壮大海洋旅游、海洋油气、海洋运输、海洋装备制造等海洋新兴产业。

在推进国际旅游岛建设和21世纪海上丝绸之路建设的整体背景下，海南充分利用自身的优势，积极打造“一带一路”国际交流合作大平台、海洋发展合作示范区、中国（海南）—东盟优势产业合作示范区，努力争取泛南海旅游经济合作圈成为国家战略，通过全方位推动区域海洋合作，发展海洋经济，维护海洋权益，建设海洋强省，进而为海洋强国建设做出应有的贡献。

（二）海南海洋强省战略的发展要求

首先，保护海洋生态环境，加强海洋生态文明建设。关于海洋生态环境保护，习近平总书记曾明确提出，要“全力遏制海洋生态环境不断恶化趋势，让我国海洋生态环境有一个明显改观”①。良好的海洋生态环境是发展海洋经济的前提和基础。海南是绿色之岛、健康之岛，生态环境对海南的发展至关重要，必须把生态环境保护放在海南经济发展的首位，使经济发展和生态环境相协调。在实施海洋强省战略的过程中，海南要坚持走可持续发展道路，继续优化调整经济结构，加快经济增长方式转变，集约发展低排放、低能耗、高技术、高效益的新型工业和新兴产业，加快发展热带特色海洋经济，保护海洋生态环境，实现由“海洋大省”向“海洋强省”的转变。

其次，依托区位优势，推动环南海经贸合作。海南要充分利用背靠大陆，连接东南亚，处于“泛珠三角”“泛北部湾”和中国－东盟自由贸易区核心位置的区位优势，积极倡导和打造21世纪海上丝绸之路框架下的环南海经贸合作，通过将南海周边国家和地区纳入其中，最终形成一个以南海为纽带，东临太平洋、西接印度洋的区域性海洋经贸合作圈，并通过在其中扮演不可或缺的“连接点”角色，加强环南海国家和地区之间的经贸合作，实现彼此互通有无、优势互补、合作共赢，有力促进区域经济一体化和共同繁荣发展。

最后，开发南海资源，服务国家战略。南海海域的自然资源十分丰富，包含了生物资源、矿产资源、动力资源、海水资源、空间资源、旅游资源等诸多方面。②当然，南海海域最为引人瞩目的还有石油和天然气资源，尤其是被称为

---

① 习近平：进一步关心海洋认识海洋经略海洋 推动海洋强国建设不断取得新成就［EB/OL］．中央政府门户网站，2013－07－31.

② 李国强．南中国海研究：历史与现状［M］．哈尔滨：黑龙江教育出版社，2003：49－89.

21 世纪新能源的可燃冰，在南海的资源储量也十分巨大，资源开发前景十分广阔。站在新的历史起点上，海南需要利用好原有的发展优势和现有的政策红利，进一步服务于国家海洋强国战略的实施，不断加大南海资源的开发力度，完善海洋科研、科普和服务保障体系建设，建立健全相关的配套服务机制与体制，为 21 世纪海上丝绸之路建设提供坚实的支撑和保障。

第二节　海南海洋强省建设的现状

一、海南海洋强省建设的总体进展

（一）海南海洋强省建设政策层面

2012 年 10 月，海南省召开了全省海洋工作会议，提出要“举全省之力加快建设海洋强省，掀起海南海洋开发建设新热潮”。时任海南省委书记罗保铭在会议上指出，海南因海而生、因海而兴，也必将因海而强。2012 年 11 月，国务院正式批复了《海南省海洋功能区划（2011—2020 年）》。批复指出，海南是中国唯一的热带海洋省份和最大的经济特区，全省管辖海域辽阔，海洋资源丰富，海洋环境优越，海洋生态系统多样。要坚持在发展中保护、在保护中发展的原则，合理配置海域资源，优化海洋开发空间布局，实现规划用海、集约用海、生态用海、科技用海、依法用海，促进经济平稳较快发展和社会稳定。应该说，《海南省海洋功能区划（2011—2020 年）》的发布，是海南从海洋大省向海洋强省转型过程中的重大战略机遇。

2013 年 8 月，海南省委、省政府出台了《关于加快建设海洋强省的决定》，其中明确提出：到 2015 年海南海洋生产总值达到 1150 亿元，占全省生产总值的 30%；到 2020 年，海洋生产总值达到 2862 亿元，占全省生产总值的 35% 以上。2016 年 3 月，海南省第五届人民代表大会第四次会议审议通过了《海南省国民经济和社会发展第十三个五年（2016—2020 年）规划纲要》，再次强调要实施海洋强省战略，发展现代海洋经济，推进海洋科技创新，统筹推进三沙市发展建设，建设南海资源开发服务保障基地和海上救援基地等。2017 年 4 月，中共海南省第七次代表大会召开，省委书记刘赐贵在大会报告中指出，海南要大力发展海洋经济，建设海洋强省。做好海洋文章是海南发展的最大潜力所在，必须增强海洋意识，培育“蓝色引擎”，向海洋要质量、要效益、要增长，争创全国海洋经济发展示范区，加快推进海洋大省向海洋强省转变。为此，要发展壮大海洋产业，加强海洋基础设施和公共服务能力建设，不断加快科技兴海的步伐。

（二）海南海洋强省建设经济层面

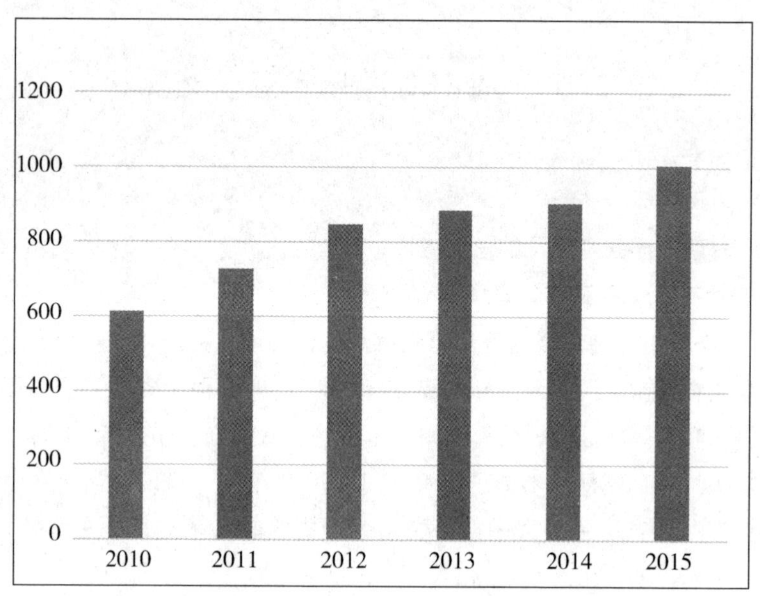

图 8-1 2010—2015 年海南海洋产业生产总值（单位：亿元）

数据信息来源：2011—2016 年中国海洋统计年鉴。

由上图可知，海南海洋产业生产总值呈现稳步上升的态势，在很大程度上反映了海洋强省建设的成果。从 2010 年突破 600 亿大关，到 2015 年突破 1000 亿大关，这为海南海洋强省建设提供了坚实的经济基础。随着海南改革开放的不断深入，转变经济发展方式的动能在不断体现，海洋产业的经济效益也在不断加强，相信在不久的将来，海南海洋强省建设将迎来质的飞跃和提高。

从具体数据上来看，从 2010 年到 2015 年，海南省海洋产业生产总值随着海南省地区生产总值的增加而增加，但在两者的比重上，存在一定的波动幅度，海洋产业生产总值占地区生产总值的比重在 25% 至 30% 之间，下降和上升趋势不是很明显。

表 8-1　2010—2015 年海南省海洋产业生产总值、地区生产总值及相互比重　（单位：亿元）

	2010	2011	2012	2013	2014	2015
海洋产业生产总值	612	724.5	847	883.5	902.1	1004.7
海南地区生产总值	2052.12	2515.29	2855.26	3146.46	3500.7	3702.8
海洋产业生产总值占地区生产总值比重（%）	29.82	28.80	29.66	28.08	25.77	27.13

数据信息来源：2011—2016 年中国海洋统计年鉴，2011—2016 年海南省统计年鉴。

二、海南海洋强省建设中存在问题

（一）海洋经济基础较为薄弱

2013 年 4 月，习近平总书记在视察海南时曾经指出，海南经济基础较薄弱，经济结构和产业结构单一，市场发育不充分，服务业结构不合理，以传统服务业为主的格局仍未改变，这些都是必须下大力气才能解决的问题。截止到 2017 年，海南全省地区生产总值 4462.54 亿元，比上年增长 7.0%。其中第一产业增加值 979.33 亿元，增长 3.6%；第二产业增加值 997.14 亿元，增长 2.7%；第三产业增加值 2486.07 亿元，增长 10.2%。① 总体而言，海南省宏观经济的基本面运行良好，但经济基础仍然较为薄弱，表现在海洋经济发展方面，海洋经济总量和质量与作为海洋大省地位的要求不相符，虽然海南海洋经济总量突破了 1500 亿，但与广东、山东、福建等海洋强省相比，仍然存在着比较大的差距。从数据对比上来看，上述省份的海洋经济总量均突破了 1 万亿，目前正朝着 2 万亿迈进。

由于历史和现实的诸多原因，长期以来海南的发展主要还是集中在陆域，海洋区域的开发较为滞后，陆域与海洋之间也缺少紧密的关联互动和相互支撑。另一方面，海南作为一个经济社会欠发达的沿海省份，陆地资源相对较少，经济基础比较薄弱，由于腹地经济发展水平较低，陆域经济拉动海洋产业发展的动力有限。在此背景下，海南应抓住并充分利用“海洋强国”“一带一路”等重大机遇，紧紧依托自身在管辖海洋面积广大、区位优势突出等方面的独特优

① 2017 年海南经济运行情况统计结果［EB/OL］. 海南省政府网，2018-01-23.

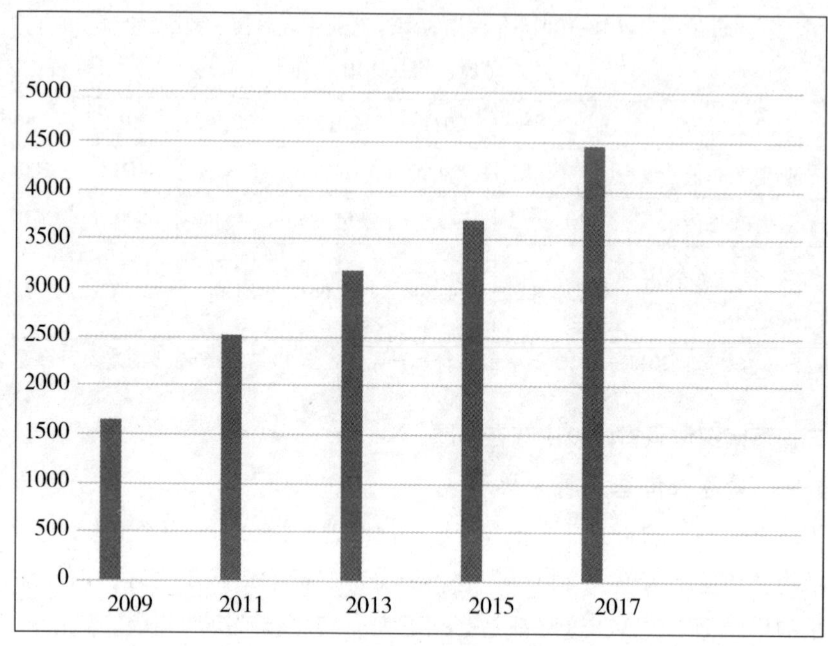

图 8-2　2009—2017 年海南省地区生产总值（单位：亿元）

数据信息来源：2010—2018 年海南省统计年鉴。

势，大力实施"陆海统筹"① 的发展战略，通过不断推进海洋经济的发展，进而实现陆域经济与海洋经济的协同与联动，为海南国际旅游岛建设及其升级版打造提供均衡的结构支撑和持久的动力源泉。

---

① 由于受"重陆轻海"思想的影响，我国海洋发展长期滞后，与陆域发展之间不协调、不对等的状况比较突出。20 世纪 90 年代后，一些专家学者针对海陆一体化发展构想提出了"陆海统筹"的思路。2010 年 10 月，党的十七届五中全会以及 2011 年 3 月通过的国民经济和社会发展"十二五"规划纲要中，明确提出"坚持陆海统筹，制定和实施海洋发展战略，提高海洋开发、控制、综合管理能力"，这标志着"陆海统筹"被正式纳入国家发展战略和总体部署。关于"陆海统筹"的定义，目前学界尚未形成较为权威的定论，相关论述也呈现多元化的解读与分析。其中阐发较为系统和全面的一个定义是："陆海统筹"是指根据海、陆两个地理单元的内在联系，运用系统论和协同论的思想，在区域社会经济发展过程中，综合考虑海、陆资源环境特点，系统考察海、陆的经济功能、生态功能和社会功能，在海、陆资源环境生态系统的承载力、社会经济系统的活力和潜力基础上，统一筹划中国海洋与沿海陆域两大系统的资源利用、经济发展、环境保护、生态安全和区域政策，通过统一规划、联动开发、产业组接和综合管理，把海陆地理、社会、经济、文化、生态系统整合为一个统一整体，实现区域科学发展、和谐发展。参见王芳．对实施陆海统筹的认识和思考［J］．中国发展，2012（3）：36.

（二）民众海洋意识比较淡薄

海南地处南海的怀抱之中，有着向海洋拓展空间的先天优势。然而在现实生活中，却有不少人“生在海边不识海”，部分民众的海洋意识比较淡薄。海南建省办特区已近30年，经过多年的教育普及，民众虽知海南省包含了南海约200万平方千米的海域，但在思维潜意识层面，仍不自觉地认为海南就是海南岛。由此可见，提高和增强全社会的海洋意识，包括海洋空间意识、海洋资源意识、海洋生态环境意识、海洋经济意识、海洋权益意识，以及海洋科学意识、海洋安全意识、海洋战略意识等，仍然是一项长期和艰巨的工作。从海南管辖的海域面积看，相当于管辖陆地面积的近60倍。另一方面，海南还管辖着近600个岛、礁、滩等，南海诸岛中的中沙群岛、西沙群岛和南沙群岛，构成了向海洋拓展的支点。此外，海南的海岸带面积约7000平方千米，构成了向海洋发展的辐射面，其本身也将是海岸产业带密集区。这些都为海南渔业、滨海旅游、休闲度假、交通运输等海洋产业提供了巨大的发展空间。①

（三）海洋法律法规建设滞后

海南建省办特区以来，虽然社会法制建设取得显著成就，但从总体上看，仍然存在着一定程度的滞后性。表现在海洋法制层面，海洋立法进程较为缓慢，海洋法律法规体系尚不健全，海洋法制建设未能与时俱进，现行海洋法律法规过于原则化，存在相当程度的脱节情况，或者不完善、不配套和不完整，与《联合国海洋法公约》要求相契合的法律法规仍存在很多空白的地方，尚未形成健全的海洋法律法规体系。为此，要不断完善地方海洋立法内容，重点推进法律法规空白领域的地方性立法工作，增强海洋法律法规的针对性和可操作性，加强港口管理、海洋渔业管理、海洋资源管理、海岸带保护与开发管理、海岛开发与保护、海域管理和海洋环境保护等法律法规体系建设，形成更加完备的海洋综合管理法律法规制度，做到依法“管海”、依法“用海”和依法“兴海”，把海洋资源开发和管理活动真正纳入法制化轨道。此外，还要建立海上执法协调机制、海上执法信息通报和案件移交制度，开展海上联合执法行动，提高对海上综合案件的处置能力，制定海上应急执法工作预案，提高海上执法的整体力量与优势。

（四）海洋生态文明建设亟须加强

目前，海南海洋经济发展面临海洋资源环境的约束趋紧，海洋环境污染和

① 王路．海洋意识——海南强省之魂［J］．今日海南，2000（8）．

生态系统退化的趋势比较严峻，各种累积性环境矛盾尚未完全解决，海洋生态系统遭到一定程度的破坏，如沿海填海造陆、滨海湿地减少、海洋生物群落退化等。此外，海域、岸线等资源集约化利用程度也不高，自然岸线被截弯取直，生物多样性迅速下降，污染物加速在海底积聚，海岸生态、景观价值严重损耗，也减弱了抵御风暴潮等海洋灾害的能力。海岛资源的开发利用也缺乏全面的统筹规划和有效的市场化配置机制，严重制约了海南海洋生态文明建设的可持续发展。有鉴于此，必须加强海洋生态保护的法规体系建设，创新陆源污染物的综合整治和监管机制，强化陆海污染综合防治。要加快海洋生态建设和生态修复工程，构筑海洋、海岸带和海岛生态文明建设体系，有效保护海南热带特色鲜明的珊瑚礁、红树林、海草床、滨海湿地、海岛及其周边海域海洋生态系统，进一步加强海洋自然保护区的建设和管理水平。

三、对现存问题的若干解读与分析

（一）海洋经济建设方面

从长远来看，海南发展的最大优势在于海洋，最大的潜力也在海洋，向海洋进军、大力发展蓝色经济是未来的必然选择。它不仅有利于缓解陆域经济发展面临的资源、能源和生态环境压力，而且有助于优化产业结构并增加产业附加值，为海南经济社会提供可持续发展空间和新的经济增长点。长期以来，由于诸多原因所致，海南的经济基础还很薄弱，地区生产总值总量偏低，海洋经济发展也很滞后。相对广东、山东等海洋强省而言，海南的海洋生产总值与授权管辖的海域面积很不匹配（见图8－3），未来具有相当大的发展和提升空间。

（二）海洋政治建设方面

2013年习近平总书记视察海南时指出，海南地处祖国最南端，把祖国南大门守卫好，政治责任重大，海南要履行好中央赋予的南海维权、维稳、保护、开发的重要使命。近年来，随着周边国家海洋战略的不断推进以及域外大国的持续介入，南海争端已经由声索国之间围绕岛礁主权和海域划界为主的区域争夺，转变为域内外国家围绕地缘政治、资源开发、航道管控、军事竞争等为一体的全方位博弈，导致南海问题中的“明争”与“暗斗”相结合，争端更加复杂，手法更加隐蔽，处理更加困难。伴随着南海态势的发展变化，在处理南海争端问题上，一方面我们仍然要倡导“搁置争议、共同开发”的原则，但另一方面，也要通过积极妥善，全面有效的方式，强化我国在南海争端上的主权和

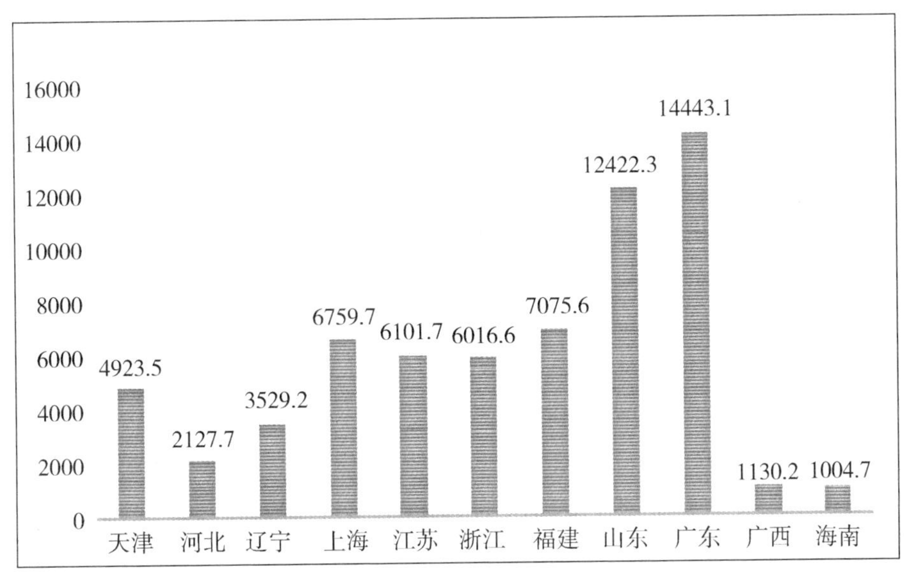

图8－3 2015年沿海地区海洋生产总值（单位：亿元）

数据信息来源：2016年中国海洋统计年鉴。

利益诉求，这既是宣示主权和实际存在的需要，也是维护国家安全和利益的需要。①

（三）海洋文化建设方面

海洋蕴藏着丰富的自然资源，是人类生存与发展的第二空间。从历史上来看，我国历朝历代大多重视陆地的开发利用，主要活动的区域也集中在陆地。明清以来，由于闭关锁国的海禁政策，更是让近代中国与海洋的距离越来越远，导致国家层面的海洋文化、海洋意识乃至海洋思维长期缺失。就此而言，海南作为管辖海域面积广阔的海洋大省，应该不断加强海洋文化建设，同时持续增强海洋意识，这是推进海洋强省建设中不可或缺的内在支撑。应该认识到，海洋文化建设和海洋意识提升，也是海洋事业发展中至关重要的思想基础。要进一步增强海洋事业发展的全局意识，不断在海洋文化建设方面推陈出新，切实有效增强民众的海洋意识，是推进海南海洋强省建设的现实需要，各级政府部门要加强海洋文化建设工作，创新海洋观念和海洋事务的宣传教育，共同推进海洋文化和海洋意识的不断提升。

① 周伟．海南国际旅游岛建设研究［M］．北京：中国经济出版社，2017.

（四）海洋社会建设方面

海洋社会建设涉及海南省发展的方方面面。总体而言，海南海洋强省建设的目标为海洋社会建设提供了政策保证，而海洋社会建设也将为海洋强省建设提供全方位的支持和保障。在国际旅游岛建设方面，海洋社会建设有利于打造海南国际旅游岛建设的升级版；在海洋经济发展方面，海洋社会建设将为海洋经济发展提供有力的社会支撑；在南海维权维稳方面，海洋社会建设将为南海权益维护提供坚实的社会后盾；在海洋文化建设方面，海洋社会建设有利于海洋文化的发展与创新；在海洋法制建设方面，海洋社会建设有利于海洋法制建设的贯彻实施；在生态文明建设方面，海洋社会建设有利于海洋生态文明的健康可持续发展。

（五）海洋生态文明建设方面

海南的海洋强省建设，应不断促进人与自然的和谐相处，不能以牺牲资源、破坏环境为代价，绝不能走先污染破坏、再治理维护的老路，应牢牢坚持海洋资源可持续开发与海洋经济可持续发展的原则，正确处理开发与保护的矛盾，统筹推进经济发展与生态环境改善，实现海洋经济发展与海洋生态文明建设的统一。当前，海南海洋生态环境面临着较大的压力。因此，必须坚持循环经济理念和可持续发展的道路，海洋开发的规模和速度不应超过海洋资源和环境的承载力。要以海洋生态环境建设、各种污染源防治为重点，通过海陆联动维护海洋生态系统健康，强化海域污染监控，及时防治污染事件，加强海洋灾害防治。

第三节　海南海洋强省建设的建议

一、推进海南海洋强省建设的基本策略

（一）加快南海资源开发，助推海洋强省的蓝色崛起

早在中央决定海南建省办经济特区之时，邓小平同志就曾提出，海南岛和台湾的面积差不多，那里有许多资源，有富铁矿，有石油天然气，还有橡胶和别的热带、亚热带作物。海南岛好好发展起来，是很了不起的。以石油天然气为例，据初步估算，南海油气资源蕴藏丰富，可开采量十分巨大。此外，海水

资源和海洋能源也都不可估量，海洋资源综合利用的潜力无限。目前，海南省已经采取了一系列的措施，不断加快南海资源的开发步伐。伴随着海洋强国战略的推进，海南应充分利用地缘和区位优势，加快建设南海资源开发综合服务保障基地，积极参与南海油气资源勘探和开发建设，谋划发展南海资源开发的支持产业和专业技术服务建设项目等。把海南建设成为南海资源开发的综合服务保障基地，这既是海南服务国家重大战略的现实体现，又是推进海洋强省建设的必要依托。

（二）借助三沙设市，夯实海洋强省的蓝色梦想

2012 年 7 月 24 日，在美丽的西沙群岛永兴岛上，正式挂牌成立了中国最南端的地级市——三沙市。三沙设市后，作为下辖海域面积最大的地级市，在扛起经略南海国家担当的同时，也为海南争创海洋强省的实践范例提供了重大的历史机遇。三沙市通过依托广阔富饶的海洋，不断开启富民强省的‘蓝色梦想’，进而助推海南从海洋大省迈向海洋强省。事实上，伴随着三沙市的成立，国家给予了海南相关政策及资金投入的支持，这对谋划和推进海南海洋强省建设以及维护国家主权和海洋权益均意义重大。2015 年三沙市发展总体规划获得国务院批准，这为海南省推进海洋强省建设提供了更为坚实的支撑和契机。在接下来的时间里，三沙市还要通过加强战略腹地建设，夯实三沙市开发建设的基础，拓展更为广阔的发展空间，在实现南海维权维稳和生态保护的同时，积极稳妥地推进南海资源的开发，不断促进海洋强省建设的深入发展，助推海洋强省战略的早日实现。

（三）推进陆海统筹，实现海洋强省的蓝绿互动

2011 年 12 月，时任国家海洋局局长刘赐贵在全国海洋工作会议上曾经指出：“坚持陆海统筹，大力发展海洋经济，既是推动海洋事业跨越式发展的客观要求，也是把我国建设成为现代化海洋强国的必然选择。改革开放 30 多年来的发展实践证明，我国海洋经济的发展离不开陆域经济的辐射和带动。同样，陆域经济的发展也需要海洋经济的拓展和提升，两者之间互为依托、相互促进。”① 同年，联合国也提出了以发展“蓝绿经济”为核心的海洋发展之路，即在增强可持续利用海洋能力的同时，保护海洋环境、支撑绿色经济，努力实现两者的协调与互动发展，已成为当代海洋发展的主要内容。

---

① 刘赐贵．凝心聚力 奋力夺取海洋事业发展的新胜利［EB/OL］．中央人民政府网，2011－12－26.

与全国其他沿海省份相比，海南省的行政区划在地理特征上呈现独特的内外双层结构：处于内部的是生态环境优良的海南岛，处于外围的则是占全国管辖海洋面积三分之二的南海海域。从空中俯瞰，巨大的绿色岛屿扎根在广阔的蓝色海洋中，陆地的“绿”与海洋的“蓝”，既界限清晰，又浑然一体，构成了“蓝”与“绿”之间不可分割的有机整体。从系统论和发展论的角度看，以绿色为代表的陆域经济和以蓝色为代表的海洋经济，以及在此基础上形成的“陆海统筹”与“蓝绿互动”，是海南海洋强省建设可持续发展的希望与潜力所在。

大体而言，“陆海统筹”与“蓝绿互动”发展观，就是在海南海洋强省建设的过程中，将发展眼光不仅仅局限于陆地，而是立足陆地，放眼海洋，在搞好陆域经济建设的同时，充分发掘自身的海洋资源优势，大力发展海洋经济，在海洋与陆地的优势互补、资源互利的条件下，推进陆域经济与海洋经济的统筹发展和双向互动，使两者互为对方发展的前沿阵地和保障基地，形成一种交相呼应、互促共进的良性发展态势，打造经济社会可持续发展的“双引擎”动能，推动海南从岛屿型经济体逐渐转型为岛屿—海洋型经济体。

需要强调的是，“陆海统筹”与“蓝绿互动”并不是割裂的两方，而是相互交织在一起的。在用“陆海统筹”的眼光谋划发展战略时，也要考虑到海洋经济和陆域经济之间的“蓝绿互动”；在用“蓝绿互动”的方式推动经济社会发展时，也应遵循“陆海统筹”的基本原则和内在要求。就海南海洋强省建设而言，“陆海统筹”与“蓝绿互动”发展思路的实施，需要统筹兼顾、均衡协调陆地资源与海洋资源两方面的优势，加强政策引导与支持，积极打造陆域经济和海洋经济的“双轮驱动”，实现海陆资源互补、海陆产业互动和海陆经济一体化，提高海南海洋强省建设的质量和效益，促进陆海关系的协调和统一。①

（四）开展海洋公共外交，塑造海洋强省的外部环境

2001 年 2 月，博鳌亚洲论坛正式成立，这为海南公共外交的兴起提供了机遇。此后，借助博鳌亚洲论坛的平台和品牌优势，海南大力开展富有成效与特色的公共外交实践活动，在服务国家总体外交战略和对外关系大局的同时，也助推着海南海洋强省建设以及海洋经济的蓝色崛起。事实上，海南海洋强省建设的过程，除了不断提升自身的硬件和软件设施外，也离不开良好内外形象的

① 周伟．海南国际旅游岛建设的“陆海统筹”与“蓝绿互动”［J］．海南大学学报，2017（9）：142－148.

打造，正所谓“内强素质、外塑形象”。而公共外交作为打造地方良好形象的天然抓手，自然应该成为海南海洋强省建设的重要内容。就此意义而言，在全面推进海南海洋强省建设的背景下，海南开展海洋公共外交不仅是非常必要的，而且也是非常急迫的。

在当前形势下，一方面，海南作为我国最南端的海洋省份，授权管辖着约200万平方千米的南海海域，是我国海洋强国建设的战略支点和21世纪海上丝绸之路建设的战略纽带。另一方面，海南又位于南海之中，身处南海维权斗争和东盟交往的最前沿，面临的任务和局面也日趋艰巨复杂。有鉴于此，海南应根据国家的战略定位和现实需要，充分发挥好自身的区位、资源和平台优势，全力做好新时期的海洋公共外交工作，通过打造出一张张具有国际魅力的公共外交名片，不仅可以进一步助推海南海洋强省建设，促进本地发展“提质增效”，还可以直接服务于南海争端的管控和国家战略的实施，最大限度地凝聚共识、化解分歧，赢得周边国家的理解、认同和支持。

为此，要进一步挖掘和拓展博鳌亚洲论坛的公共外交平台功能，全方位服务于海南海洋强省建设的推进。海南作为永久主办地，应充分发挥博鳌亚洲论坛的品牌效应，着力打造面向南海沿岸国家的公共外交精品平台，吸引多方力量参与到“一带一路”的共商、共建、共享之中。与此同时，海南还应继续深入开发和利用博鳌亚洲论坛年会机制，助推海南的海洋公共外交工作。对于海南而言，由于身处南海之中，南海形势的发展变化将直接影响到海南的经济社会发展。因此，海南要充分依托自身优势，大力开展面向环南海国家的公共外交，通过加强多层次的文化交流和社会交往，如组织举办环南海区域合作论坛，筹划构建环南海区域合作机制等，积极打造环南海公共外交先行区，真正实现“国之交在于民相亲”，为维护南海地区的和平稳定以及服务海洋强省建设贡献力量。①

二、加快海南海洋强省建设的具体举措

（一）发展海洋经济，培育海洋产业

海洋经济是指充分利用海洋空间和海洋资源所进行的直接或间接生产服务类活动。海南省为发展海洋经济做出了许多努力，早在2005年7月，海南省政府就颁布实施了《海南省海洋经济发展规划》，成为指导海南省海洋经济快速健

① 周伟．海南公共外交的兴起与发展［J］．公共外交季刊，2015（4）．

康发展的重要蓝本。2015 年，海南海洋生产总值已突破千亿，占全省地区生产总值近 30%，表明海洋经济已日益成为海南经济的重要增长点。此外，海洋产业也出现可喜变化，传统海洋渔业升级转型较为显著，远海深海养殖业发展势头良好，以人工鱼礁为核心载体的海洋休闲渔业也取得积极进展，海洋旅游市场需求日益旺盛，海洋旅游投资态势发展迅速，海洋旅游产业规模不断壮大。2017 年 4 月，海南省委书记刘赐贵在七次党代会报告中再次强调，海南要大力发展海洋经济，争创全国海洋经济发展示范区，加快推进海洋大省向海洋强省转变。这充分体现了省委、省政府对发展海洋经济的重视。

在接下来的海洋强省建设中，当务之急是增强和提升海洋经济的核心竞争力和可持续发展能力，要通过合理开发海洋资源，优化海洋空间布局，培育发展海洋新兴产业，加快建设现代化的海洋产业开发基地，通过海洋产业集聚发展、优化发展，推动海洋经济和产业转型升级，争创全国海洋经济发展示范区。为此，要着力优化提升临港工业，进一步做大做强以洋浦、东方为中心的临港油气化工产业基地，推进临高金牌港经济开发区转型升级，推动临港工业与运输、金融、保险、商贸等产业联动发展；要加快现代海洋渔业、海产品深加工、船舶修造、海洋运输、滨海旅游等产业发展，延伸产业链，提高技术含量，培植一批在国内具有较强竞争力的龙头骨干企业和产业集群；要加快培育海洋生物医药、海洋可再生能源、海洋综合利用、邮轮游艇、海洋环保、海洋文化产业等新兴产业，促进海洋生物育种、海洋活性物质提取、海洋药物、海水淡化等高新技术的产业化应用。①

（二）健全海洋法制，维护海洋权益

海南实施海洋强省战略，重在认知和明确发展海洋法制，维护海洋权益。②海洋权益包含海洋权利和海洋利益。权利以空间的管辖权和所有权为主，利益以经济和资源利益为主。按照《联合国海洋法公约》的相关条款规定，岛屿拥有其周围约 43 万平方千米的专属经济区，由此可见南海岛屿主权的维护对我国海洋权益维护的重要性。1988 年海南建省后，全国人大授权海南省具有管辖海南岛、中沙群岛、西沙群岛、南沙群岛及其周边海域的权利，是全国唯一拥有海域管辖权的省份。海南省具有的海域管辖权应包括海域空间管辖权、海域资

① 海南省国民经济和社会发展第十三个五年计划发展纲要［EB/OL］. 海南省人民政府网站，2016-01-27.

② 刘云亮. 促进海南海洋经济发展的立法建议［J］. 法学论坛，2016（12）.

源管辖权、海洋环境管辖权等。可以说，中央给予海南省在南海约 200 万平方千米的海域管辖权，就是赋予海南特大的优惠政策，应该用好用足这个政策，更好地维护南海海洋权益，为海南海洋强省战略的实施提供支持和保障。

对海南而言，可以发挥经济特区立法权优势并充分运用地方立法权，依法助推海洋强省战略的实施，为建设海洋强省提供必要的法制保障。建立海洋法制的目的在于通过确认海南建设海洋强省的战略地位和发展方向，形成海南海洋强省建设的法规体系，规划海南海洋强省建设的结构布局，构建海南海洋强省建设的促进机制，规范海南海洋强省建设的激励措施，完善海南海洋强省建设的相关配套制度等，从而全面推进海南海洋强省战略的实施。

（三）开发海洋资源，保护海洋生态

建设海洋强省，势必要开发利用海洋资源，向海洋要质量、要效益、要增长。海南推进海洋强省建设，要科学合理地开发利用海洋资源，必须坚守“集约用海”“生态用海”的原则，在开发的同时做到合理保护，从而保持海洋经济的可持续发展。所谓“集约用海”，就是要杜绝在开发海洋资源时“遍地开花”，避免破坏海洋资源，而是遵循有序和高端开发；所谓“生态用海”，是指在向海洋要资源的同时，加强对海洋资源和海洋生态的保护，坚决不能因为开发海洋资源而使海洋环境质量恶化。①

大力推进海洋生态环境保护，加强海洋生态环境基础能力建设，这是海南海洋强省建设可持续发展的重要前提。在开发海洋资源的同时，必须实施海洋生态系统管理，全面提高海洋生态环境管理水平，提高海洋生产效率和效能，维护一流的海洋生态环境。要通过推进海洋生态文明建设，加强对海岛及其邻近海域生态环境系统的修复，保护南海海洋生物的多样性，并将其视为海南海洋强省建设的生命线；要逐步实施重点海域入海污染物排放总量控制制度，开展海洋环境综合整治与生态修复工程，积极推动海洋生态牧场的建设；要打造高质量的国家级海洋生态文明建设示范区，筹划建立海洋生态环境保护红线制度，加强自然岸线和生态敏感海域的保护；要树立敬畏海洋、保护海洋的生态文明理念，努力建设“美丽海洋”和“美丽海南”，实现海南海洋强省建设的可持续发展。

（四）推进科技兴海，加快人才强海

在海南海洋强省建设过程中，要积极引进国际海洋组织和国内海洋科研机

① 孙秀英．海南：坚持生态用海 建设海洋强省［J］．环境保护，2013（1）．

构落户入驻，支持建设海洋资源利用国家重点实验室，建设中国（海南）海洋生态研究中心，加强海洋科技人才的培养和引进工作，促进与国内外海洋科技交流与合作，依托海南大学、海南热带海洋学院、中科院三亚深海所等高校科研院所，争创全国海洋科技合作示范区。与此同时，还要增强海洋科研基础设施建设，深化海洋科研机构改革，整合现有的海洋科技力量，构建海洋科技创新体系，建立健全海洋产业创新平台，培养海洋科研和产业应用型人才，为海南海洋强省建设提供智力支撑和人才保障。

另外，还要支持海洋企业联合高等院校、科研院所等进行合作研发，加大对企业技术创新成果推广转化的扶持力度，推动海洋企业建立技术研发机构，促进企业成为海洋科技创新的主体；要支持开展海洋产业重大关键共性技术开发，建立健全促进海洋科技成果高效转化的机制；要加强海洋生物医药及功能产品技术的研发和转化应用，开展海洋能开发利用技术的国内外联动攻关；要充分利用技术转化平台，加强海洋科技信息、技术转让等服务网络建设；要鼓励企业组建创新中心，提高核心技术开发能力，针对行业重大科技需求，加速科技成果转化和产业化。①

（五）完善基础设施，优化公共服务

完善的基础设施和良好的公共服务是发展海洋经济、建设海洋强省的重要前提。在完善基础设施方面，要通过运用现代先进技术，提升海南现有港口和设施的运行水平以及物流集散功能，加快推进港口资源整合步伐，继续完善建设结构合理、功能完善、便捷高效的港口群，加强与东南亚国家的港口体系对接，在口岸、物流和信息设施等领域以及合作方向、重点内容和共建机制等方面开展合作，着力推进多式联运和集疏运交通体系建设，通过重点打造若干个在环南海地区具有竞争力的港口和海运中心，将海南建设成为区域性的航运与物流枢纽，为推动海南海洋强省建设提供更加便利的条件。此外，还要不断完善海陆空立体交通枢纽网络建设，依托海口美兰机场和三亚凤凰机场，加快建成面向环南海地区的区域性枢纽机场，加强海陆对内和对外通道建设，着力构建海陆相连、空地一体的立体交通网络，全面提升海陆空交通枢纽的纵深辐射能力。

在优化公共服务方面，加快建立健全海上搜救应急反应体系，以三亚海事

① 海南省国民经济和社会发展第十三个五年计划发展纲要［EB/OL］. 海南省人民政府网站，2016-01-27.

综合监管基地为依托建设南海应急救援母港基地，以八所海事基地及木兰湾为依托建设南海应急救援岸基保障基地，建设西、南、中沙群岛前方应急救援基地，形成覆盖整个南海的应急救援体系。此外，还要在三沙建设多功能港口、补给基地及综合保障基地，形成以海南岛为依托、覆盖三沙管辖海域的南海综合服务保障体系，加快在南海地区建设气象观测、卫星导航、防灾减灾、环境监测、海啸预警等科研服务保障设施，为南海作业渔民、相关机构及人员、周边国家和国际社会等提供多样化的海洋公共服务与功能化的国际公共产品。

三、实施海南海洋强省建设的战略保障

（一）借助海洋强国战略助推海洋强省建设

我国是海洋大国，管辖海域广阔，海洋资源丰富。随着对外开放的深入，国家的繁荣稳定也必然越来越多地依赖海洋。就此而言，海洋是我国经济社会发展的重要战略空间，是孕育新产业、引领新增长的重要领域，在国家经济社会发展全局中的地位和作用日益突出。壮大海洋经济、拓展蓝色发展空间，对于实现“两个一百年”奋斗目标和中华民族伟大复兴的中国梦具有重大意义。党中央、国务院高度重视海洋经济和海洋事业的发展，2012 年党的十八大做出了建设海洋强国的重大战略部署，明确提出要提高海洋资源开发能力，发展海洋经济，保护海洋生态环境，坚决维护国家海洋权益。

由此可见，“海洋强国”是我国海洋事业发展的战略目标，充分彰显了“海兴则国强民富、海衰则国弱民穷”的海洋价值观。习近平总书记曾指出，我们要关心海洋、认识海洋、经略海洋，推动我国海洋强国建设。维护国家海洋权益，发展海洋经济，开发利用和保护海洋资源，是实施海洋强国战略的重要共识和指向，是推进海洋强国建设的重要目标和举措。2017 年召开的党的十九大再次提出，坚持陆海统筹，加快建设海洋强国，进一步为海洋强国建设提供了科学方法和依据。

在海洋强国战略的推动下，我国 11 个沿海省份纷纷提出建设海洋强省的战略目标。例如，山东省提出，到 2020 年全省海洋生产总值年均增长 8% 以上，占全省地区生产总值的比重超过 20%；福建省的目标是，到 2020 年海洋生产总值力争突破 1 万亿元，年均增长 9% 以上；江苏省同样提出，到 2020 年全省海洋经济年均增速高于全省经济增速，海洋生产总值突破 1 万亿元大关，占全省地区生产总值比重力争超过 13%；天津市提出，到 2020 年海洋生产总值突破 8000 亿元，占全市地区生产总值的比重达到 35%。

在此背景下，一方面，作为实施海洋强国战略的重要板块，海南的海洋强省建设显得尤为重要和特殊，是推进海洋强国建设中最具发展潜力的地理区域。另一方面，海南作为海洋大省，还承担着依托南海富民强省和维护我国南海权益的双重职责。对海南而言，加快建设海洋强省，服务国家海洋战略，一直是全省工作的重点。在建设海洋强省的过程中，海南要充分借助海洋强国战略的推进，善于利用自身的有利条件和区位优势，进一步夯实发展基础，明确发展目标和路径，强化各种支撑和保障，扎扎实实、有条不紊地推进海洋强省建设，全方位服务于海洋强国战略的实施。

（二）深入推进21世纪海上丝绸之路建设

2013年，中国国家主席习近平在出访哈萨克斯坦和印度尼西亚时，提出了共建“丝绸之路经济带”和“21世纪海上丝绸之路”的倡议。2015年3月，国家发改委、外交部、商务部联合发布了《推动共建丝绸之路经济带和21世纪海上丝绸之路的愿景与行动》，希望在亚欧大陆经济整合不断加强的形势下，进一步推动亚欧非各国联系交往更加紧密，互利合作达到新的高度。

作为21世纪海上丝绸之路建设的核心地缘纽带和重要战略枢纽，海南具有得天独厚的区位优势和自然条件，能够发挥不可替代的独特作用和战略价值。从地理位置上看，海南地处中国的最南端，背靠华南地区，面向东南亚各国，位于我国南海连接东西的重要航道上，战略地位极其重要，自古以来就是海上丝绸之路的重要桥梁和节点。有鉴于此，海南应充分发挥自身优势，立足服务“一带一路”建设，围绕南海资源开发服务保障基地和海上救援基地两大定位，积极将自身打造成21世纪海上丝绸之路建设的重要支点，以服务国家战略和地方发展为目标，以推进岛屿—海洋型经济体为路径，统筹推进海陆协同发展，做大做强海洋经济，不断促进海南海洋强省建设。

从参与21世纪海上丝绸之路建设角度助推海洋强省建设，海南可以加强与沿线国家、东盟国家以及与港澳台、广东、福建、广西等地的合作，充分发挥独特的区位优势和资源优势，进一步融入泛珠三角经济圈、泛北部湾经济圈、粤港澳大湾区建设等区域经济合作框架中，着力将自身打造成为南海航运与物流枢纽、南海资源开发与合作基地、环南海经贸合作连接点、环南海公共外交先行区、生态环境保护示范区与海上丝路旅游特区等。在此过程中，要大力推进互联互通建设，实现国际运输便利化；推动南海资源开发与合作，实现互利共赢；促进地区经济合作，实现区域一体化发展；增强政治互信，推动区域社会文化交流；挖掘历史文化资源，保护自然生态环境，促进旅游业转型升级。

第九章

海南公共外交的建设与展望

中国的公共外交事业在适应千变万化的国际形势同时，正逐渐构建起具有中国特色的公共外交理论体系，同时也不断充实着公共外交实践。发展至今，它与传统外交互为补充，已成为中国现代外交体系中不可或缺的重要组成部分。随着北京奥运会、上海世博会和历届博鳌亚洲论坛等活动的成功举办，中国公共外交的发展显示出研究与实践日趋稳健的良好形势，不但着眼于文化传播与国家形象的塑造，而且将公共外交置于中国总体外交大战略中通盘考虑，理论研究上涌现出了一批标志性成果，实践应用上塑造了国家形象，促进了国际交流，并在国家权益的维护上担当了独特角色。

海南的公共外交事业因中国公共外交良好的整体发展势头，在近年来得到了大力推进，以“三个基地一个示范区”即博鳌公共外交基地、万宁中非合作交流促进基地、三亚首脑外交和休闲外交基地及海口侨务交流示范区为切入点，打造立足亚洲、辐射全球的公共外交平台，若干方面的工作得到较好落实，在很大程度上助力国家总体外交，传递真实声音，收获普遍赞誉，维护国家权益，体现了海南公共外交事业的良好风貌与可喜成绩。

一、海南公共外交的积极作为

2016 年以来，海南积极开展形式多样的对外交往工作，充分发挥多主体、多渠道的公共外交特点，在次区域平台合作、面向东南亚国家的医疗援助、国际友城结对、侨务外交活动开展、国际教育合作及总体外交战略规划中的角色担当都有着颇为亮眼的表现。海南公共外交的理论与实践正在积极配合国家“一带一路”倡议，在若干方面进行着更为广阔的公共外交领域拓展。

（一）澜湄合作凸显角色

2014 年 11 月，李克强总理在第 17 次中国—东盟领导人会议上提出建立

“澜沧江—湄公河对话合作机制”的重要倡议。一年后，澜湄合作首次外长会在云南景洪举行，中国、柬埔寨、老挝、缅甸、泰国、越南六国外长出席，正式启动了澜湄合作进程，宣布正式建立澜湄合作机制。根据各方共识，2016 年 3 月下旬，澜湄合作首次领导人会议在海南三亚举行，正式揭开了澜湄合作的新篇章。

澜湄合作从顶层设计来看是为落实习近平主席提出的建设亚洲命运共同体战略构想。从内容规划来看，澜湄合作可以进一步深化六国睦邻友好关系，推动东盟共同体建设和区域一体化进程，共同应对非传统安全的挑战。而从具体路径来看，合作机制筹建工作一直顺利推进，在海南举办的首次领导人会议对其内涵也予以了丰富和深化。澜湄合作的领域广泛，在政治上致力于加强互信和相互理解，维护和平与稳定；在经济上，实现可持续发展，促进投资和贸易，减少贫困，缩小发展差距；在社会文化上，提升人文交流，促进人员往来、民心相通。而最终是把互联互通、产能合作、跨境经济合作、水资源合作、农业和减贫合作作为五个优先推进方向，并将澜沧江—湄公河流域六国建成一个平等互利、团结合作、发展共赢的命运共同体。

在此过程中，海南与澜湄五国的合作已经显示了有其独特优势①。王毅部长指出，澜湄合作机制重在务实，以项目为本，这就为地方参与机制框架下的各领域合作提供了绝佳的平台。目前，广东、广西、云南等省已在积极推动与澜湄五国的务实合作，相较而言，海南在以下方面发挥出了独特效应。

首先，海南发挥了平台优势。海南拥有亚洲区域内最知名的国际论坛——博鳌亚洲论坛，其已逐渐成为我国开展首脑外交和公共外交的重要平台，澜湄五国均是论坛发起方，五国领导人都曾出席过论坛年会。第一，澜湄合作首次领导人会议被选定在海南三亚召开，足以说明澜湄五国和中国对博鳌亚洲论坛这一具有重大影响力的国际交流合作平台的高度重视。第二，海南在借助博鳌亚洲论坛平台推动与五国高层互访、务实合作方面具有天然优势。如海南建立了“中国—东盟省市长对话”、21 世纪海上丝绸之路岛屿经济分论坛、岛屿观光政策论坛等务实合作论坛，可以说，海南依托博鳌亚洲论坛建立了较为完善的、既对接国家总体外交又符合地方发展需求、接地气的对外交往平台体系，海南与澜湄五国地方政府的合作正被纳入了这些机制，这一平台体系已为推动海南与澜湄国家务实合作发挥了积极而重要的作用。

---

① 王胜．海南参与澜湄合作的思考与建议［N］．海南日报，2016－03－22.

其次，海南地缘优势不可忽视。海南与五国地缘相近，与湄公河五国的风俗与文化有其割裂不断的渊源，目前，海南已与五国中的若干省州缔结了友城关系，如柬埔寨磅湛省、老挝琅勃拉邦、泰国普吉府、越南广宁省等。近年来，海南依托友城平台，积极推动与上述国家的友好往来，取得了良好的效果，这些友城资源也为海南与澜湄国家地方政府开展合作发挥了主渠道作用。

再次，海南有其侨务优势。海南是著名侨乡，海南与五国人缘相亲，拥有众多琼籍华侨华人，他们在驻地国政、商、学界有一定的影响力，这种乡土情缘所形成的凝聚力为海南与五国合作奠定了深厚的人文交往基础，澜湄机制的确立与启动，可说既是交流的催化剂，也为交流提供了平台。

最后，海南产业优势也颇为突出。现阶段澜湄合作的五大优先方向中，海南在热带高效农业、热带海洋旅游、农村普惠金融等领域较其他省份更具优势，通过旅游业、农业与减贫、高等教育及科技人员培训等方面推动发展共赢，海南角色不可替代。

2016 澜湄国家旅游城市（三亚）合作论坛开幕时，来自中国、柬埔寨、老挝、缅甸、泰国、越南等国 16 个城市的代表及部分驻华使领馆官员和业界专家 140 人共聚三亚参会。论坛通过并发布了《2016 澜湄国家旅游城市合作备忘录——三亚合作愿景》，在建立城市沟通机制、推动旅游合作、搭建旅游信息共享平台等八个方面达成合作意向，全面落实澜湄合作早期收获项目清单，推动澜湄国家旅游城市旅游产业快速发展，合作共赢成为与会代表共同心声。海南省副省长王路认为，旅游将成相关各方“联结最快、共识最多、投入最低、效果最好的合作领域，旅游产业也将成为澜湄国家推动经济发展的强劲动力”。目前，“澜湄一日生活圈”正在从梦想变为现实①。据中国国家旅游局港澳台旅游事务司副司长吴科锋 2016 年 10 月在三亚表示，“中国已成为泰国和越南最大旅游客源国，中国赴老挝、柬埔寨的游客快速增长，中缅之间的边境旅游具有相当规模”。

可见，虽然澜湄合作机制的提出时间不长，但海南的公共外交工作却走在了前面。外交部亚洲司副司长黄溪连曾表示，海南是国内最早以实际行动落实澜湄会议成果的省份之一。

澜湄合作机制的宗旨是推动务实合作，这为海南积极参与澜湄合作，推动与柬埔寨、老挝、缅甸、泰国、越南等五国的友好交往与合作提供了千载难逢

① “澜湄一日生活圈”有望从梦想变为现实［EB/OL］. 中新海南网，2016－10－28.

的机遇，海南也确实借此平台，发挥自身公共外交的优势，积极推动与澜湄国家在各有关领域的友好往来和务实合作。同时，海南的特殊优势又可以反过来促进落实澜湄机制的各项安排。2016 年 3 月 23 日，国务院总理李克强在三亚主持澜湄合作首次领导人会议时表示，三亚得名于当地的三川汇流。在有的湄公河国家语言中，“三亚”也意味着“协定”“一致”，“这表明我们愿意携手合作，赢得区域光明的未来”。这一表态表达了对澜湄合作的美好祝愿及对海南担当角色的期许。

（二）医疗外交收获赞誉

2016 年 7 月，海南时任省委书记罗保铭访问柬埔寨，与首相洪森会见时提议举办“光明行”活动。计划从 2016 年 9 月开始到 2018 年年底，筹资 2000 万元分 5 次赴柬埔寨磅湛、暹粒等地为 1000 例白内障患者免费实施手术。

“光明行”是一次医疗援外行动，更是一次为国担当，是以医疗形式展开对外交往，为兄弟国家民众排忧解难的义举。活动令众多病患重见光明，感受到来自中国政府与民众的友好情谊，真正做到民心相通。时任省长刘赐贵在致“光明行”启动仪式的贺信中表示，海南和柬埔寨同处热带地区。太阳紫外线强，白内障发病率高，对于柬埔寨白内障患者的痛苦，海南人民感同身受。海南希望在让柬埔寨白内障患者重见光明方面尽一份绵薄之力，相信“光明行”活动将增进中柬两国人民之间的了解和友谊，进一步提升海南和友城磅湛的友好关系，为将来更加务实的交流与合作打下基础。

据统计，第一次活动时共有 800 余名柬埔寨眼疾患者报名参加筛查，最终有 153 名符合手术指征的患者得到治疗，手术患者年龄最小的 13 岁，最大的 88 岁，人工晶体植入率达 100%，中国医疗人员成为中柬友谊的传播使者、柬埔寨患者眼中真正的白衣天使。磅湛省省长隆林泰会见了海南光明行代表团，给予高度赞扬并颁发感谢信。隆林泰表示，海南医疗队以精湛的医术帮助柬埔寨白内障患者重见光明令他十分感动，海南医疗队很认真、很热情、很专业，是自己见过最棒的医疗队。隆林泰并提出，希望能与海南在医疗卫生等多个领域建立更为深入的合作关系。

在首次医疗行动获得成功后，“海南柬埔寨光明行”迅速启动了第二、三、四次医疗行动，为更多的患者送去了诊疗服务。义诊中，不仅海南医疗队精湛的技术、高尚的医德给磅湛省医院的同行留下了深刻印象，海南医疗队的主刀医生们还对磅湛省医院的眼科医生进行了培训，手把手地传授手术技艺。当地医生听说中国医生要来，放弃了原定的休假，借机跟中国医生学习更先进的白内障手术技术。他们对中国医生高超的技术水平，毫无保留的知识传授交口称赞。

借着“光明行”的东风，2017 年 1 月，海南省卫生与计划生育委员会与磅湛省卫生局在海口签署医疗卫生合作谅解备忘录，致力于改善柬埔寨特别是磅湛省人民的健康状况。根据备忘录，海南将协助磅湛省医务人员和公共卫生专业人员在琼学习访问并进行短期培训，支持磅湛省医疗卫生事业的建设和发展，同时向磅湛省医院和医疗中心提供白内障等眼科疾病的相关医药设备和援助，协助磅湛省医院和医疗中心医护人员向病患提供白内障等眼科疾病的诊疗。

海南省和磅湛省自 2007 年结好以来，在经济、农业、金融、卫生医疗、旅游等领域的合作不断深入。特别是“光明行”系列义诊活动取得了圆满成功，患者对于海南、海南医生纷纷点赞。“海南医生信得过”“海南医疗队就意味着光明”。有的患者在不同时间的“光明行”义诊中分别接受了左右眼的手术，打心眼里感谢海南医生带来的“光明”，有的患者表示回家告诉晚辈“要永远记住”海南医生的“恩情”。柬埔寨人民“患难见真情”，体会到了中国人民的深情厚谊。

“光明行”是按照省委、省政府统一部署，积极落实双方高层领导达成的重要共识的具体行动。为了赴柬埔寨“光明行”活动成功举办，海南省组成了高效团队，其中既有国内顶尖、知名的眼科专家，也有刚刚参加工作的“90 后”，还有当地 70 多岁的老华侨志愿者。无私的奉献精神把大家联系在一起，在异国播撒光明，传递友爱。

这一发挥自身区位优势所进行的出色的医疗外交活动广受柬埔寨人民的赞誉，加深了两国人民的深情厚谊。海南“光明行”义诊是对国家主席习近平圆满访柬的有力配合。习主席在柬埔寨主流媒体发表的署名文章也提及“中国医疗专家赴柬埔寨巡回义诊，为上千柬埔寨民众实施白内障手术”，这正是对海南“光明行”活动的充分肯定，是配合和服务国家总体外交、落实习近平主席“亲、诚、惠、容”周边外交理念的具体实践。不但为柬埔寨白内障患者带来福音，也为增进两国传统友好关系和人民感情发挥重要作用。

（三）友城助推城市外交

截至 2017 年，海南省国际友城达 54 对，分布于 40 余个国家。按照《海南省参与“一带一路”建设对外交流合作五年行动计划》，海南将以项目为载体，以周边为优先，以友城为抓手，密切海南省与“一带一路”沿线国家尤其是周边国家的务实交流合作，打造海南“大外事”“大侨务”的对外开放格局，由此可见，友城结好、城市外交在海南省对外友好交往中占有重要地位。

以澜湄地区为例，海南与区内国家交往时就巧打“友城牌”。2016 年，海南为友城柬埔寨磅湛省 20 名政府官员在琼举办以“农业发展和小额信贷”为主题的培训班。针对本次培训，海南省农业厅、海南省农信社、热科院信息所等单位，均派出了专业人员进行授课。学员们围绕休闲农业发展、蛋鸡养殖、槟榔加工、果树种植、小额信贷产品与管理等若干方面展开深入的学习。海南省外事侨务办公室主任王胜表示，海南围绕国家“一带一路”倡议，为东南亚地区友好省州开办了农业、金融等领域的援助培训项目，深化务实合作。东盟国家是海南开展对外交往和经贸合作的优先方向，友城在双方的交流交往方面发挥着主渠道作用。

海南省市与湄公河国家省州市的友好关系源远流长。2005 年 9 月，海南省与泰国普吉府结为友好省府关系；2007 年 3 月和 4 月，海南省分别与柬埔寨磅湛省和越南广宁省结为友好省关系；2012 年 7 月，海南省派团访问缅甸，与有关地区探讨结好事宜；2014 年 11 月，海南省与老挝琅勃拉邦省签署结为友好省关系意向书。在湄公河五国中，与海南结好时间最长的是泰国。海南省与泰国普吉府结好十余年来年来，双方几乎每年都进行多层次、宽领域的友好交流。2010 年，在海南省的大力支持和推动下，普吉府正式成为“岛屿观光政策论坛”成员，并派团出席在海南举办的第 14 届和第 17 届“岛屿观光政策论坛”。

从经贸合作方面看，近年来，海南与结对友好地区的贸易往来不断加强，双边贸易额不断扩大。为发展对越边贸，海南已初步建成东方边贸城，部分区域已投入商业运营。2015 年，海南省东方市对越南边贸进出口总值 222 万美元，货物总量 0. 7 万吨。如今，东方市还积极招商引进有关航运企业并拟开通东方八所至越南的海上航线，目前该航线已试航。

此外，借助友城平台，海南与结对方在产能、旅游、教育、文化、农业等领域开展了丰富的交流合作。值得一提的是，2015 年 10 月，海南时任省长刘赐贵访问东南亚，热情邀请丽星邮轮来海南，共同发展海南的邮轮母港航线。同年 11 月，海口至越南广宁省下龙湾、顺化等邮轮航线正式开通运营。

2016 年 4 月，海南与捷克南摩拉维亚州结成友好省州，双方承诺加快推动在经贸、旅游、医疗、教育、文化、农业等各个领域交流与合作，这标志着两省州的友好交往迈上了新台阶；海南于 6 月与匈牙利佩斯省及 7 月与琅勃拉邦省结为友城；10 月，海南省与澳大利亚塔斯马尼亚州签署结好意向，初步确立了旅游、农业、渔业、文化、教育等优先交流合作领域，为深化两地人民的友好交往和经贸往来奠定了基础。进入 2017 年，海南省又分别与爱尔兰威克洛郡、菲律宾巴拉望省、乌拉圭罗恰省结为友城。除此之外，还有众多的市级友城和国际友好交流关系。海南省的城市外交形势呈现欣欣向荣的局面。

海南以开放包容、海纳百川的姿态积极走出去，近年来已引起了国外广泛关注。2016 年 8 月，由澳门特区政府与外交部驻澳特派员公署联合组织的第二届中国周边国家“市长参访计划”代表团成功访问海南，以推动海南与周边国家的互利合作，助力国家“一带一路”倡议，来自柬埔寨、老挝、缅甸、马来西亚、巴基斯坦、斯里兰卡、越南等 7 个海南周边国家的代表团与会。马来西亚《星洲日报》和老挝《万象报》随团记者回国后发表了访问特稿，对海南经济社会发展成果进行了大篇幅报道，起到推介海南的积极作用。《星洲日报》刊发了《中国最大经济特区海南面向东南亚》《打造绿色休闲地 海口高球场成景点》等多篇报道，图文并茂地介绍了海南的地理、资源、经济建设以及与周边国家交流合作等方面情况。此外，海口直飞吉隆坡、海口高尔夫球场建设等内容也引起了国际关注。报道称，两年多来，海南省与沿线国家在友城交流、健康医疗、旅游、离岸金融及农业等领域签署合作协议六十多项，促成对外合作项目三十多个，开通十条空中直航，恢复海口至澳门空中直航，恢复海口至吉隆坡空中直航等，构筑便捷的“空中丝路”，推动海南与沿线国在旅游、农业、人文文化、互联互通、教育及能源石化等领域的务实合作。

老挝《万象报》上的报道内容主要集中在海南打造重要经济支柱产业的相关方面。报道认为，海南省通过推动优势产业的投资，带动其他产业领域的发展，不断完善基础设施建设，为投资商提供更为便利的条件以推动当地经济持续发展。海南当地正通过着力推动特色优势产业发展，实现经济盈利创收，打造重要经济支柱产业，带动其他领域产业发展，实现社会经济持续不断发展。老挝国会议员、万象市人民议会主席阿努帕·杜纳龙在参加“市长参访计划”时表示，海南拥有完善的基础设施和先进的服务体系，希望通过对海南发展情况的实地考察，向中国借鉴学习成功的发展经验，推动经贸、旅游等产业发展。

2017 年 12 月，斯里兰卡南方省省长赫马库马拉·纳那亚克勒访问海南时表示，南方省和海南省有更广阔的合作空间。他在 2017 年中国（海南）国际热带农产品冬季交易会（以下简称“海南冬交会”）开幕式上向大家介绍了南方省和海南省的友好情缘，推介南方省农产品，并期待两省以此次冬交会为契机展开新一轮的交流合作，积极推进双边和多边贸易往来，融入“一带一路”倡议。一直以来，海南与南方省在农业、旅游、教育、文化、科技等领域有着十分深入密切的合作交流。自 2005 年开始，海南与南方省正式结为友好省份，双方的友好交流再上一个台阶。

海南以省市为主体的对外交往积极主动，收获了良好回应，海南省友城柬埔寨磅湛省、海口市友城澳大利亚达尔文市荣获了 2016 中国国际友好城市大会颁发的“对华友好城市交流合作奖”。磅湛省和达尔文市均表示将以此获奖为契机，进一步推动与海南的友好交往，巩固友谊，并继续拓深合作领域，为双方发展注入新的活力。

海南近年秉持“亲、诚、惠、容”的周边外交理念，主动搭建平台，积极拓展与周边国家的交流合作，营造良好涉外环境，高层互访日益频繁，经贸合作不断深化，人员往来日趋增多，友城、旅游、教育、人文及侨务等各领域、各层面交流日趋活跃，取得了实在的交往成果。近年来，海南省领导高度重视城市外交，积极走访周边国家开展友好交流合作，践行着“与邻为善、以邻为伴”和“睦邻友好、守望相助”方针和理念的具体行动。今后的工作中，海南仍会继续拓展友城关系，大力发展城市外交，友城资源将为海南与世界其他国家及地方政府开展合作发挥重要渠道作用。

（四）侨务外交以情动人

华侨华人是中华民族大家庭的重要成员，也是推动“一带一路”建设、实现中华民族伟大复兴“中国梦”的重要力量。东南亚华侨华人总体上与中国的关系比之他国华侨，文化上传承不止，经济上联系紧密，海南是中国第三大侨乡，是我国著名的重点侨乡和侨务资源大省。琼属海外华侨华人与港澳同胞 390 多万，琼属社团 300 多个，分布在 60 个国家和地区，归侨侨眷 100 多万，最多分布在东南亚地区，其中不乏政界要人、商界翘楚、实业巨子、科技精英，他们是海南参与“一带一路”建设不可或缺的宝贵资源。

随着海南省对外交往增多，国外侨务工作地位日益凸显，海外联谊深度和广度不断扩大，侨务资源的涵养日趋多元。特别是通过“请进来”和“走出去”相结合的方式强化海外联谊。近 5 年，海南外事侨务办累计接待海外华侨华人（含港澳同胞）团组 110 多批 1600 余人次，组织近 50 批次侨务交流团出访，联系重点海外华侨华人 600 余名，重要社团 40 多个，地域覆盖欧美、澳新等地区，特别是刘赐贵、沈晓明等省领导利用出访周边国家之机，亲自做侨务工作，宣讲海南故事，凝聚了侨心侨力。

2013 年 8 月底，海南省成立了省委书记担任组长的省委外事侨务工作领导小组，把侨务工作纳入省委最高决策机制，提升了侨务工作在全省工作大局中的地位；同时结合我省的侨务工作实际，制定了《关于进一步做好新形势下侨务工作的指导意见》，有力推进了海南侨务工作发展的战略性、系统性和协同性。此外，海南还提出打造海口国家级“侨务交流示范区”构想并积极推进。依托海口“世界华侨华人交流中心”项目建设，打造集会议会展、华侨文化展览、华教培训、侨领研修、联谊活动等要素于一体的国家级侨务工作交流示范区，这本身亦作为海南省“三个基地一个示范区”的重要组成部分予以积极推进。

近年来，海南积极吸引泰国海南商会、香港海南商会、澳大利亚海南社团总会等众多社团、企业家团组、专业机构来琼考察商机，洽谈合作。新加坡海南会馆等海外侨社发挥优势，围绕“一带一路”主题举办各类研讨会、美食文化交流等，在海外广泛凝聚共识。

依据《国家侨务工作发展纲要（2016—2020）》，海南已结合实际制订出台《海南省侨务工作五年行动计划（2017—2021）》。工作重点包括以下几个方面：抢抓“一带一路”倡议机遇，不断深化与海上丝绸之路沿线国家和地区的交流合作；精心拓宽渠道，积极引导侨胞助力海南“一带一路”和国际旅游岛建设；加大华裔新生代工作力度，持续涵养侨务资源；大力实施“海外惠侨”工程，践行“以人为本、为侨服务”理念。此外，海南省还推动制定了《海南省归侨侨眷权益保护若干规定》等法规性文件。其中2015年，海南省外侨办联合海南省高级人民法院出台了《关于建立涉外、涉港澳台和涉侨司法事宜协调解决机制的若干意见》。此意见为侨务工作在维护侨益、为侨服务方面提供了有力的法律支撑。另外，华侨纪念馆项目从1993年提出至今已二十余年，由于诸多客观原因，项目历经坎坷与波折，几经搁置。目前，省领导已指示省直有关部门和海口市政府尽快启动华侨纪念馆的建设工作，确保项目的实施。海南省华侨纪念馆建设现已确定为海南省“十三五”重点项目之一，场馆建设已完成选址、办证工作，正在组织专业机构进行设计。

2017年12月，第十五届世界海南乡团联谊大会在香港成功举办。大会“乡情牵线 侨务搭台 谋划合作”，是历届规模最大、出席人数最多的一届，不仅促进了世界海南乡团间的联谊、团结与合作，也为海南和香港的务实合作搭建了新平台。历经28年持续发展，世界海南乡团联谊大会已成为全球琼籍乡亲沟通交流、共谋发展的重要平台，促进海南与侨胞居国（地）之间的人员往来和经贸、旅游、人文交流与合作，是海南省推进国外侨务工作的主要平台。

就具体工作而言，海南省须继续配合国务院侨办办好“博鳌亚洲论坛华商圆桌会议”，不断深化会议成果，邀请“一带一路”沿线国家主要侨团和重点人士、侨商来琼考察交流、投资兴业；继续办好世界海南乡团联谊大会、世界海南青年大会、海外（港澳）侨领研习班、世界海商论坛等侨务品牌活动；继续指导支持文昌市办好海南文昌南洋文化节；全力加快推进海南省华侨纪念馆建设，早日建成琼籍侨胞的精神家园；以侨情、乡情为纽带，升华与侨界重点人士的手足情分，大力拓展侨务公共外交；加快与“一带一路”沿线国家和地区构建空中和海上互联互通体系，密切海南与“一带一路”沿线国家和地区的交流与合作①。

海南的侨务外交还体现在对海外华人青年的积极关怀。海外华裔青少年冬（夏）令营系海南省外事侨务办公室主办的侨务品牌活动，2000 年创办至今共邀请了 2000 多名来自不同国家和地区的海外华裔青少年来琼参加活动。由国务院侨务办公室文化司与海南省外事侨务办公室联合举办的 2016 年“海外华裔青少年‘中国寻根之旅’冬令营”及 2017 年“夏令营”均取得了圆满成功，有来自马来西亚、泰国、印度尼西亚、缅甸、文莱、新加坡、澳大利亚等若干国家的华裔青少年踊跃参营。他们在海南学习中国传统文化艺术，并与海南本地青少年进行运动友谊赛、联欢晚会等交流联谊活动，在海南度过了开心、愉快、难忘的学习假期。青少年冬（夏）令营活动加深了海外华裔新生代对祖籍国（地）的了解，增强了他们对中华文化的认同感。

海南深刻认识到华侨华人是我们打好“侨”牌的坚实基础，在国际上的桥梁纽带作用毋庸置疑且不可替代，他们既天然具有中国文化符号，又多在居住国具备相当的影响力与政经地位，可在“一带一路”及“亚洲命运共同体”建设中发挥促进民心相通的积极作用，因此海南的侨乡角色至关重要。

（五）教育外交联通周边

国家“一带一路”倡议的实施和海南国际旅游岛建设的深入推进，为海南教育的国际交流与合作开辟了广阔空间，海南通过多种形式的教育合作，联通周边国家，服务于总体外交大局。

“中国国际青少年活动中心（海南）”早在 2014 年即在海南中学与琼州学院（现“海南热带海洋学院”）建立了两个基地；海南大学被批准为“来华留学教育示范基地”，外交部、教育部也批准在海南成立了“中国—东盟教育培训中心”。近年来，海南教育对外交流最明显的变化，是对外交流平台不断增加，人

---

① 王胜．以“大侨务”助力美好新海南［N］．香港商报，2017－12－01.

文交流参与机制不断完善，校际国际交流不断加深，琼港澳台地区交流日益增多。

海南大学、海南师范大学、琼州学院、三亚学院、海南经贸职业技术学院、海南外国语职业学院等高校与美、加、英、法、俄、韩等国家的高校建立了广泛联系，实行人员互访、学生互换、海外实习等。海口、三亚、儋州等市部分中小学也与国外有关学校建立起了交流关系。“十二五”期间，本科中外合作办学项目与高职教育中外合作办学项目均有明显增加，高校中外合作办学项目教师中专任外籍教师数量与质量稳步上升。海南大学与海南师范大学相继于2012年、2013年成为“中国政府奖学金”国际学生接收院校，海南华侨中学、湖南师大附中海口中学、国科园实验学校、三亚外国语学校等中小学开展了留学生教育工作。在出国留学方面，海南省通过各种途径加大选派工作力度，同时，还进一步规范自费出国留学中介机构管理。

海南省重视在海外拓展华文教育，打造海外留根工程和希望工程。近年来，海南省委、省政府高度重视华文教育，省财政从2014年设立年度华教专项资金，后连续向泰国海南会馆、文莱斯里巴加湾市海南会馆、马来西亚槟城海南会馆、新加坡海南会馆、泰国清迈海南会馆、槟城益华学校、金边集成学校、逢咋叻觉群学校、暹粒中山学校等进行了捐赠，用于解决海外华校在教学设备更新、校园修缮等方面的资金短缺问题。海南省累计已选派数十名优秀教师赴泰国、柬埔寨任教，有效缓解了当地的华校师资短缺，为海外华校培训教师近千名，举办各类培训班多期，内容涵盖中国历史、海南文化、汉语教学方法、课堂活动设计等，极大增强了海外华校的“造血”功能。

海南大学等机构积极走出去办学。目前，有孔子学院2所，分别为海南大学与澳大利亚达尔文大学合作建立的孔子学院，及海南师范大学与马来西亚世纪大学合作建设的孔子学院。海南高校服务“一带一路”倡议的能力在不断增强，如海南外国语职业学院已开设15个语种专业，其中涉及东盟国家的语种专业达7个。高校还遴选名师积极“走出去”，向国外选派汉语教师与汉语志愿者。

2016年，海南省政府与中国教育部签署《“一带一路”教育行动国际合作备忘录》，成为首批8个签署备忘录的省份之一，进一步扩大了对外教育人文交流。据统计，2016年海南教育系统因公出访125批次387人，来访145批次

1119人①。

为了打造“留学海南”品牌，海南将省政府国际学生奖学金新生名额不断提升，2016年全省各类国际学生人数已增加到2285人。2016年，海南出国留学人员数量达到1035人，其中公派留学235人，选派汉语教师和汉语志愿者105名，海南大学、海南师范大学参与共建的孔子学院运行良好，影响力进一步扩大。2017年11月，海南发布了《海南省学校招收和培养国际学生管理实施细则》，从政策与执行上予以细化。

2017年2月，海南师范大学老挝琅勃拉邦省国际学生举行开班仪式。获海南省政府国际学生奖学金的老挝国际生们都表示将珍惜这次来之不易的机会，常怀感恩之心，争当中老友谊的传播者。琅勃拉邦省教育和体育厅职业处负责人在仪式上指出，该省每年共产生3000余名高中毕业生，其中能够升至本科的学生仅占毕业生总数的10%。海南省此次提供的20个国际学生奖学金名额，不仅及时地帮助当地高等教育解渴生津，还为助力完善当地人才培养机制，加强两友省的文化和教育交流做出了积极探索和有力支持。

2017年7月，海南大学与柬埔寨皇家农业大学签署了《关于合作设立海南大学柬埔寨汉语教学中心的协议》。该中心在海南省人民政府和海南省教育厅的指导下，配合国家整体外交和“一带一路”倡议及海南教育服务对外开放政策的需求而开展的教育援外项目，致力于凝聚整合海南省教育资源，成为搭建海南省和柬埔寨之间教育、文化友好交流与合作的平台，并在未来成为海南和柬埔寨区域经济、文化和教育研究和精英人才培养的重要基地。中心的人才培养目标是围绕热带农业、旅游、汉语教学等领域与柬埔寨进行深度合作。中心实行海南大学与柬埔寨皇家农业大学共建，按照“一中心，两分中心，四项任务”的建设模式开展工作②。

2017年9月，海南省首个境外学历教育项目——海南大学与马来西亚南方大学学院合作开办的旅游管理专业硕士学位项目在马来西亚正式启动。该项目是海南大学教育国际合作交流的新突破，也是海南省与海南大学服务“一带一路”倡议、推进省部共建“一带一路”教育国际行动的新标志。

---

① 洪坚鹏．海南加强对外教育交流 高校开设外国语种专业达15个［EB/OL］．中国新闻网，2017-02-19.

② 中心总部设在皇家农业大学，由海南大学和皇家农业大学各自指定一名中心主任实行双负责制。中心分别在波雷列国立农业学院、磅湛国立农业学校设立分中心。中心的四项任务是汉语教育、学历教育与培训、科学研究和社会服务。

2017 年 11 月 12 日，海南大学老挝分校在老挝万象市巴巴萨技术学院挂牌成立，两校签署了《中国海南大学与老挝巴巴萨技术学院校际友好关系备忘录》。按照规划，两校未来 5 年将在师资培训、师生交流、联合开展科学研究等领域开展全面合作，共同深化海南与老挝在教育领域的合作。海南大学将通过输出课程体系和师资队伍，全力支持海南大学老挝分校构建“本科—硕士—博士”教育体系，为老挝培养 500 名学历生并颁发海南大学文凭；为老挝培训 1000 名金融、旅游等领域的专业技术人员、政府或企业高层管理骨干人员；为老挝学生提供 100 个全额奖学金名额，邀请他们赴海南大学攻读本科、硕士及博士学位；还将资助 200 名老挝学生，参加在海南举办的冬夏令营活动。巴巴萨技术学院则将选派语言教师赴海南大学开设老挝语课程。

教育交流合作是中国—东盟人文交流的重要组成部分，在增进相互了解和友谊、促进高素质人才培养、推动各自经济社会发展方面发挥着重要作用。2017 年 4 月，海南—东盟国家高等教育合作与交流研讨会在海口市举行。来自泰国、马来西亚、印尼、老挝、缅甸、柬埔寨、越南等东盟 7 个国家 11 所高校、教育机构和海南省相关高校的代表出席研讨会。此次研讨会为促进海南与东盟国家高校的沟通联系提供了难得机会，近年来，海南把推进与东盟国家的教育交流合作作为教育对外开放的重点，与东东盟国家高校在人文交流、国际学生教育、中外合作办学、汉语国际推广、教育培训等方面开展了一系列合作，并已取得了较好成效并不断优化。海南高校也希望把握机会，与东盟国家高校积极探讨深化合作的新途径，带动双方今后更多的交流和实质性的合作。

教育部于 2017 年 5 月正式批准成立了国内首个旅游类中外合作办学机构——海南大学亚利桑那州立大学联合国际旅游学院（HNU - ASU Joint International Tourism College, Hainan University, HAITC），这是两校基于海南国际旅游岛建设和国内外旅游业发展需要而建立的国际化、创新型联合学院，隶属于海南大学。学院结合两校办学优势，引入国际前沿旅游教育理念，开设酒店管理、人文地理与城乡规划和行政管理三个专业。由双方共同制定国际化人才培养方案，共同建设国际化的师资团队和教学环境，专业课程实行全英文教学，采取“双学位”“双学籍”“4 + 0”的培养模式，着力培养具有全球视野和国际竞争力的旅游及相关领域的管理人才，让学生实现“不出国门就读美国名校”的梦想。学院已于 2017 年首次招生。

此外，海南大学作为海南省的高校龙头，还与泰国坦亚布里皇家理工大学、法国勃艮第大学等教育机构建立了校际友好合作关系，与美国佛罗里达国际大学的科研合作也取得重要进展。可以看到，海南省在2015年后伴随着公共外交事业的蓬勃发展，教育领域的国际交流与合作数量迅速增多，质量显著提高，范围明显扩大，特别是通过教育交流加强了与周边国家的联系，可说是在用知识联系外部世界，共图区域美好前景。

（六）凝聚共识合作多赢

2017年3月，适逢全国两会海南团开放日活动，海南时任省委书记罗保铭在谈及海南赴柬埔寨的“光明行”活动与之前柬埔寨首相洪森表示不支持南海仲裁案两者的关系时，表示这两件事有重要关系，但不是唯一关系。罗保铭认为，海南和柬埔寨的两个省已经缔结了友好关系。南海仲裁案后，柬埔寨首相洪森仗义执言、力挺中国，说了公道话，“够朋友”，“我们也想为柬埔寨老百姓做些事情”。罗保铭表示，柬埔寨是我国的好邻居、好朋友，海南将把“光明行”继续做下去，为兄弟邻邦做一点海南地方党委政府想做的事、能做的事，也为国家大局尽一点力。海南省领导的表态清楚点明了包括“光明行”义诊在内的公共外交活动与国家大局的关系。

众所周知，越南与菲律宾是南海声索国中较为活跃的国家，越南是侵占中国南海岛礁最多的国家，而菲律宾在阿基诺三世当政期间则提起了所谓“南海仲裁案”，对中国国家利益与声望造成一定负面影响。越、菲两国与中国的关系可以很大程度上影响其他声索国及域外国家的立场与角色，而公共外交的一大作用即为降低冲突烈度，减少误解隔阂，故海南公共外交可以做的工作还有很多。

2016年11月，为配合中共中央政治局常委、全国人大常委会委员长张德江访问越南，并推进海南省与周边务实合作，海南省亦派团访问越南河内，出席由中国人民对外友好协会和越南友好组织联合会共同主办的“中国·越南人民友好见面会”，省领导还就海南与越南开展互利合作发表了讲话。其间，海南省代表出席了越共中央政治局委员、国会主席阮氏金银为张德江委员长举行的欢迎晚宴，并与越南国家旅游总局局长阮文俊和广宁省人民委员会副主席黎光松分别进行了会见，双方就会后进行务实合作达成共识。此外，海南省人民政府和越南工商会还共同主办了“中国（海南）—越南推介餐叙会”，向越南各界宣传推介海南省十二大产业。越南各界对此次访问反响良好。

海南省外事侨务办公室主任王胜于2017年2月应菲律宾巴拉望省长阿尔瓦雷兹邀请，赴菲商谈建立友好省关系的意向，而海南与巴拉望也顺利于当年7月结好，海口市则与塔贡市签署友好意向书，琼菲企业也于同期签署了约2亿美元的合作项目。

海南和巴拉望作为两个隔海相望的邻居，在旅游业基础设施建设、旅游业从业人员培训以及贸易、教育等领域都有很大合作空间，王胜表示，“远亲不如近邻，我们没有理由不合作、没有理由不友好，南海应该成为我们之间的友谊之海、合作之海”，“友好省就像亲戚一样，亲戚之间多走动就越走越亲，友好省之间多来往就越走越近!”海南与菲律宾地缘相近、人缘相亲，有友好交往的传统和悠久历史，“加上大家都地处南海，经常会有往来，所以海南和菲律宾建立友好交流的管道，人民之间多走动，多来往，对增进两地人民之间的了解、友谊，增进大家对一些问题的相互理解，都是有帮助的”。

巴拉望省长阿尔瓦雷兹也表达了与海南在多个领域加强合作的良好愿望，强调现在就是两省携手合作的“黄金时机”。阿尔瓦雷兹特别称赞杜特尔特总统为改善菲中关系所做的努力，认为这对菲律宾和菲中关系都“非常好”，“必须坚持下去”。

阿尔瓦雷兹当年 3 月参加完海南博鳌亚洲论坛后，表示巴拉望和海南合作有两个面向未来、面向青年的两省合作的两个“五年计划”，即第一个五年开始时，可以从教育交流入手，相互输送年轻的学生，巴拉望送年轻人来海南学习旅游管理、现代农业、交通运输管理，海南送学生去巴拉望学习英语。第一个五年的后半段，希望两省年轻人能够在项目里一起工作，进而成为合作拍档。第二个五年时，巴拉望的基础设施应当有所改善，两省可以在旅游、农业、科技、交通多个领域形成共赢局面。阿尔瓦雷兹为此强调“巴拉望和海南，开放、合作、双赢”，“是一个伟大的梦想，实现梦想的旅程已经开启!”

2017 年 7 月 19 日，海南航空 HU485 海口至马尼拉航班飞抵菲律宾首都马尼拉尼诺·阿基诺国际机场，实现了海南航空海口至马尼拉航线的首航，为海南与菲律宾的合作架起了“空中丝路”。海南省委书记刘赐贵在 7 月份的三天访菲行程后表示：中菲人民友谊深入人心，推动琼菲两地合作深得人心。琼菲两地一水之隔、地缘相近、同属热带岛屿经济体，在很多领域可以借鉴互补，相信随着习主席提出的“一带一路”倡议的不断推进，琼菲合作定会全面“开花结果”。

“冤家宜解不宜结”，公共外交的工作特点就是要多通过非政府渠道，面对对方受众传递我方真实信息，改良对方观感，促进双方关系良性发展。就南海局势而言，海南因其地利之便，有着中国其他省市不具备的独特优势，在加强与周边南海声索国的关系发展与信息沟通方面，有许多可以推进与完善之处。

过去数年，海南已经在化解分歧、凝聚共识、服务总体外交大局方面做了很多工作，今后仍有许多可以努力的方向。

二、公共外交工作的障碍短板

近年来，海南公共外交的提升发展大家有目共睹，但在理论研究与实践应用上确实还有若干短板有待解决。如传播瓶颈一直未得到有效纾解，导致外界对海南公共外交现状不了解，对于在这方面做了什么工作更是一头雾水。同时，海南公共外交虽然须紧扣对外工作主题，但因其平台均在海南本地展开，故应予以关注的公共外交项目及平台与本地的发展规划对接与人员素质培养方面仍没有引起足够重视。最为突出的问题就是海南公共外交虽然如火如荼展开，但是能引起受众最大范围共鸣的中小型品牌项目还颇为欠缺。这些都是今后海南公共外交事业发展亟待努力的方向。

（一）对外传播亟待优化

中国公共外交理论与实践的积极推动者赵启正先生曾提出“地区传播要特色鲜明”。海南因其得天独厚的自然风光，美名远播海外，但目前传播方面渠道狭隘、水平欠佳。以电视为例，秉承“身未动，心已远”宗旨的海南旅游卫视于2010年率先推出“绿色频道”的理念，确实形成了独具人文情怀、亲近自然的差异化特色频道风格，但这种出色仅是对内部受众而言。海南既已开始公共外交基地建设，那么对外传播手段匮乏、传播效果欠佳这一短板势必应予以解决。海南虽无条件打造法广电台、德国之声或TV5 Monde频道这样的国家级综合性对外传播网络，但是仍可充分利用国际旅游岛建设的资源平台以及各级政府对于海南公共外交基地建设的大力支持，力求拓展优化传播渠道，来让世界上更多的人听到海南声音、中国声音，了解海南故事、中国故事。这方面工作的开展尤其需注意传播渠道的拓展。如法国埃菲尔铁塔、蓝色海岸旅游局等均在Facebook等社交媒体上开设有账号，拥趸来自世界各地，发布的每条信息都会引起世人关注。海南公共外交基地的传播工作亦不可仅仅局限于报纸广播杂志电视等传统媒体，而要在世界公众均认可的平台上发声。

海南进行公共外交活动的整体传播水平与发达国家与机构相比尚有较大差距。以新浪微博为例，搜索“海南旅游”，仅显示一个相关账号，所有者却为海南日报旅游周刊，粉丝仅仅12万，与首脑外交、休闲外交首选城市三亚相关的“三亚旅游官方网”粉丝也仅22万。作为公共外交基地建设核心的博鳌亚洲论坛的官方微博粉丝仅仅不到2万，全部微博530条，不但更新信息缓慢，网友互动缺乏，而且有时信息发布时间相隔长达半年甚至更久。海南推动公共外交事业中对外视听网络建设之薄弱、传播效果之不足由此可见一二，此类相关工作无疑亟待加强，这需要人员素质与现代传播意识等多方面的整体提升。另外，必须认识到传播网络的搭建对于话语体系关系重大。不仅需发出声音，而且要确保对方接收到正确的不被扭曲的声音。鉴于当今西方在世界舆论传播舞台“独享”“话语霸权”，而中国话语权不彰的现实，海南公共外交的建设亟须构建具亚洲区内影响力的视听传媒网络，通过传媒力量的整体配合，大力强化在国际传播渠道上的信息投送，使海南声音、中国声音尽量少受干扰、不被扭曲地抵达目标国媒体与公众。因相关工作前期基础薄弱，目前的海南公共外交无论是视觉形象还是传播艺术与效果都有提升空间，尚不能圆满适应面向亚洲各国的公共外交平台的要求，故“十三五”期间应在此方面加大投入。

（二）本地融通工作不足

海南当前的公共外交工作可称有声有色，但仍须提高公共外交项目与所在地的对接。海南的博鳌论坛、中非圆桌会议、三亚首脑外交等活动虽深具影响，但与当地民众联系有限，长此以往，这些公共外交核心项目与当地发展会产生脱节、“不接地气”，也无法得到民众的可持续性后备支援。故需认真考虑如何将公共外交建设与当地相关方面发展规划紧密结合，使当地民众真正将自身与“公共外交”联系起来，发挥出项目所在地的潜力，这也是海南公共外交事业得以长期稳定开展的基础。否则，可能在各公共外交项目后期关注度逐渐减低情况下，连带弱化其国内外影响力与重要性。有关部门已经认识到了这一问题，2014 年 4 月，海南省服务与利用博鳌亚洲论坛联席会议工作机制得到确立，不再仅仅满足于为论坛提供良好“服务”，还要加强对项目的“利用”。海南目前可以考虑推出真正具代表性的文化活动，发挥海南文化特色，将黎锦、琼剧、侨乡文化、红色文化以及黄花梨、沉香等元素考虑融汇其中，加强各公共外交项目与当地的联系，以情动人，将中国与海南地方文化特点在海南公共外交基地系列活动中充分展示，不再零敲碎打，而是系列推出，扭转部分人士对海南文化“乏善可陈”① 的片面评价，扩大海南影响，提升中国形象，力争推出可代表海南公共外交的本地视觉符号。这一融通工作至少牵涉到两方面工作。

一方面，关于高端人才培养与智库建设。人才培养可为海南公共外交理论建设提供智力保障，为相关部门提供咨询、对策、建议，对于海南公共外交事

① 李理. 海南岛，中国公共外交第二舞台？[EB/OL]. 大公网，2013-12-10.

业的发展具有重要意义。海南公共外交的建设是将在琼举办的各类型国际论坛会议作为平台，打造一个面向亚洲各国开展公共外交的基地，将“三个基地一个示范区”作为发展愿景，为中国的公共外交事业贡献力量。这一事业的健康发展需要大批具备专业技能的公共外交人才。2015 年 6 月，海南公共外交研究中心在海南大学成立，相关高素质人才需求与培养被提上议事日程。海南大学政治与公共管理学院、外国语学院等部门的专业授课中已开始加入公共外交基础内容，并开设有“跨文化传播”“国际公共关系”等相关课程。中国（海南）改革发展研究院、中国南海研究院、海南国际旅游岛发展研究院等立足海南的智库今后也可拓展出涉及公共外交议题的学术研讨机制，为相关建设献计献策。2017 年，海南省派出了海南大学教师团队赴美国南加州大学进行公共外交相关培训，显示公共外交对海南省社会建设重要性日渐突出。故从现在开始，对海南高校公共外交及跨文化类课程的建设予以系统梳理，研究能够为海南公共外交建设添砖加瓦的高级人才培养颇具意义，不但避免公共外交发展中具公共外交意识的人才断档，还可促使刚刚起步的海南公共外交事业更加规范化且具国际视野，同时亦可完善海南高校学科设置，使其更加合理和“接地气”，真正使人才与本地公共外交项目体现出“适配性”，为海南公共外交基地做好理论建设与人才储备，助力海南公共外交基地完成其“国家外交会客厅”与“国家权益舆论影响者”等若干角色设定，也真正提高了青年学生的社会竞争力。

另一方面，涉及当地民众的公共外交素养与参与度。公共外交是被国家领导人称许为“应运而生，大有可为”的新型外交形式。政府虽在公共外交中具主导作用，但非全程深度参与，需要明确公众才一直是公共外交最强大的后盾力量，公共外交的顺利开展须以公众的公共外交能力充分发挥作为基础。海南发展公共外交事业离不开本地民众的支持，他们对于公共外交效用起着重要的作用，故对本地公众政治、外交知识素质的培养很大程度上影响着公共外交活动的运行质量。今后的工作不但需重视政府公务人士、外事部门人员、企业职员群体的公共外交素质，也需关注当地普通民众的相关素质要求，应研发具可操作性的分门别类的实践培训内容与新颖教育方法。此外，亦须注意到，民众的参政热情高涨是中国社会文明进步的体现，公共外交当然需要非政府组织与公众的积极介入，但随着民意对外交决策的影响力越来越大，公共外交也要注意把握“大局”与“民意”的关系，因很多普通民众的理解能力、态度立场、文化素养对于公共外交行动成败关系重大，故须高度重视和加强对海南这一公共外交项目多样地区的民众政治、外交等知识素养的培育。

（三）品牌项目尚须发掘

海南公共外交事业最为突出的品牌项目即为“三个基地一个示范区”，尤以“博鳌亚洲论坛”最为海内外受众所熟悉。但对于普通受众而言，博鳌论坛、中非合作及首脑外交等活动虽非传统政府外交行为，但层级仍然相对较高，受众对其认知与参与有限，感性认识不足，海南当前缺乏公共外交品牌中小项目的短板在此被显现出来。

海南高等教育机构对于公共外交的实践探索一直非常积极。2016 年 1 月，首届“公共外交论坛暨青年领袖冬令营”由海南大学、北京外国语大学和中国人民大学三校联合举办，吸引了来自北京外国语大学、复旦大学、武汉大学、吉林大学、中国科学院等众多院校的数十名研究生参加。活动以三所高校的学术共同体为依托，旨在集合公共外交和相关领域的优秀师资和教育资源，设置了名家讲座、专题研讨、时事辩论、实地调研、晚会交流等内容，为青年学生提供学习、研讨、实践和交流的平台，提升青年一代的公共外交素养和责任意识，培养我国公共外交事业的后备力量。正如国务院新闻办公室原主任、全国政协外事委员会原主任赵启正在致辞中所说，高校已经成为公共外交理论和实践的重要阵地，应高度重视公共外交学科建设及高水平、高层次的专门人才培养，特别是通过高校、政府、社会等更加广泛的公共外交合作交流，进一步提升青年一代的公共外交素养和责任意识，培养公共外交事业的中坚人才和储备力量。接着，延续这种模式，2017 年与 2018 年又连续成功举办了第二届、第三届“青年领袖冬令营”。虽然活动较为成功，但作为公共外交学术活动尚未形成品牌效应，影响受众受限，且缺乏不可复制性。

另一个品牌培育思路是涉侨品牌项目方面。2017 年 4 月，第六届海南文昌南洋文化在文昌市举行。省外侨办主任王胜表示，要把海南文昌南洋文化节打造成侨务公共外交平台①。南洋文化节经过前五届的打造，档次得到了提高，活动内容更加丰富，广大海内外华侨华人在文昌集思广益，为文昌、为海南进一步开放发展献言献策。王胜建议，文昌要筹划建设集涉侨展览、涉侨会议、文化交流于一体的永久会址地，为海内外华侨华人提供一个更加便利的交流平台。文昌文化内涵定位应该是侨文化。近两年，“两桥一路”等基础设施的建设让文昌的硬件配套越来越好。随着文昌硬件设施的逐步提高，文昌在加强软实力方面将更有条件，但目前很多工作还未展开。文昌作为海南文化积淀深厚的

---

① 王胜．把南洋文化节打造成侨务外交平台［EB/OL］．中国侨网，2017－04－05.

地区，目前国际传播能力有限，南洋文化节本身是对外讲好文昌故事的最佳平台，但这一平台还没有得到很好利用，对这一公共外交项目的培育尚需时日。

以上可见，海南的公共外交品牌中小型项目并不缺乏素材，但是因资金、人员、意识等诸多限制，还没有形成有影响力的公共外交中小品牌项目，此点颇为遗憾。幸运的是，目前“三个基地一个示范区”建设进展顺利，对品牌培育的相关认识、人才培养、理论支撑等均逐步到位，应可在一段时间内提炼出一批有影响力的公共外交项目。

三、海南公共外交进入新时代

习近平总书记在中共十九大所作报告中指出“中国特色社会主义进入了新时代”，这既是对中国发展现状的描述，也为今后工作指明了方向。公共外交本就是不同于传统外交的新兴外交形式，它符合时代需求与特点，在中国的政治生活和对外交往中的角色地位必将随着进入新时代而愈加突出。

海南地理位置独特优越，自然条件得天独厚，侨务资源悠久丰富，文化底蕴多元融通，这都是开展公共外交工作的绝佳基础。依托良好条件规划的海南“三个基地一个示范区”战略构想与实践探索正渐次展开。今后的海南公共外交工作应紧跟新的时代形势，在若干方面做出探索实践，并力创佳绩。

（一）推动友好交往，深化国际合作

海南公共外交的蓬勃发展是为我国国家整体战略服务，是要打造一个面向但不限于亚洲各国的开展公共外交的平台，“为中国公共外交工作的实践开辟试验田”。自2008年始，海南成为北京之外的“第二外交舞台”，担负起中国公共外交的重任。目前除了博鳌论坛、金砖国家峰会、中非合作圆桌会议等重量级国际论坛会议，还有博鳌国际旅游论坛、三亚国际财经论坛、环海南岛国际公路自行车赛、万宁国际冲浪赛、观澜湖高尔夫世界杯等众多论坛及活动在海南举行，使海南的知名度、美誉度上了新台阶。近年来，博鳌论坛正在完成从纯经济论坛向复合型论坛的逐渐转型，三亚也先后举办“最美国事活动”、承办国家元首会晤等系列大型国际活动，首脑外交和休闲外交的“国家外交会客厅”之功能也已逐步显现。海南还缔结了众多国际友好城市助推城市外交的发展，而从宗教资源、民间信仰方面考虑则宗教外交、信仰外交的运作空间也颇为广阔，另外还可面向东南亚大力开展侨务外交等，此类不断丰富活动内涵的做法正是现阶段海南公共外交建设所需要的，它有利于扩展公共外交主客体范畴，

不光是中国进行相关工作的场所，也特别是亚洲近邻各国开展公共外交的平台①，从而满足各方面开展交流的现实需求，并最终构建起立足亚洲、辐射全球的外交舞台。

多边友好交往与合作的经验表明，海南地方依托博鳌等论坛会议进行的公共外交活动完全可以接纳更多的内容、结交更多的朋友，而以友城合作为形式进行的国际交往也可以探讨更多的议题，并在此基础上丰富拓展海南公共外交的内涵。

（二）升级相关智库，设立专业机构

2015 年 6 月，海南公共外交研究中心在海南大学揭牌成立。正如担任中心名誉主任的国务院新闻办原主任赵启正所指出的，中国要建立良好的外交关系，需要优秀的传统文化、良好的国人品质、先进的社会制度及健全的外交政策来支撑，也需要高校深入开展公共外交研究，普及公共外交知识，为国家开展公共外交活动研究出有效路径。在此理念指导下，海南公共外交研究中心成立后展开了富有成效的工作，不但自 2016 年起每年与北京外国语大学等高校在海南大学联合举办“公共外交青年领袖冬令营”，且邀请相关学者与外交系统资深专家在中心定期举办“公共外交名家论坛”，已在一定范围内形成了口碑效应。目前需要抓住这一良好发展势头，吸引更多人才，集思广益，积极思考，在智库效用最大化的同时，多出成果，并培养公共外交后备力量。此外，海南省应效仿其他省市，考虑成立“公共外交协会”类的专业机构，挖掘更丰富的社会资源，整合更有效的社会力量，动员更广泛的阶层与部门，令更多人了解并参与具有“非政府”“非官方”特点的公共外交活动，使其走上良性的可持续发展轨道。

（三）找准自身定位，当好开放门户

公共外交对于优化地方功能布局、提升地方特色、优化地方服务具有突出意义②，同时可以看到，现阶段中国倡导的“21 世纪海上丝绸之路”倡议、亚洲基础设施投资银行、亚洲命运共同体等规划已经起步运转，中国 - 东盟自贸区内容也有了更新拓展，这些项目的稳妥推进又可为海南公共外交提供良好的发展环境。海南公共外交事业充分发挥地方优势，彰显对外交往专长，改变传

① 王胜，张东东．推进博鳌公共外交基地建设的思考与建议［N］．海南日报，2014 - 04 - 09.

② 张丽，苏娟．公共外交视角下城市功能优化与提升研究［J］．理论界，2016（12）．

统思维模式，不但是构建适应中国特色的完整公共外交体系的一个重要环节，这一充分发挥地方公共外交资源优势的战略构想，也必在实践上为海南国际旅游岛建设、“一带一路”构想的实施增添新动力和新亮点，在充分发挥自身优势和对外门户的基础上，为树立国家形象、维护包括南海主权在内的国家相关权益，服务国家总体外交战略大局做出新成绩和新贡献。

过去数年，海南本地政府主管部门对于公共外交工作积极推动，当地高校科研人员对于公共外交研究大力投入，其他社会各有关部门与个人进行了多角度、多领域、多渠道的公共外交实践，取得了亮眼成绩。海南不仅仅满足于“三个基地一个示范区”的建设发展，还放眼世界，广交朋友，先后举办或积极参与了中韩人文交流主题省道活动、岛屿观光政策论坛、金砖国家大法官论坛、“一带一路”中巴经济走廊战略研讨会、中国－中东欧国家合作国家协调员会议等多种对外交往活动。今后的海南公共外交发展应从顶层设计到对外传播、公众培养及海外统战等细节管理均进行合理安排，不但使海南公共外交事业完成具体近期目标，而且最终能够顺利完成“国家的外交会客厅”“海洋权益的助攻手与舆论影响者”和“辐射全球的外交舞台”等多重任务①。真正发出海南声音，体现时代担当，海南也必将在今后一个时期以对公共外交的实践探索彰显出新时代的发展特点与要求。

---

① 卢暄．海南公共外交基地之建设要素初探［J］．社科纵横，2017（11）．

第十章

积极融入“一带一路”，助推海南对外开放

自古以来，海南就是海上丝绸之路的重要中继港和避风港，是往来“两洲”（亚洲、大洋洲）和“两洋”（太平洋、印度洋）的必经之地，也是通往“两亚”（东南亚、东北亚）的“十字路口”，这就决定了海南作为海上丝绸之路的重要节点，是中国面向东盟地区的“桥头堡”，也是“环南海经济圈”的核心地区。

“一带一路”是新时期、新阶段我国统筹海陆、兼顾东西的最重大战略举措之一，是连贯古今、联通中外、造福于沿途各国人民的一项伟大事业，是规模宏大、意义深远的国家战略，也是人类有史以来最庞大的远程海陆运输工程和规模最宏大的基础建设工程，意义重大，影响深远。

海南省因“改革开放而生，也因改革开放而兴”。海南是我国最大的经济特区，地理位置独特，拥有全国最好的生态环境，同时又是相对独立的地理单元，具有成为我国改革开放实验田的独特优势。对海南自身而言，作为一个岛屿经济体，对外开放又是经济社会发展的命脉和最大的潜力所在。

第一节　海南在“一带一路”建设中的职能定位与比较优势

一、海南融入“一带一路”建设的战略意义

（一）融入“一带一路”建设是海南国际旅游岛建设的强大推手

《国务院关于推进海南国际旅游岛建设发展的若干意见》给海南国际旅游岛的总体产业定位是：“形成以旅游业为龙头、现代服务业为主导的特色经济结

构”，其核心是重点发展旅游业和其他现代服务业（如物流、医疗、金融、保险、信息等）。《推动共建丝绸之路经济带和21世纪海上丝绸之路的愿景与行动》对各省区在“一带一路”构想中都有大致的定位，其中提出要“加大海南国际旅游岛开发开放力度”，明确了海南参与“一带一路”建设的方向和路径：把“一带一路”作为平台，以旅游为纽带，把周边地区联结起来，构建南海丝绸之路旅游经济中心。这说明，国家两个文件对海南的要求是高度契合的。

要建设国际旅游岛，大力发展旅游业既是基础，也是关键。旅游资源一直是海南省的优势资源，高质量的空气、温暖的气候、独特的民俗、美丽的海景对国内外游客都有很强的吸引力。在国际旅游岛建设的诸多要义中，“国际化”是最根本的要义。旅游国际化包括客源市场国际化、旅游产品国际化、旅游服务国际化，等等，其中旅游主体——客源市场国际化是旅游国际化的本质特征。然而，海南国际旅游岛战略实施八年来，除了初期的2011年，境外过夜旅客数在所有游客数中的比例较上一年（2010年）有所上升外，从2011年至2016年，境外过夜游客数在所有游客数中的比例不升反降，其中2015年只有0.79%，还不到2011年的一半；2016年这一情况虽有所好转，但也只有0.94%。这表明，海南国际旅游岛建设的效果并不明显，其国际化程度不但与世界公认的国际旅游岛如韩国济州岛、泰国普吉岛、美国夏威夷等相差甚远，甚至与国内一些较有影响力的旅游地区如北京、安徽黄山、湖南张家界、云南丽江等也有较大差距，与“国际旅游岛”的称谓极不相符。深度融入“一带一路”建设，可以更好实现与相关国家尤其是东南亚国家旅游业的互联互通和联动，提高海南旅游的国际化水平，从而加快海南国际旅游建设步伐，真正把海南建设成为世界人民的“八个天堂”——休闲天堂、人居天堂、购物天堂、美食天堂、医疗天堂、养生天堂、娱乐天堂和特色文化天堂。

从现代服务业视角看，海南省授权管辖的南海海域，是世界上最主要的海上运输通道之一，也是连接亚太地区的重要枢纽，每年经过南海海域的船舶多达10万艘，中国3/4的对外贸易出口货物、全球1/3的国际贸易，都要通过南海航线。海南也是中国连接东南亚国家的重要支点，海南与“21世界海上丝绸之路”主要地区的东南亚不仅地理位置相邻，而且在文化上也很相似，经贸交往和人文交流历史悠久，基础良好。因此，融入“一带一路”建设，可以更好地发挥海南的地理位置优势，促进与“一带一路”沿线国家尤其是“21世界海上丝绸之路”沿线国家的贸易往来，继而以旅游业和商贸业带动物流、金融、通信、保险等现代服务业的发展，打造国际旅游岛的“升级版”。

（二）融入“一带一路”建设是实现海洋强省战略目标的重要抓手

《建议》提出，在实施海洋强省战略方面，要把壮大海洋经济作为新的增长点，加快发展海洋旅游业、现代海洋渔业、海洋生物制药业、南海油气业、海洋交通运输业和临港工业等涉海产业；推进科技兴海和人才强海，积极引进国际海洋组织和国内海洋研究机构落户海南，支持建设海洋资源利用国家重点实验室，建设中国（海南）海洋生态研究中心；建立海洋生态文明示范区，开展海域海岛和蓝色海湾综合整治行动，形成蓝色生态屏障；加快海洋防灾减灾、救助救捞体系建设，提高海洋公共服务保障能力；强化南海渔业管控，提升渔业执法能力；着力从落实开放政策、构建投融资体制、设立海关等口岸管理机构、规划建设三沙战略腹地等方面，加快三沙建设发展；要实施军民融合发展战略，加强海上动员力量建设，提高海上维权维稳能力，维护国家主权和海洋权益。

海洋强国是一项国家战略，作为管辖我国海域面积最大的省份，海南具备周边省份所不具备的海洋资源优势和背靠大陆、面向东盟与连通海上丝路的区位优势，因此，海洋强省自然也是海南省重大的战略发展目标。“21 世纪海上丝绸之路”的重点方向，其一是从我国沿海港口过南海到印度洋，延伸至欧洲，其二是从中国沿海港口过南海到太平洋。海南作为实施“一带一路”战略南海区域的主力军，责任重大、任务艰巨，同时也迎来了重大的发展机遇。因此，积极推进海上互联互通建设，加强与南海周边国家海洋资源开发利用与保护等领域的合作交流，全面振兴海洋经济，既是海南落实国家战略的需要，也是实现海洋强省战略目标的必然选择。

（三）融入“一带一路”建设是提升海南产业结构的重要途径

建省办特区以来尤其是“十二五”以来，海南产业结构调整取得较大突破，第一产业平稳发展，第二产业产值稳步增长，第三产业比重明显跃升，产业结构不断优化。但由于历史、资源和市场的原因，海南的产业结构与沿海先进省份相比，尚有不小差距。当前，海南省产业结构存在的主要问题是：受气候条件和运输条件的限制及农业机械化程度不高的制约，第一产业生产效率较低，效益不太稳定；受制于资源条件和工业基础的约束，工业化水平偏低，轻重工业比例失调；受制于人力资本和技术实力的约束，传统服务业占主导，现代服务业相对滞后。

1. 融入“一带一路”建设是做大做强海南热带特色高效农业的手段之一

发展热带特色高效农业是海南实现农业现代化的主要内容，而在“一带一路”战略下谋划海南农业发展，则是做大做强海南热带特色高效农业的手段之一。“一带一路”沿线总人口约44亿，其中“一带”沿线总人口近30亿，这些国家的农业结构与海南有较强的互补性，随着这些国家经济发展和人们消费水平的提高，对海南热带特色产品的需求必然上升。

另外，“一带一路”沿线的东南亚、南亚、西亚、南太平洋岛国、北非、东非和拉美等大部分地区处于热带，中国与这些地区进行农业合作，就需要一块热区与其进行对接，这对于在中国独具热带农业资源优势的海南来说，是一个其他省市无法替代的优势。通过深入开展琼台、琼非、琼—东南亚农业交流合作，举办博鳌亚洲论坛农业圆桌会议、中非农业合作论坛，建设中非农业合作研究院等农业国际交流合作平台和一批优质高效境外农产品生产基地；通过在海外建设基地、收购海外企业股权等形式，实施橡胶、槟榔、杂交水稻“走出去”战略；针对市场需求加大国外先进农业技术的引进、种植改良及示范推广力度，海南完全可以成为中国对接世界农业的一扇窗口、一座平台、一个示范区。

2. 融入“一带一路”建设是海南省发展高科技制造业的有效手段

建省30年来，海南虽然取得了快速发展，但由于制造业没有比较优势，与当年建省办特区以及启动国际旅游岛建设时的高定位相比仍有一定差距，可以说没有达到国家政策预期。当前，我国制造业结构正从传统制造业向高科技制造业转型，海南省选准高科技制造业作为突破口，就能够形成一定优势。首先，高科技制造业对物流条件、自然资源和历史基础的要求并不高，这些产业的核心竞争力在于科技竞争力、人才竞争力和资本竞争力，而科技竞争力、人才竞争力和资本竞争力又与一个国家或地区的相关政策有很大关联。因此，只要海南相关政策精准、到位，就完全能够吸引到大量高级人才和外来资本，从而形成强大的科技竞争力。其次，海南省的传统制造业体量并不大，发展高端制造业的转型成本很低。因此，以我国制造业结构转型升级为契机，海南有望短期内在电子器件、生物医药、人工智能、新材料、航天、新能源等一些高端制造业快速形成一定规模和优势。而海南融入“一带一路”建设，加快对外开放步伐，可以推动生产要素在市场间更自由地流动，更充分地发挥“两种资源、两个市场”的作用，打破制约海南制造业发展的资金、技术、人才和市场等方面的瓶颈，从而在短期内弥补海南工业（制造业）的短板，在高起点上形成海南制造业的独特优势。

3. 融入“一带一路”建设是实现海南现代服务业快速发展的重要抓手

从服务业上看，我国正处于服务业快速发展和对外开放持续扩大期，海南省的商业服务、物流、旅游、医疗和养老等服务产业具有巨大的发展潜力。首先，海南省连接南海贸易通道，地理位置非常重要。如果能在贸易自由化方面有更大突破，并与跨境资金流动和汇兑开放等金融市场开放相结合，海南完全可以成为具有中国特色和世界一流开放水平的重要贸易区。其次，海南环境优美，多年来吸引了大量商业地产投资，已经举办了大量世界级会议，随着基础设施进一步完善，商业服务业有望快速发展。再次，多年来国际旅游岛的国家定位，使得海南省的旅游业得以快速增长，但岛内目前相对完善的开发区域还仅限于三亚等少数区域，旅游模式也相对单一，满足不了国内外居民日益增长的旅游需求，如果实施更加开放的旅游政策，并在服务软硬件上下足功夫，海南旅游资源优势必将得到更好体现。最后，世界人口老龄化程度的加剧及由此而产生的老年医疗、养老需求的增长，也给海南医疗和养老等特色产业带来巨大的发展机会。海南融入“一带一路”建设，不但有利于旅游、商贸等产业的发展，而且有利于推动“一带一路”区域合作和联动发展，有利于促进与旅游、商贸密切相关的生态、物流、金融、保险等高端服务产业的发展。

二、海南在“一带一路”建设中的职能定位

关于海南在“一带一路”建设中的职能定位，中央并没有一个确切的表述，学术界甚至海南各级政府也有不同解读。《推动共建丝绸之路经济带和21世纪海上丝绸之路的愿景与行动》指出，要“加大海南国际旅游岛开发开放力度”，要“加强上海、天津、宁波—舟山、广州、深圳、湛江、汕头、青岛、烟台、大连、福州、厦门、泉州、海口、三亚等沿海城市港口建设……”；中共十八届三中全会《中共中央关于全面深化改革若干重大问题的决定》提出，要把海南建设成为南海资源开发服务保障基地和海上救援基地。从上述国家文件的表述，我们认为，海南在“一带一路”建设中的主要职能定位可以概括为：以建成国际旅游岛为目标，紧紧围绕南海资源开发服务保障基地和海上救援基地两大任务，打造海上丝绸之路的门户战略支点。

（一）国际旅游岛建设

对海南而言，深入推进国际旅游岛建设与深度融入“一带一路”建设相辅相成，相互促进。深入推进国际旅游岛建设，把“海南建设成为经济繁荣发展、生态环境优美、文化魅力独特、社会文明祥和的开放之岛、绿色之岛、文明之

岛、和谐之岛”，是海南深度融入“一带一路”建设的基础，而深度融入“一带一路”建设，既是国际旅游岛建设的题中之义，也是实现国际旅游岛总体目标的重要推手。

（二）“21世纪海上丝绸之路”的门户战略支点

成为“21世纪海上丝绸之路”的门户战略支点是国家对海南在“一带一路”建设中的总体定位，具体来讲，就是要求海南承担南海资源开发服务保障基地和海上救援基地建设这两大国家任务。

南海是共建“21世纪海上丝绸之路”的必经之路。当前，在我国对外开放尤其是“21世纪海上丝绸之路”建设进程中，国家正在通过加大油气资源、渔业资源、旅游资源等的开发力度，建立现代化海洋产业、科教体系。海南完全可以凭借四面临海的地理位置优势，在服务国家南海大开发战略中发挥更大作用，成为南海资源开发利用基地和综合服务保障基地；同时，通过参与南海资源开发、海洋经济建设和海洋管理体制改革，海南也可以为我国海洋开发和管理积累可以复制的有益经验。

南海是连接太平洋和印度洋的重要海上通道，又是世界上的重要渔场，船舶通行密度大。但一直以来，南海通航环境复杂，海况气象多变，南海海域船舶航行的安全保障设施、海上应急救助力量以及船舶溢油反应力量和设施不足，影响和制约了南海海域通航安全和经济社会发展。

四面临海的海南，在推进南海海域航海保障、应急反应和人命救助设施的建设，构建南海水域海上安全链，编织航运安全网，实施海上搜寻与救助、防灾减灾、海洋环境保护、航行安全、海洋渔业生产等方面，负有义不容辞的责任和义务。

三、海南融入“一带一路”建设的比较优势

（一）历史优势

海南自古就是我国最早对外开放的地区，是古代海上丝绸之路的必经之地和战略要地，也是重要的补给基地，在世界海洋文明中占有重要地位。从南海的《更路簿》可以推导出，中国拥有南海历史性的捕鱼权、航行权和所有权，这是海南参与古代海上丝绸之路的一个铁证，是活的证据和法理的、历史的证据。南海沉船遗址展示了广东由经海南参与对外贸易、人文交流以及古代海外华侨生活的历史画面，见证了海上丝绸之路的历史演进。

（二）区位优势

海南地处亚太地区中部、南海北部，北承日本、韩国等发达国家和我国渤海、黄海、东海沿岸的经济发达地区，东接港、澳、台地区，南连东南亚各国，西望南亚、中东、非洲，是在海运中距离东南亚、南亚、中东和非洲最近的中国大陆，同时也是太平洋进入印度洋进而进入波斯湾、红海、地中海的必经之地，镇守着国际船舶往来于欧洲、中东和亚太地区的交通要道。海南还是我国由"陆"入"海"、由"海"入"洋"的出海口，是中国大陆在"海上丝绸之路"最南端的要塞，不仅扼守着祖国的南大门和海上大动脉，而且守卫着"海上丝绸之路"的生命线。

（三）环境资源优势

海南是我国唯一的热带省份，地处热带季风气候区，四面环海，雨量充沛，阳光充足、土壤肥沃、森林茂密、常夏无冬、气候宜人、水源纯净、空气清新、环境优美、温泉遍地，森林覆盖率达 62%，空气质量优良天数比例达 98.9%，是全球同纬度地区少有的"绿洲"，旅游资源极其丰富，是理想的度假天堂。

海南全省海域面积约 200 万平方公里，海南岛海岸线总长 1823 公里，拥有非常丰富的海洋资源。近几年，海南海洋经济发展迅速。2014 年，马村港中心港区建成开港，白马井中心渔港和昌江海尾一级渔港主体工程完工，三亚崖州、临高新盈、乐东岭头等渔港建设稳步推进；海南省海洋与渔业科学院、省海洋发展有限公司相继成立，海南省国家税务局海洋石油税务分局获准设立。2016 年，海洋经济质量和总量同步提升，中科院深海科学与工程研究所顺利通过筹建验收，南海海洋资源利用国家重点实验室挂牌运行，中电科海洋信息技术研究院开工建设。2017 年 5 月，"可燃冰"首次在南海试采成功，成为我国能源史上的标志性事件。

海南省地处热带，农业产品生长期短，生长季长，光照充足，利于农作物进行光合作用，热带农业资源优势和季节差优势突出，通过扩大农业领域的对外开放、深度融入"一带一路"建设，不但可以把海南建成全国冬季菜篮子基地、热带水果基地、南繁育制种基地、渔业出口基地和天然橡胶基地，还可以建成国家热带农业科学中心和全球动植物种质资源引进中转基地。

（四）政策优势

1988 年 4 月 13 日，海南建省办经济特区，成为中国最年轻的海洋省份和最大的经济特区。2009 年 12 月 31 日，海南国际旅游岛建设上升为国家战略。

2012年6月21日，国务院批准设立海南省三沙市。从海南建省办经济特区到国际旅游岛建设，再到设立三沙市，国家给予了海南多项前所未有的优惠政策，这些优惠政策与国家“21世纪海上丝绸之路”的扶持政策结合在一起，使海南在参与21世纪“海上丝绸之路”建设中拥有更广阔的创新发展空间。

（五）文化优势

在历史的长河中，海南逐渐成为人类各种文化大聚会、大交融的场所。在这里，大陆文化与海洋文化交相辉映，中原文化与岭南文化珠联璧合，汉族文化与黎、苗、回等民族文化水乳交融。尤其是海南华侨文化历史悠久、底蕴深厚。海南有300多万海外华侨华人分布在全球59个国家和地区，从事政治、经济、文化教育等生产活动，这是海南参与“一带一路”建设不可或缺的宝贵资源。这些琼籍华人华侨活跃于东南亚的政商学界，在东南亚国家和地区影响力很大，他们常年与海南保持着友好往来，这对于海南和东南亚的贸易合作起着十分重要的穿线搭桥的作用。

总之，各种文化熔铸成了具有鲜明的开放性、包容性、多样性而又独具特色的海南“四色”文化，给海南注入了极其强大的生命力和活力——而这也正是海南在扩大对外开放和融入“一带一路”建设中所具有的强大的生命力和活力。

（六）公共外交先发优势

海南省在公共外交建设与深化过程中具有先发优势，这对于融入“一带一路”建设的实践大有裨益。

发端于2001年的博鳌亚洲论坛，是中国开展公共外交的一个典范。博鳌亚洲论坛成立以来，为凝聚各方共识、深化区域合作、促进共同发展、解决亚洲和全球问题发挥了独特作用。论坛已经成为连接中国和世界的重要桥梁，成为兼具亚洲特色和全球影响的国际交流平台，同时也为海南深化公共外交实践、讲好海南故事、传播海南声音提供了一个重要媒介。借助博鳌亚洲论坛平台效应和品牌效应，海南省相继举办了海南岛欢乐节、世界小姐总决赛、环海南岛国际公路自行车赛等一系列大型国际活动和体育赛事，进一步增强了海南省公共外交的活力。海南省以“一带一路”建设为契机，提出了“三个基地一个示范区”的公共外交发展思路，其中三个基地分别是三亚“首脑外交和休闲外交基地”、博鳌“公共外交”基地和万宁“中非合作交流促进”基地，一个示范区是指海口“侨务交流示范区”。以海口、博鳌、三亚和万宁四地为基础的公共外交正助推着海南国际性立体外交新格局的形成和发展。

可以说，公共外交已经成为海南参与“21 世纪海上丝绸之路”建设的重要抓手和海南旅游特区建设的新亮点。随着一系列重大国际活动的举办和国际旅游岛建设的持续推进，以及海南对外交往需求的日益扩大、交流领域的持续拓展，海南的对外知名度和影响力将会不断提升，对外工作在促进地方经济社会发展中的作用将会越来越突出。

第二节　海南融入“一带一路”建设的现状分析

一、海南与“一带一路”沿线国家和地区合作现状

在参与“一带一路”的进程中，海南省深入贯彻习近平总书记在“一带一路”国际合作高峰论坛上的系列重要讲话精神，坚持“引进来”与“走出去”并举，在吸引外商来琼投资的同时也积极对外投资，同时与沿线国家开展多种形式的交流合作，有力地深化了海南省对外开放进程。具体表现在以下几个方面：

（一）政府间合作不断深化

博鳌亚洲论坛和中非合作圆桌会议的成功举办，为海南省与“一带一路”沿线国家的交流提供了良好的平台。

自 2001 年正式成立以来，博鳌亚洲论坛一直是中国与世界沟通交流的重要平台。2017 年博鳌亚洲论坛年会期间，海南省成功举办了“2017 年中国—东盟省市长对话”“21 世纪海上丝绸之路岛屿经济”等 13 项活动，深化了海南省与“一带一路”国家政府之间的交流与沟通。

每年在海南省万宁市举办的中非合作圆桌会议（以下简称会议）则是海南省与非洲国家交流合作的重要平台。第一届会议于 2010 年在北京举办，从第二届开始，会议正式落户海南。2016 年 12 月 15 日，在第六次会议闭幕式上发表的《新闻公报》强调了海南省要与非洲加强热带农业和旅游业的合作，双方将通过农业技术交流、开通直航航班、旅游资源开发等方式深化合作。

同时，为贯彻“引进来”和“走出去”战略，加强与“一带一路”沿线国家政府之间的交流，海南省还积极探索与“一带一路”沿线国家合作的多种可能性。海南省多次派出省级领导代表团出访“一带一路”沿线国家和地区，2017 年累计向“一带一路”沿线国家派出代表团 15 批次，出访国家 29 个，正

式与5个“一带一路”沿线国家缔结了友好关系；海南省同时也积极欢迎外国代表团来琼考察，2017年累计接待外国代表团共计39批次，办理领导涉外活动93场次，接待海外华侨华人团队15批次500多人次。海南省也是全国率先制定参与“一带一路”建设对外交流合作五年行动计划的省份之一，得到了外交部的大力称赞。

（二）互联互通水平不断提高

海南省的地理位置决定了海南省的主要交通方式是空路与水路。为了加强海南省与“一带一路”沿线国家的合作，海南省积极拓展空路与水路交通。

空路交通方面，海南省大力拓展国际航线，构建“空中丝绸之路”。2016年海南省新增国际及地区航线20条，累计接待旅客3500多万人次；2017年海南省新增国际航线19条，累计接待境外航班1.5万次，同比增长50%。水路交通方面，海南省积极推进海上货物航线网络建设，开拓多条外贸货运直达航线，目前海口直达外贸航线5条，并且计划进一步扩充航线。2016年港口新增深水泊位15个，全省港口外贸货物吞吐量3078.2万吨，同比增长3.76%；2017年，海口港集装箱每年吞吐量超过150万标箱，海口港被国家列为“一带一路”15个沿海重点港口之一。

在此基础上，海南省计划在未来的2至3年内开通100条国际航线，并继续拓展海上邮轮航线，使海南与“一带一路”沿线国家和地区联系更加紧密，构建海南与“一带一路”沿线国家和地区的利益共同体。

（三）经贸合作日益密切

1. 贸易合作

（1）出口方面

2016年海南省共与31个国家或地区进行出口贸易，其中“一带一路”沿线国家12个，比2015年增加1个，在这12个国家中有东盟国家6个、西亚国家3个、南亚国家2个和独联体国家1个。

2016年海南省出口贸易总额为人民币140.51亿元，其中与“一带一路”沿线国家出口贸易额为39.2211亿元，占出口贸易总额的27.91%。在与“一带一路”沿线国家的出口贸易中，排名前三名的分别是新加坡（6.45亿元）、印度（5.82亿元）和马来西亚（4.78亿元），占海南与“一带一路”沿线国家的出口贸易的比例分别为16.44%、14.83%和12.19%，总共占比43.46%，接近一半。

海南省与“一带一路”沿线国家出口贸易额分布如图10-1所示：

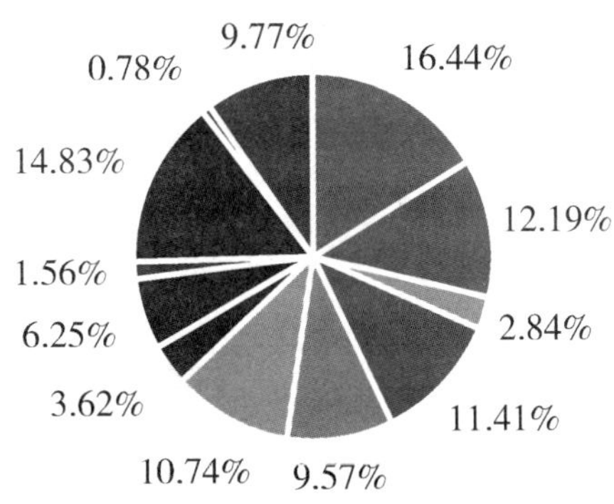

图 10－1　海南省与“一带一路”沿线国家出口贸易额分布（2011—2016 年）

数据来源：《海南省统计年鉴》（2012—2017 年）。

（2）进口方面

2016 年度海南省共与 33 个国家或地区进行进口贸易，其中“一带一路”沿线国家 12 个，比 2015 年增加 1 个，在这 12 个国家中有东盟国家 6 个、西亚国家 4 个、和独联体国家 2 个。

2016 年海南省进口贸易总额为人民币 610. 81 亿元，其中与“一带一路”沿线国家的进口贸易额为 241. 12 亿元，占进口总额的 39. 48%。在与“一带一路”沿线国家的进口贸易中排名前三名的分别是阿曼（85. 31 亿元）、沙特阿拉伯（36. 76 亿元）和阿联酋（29. 63 亿元），占海南与“一带一路”沿线国家的进口贸易中的比例分别是 35. 38%、15. 25% 和 12. 29%，总共占比 62. 92%。

海南省与“一带一路”沿线国家进口贸易额分布如图 10－2 所示：

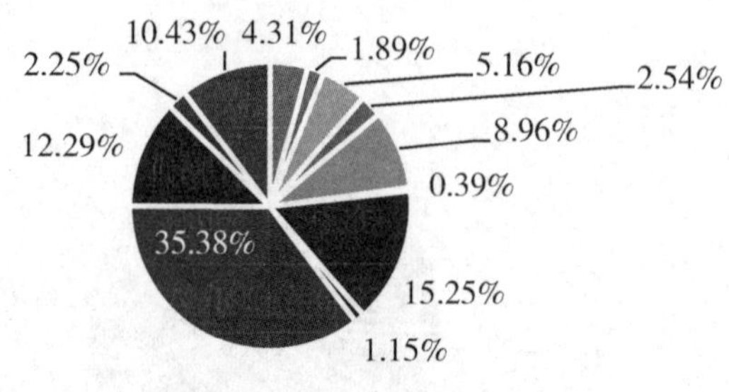

■ 新加坡 ■ 马来西亚 ■ 印度尼西亚 ■ 泰国
■ 越南 ■ 菲律宾 ■ 沙特阿拉伯 ■ 也门
■ 阿曼 ■ 阿联酋 ■ 俄罗斯 ■ 阿塞拜疆

图 10－2　海南省与“一带一路”沿线国家出口贸易额分布（2011—2016 年）

数据来源：《海南省统计年鉴》（2012—2017）。

由上述数据可知海南省与“一带一路”沿线国家的贸易合作还有非常大的拓展空间。2017 年，海南省进一步落实了一系列针对进出口贸易的优惠政策，推动通关一体化和国际贸易“单一窗口”建设，加强出口信用保险等政策支持，为开展进出口贸易创造更优质的环境。在这些政策的支持下，2017 年海南省与东盟国家油品贸易同比增长 5. 6 倍，与海上丝绸之路沿线国贸易额达到 273. 1 亿元，同比增长 14. 8%

2. 投资合作

“一带一路”倡议提出后，海南省与“一带一路”沿线国家投资合作程度有了显著提升。2014 年海南省共签订外商直接投资合同项目 60 个，其中与“一带一路”沿线国家签订合同 2 个，这两个合同分别来自俄罗斯和新加坡；2015 年海南省共签订外商直接投资合同项目 71 个，其中与“一带一路”沿线国家签订合同 4 个，这 4 个合同分别来自马来西亚、印度尼西亚、俄罗斯和柬埔寨；2016 年海南省共签订外商直接投资合同项目 86 个，其中与“一带一路”沿线国家签订合同 11 个，这 11 个合同分别来自马来西亚、新加坡、泰国、俄罗斯和白俄罗斯；2017 年，海南省加大对“一带一路”沿线国家招商引资力度，多次派出省级代表团访问菲律宾、印尼、新加坡、马来西亚、泰国等地，达成新的合作项目 38 项。

海南省同时也鼓励本地企业“走出去”，积极对外投资，开展国际产能合作。2017 年海南省新增对外投资企业 25 家，实际对外投资 21. 19 亿元。同时加强与“一带一路”沿线国家的农业与科技特别是热带农业和海洋科技方面的合作，目前已资助“一带一路”合作项目 10 个，资助经费 245 万元，并且建立 4 个境外技术研发基地。

3. 跨境旅游

2016 年来琼旅游总人数为 341576 人次，比 2015 年同比增长 51.92%，其中“一带一路”沿线国家来琼旅游人数为 193440 人次，比 2015 年同比增长 80.24%，占总人数比例由 2015 年的 47.74% 增长到 56.63%，可以看出“一带一路”沿线国家为海南省贡献了相当大比例的国际游客人数。来琼旅游的“一带一路”沿线国家游客主要来自新加坡、马来西亚、印度尼西亚、泰国、越南、菲律宾、印度和俄罗斯这 8 个国家，其中有 6 个是东盟国家，说明在“一带一路”沿线国家中，相对于其他国家，东盟国家公民更倾向于来琼旅游。“一带一路”沿线国家来琼旅游人数分布如图 10－3 所示：

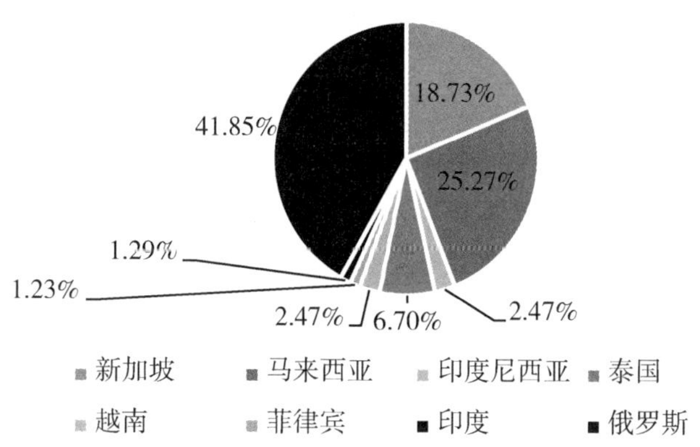

图 10－3 “一带一路”沿线国家来琼旅游人数分布（2011—2016 年）

数据来源：《海南省统计年鉴》（2012—2017）。

为了吸引外国游客来琼旅游，海南省正不断提高旅游基础建设，规范旅游市场秩序，改善旅游接待条件；大力推行“全域旅游”建设，同时敢于创新，开展西沙旅游业务，吸引了大量国内外游客；开拓高端旅游产业，利用海南省独有的港口优势，开通海口—越南，三亚—菲律宾等多条高端游轮旅游航线，并计划陆续开通海南到其它国家的若干航线，建设海上丝绸之路旅游经济带，形成高端旅游品牌效应。在以上政策的推动下，2017 年海南省入境旅游人数首次突破 100 万人次，入境游客增速首次超过国内游客增长速度。

对外经济合作还体现在劳务输入输出以及技术进出口等方面，但是目前与海南合作的“一带一路”沿线国家基本都是发展中国家，交通不够便利，限制了劳动力的流动；同时技术水平普遍不高，又限制了技术之间的交流合作空间，所以这些方面的合作还没有有效展开。

（四）人文交流互动进一步扩大

海南省在扩大与“一带一路”沿线国家经贸合作的同时也不忘与“一带一路”沿线国家进行人文交流合作。最典型的就是“中国海南·柬埔寨光明行活动”。在不到1年的时间里，海南省先后4次组织医疗队前往柬埔寨进行义诊活动并对当地医生进行技术培训，累计帮助543名柬埔寨白内障患者重见光明，创造了一段海南与柬埔寨的友谊佳话。

2017年海南省成功举办以“世界海南乡团联谊大会”为代表的多个大型侨务交流活动，促成27个合作项目。

海南省与“一带一路”沿线国家的人文合作还体现在教育方面。2017年，海南省成功举办“联合国教科文组织联系学校网络国际会议”并参与策划了“中国-东盟省市长对话教育”主题活动。海南省首个中外合作办学机构——海南大学亚利桑那州立大学联合国际旅游学院正式挂牌招生，海南大学柬埔寨汉语教学中心、海南大学老挝分校正式成立。2017年海南省与“一带一路”沿线国家新增友好院校40多所，教育交流访学1200多人次，累计接收外国留学生3700多人。

二、海南融入“一带一路”建设的制约因素

（一）经济实力不强，外向性程度较低，影响融入“一带一路”建设的宽度和深度

1. 海南省整体经济实力不强，不利于“走出去”“请进来”战略的实施

海南省陆地面积狭小，人口总量不多，投资和消费需求总量不大，产品价值转换速度慢，不利于海南省“走出去”“请进来”战略的实施。

海南省外贸活力不足，制约了海南省融入“一带一路”建设的实践。2016年海南省进出口总额为113.11亿美元，只占全国外贸进出口总额的0.3%，同年海南外贸依存度仅为18.5%，低于全国同期外贸依存度14.21个百分点，经济外向型程度低。海南省对外贸易不平衡，出口贸易额小，贸易逆差较大，出口产品以农产品为主，高新技术产品出口量少，2016年海南省高新技术产品出口额仅占海南省总出口额的9.3%；在与“一带一路”沿线国家的对外贸易中，海南省主要与东南亚、西亚和南亚国家贸易交往多，而与中亚和中东欧国家却没有进行出口业务。另外，旅游国际化程度不高，2016年海南全省接待国外游

客只有47万人次，而湖南张家界为447万人次，云南丽江为115.81万人次。

2. 工业基础薄弱，影响参与“一带一路”建设的宽度和深度

海南省作为一个欠发达省份，工业基础薄弱，基础设施不完善。一些基础性的工业原料（矿产资源）储量不足，又进一步放大了海南工业特别是制造业的短板。表10－1列举了2016年海南省与全国部分矿产资源人均拥有量及占比情况。

表10－1 2016年部分矿产资源人均拥有量情况

	石 油	天然气	煤 炭	铁 矿
单位	吨/人	立方米/人	吨/人	吨/人
全 国	2.5321	393.1805	18.0245	1.4551
海 南	0.4932	26.5540	1.2977	0.9160
占比（%）	19.4792	6.7536	7.1997	62.9525

如表10－1所示，2016年海南省石油人均拥有量为0.4932吨，只占同期全国平均拥有量的19.4792%；天然气人均拥有量为26.5540立方米，占同期全国拥有量的6.7536%；煤炭和铁矿人均拥有量也远远低于全国平均水平，在全国平均水平的占比分别为7.1997%和62.9525%。由此可以看出，相对于全国矿产平均拥有量而言，海南省基础性矿产资源贫乏。

工业基础薄弱，直接影响了海南参与“一带一路”建设的宽度和深度。

（二）重大交通设施发展滞后，出岛通道亟待完善

首先，省内交通方面，“田”字型交通联通网络尚未形成。2010年海南省开通了东环高铁，2015年开通了西环高铁，形成联通南北的环岛高铁。然而，尚未形成横亘东西、贯通南北的“田”字型交通联通网络，大大制约了省内交通的便利性。除此之外，道路交通存在质量不高问题，海南省中部地区，尤其是贫困县的乡村公路，大部分存在低标准建设问题：道路宽度不够，车辆会车、错车存在安全隐患；路面结构厚度不足，道路承载力和使用寿命受限。

其次，省际、国际交通有待完善。航空建设方面，海南省北有海口美兰机场，南有三亚凤凰机场，是目前海南省客流货流吞吐量最大两个机场，自“一带一路”建设战略实施以来，承载了大量的增加客流量，2016年底三亚凤凰机场客流量达1737万人次，比2015年增长7.3个百分点。然而，海南省目前所拥有的机场数量远远不能满足日益增加的国内外游客需求，以博鳌来说，作为亚

洲论坛永久会址，机场设施不完善，接待能力有限。目前，海南省已开通50多条国际航线，定期与不定期航班对联通“一带一路”国家起到了积极作用，但是航线辐射范围不广，未全面覆盖“一带一路”沿线国。另外，通往主要货源地的航线航班不能满足需求的情况时有发生。陆路交通方面，由于地理位置限制，海南岛省际、国际间没有陆路交通设施，来琼车辆需要通过轮渡实现跨海运输，火车跨海需要先拆分再轮渡，到港再行组装才可实现跨海的客货与货运服务，交通便利性大打折扣。水陆交通方面，海南省水陆交通建设已初具成效，截至2016年年底，水运客运总量为1657万人，货运总量10114万吨，客运与货运总量相比于上一年都有不同程度的提升。但是，港口专业化、集约化程度不高，客运与货运混杂，运输效率以及运输安全性不高。另外，海南港口与航运建设出现脱节，一体化进程较慢，不利于资源的快速有效整合，有待进一步完善。

（三）“热带＋海洋”为主要特色的旅游资源潜力有待深挖

1. 旅游产业经济基础薄弱

海南虽是旅游资源大省，但还不是旅游经济强省。旅游产业作为支柱产业在全省经济总量中所占的比重较小，旅游接待人数和收入虽年年递增，但收入总量并不大，说明了海南旅游产业这几年的发展，仍属数量型而非效益型，旅游经营是粗放型而非质量型。同时，地区发展也不平衡，旅游企业和旅游景点主要集中在东部沿海和海口、三亚等市县，西部、中部地区旅游开发缓慢，对当地经济的贡献小，产业带动作用不突出。

2. 旅游企业经营管理体制不完善

在海南，旅行社中个人内部承包、“部中部”现象较为普遍，内部承包使得旅行社设立的准入门槛相对降低，经营许可形同虚设，造成监管困难；从经营机制看，由于旅行社内部管理松散，人员素质参差不齐，追求短期效益，对企业的长期发展关心较少，对新产品开发和新市场开拓也不想有更多的投入，存在削价竞争，影响服务质量和市场秩序。

3. 旅游产品的无序开发

海南省虽然有旅游总体规划，但由于缺乏具有实际操作意义的配套实施细则，在旅游产品研发方面对客源市场的具体定位较模糊、对市场供需变化的反应不及时、低水平重复建设现象突出，同质化竞争严重。

以海南民族文化旅游资源为例。在海南，与自然资源开发形成强烈反差的是海南民族文化资源开发的严重滞后。民族村寨的建设大兴模仿风，“他有你有我也有”。以这样的心态建设民族文化村寨，产品必然是雷同之物。例如，游客在黎族民族文化村寨看到的是相同服饰的演艺化，相似房屋建筑、生活设施、歌舞表演的雷同化，远未达到黎族民族村寨应有的文化含量和文化质感。这样的民族文化品质，旅游者只能做蜻蜓点水式浅尝，很难留下深刻印象。

4. 旅游宣传促销力度有待加大

由于政府财力有限和本省有实力的旅游企业不多，宣传促销的资金投入较少，难于形成较为系统、长久和较大规模的促销。再加上宣传促销手段和办法还比较单一，旅游形象宣传与产品经营常常脱节。

（四）教育相对落后，各类人才储备不足

区域发展，人才是关键。然而，海南省在人才建设方面还有许多亟需解决的问题。

一是教育欠发达。人才培养重在教育，人才兴旺与教育的兴盛息息相关。但是，海南省在教育产出与投入两个方面都不存在优势。国家统计局统计数据显示，2016 年全国受高等教育人口占总抽样人口的比重为 12.04%，同期海南省这一比例为 8.90%。以高等教育为例，海南全省只有 19 所高等院校，其中只有 7 所本科院校（公立高校 4 所），1 所“211 工程建设”大学，而 19 所高校中只有 4 所大学具有研究生培养资格，教育机构数量难以满足社会日益增长的高质量人才需求。同时，由于海南省对外贸易不发达，经贸合作不够深入，人才交流机会不多、程度不够，目前海南省高校出国目的地只有西班牙、美国、马来西亚、澳大利亚、泰国等少数几个国家。

二是留人难。由于海南省留住人才的基础条件不够扎实，机制不够灵活，留住人才难度大，在海南就读的大学生毕业留在当地就业的意愿远不如国内发达省市。

三是引人难。人才是流动性很强的资源，人才的流动性取决于工资水平、生活质量、个人价值实现环境等。海南省工资水平不高，处于全国中下游水平，但是物价水平偏高，房屋、生活必需品、医疗等价格较高，影响到人才来琼工作和创业就业的意愿。另外，海南生活节奏较慢，对于那些追求个人价值、生活快节奏的和个人成就的年轻人吸引力不强。

人才资源不足，在很大程度上制约着海南的科技发展和进步。据统计，2016 年全国每万人拥有有效专利数 5.57 件，而海南省每万人拥有的有效专利数为 1.81 件，远远低于全国平均水平。

此外，海南生态环境相对脆弱，风暴潮等灾害时有发生，可持续发展的任务比较艰巨，也是对外开放战略有效实施的制约因素。

附：海南柬埔寨光明行

白内障是一种由各种原因引起的眼部疾病，发展到后期有致盲的可能性，但是，只要有一定的医疗条件和技术手段，白内障就可以通过手术快速治愈，然而部分东南亚国家的部分地区医疗水平较为落后，无法为白内障治愈手术提供必要条件。

为了帮助柬埔寨白内障患者、巩固中柬两国友谊，海南省在与柬埔寨方面达成共识后，于2016年正式启动“海南柬埔寨光明行活动”（以下简称光明行）。光明行是一项由海南省外事办、海南省委政研室、海南省佛教协会、海航集团共同组织和筹办的非营利性公益活动，现已成功举办4期，于2016年和2017年分四批派出医疗队分赴柬埔寨各地对白内障患者进行义诊和康复手术，两年来累计完成白内障治愈手术543例，治愈率高达100%。在为当地白内障患者施行白内障治愈术的同时，“光明行”医疗队还向当地医院捐赠了大量医疗设备和药品并向医护人员提供技术培训，受到了当地政府和民众的一致好评。

光明行项目，归根结底是一项公益慈善活动。从经济学的角度来讲，慈善也可以被看作一种商品，同样存在成本和收益，对于光明行这一项目，它的成本主要体现在医疗器械、医疗药品的物质成本和医护人员、工作人员的劳务和时间成本，收益则体现在多方面。

光明行活动有利于巩固中柬两国友谊，可以为海南省带来非常大的宣传效果，使得海南省在柬埔寨政府和民间都具备良好的形象和口碑，而这一良好形象则会为海南省和柬埔寨的后续合作打下良好的基础。

依托于光明行活动，海南已经于2016年8月与柬埔寨暹粒省签订了《建立友好省关系意向书》。意向书表示，海南省与暹粒省会在平等互助的基础上，在旅游、农业、渔业、教育等领域开展多项合作，依托于“一带一路”建设，两省将加强合作，实现优势互补、互利共赢的良性发展。

在旅游合作方面，海航集团已经开通了多条海口—金边、海口—暹粒两条直飞航线，为海南和周边省份游客去柬埔寨旅游创造了非常有利的条件，同时也增强了两地人文纽带并促进了两地产业合作。以往从海南省前往柬埔寨往往要在香港、广州等地转机，耗时较长，直飞航线的开通将这一时间缩短到两个小时左右，大大节省了时间成本。同时柬埔寨政府为了吸引中国游客、加大旅游收入，给予了中国游客落地签政策，依托于落地签政策和直飞航线的开通，中国前往柬埔寨旅游人数大大增加。柬埔寨国家旅游局数据显示，仅2017年1月到4月前往柬埔寨旅游的游客就有309116人次，占外国游客总人数的18.8%，比去年同期增长了31.1%。值得一提的是，自航线开通以来，2016年中国游客数量上涨到了赴柬埔寨旅游的外国游客数量的第二位，2017年就已经一跃成为了赴柬埔寨旅游第一大国。

目前光明行项目虽然只进行了四期，但是这一公益行动已经初步建立起了中国在柬埔寨人民心中的良好形象，只要将项目一直持续下去并且进行适当的宣传，就可以将其打造为一项“明星”公益项目，进一步增进两国友谊，树立中国在柬埔寨及周边国家的正面形象。

下一步，海南应该继续做精、做大、做强这一“医疗外交”项目，把项目扩展到其他“一带一路”沿线国家，并利用这一项目打下的坚实基础，进一步推动海南省与“一带一路”沿线国家的经济贸易和文化交流。

第三节　海南深度融入“一带一路”建设的主要任务与保障措施

一、海南深度融入“一带一路”建设的主要任务与举措

（一）主要任务

1. 深挖热带旅游资源潜力，打造“泛南海旅游经济合作圈”

海南与南海沿岸有关国家环南海而居，地缘相近、人文相亲、气候相似，旅游合作潜力巨大。目前，海南已开通直达菲律宾马尼亚、印尼雅加达、马来西亚吉隆坡、越南河内、泰国曼谷、柬埔寨金边和暹粒、老挝万象、缅甸仰光、新加坡等东盟国家主要城市的航线。考虑到这一点，海南可发挥国际旅游岛建设基础与经验优势，着力优先建设“泛南海旅游经济圈”。将南海地区旅游产业合作打造成为“合作圈”建设的重点依托领域。一是可以通过优化升级签证、通关、国际邮轮靠泊、货币兑换、免税退税等政策，促进人流、物流、资金流的便利性，提升南海地区旅游合作一体化程度；二是开通海南与菲律宾、马来西亚、印尼、新加坡、越南等南海沿岸国家的海上邮轮航线，重点打造环南海地区邮轮旅游项目。

2. 加强与区域内国家的互联互通，把海南打造成为货物、人流的集散基地和重要枢纽

一是通过加强港口资源整合，以洋浦保税区、海口保税区等为核心，推动开展国际中转、配送、分拨等现代航运服务，积极推动进入中国—东盟港口城市合作网络、构建区域物流体系，将海南打造成为面向东南亚、背靠华南腹地的航运枢纽、物流中心。

二是大力增加国际航班航线，把海南打造成面向周边地区的航空枢纽。继续增加同周边国家主要城市航线，尤其是热点旅游城市的航线，建设连接海口—三亚—海上丝绸沿线国家的“空中丝绸”，使海南成为国内外游客的中转地和集散中心。

3. 加强海洋产业合作，推动海南成为中国—东盟海洋产业合作示范区

一是鼓励省内企业在区内国家开展养殖、加工合作，尤其是充分发挥海南深水网箱养殖的技术和经验优势。与菲律宾、印尼等国家开展合作，利用海洋信息技术和增养殖技术探索开展建设海洋牧场。

二是探索建立南海渔货交易市场，支持省内水产品加工、物流业发展，建设水产品物流基地和渔业出口基地。

三是充分利用中国—东盟海上合作基金，推动渔业综合补给基地、南海区域渔业生物质资源库、国家热带水产苗种产业示范基地、南海渔业合作中心、东盟海洋生态创意园等项目建设。

4. 加快“两个基地”建设，积极开展海洋事务性合作

一是海洋生态与环保。借助海南在海洋功能区划制度、海洋生态红线制度等海洋生态环保领域的先进理念与经验，向区域内国家输出生态保护模式，深化海洋生态保护方面的经验交流，共同开展海洋环境监测、防控、修复的合作。探索在南海共同建立国际合作保护区，设立南海海洋公园。

二是海上搜救。依托海南正在建设的“南海海上救援基地”，拓展航行安全、海上搜救、应急处置等方面的合作，共同开展海上人道主义应急援助。

三是加强泛南海区域防灾减灾体系的沟通与衔接，建设南海航道安全信息服务基地，保障海上航道的畅通与安全，与区域内国家开展台风预报、防范、减灾等领域经验交流与合作。

四是海洋科研。以中国科学院深海科学与工程研究所、海南大学南海资源利用国家重点实验室、海南热带海洋学院以及正在推动落地的深海空间站为依托，与区域内国家开展海洋科研交流与合作，并探索建立海洋科研成果孵化、

产业化平台。

（二）主要举措

1. 提升旅游消费服务质量

对海南旅游企业进行优化重组，支持符合条件的企业上市融资，促进旅游产业规模化、品牌化、网络化经营，形成一批具有国际竞争力的旅游集团。推进经济型酒店连锁经营，鼓励发展各类生态、文化主题酒店和特色化、中小型家庭旅馆，积极引进国内外高端酒店集团和著名酒店管理品牌。高标准布局建设具有国际影响力的大型消费商圈，完善“互联网+”消费生态体系，鼓励建设“智能店铺”“智慧商圈”，支持完善跨境消费服务功能。加强旅游公共服务设施的统筹规划和建设。健全旅游服务的标准体系、监管体系、诚信体系、投诉体系，建立企业信誉等级评价、重大信息公告、消费投诉信息和违规记录公示制度。严厉打击扰乱旅游市场秩序的违法违规行为，完善旅游纠纷调解机制，切实维护旅游者合法权益。整合旅游营销资源，强化整体宣传营销，促进海南旅游形象提升。大力推进旅游消费国际化。积极引进国际优质资本和智力资源，采用国际先进理念进行旅游资源保护和开发。允许在海南注册的符合条件的中外合资旅行社从事除台湾地区以外的出境旅游业务。积极参与国际旅游合作与分工，与国际组织和企业在引资引智、市场开发、教育培训、体育赛事等方面开展务实合作。加快建立与国际通行规则相衔接的旅游管理体制，推动更多企业开展国际标准化组织（ISO）质量和环境管理体系认证，提升企业管理水平。系统提升旅游设施和旅游要素的国际化、标准化、信息化水平。进一步办好国际体育赛事，积极引入一批国际一流赛事。积极举办国际商品博览会和国际电影节。

2. 持续推进服务贸易创新发展

（1）加快发展跨境服务贸易

当前，跨境电子商务已经成为优化资源配置的有力手段。近年来，海南省各类要素交易市场建设呈现良性发展势头，洋浦的油气储备产业已形成规模，加之区位优势明显，发展跨境服务贸易具备良好基础。海南省应以建设跨境电子商务综合示范区为契机，加快发展跨境服务贸易。

推动跨境电子商务产业发展。海南省充分运用优惠政策引进培育一批竞争力较强的跨境电商平台运营主体，积极推动跨境电子商务公共信息平台和国际快件中心建设，发展具有本地特色的品类，提高跨境电商的竞争力。

推动依法合规在海南设立国际能源、航运、大宗商品、产权、股权、碳排放权等交易场所。推动洋浦国际能源交易中心开展境外交易，加大与国家部委沟通协调工作力度，争取得到中国人民银行等相关机构授权，放宽对于在洋浦交易中心内交易的国内外企业的外汇管理，形成较为自由的资金流通机制，推动交易中心开展人民币跨境结算业务，吸引境外交易商进入中心交易。

（2）加快发展现代物流产业

海南省具有洋浦保税港区和海口综合保税区两个海关特殊监管区域，其航权的开放，为现代物流业发展创造了良好条件。海南省还可以加快推进口岸基础建设，立足海南省正在推进的“五网”基础建设和“互联网+”技术，重点完善海空港口作业和监管场所的信息化平台，形成口岸、航运、物流、监管等信息共享和应用体系，提高港口运转效率。

同时，海南省也要加快提升口岸运营国际化水平，吸引国内外知名企业参与海南省港口和公共码头运营，鼓励码头运营、仓储物流、运输配送、采购分拨、货运代理、贸易服务等港口服务业发展。

3. 推进国际投资合作

在扩大开放和“一带一路”建设中，海南应进一步积极利用外资，探索引入外资银行保险类金融机构。引入国际医疗商业保险机构，推动博鳌乐城国际医疗旅游先行试验区在国际化医疗保险理赔等方面取得新进展；引入外资银行类金融机构在海南省开展离岸金融业务，支持国际能源中心建设。

同时，海南省还应充分利用外资推动海南重大项目建设，推进落实“石油、天然气领域对外合作项目由审批制改为备案制”，吸引外资参与海南油气产业发展，切实落实“21世纪海上丝绸之路”和海洋强国战略；要支持外资依法依规以特许经营方式参与基础设施建设，引入国际港口管理先进经验，加强海南省口岸基础建设。

除此之外，海南省还可以加大对外商投资项目用地的支持。以“六大园区”“十二大产业”为基础，强化产业规划引导，提高洋浦保税港区、海口综合保税区等省内海关特殊监管区域土地利用率，通过政策优势吸引外资企业来琼发展，吸引跨国公司来琼设立地区总部和采购中心、结算中心等功能性机构，探索推动解决人民币跨境结算问题。

为顺应经济全球化和区域经济一体化发展趋势，不断融入国际交流与合作。在产业选择上，应选择航空和物流运输、新能源、旅游、商业服务、教育、特色体育、汽车、电力、农业机械、食品加工等产业为主；在项目选择上，以能解决紧缺国内资源、提升管理技术、促进国内产业转型升级的项目为主。

为更好地服务海南省“一带一路”建设，海南省应加快对这些产业的投资步伐，通过搭建平台、制定相关对外投资政策，继续支持和鼓励全省企业主动走进国际市场，在规避风险的前提下，抓住机遇，扩大对外投资，实现对外经贸转型升级。

4. 开展软文化交流合作

（1）抓好山水文化交流合作

海南应与泛北部湾地区的越南、泰国、新加坡、印度尼西亚、文莱等国家和地区进行山水文化交流，借鉴这些国家文化旅游建设的独特性为海南打造旅游建设新格局，推进海南与泛北部湾地区形成跨国旅游一体化发展格局，助推海南省打造“21 世纪海上旅游之路”。

（2）适度开发和利用海洋文化

海南是典型的移民社会，有着数千年的移民历史，移民带来了中原先进的生产力与文化，促进了海南的发展，对海南社会影响深远。海南的先祖大多来自福建莆田，而福建是妈祖文化的最初发源地，正是由于大批闽南籍移民的涌入，妈祖信仰才落户于海南。

海南民众向来宗族意识强烈，重视族谱的修订，特别是在浪迹天涯、漂泊海外之际，祭拜妈祖也就顺理成章地成为琼籍华人联络感情的一种方式。因此，在东南亚国家可以看到妈祖庙多建立在姓氏宗祠或同乡会所在地，而当一代代的琼籍华人们通过不断奋斗，终于在异国他乡站稳脚跟之时，妈祖作为中国土生土长的一种信仰，又连接着琼籍华人们的思乡之情，祭拜妈祖的同时也是对中华民族的一种认同。海南省可以通过修筑妈祖庙吸引琼籍华人对海南进行资金投入。此外，海南可以通过发展海上经济促进妈祖文化的传播，通过与“一带一路”沿线国家进行海上贸易让更多的海外人士了解海南的妈祖文化。

加强对海耕文化的研究与开发。海耕文化是海洋文化在物质方面的表现，海南三沙由于岛屿、礁盘众多，表层鱼类丰富，吸引渔民不断前去捕捞，秦汉海上丝绸之路开通，到中沙、西沙与南沙群岛，这些海域已成为海南渔民远洋捕捞的固定场所。渔民所到岛礁，根据其地貌特征加以命名并由此而形成独特的海耕文化。《更路簿》是海耕文化载体，是一种蕴藏在渔民手中的民间文书，渔民用它记录所过岛礁的命名、祖辈海耕经验以及出海航程与路线，后人可以通过《更路簿》更好地了解海上不同航行路线，便于与东南亚国家更好地进行海上贸易，通过对海耕文化的了解，认识海上的岛屿、沙和洲，并以这些岛屿、沙和洲作为景点发展海上旅游，促进海南海洋经济的发展和转型升级，可以更好地服务海南“一带一路”建设。

（3）加快海南少数民族文化“走出去”

沿线国家少数民族为沿线各国人民沟通交流搭建了桥梁，成为推动“一带一路”关键点，少数民族文化所涉及到的“地方性知识”很容易为这些沿线国家的民族群众所认可，为迅速拉近沿线各国间的民族交往与社会交流提供了“快速通道”。因此，海南省在“一带一路”建设中应加强与这些沿线国家的民族文化交流。并且，海南省还可以改善少数民族地区周边的交通方式，通过修建高铁、动车、火车等交通工具，使海南少数民族文化在传播的过程中对内畅通无阻，对外四通八达，使这些少数民族文化的基础建设与“一带一路”实行无缝对接。

此外，海南省还可以将少数民族的服饰和佩饰作为一种少数民族文化工艺品，将这些少数民族文化工艺品对外进行输出，让少数民族文化的地方性知识深入人心，为沿线国家的兄弟民族展示“一带一路”建设带来的享受和利益。

（4）深耕红色旅游文化

海南省的红色文化很丰富，主要有中共琼崖一大旧址、冯白驹故居、安定南丽湖以及海南琼崖革命根据地等。海南省可以利用当地的红色文化发展红色旅游，并且将海南省的红色旅游纳入全国红色旅游，将海南省的红色文化资源与其他旅游资源进行整合，把红色旅游打造成“具有震撼力的产品”。同时，海南省发展红色旅游还可以在传统的观光型旅游产品的基础上增加度假旅游产品、会议旅游和其他专项旅游产品，丰富海南旅游产品形式，吸引更多的海外游客，带动海南的经济发展，加快“一带一路”建设步伐。

（5）挖掘名人文化潜力

名人文化是软实力，海南省在国际旅游岛中需要名人文化助力，其发展是海南省加快“一带一路”建设步伐的一大潜力。名人旅游资源包括名人及其思想、事迹和遗迹等，包括有形和无形两类。海南省的名人资源主要有：在海南开启文德教化的第一人——唐代贬官王义芳、为海南文化做出重大贡献的“唐宋八大家”之一苏轼、深受海南人民崇祀的唐代名臣李德裕、中国现代史上被誉为“20世纪的伟大女性”的宋庆龄、中国建国十大将军之一的张云逸、琼台人民的一面旗帜——冯白驹等。

海南省可以在海口市建设海南名人大观园旅游景区，选择百名海南历代名贤，把他们对中华文明的杰出贡献及对后代的深远影响，通过雕塑的形式在景区里展示出来。将中华名人文化融入到旅游发展中，在带动海南旅游发展的同时让海内外游客了解海南的名人资源，充分发挥历史名人文化资源的文化价值和旅游价值。

海南省还可以在景区中配置海南历代名人馆，请著名作家撰写剧本，将名人的生平事迹及其思想写入剧本，请著名导演执导拍摄历史名人题材电视剧或电影，在景区内建全息影视厅循环播放，并且可以在景区内设置斋戏台，演出《海清天断案》《海瑞罢官》等。海南省还可以采用“名人搭台，旅游唱戏”的方式，努力打造以名人为品牌的旅游产品，助推当地经济发展。同时，部分名人的感召力和亲缘性，对海内外华侨华人都有较大影响，可以借助华侨文化的感召力联系海内外华人，加强海内外华人的交流，助推海南“一带一路”经济发展。

（6）加快海南饮食文化“走出去”

海南倚其得天独厚的自然资源优势，盛产许多奇特罕见的山珍海味。在海南吃山珍海味，以清淡鲜活、原汁原味取胜。文昌鸡、加积鸭、东山羊、和乐蟹是海南四大名菜，另有临高乳猪、石山壅羊、曲口海鲜和“三亚三绝”，全岛有名。

在海南素有“没有文昌鸡不成席”之说，海南省可以将文昌鸡打造成一种国际品牌，以产成品的形式向外界输出，同时，树立自身品牌，将文昌鸡打造成为海南乃至全世界的拳头产品。清补凉是海南当地饮品的第一首选，来海南旅游的游客免不了都会尝尝海南的特色饮品清补凉，海南省可以将清补凉制成罐装的产成品进入全国市场，让全国各地人士不用来到海南就可以品尝到海南的特色饮品。川航将海鸡饭搬上了飞机，并搭配具有四川特色的火锅组成双拼米饭。下一步，海航还可以将文昌鸡和具有海南特色的清补凉搬上飞机，组成独具海南特色的双拼米饭，主推“一带一路”海南的特色美食产品，加强“一带一路”沿线国家之间的饮食文化交流。还可以在海南菜中融入川、湘、粤、鲁，东北菜、山西面食等国内其他省份的饮食风味；同时也可以加入东南亚风味——咖喱、印度飞饼，欧美快餐——肯德基和麦当劳，日韩料理——寿司、烤肉、泡菜等国外饮食风味，将海南餐饮打造成涵盖五湖四海的海南风味。努力打造“人在海南，吃遍全球”的餐饮格局，让游客在海南既能吃到家乡的滋味，又能尝到世界的风味；既能满足特定选择，又能满足大众口味。在餐饮文化促销方面，海南可以借助政府牵头，利用各种赴岛外、国外参加各种展览会、交流会、贸易会的机会，积极推出海南餐饮文化。此外，可以利用海南本地电视台、旅游卫视、报刊、杂志等大众媒体，专门开辟美食专栏，向观众解读海南的饮食文化。

5. 扩大教育国际交流与合作

在教育机构国际化合作方面，应结合海南自身实际和参与“一带一路”建设的需要，重点开展与东南亚国家的教育合作。目前，海南大学已在马来西亚、老挝、柬埔寨建立了分校，为海南高等教育国际化做了有益探索。同时，海南还应积极引进国外高水平的初等、中等教育机构来海南举办分校或分支机构，为海南教育增加国际化成色，也为我国初、中等教育国际化积累经验。此外，为加快高等教育国际化进程，海南还应加大省级政府外国留学生奖学金力度，扩大留学生规模，有目的、有计划地吸引“一带一路”特定国家、特定项目留学生来海南高校留学。

在人才培养方面，海南高校应着力培养与“十二大”重点产业紧密结合的并与“一带一路”特别是与海上丝绸之路建设相关的高层次人才。比如，在外语类人才培养方面，可试办海上丝绸之路沿线国家小语种专业，如印尼语、泰语、阿拉伯语等。

6. 打好华侨文化这张牌

华侨文化是中华文化与侨居国文化不断交流融合的产物，是海外华侨在长期的生活和创业中逐渐形成且代代相传的独特的文化现象。海口的骑楼老街和文昌的骑楼老街是海南华侨文化的典型代表。骑楼的历史与海口早期的对外开放息息相关，海口骑楼老街的发展源于海上贸易与航运的发展，海口海运航线可到达曼谷、吉隆坡、新加坡等东南亚国家的主要城市，因此活跃于东南亚与大陆沿海区域的商户和劳工成为了传播南洋文化的载体。

海口、文昌等地的骑楼街是华侨文化最典型的载体和侨乡老宅，海口钟楼（由海口华侨商与海外侨商集资兴建）也是海南华侨文化象征性建筑。在“一带一路”建设中，海南省可以将这些华侨文化的象征性建筑物设为海南旅游景点，在骑楼老街中置入与旅游休闲相关的文化创意产业，如旅游纪念品、旅游工艺品、土特产等，还可以引进国外的先进文化，在对外开放过程中将各地的建筑风格和样式带到海口，让骑楼老街形成亚欧混合的城市风貌，将“引进来”与“走出去”更好地结合起来，进而促进海南的对外开放。

海南最具华侨文化特色的全国旅游名镇是兴隆华侨农场。可以将具有海南华侨文化特色的歌曲《我爱你，中国》作为兴隆旅游的宣传歌曲，并且设立小影院面向全国各地游客放映电影《海外赤子》，将华侨文化更好地融入旅游活动中。同时，可以把具有海南华侨文化的象征物做成商品的形式向全国各地输出，把海南华侨文化以商品的形式展现出来；也可以在海南省建立面向全国开放的海南省华侨博物馆，把海南华侨文化精品以艺术品的形式进行展览，让全国各界人士了解海南的华侨文化。

7. 打造海南公共外交靓丽名片

在深度融入“一带一路”建设过程中，海南应以博鳌亚洲论坛等公共平台为依托，推广“海南柬埔寨光明行”的经验，扩大公共外交的领域和深度，围绕“三个基地、一个示范区”的对外交往构想，积极开展应用性、前沿性研究与实践探索，整合海南与各国之间的外交资源，打造一流的海南公共外交专家团队，服务海南乃至国家的公共外交战略，打造具有国际魅力的公共外交名片。

二、海南深度融入“一带一路”建设的支撑与保障

（一）强化省际协调机制建设，加强区域合作交流互动

在推进对外开放和“一带一路”建设的实践中，海南既要注重与相关国家或地区之间的协调，也要注重省域间的协调配合。

首先，加强区域沟通与协调。海南应依托泛珠三角区域合作机制，与有关省区共同参与南海保护与开发，共建海洋经济示范区、海洋科技合作区。密切与香港、澳门在海事、海警、渔业、海上搜救等领域的合作，积极对接粤港澳大湾区建设。加强与台湾地区在教育、医疗、现代农业、海洋资源保护与开发等领域的合作。深化琼州海峡合作，推进港航、旅游协同发展。

其次，加强省际协调与合作。“一带一路”是一个大范围的国家战略，涉及中亚、南亚、西亚、印度洋、地中海等广袤地区，这样一个大战略能否取得成功不是一个省能够决定的，需要各省共同努力、相互合作和协调。这种协调机制主要涉及政府政策、经济交流、商贸合作、人文科学等多方面。为深度融入“一带一路”建设，海南省要强化与其他省份的协调机制建设，与其他省份形成优势互补，共同推动“一带一路”建设实践。

（二）完善人才发展制度，加快人才培养

人才尤其是国际化人才对“一带一路”建设的成效影响毋庸置疑，为进一步扩大开放并深度融入“一带一路”建设，海南必须在人才培养上下足功夫。

1. 大力发展教育，提高培养人才的能力

对海南这样一个经济发展相对落后，教育欠发达的省份，必须牢固树立“教育优先”的发展理念，坚决摒弃“有多少钱办多少教育”的办学思想，以“再穷也不能穷了教育”的莫大勇气和坚定决心，增加教育投入，彻底打破“教

育落后—人才短缺—发展缓慢—教育经费缺乏—教育落后”的恶性循环。要突出基础教育在全民教育中的地位，坚决落实九年义务教育，提高海南民众的整体素质，以适应国际旅游岛、“一带一路”建设和海南社会经济发展的需要；优化中等教育结构和资源，大力培养实用性专业人才；扩大优质高中教育资源，为高等院校提供高质量生源；以国家推进“双一流”建设为契机，以海南大学世界一流学科建设高校为切入点，重点扶持、建设一批在国内外有影响力的学科群，形成若干成果丰富的实验室和研究机构，为海南和国家培养更多高层次专门人才。

2. 改善人才环境，建立和完善留住人才的机制

一个地方社会经济和人才发展，留住并用好存量人才是基础。在海南的对外开放和“一带一路”建设实践中，也必须首先充分发挥现有人才的积极性、主动性和创造性，采取各种措施激发现有人才的活力和潜力。在人才的选拔和使用上，要破除论资排辈的观念，坚持公开平等、竞争择优的原则，完善公开选拔、竞争上岗机制，努力形成人尽其才、才尽其用、用有所成的人才环境。各级政府要关注现有人才关切的问题，在提高现有人才相应待遇的同时，坚决把住房、物价等控制人才和普通民众可接受的范围，把医疗、子女教育等提高到人才和普通民众认可的水平。

3. 创新“招才”“引智”制度，加快人才引进步伐

过去，海南在吸引人才的宣传中，注重突出气候优势和自然环境优势，取得了一定效果，但在全国其他地区环境质量普遍改善，生活质量不断提高的背景下，这样的宣传，对人才的吸引力自然会大打折扣。为此，海南必须做好三件事情：一是要在工资水平、生活待遇等方面拿出实招，制定并实施能达到人才期望值的优惠政策；二是创造条件，搭建人才能够实现人生价值的平台；三是改变宣传策略，突出“项目”“事业”“机会”“人生价值”等“软件”条件在引进人才方面的吸引力。

（三）争取支持，推进海上丝绸之路建设制度创新

1. 明确和落实海南“西中南沙海域管辖权”

一是明确授予和落实海南对西中南沙海域相关立法权，使海南参与南海资源开发和保护有法可依；支持海南省制定《海域使用管理法》《海岛保护法》《海洋环境保护法》等法律法规的实施细则和执法程序；推动《三沙市旅游开发利用管理条例》《三沙市渔船管理条例》《无居民岛屿开发利用条例》的立法工作。

二是明确授予和落实海南对西中南沙海域执法权。授予海南统一或协调西中南沙海域相关执法的权力；授权海南部分西中南沙海域非军事涉外违法案件的司法权和执行权。

三是明确授予和落实海南对西中南沙海域资源开发权。争取中央下放部分远洋捕捞审批权；将南海油气开发权部分下放给海南；赋予海南对天然气行业行使统一管理的自主权；授权海南制定和执行西中南沙海域海洋环境保护和历史文化的地方性法规和规章。

2. 加大海洋产业开放的政策支持

一是争取政策支持，开辟与印度洋和太平洋周边国家的邮轮航线；进一步放宽游艇在海南游览观光活动水域和外籍游轮停靠自由。

二是加大海洋渔业产业开放。支持把海南省作为我国发展西中南沙渔业生产、维护南海权益的基地；进一步扶持海南加大在西中南沙渔业资源的开发力度，进一步新增海南发展西中南沙渔业生产渔船指标，放宽海南渔船“双限”指标的限制；将海域使用金的中央与地方分成比例向海南倾斜。

三是支持海南参与南海油气开发，合理调整中央与地方南海油气开发收入分配比例，将南海油气开发管理权部分下放给海南；支持把洋浦作为面向东南亚的油品加工出口基地和储备基地，建设国际油品交易所。

四是支持三亚和海口建立海上丝绸之路临空经济区。以现有的美兰国际机场和三亚凤凰国际机场为依托，以航空运输、民航综合服务为先导和支撑产业，以物流配送、旅游、商务餐饮、高新技术等为配套产业，建立三亚和海口临空经济区，形成集聚效应和扩散效应，带动三亚、海口及其周边区域发展。

（四）加大金融支持力度

金融是现代经济的核心，只有不断推动海南金融业的改革创新，才能更好发挥其在扩大开放和“一带一路”建设中的支撑与保障作用。

2015 年 11 月 4 日，海南省政府印发了《关于加快发展现代金融服务业的若干意见》（以下简称《意见》），对海南金融业的发展进行了规划和部署，《意见》指出要着力推进“五类金融”的持续较快发展，分别是：海洋金融、普惠金融、互联网金融、消费金融和跨境金融。把“四区①”建设作为金融业发展的战略定位，努力把现代金融业打造成为海南省“十三五”建设中的 12 个重要支柱产业之一。《意见》还具备“五个坚持”的特点：坚持遵循经济金融发展

① 金融改革的先行区、金融发展的繁荣区、金融生态的优质区、金融运行的安全区

的基本规律，坚持改革创新开放的理念，坚持服务实体经济，坚持服务海南“十三五”重点产业，坚持防范金融风险底线不放松。2017年9月，海南省金融工作会议再次强调金融工作要以实体经济为出发点和落脚点，不断提高服务重点产业项目、“五网”基础设施建设、新型城镇化建设、生态文明建设、脱贫攻坚等领域实体经济的水平，把更多金融资源配置到加快建设美好新海南的重点领域和薄弱环节，更好地满足人民群众和实体经济多样化的金融需求。

目前，海南省金融业仍存在总体规模偏小、资本市场发育水平不高等问题，特别是在跨境金融领域创新不足，人民币跨境结算等配套政策尚未有效实施等方面，这些都在一定程度上影响各类国际交易平台的建设发展。根据《意见》，海南省要在海洋金融、跨境金融等五个领域借助改革开放和金融创新来推动全省金融业的发展。

为完善海南省跨境金融业的发展机制，海南省必须加快金融创新，建设集能源储备、金融交易结算、能源交易为一体的国际化大型综合性交易平台，积极开展融资租赁业务和离岸金融业务，落实海上自由贸易试验区金融领域改革事项推广，加快个人其他经常项目下人民币结算业务、外商投资企业外汇资本意愿结汇等金融改革措施的复制落地，将海南建设成金融改革的先行区。

（五）加强风险防控机制建设，提升风险防控能力

中国在“一带一路”建设中面临的风险，分为以下几类。

第一，政治安全风险。“一带一路”建设囊括古代四大文明、欧洲文明的国家和地区，很多国家都处在文明的交汇处，经济实力强的大国间在进行博弈时往往只考虑自身利益，忽视周边“小国”的利益，从而在制定或改变政策时忽视政策本身带来的负向外部效应，给沿线其他国家和地区造成了负面的政治冲击，甚至会引发地区间的局部军事冲突。

第二，经济安全风险。从中国的角度出发，作为“一带一路”建设的倡导者，自身如果没有能够在对外经济交往的过程中适度把控，可能引发一系列的负面影响。简单的说，就是会让沿线的其他国家认为我国是在恃强凌弱，所以我国在政治经济中可能出现的“胡作为”和“不作为”行为也是我国面临的风险。同样的，沿线国家在这一维度上面临的风险就是中国利用强势地位带来的风险。值得庆幸的是，中国与沿线国家的交往保持谨慎的态度，坚持以自身的发展带动沿线国家和地区的发展。

第三，中国企业或是居民在海外利益受损的风险。据不完全统计，中国企业在海外进行投资时，对安全风险的防范投资达到总投资的1%—2%，中国公

民在海外遭到利益损害的情况也屡见不鲜。

这些国家层面的风险，海南同样可能面对。为防范对外开放和“一带一路”建设中的各种风险，一方面，出台有关涉外政策要深入论证、严格把关，成熟一项推出一项；有效履行属地金融监管职责，构建金融宏观审慎管理体系，建立金融监管协调机制，加强对重大风险的识别和系统性金融风险的防范，严厉打击洗钱、恐怖融资及逃税等金融犯罪活动，有效防控金融风险；优化海关监管方式，强化进出境安全准入管理，完善对国家禁止和限制入境货物、物品的监管，高效精准打击走私活动；建立检验检疫风险分类监管综合评定机制；强化企业投资经营事中事后监管，实行“双随机、一公开”监管全覆盖。另一方面，加强对“一带一路”沿线国家的安全状况、政局走向、法律特点和金融状况的了解和分析，进行相对准确和完善的风险评估；加强在沿线国家施工和开展业务的中国企业和公司的安全保护措施，加强跨境警务合作；加强对赴沿线国家人员的安全教育工作，培养赴外境人员和企业的自身防范意识和能力。

后　记

2018 年 4 月 13 日，习近平总书记在庆祝海南建省办经济特区 30 周年大会上郑重宣布，党中央决定支持海南全岛建设自由贸易试验区，支持海南逐步探索、稳步推进中国特色自由贸易港建设，分步骤、分阶段建立自由贸易港政策和制度体系。这是党中央着眼于国际国内发展大局，深入研究、统筹考虑、科学谋划做出的重大决策，是彰显我国扩大对外开放、积极推动经济全球化决心的重大举措。

在全球化的世界经济发展大格局下，在中国新一轮改革开放重大突破之时，中央选择海南先行先试，这是继兴办特区、落实国际旅游岛国家战略之后，中央对海南未来的又一次战略定位，体现了中央对海南的关心和厚爱，也赋予了海南新时代的新使命和新担当，海南必定会在“一带一路”建设中发挥更大作用。

参考文献

[1] 海南省国民经济和社会发展第十三个五年规划纲要［N］. 海南日报，2016－03－29.

[2] 郭敏，卢红飚.21 世纪海上丝绸之路战略格局下的海南定位［J］. 中共贵州省委党校学报，2016（1）.

[3] 曾玉微. 保护和弘扬海南华侨文化，发挥华侨文化的现实作用［J］. 新教育，2017（10）.

[4] 付业勤，李勇. “一带一路”战略与海南“中国旅游特区”发展［J］. 热带地理，2015，35（05）：646－654.

[5] 刘萍. 论海南旅游特区国际化的制约因素与破解路径［J］. 旅游纵览（下半月），2015（09）：169－171.

[6] 李永全，王晓泉. “一带一路”建设发展报告［M］. 北京：人民出版社，2017.

[7] 胡琪婧. 龙开榜. “一带一路”海南优势产业发展研究［J］. 决策咨询，2016（04）：28－33，38.

[8] 贺群舟. 一带一路战略下的海南海洋产业发展研究［J］. 时代金融，2017（09）：63－64.

[9] 傅国华，林爱杰. 张琪. 海南对东南亚八国出口的多层贸易引力研究——基于国家“21 世纪海上丝绸之路”战略下海南外贸发展的新思考［J］. 海南大学学报（人文社会科学版），2015，33（06）：70－77.

[10] 周伟. 海南公共外交的兴起与发展［J］. 公共外交季刊，2015（04）：84－90，128.

[11] 中国（海南）改革发展研究院课题组. 把海南建设成为“海上丝绸之路”南海基地［J］. 今日海南，2015（01）：11－14.

第十一章

海南城乡居民养老保险待遇充足性问题研究[①]

一、前言

2018年4月11日，中共中央、国务院发布的《关于支持海南全面深化改革开放的指导意见》明确提出：到2020年，公共服务体系更加健全，人民群众获得感明显增强；2025年，公共服务水平和质量达到国内先进水平，基本公共服务均等化基本实现；2035年，人民生活更为宽裕，全体人民共同富裕迈出坚实步伐；到本世纪中叶，率先实现社会主义现代化，全体人民共同富裕基本实现，建成经济繁荣、社会文明、生态宜居、人民幸福的美好新海南。积极完善事关350多万海南城乡居民养老福祉的居民养老保险制度，让人民共享经济社会发展的成果，是海南全面深化改革开放，建设有中国特色的自由贸易港（区）的内在要求。

2018年1月23日，中央全面深化改革领导小组第二次会议通过《关于建立城乡居民基本养老保险待遇确定和基础养老金正常调整机制的指导意见》，文件指出：建立城乡居民基本养老保险待遇确定和基础养老金正常调整机制，要按照兜底线、织密网、建机制的要求，建立激励约束有效、筹资权责清晰、保障水平适度的待遇确定和基础养老金正常调整机制，推动城乡居民基本养老保险待遇水平随经济发展逐步提高，确保参保居民共享经济社会发展成果。海南省高度重视民生问题，在2018年1月26日召开的海南省六届人大一次会议上，沈晓明省长所做的政府工作报告中明确提出：2018年，要提高城乡居民基本养老

① 本研究系作者主持的国家社科基金青年项目的阶段性研究成果：“基本公共服务均等化视角下的城乡社会保障统筹发展研究”（13CHS092）。

保险基础养老金标准。

基于以上背景，本研究以《海南省城乡居民基本养老保险暂行办法》为政策依据，探讨调整海南省城乡居民养老保险基础养老金标准的思路与可行性，为政策调整提供借鉴和参考。

二、海南城乡居民养老保险制度及实施效果

2009 年 12 月，海南省正式颁布《海南省新型农村社会养老保险暂行办法》，标志着新型农村养老保险制度正式全面推进；2011 年 4 月通过了《海南省城镇居民社会养老保险暂行办法》，建立了城镇居民养老保险制度。为了统筹城乡发展，缩小城乡差距，实现城乡基本公共服务均等化，依据国家相关政策，海南省于 2014 年 6 月制定了《海南省城乡居民基本养老保险暂行办法》，积极推进城乡居民养老保险制度建设。海南省不断提高城乡居民养老保险基础养老金待遇水平，2015 年提高到 145 元，超过国家标准 75 元；2018 年进一步调整到 160 元。但总体而言，城乡居民养老保险的保障水平还偏低，建立科学合理的基础养老金待遇调整机制是当前面临的重要课题。

（一）海南城乡居民养老保险制度演变

海南省委省政府按照国家相关政策要求，主动作为，在经济发展水平总体欠发达的情况下，加大投入，推进了城乡居民养老保险制度的建立和完善。

1. 海南新型农村养老保险制度

2009 年 9 月 1 日，国务院发布《关于开展新型农村社会养老保险试点的指导意见》，标志着全国新型农村社会养老保险（简称“新农保”）试点工作正式启动。2009 年 12 月，海口市美兰区、三亚市、文昌市、保亭县被国家确定为首批新农保试点市县。2009 年 12 月 26 日，省政府正式下发《海南省新型农村社会养老保险试点办法》，标志着试点工作正式启动。在四地试点的基础上，海南省于 2010 年 9 月 17 日正式颁布《海南省新型农村社会养老保险暂行办法》，标志着海南新型农村养老保险制度正式全面推进。

新农保规定，所有海南户籍农业人口，年满 16 周岁（不含在校学生）未满 60 周岁，当期未参加城镇从业人员基本养老保险的人员，可在户籍所在地按本办法自愿参加新农保，年满 60 周岁的人员可按本办法的规定享受基础养老金待遇。

2. 海南城镇居民养老保险制度

按照加快建立覆盖城乡居民社会保障体系的要求，为逐步解决城镇无养老

保障居民的老有所养问题，国务院于2011年6月7日发布了《关于开展城镇居民社会养老保险试点的指导意见》，决定在全国推行城镇居民养老保险（简称“城居保”）试点，以实现养老保险全覆盖的目标。

海南省积极推进城镇居民养老保险制度建设，早在2011年4月8日通过了《海南省城镇居民社会养老保险暂行办法》，于4月份开始在海口、三亚、儋州三市试点，并于10月份在全省全面铺开，比国家计划提前了1年。城镇居民社会养老保险制度的出台，标志着海南省养老保险在制度上实现城乡全覆盖，城乡居民期盼的“老有所养”的美好愿景已经变为现实。

根据制度规定，凡具有本省行政区域内非农业户籍，年满16周岁（不含在校学生），当期未参加城镇从业人员基本养老保险等现有社会养老保险制度，无任何形式的社会养老保险待遇的城镇非从业居民，可以在户籍地自愿参加居民养老保险。

3. 海南城乡居民养老保险制度

在居民养老保险分设运行3年之后，为进一步统筹城乡发展，逐步缩小城乡差距，推进基本公共服务均等化，国务院于2014年2月出台了《关于建立统一的城乡居民基本养老保险制度的意见》，决定将新农保和城居保两项制度合并实施，在全国范围内建立统一的城乡居民基本养老保险。根据国家统一城乡居民养老保险制度的统一部署，海南省于2014年6月制定了《海南省城乡居民基本养老保险暂行办法》，积极推进城乡居民养老保险制度建设。

统一后的城乡居民养老保险制度规定：凡具有海南省户籍的城乡居民，均可在户籍所在地参加城乡居民医保。城乡统一的养老保险制度建设，是推进城乡基本公共服务均等化的重要举措，对于增强制度的便携性、公平性有重要价值。

（二）海南城乡居民养老保险的制度框架

原有新型农村养老保险制度和城镇居民养老保险制度，从制度设计角度看，具有极强的一致性，具有普惠性和储蓄型双重特征。其中，基础养老金属于普惠性养老金，只要符合相应条件的参保者均可享受均一水平的养老金，所需资金由中央和地方财政按照一定比例分担；而个人账户养老金则采取个人缴费与财政补贴相结合的筹资模式，缴费全部进入个人账户，养老金水平取决于缴费水平和投资回报率水平。城乡居民养老保险制度统一后，制度框架并未发生根本性变化，仅是在部分具体细节上做了调整，以适应城乡制度统一的需要。

1. 资金筹集

无论是原来的新农保，还是城居保，还是统一后的城乡居民养老保险制度，都采取个人缴费与政府补贴相结合的多元化筹资机制（表 11－1）。主要有以下特点。

第一，个人自主选择缴费档次。海南省城镇居民养老保险共十个缴费档次，参保人可自主选择：100 元、200 元、300 元、400 元、500 元、600 元、800 元、1000 元、1500 元、2000 元；新型农村养老保险共七个不同的缴费档次，参保人可自主选择：100 元、200 元、300 元、400 元、500 元、800 元、1000 元。统一后的城乡居民养老保险较好地兼顾了城乡居民缴费能力的差异，适度拉高了最高缴费档次的额度，设置了 13 个缴费档次：100 元、200 元、300 元、400 元、500 元、600 元、700 元、800 元、900 元、1000 元、1500 元、2000 元、3000 元。2017 年 9 月 11 日，海南省人力资源和社会保障厅发布了《关于调整城乡居民基本养老保险缴费档次的通知》，自 2018 年开始，将最低缴费档次提高到 200 元，最高缴费档次为 5000 元。

第二，缴费激励。为了鼓励参保者提高缴费档次，按照个人缴费档次的不同，政府建立了差异化的缴费补贴机制。新农保规定：对于选择 100 元缴费档次的参保者，地方政府给予每人每年 30 元的基础补贴，所需资金由省、市县政府按照一定比例分担，其中，省财政与海口市、三亚市、洋浦经济开发区财政按 4∶6 的比例分担，省财政与其他市、县、自治县财政按 6∶4 的比例分担；对选择 200 元以上缴费档次的，每增加一个缴费档次另给予不少于 5 元的缴费补贴，所需资金由市县财政承担。城居保也建立了类似的缴费补贴制度。调整后的城乡居民养老保险也建立了激励性缴费补贴制度，对于选择 100 元缴费档次的参保者，每年补贴 30 元；对于选择 200 元及以上缴费档次的，缴费激励力度较之前有一定提高，每增加一个缴费档次另给予不少于 10 元的补贴；补贴所需经费来源渠道和划分比例与之前新农保和城居保一致。

第三，基础养老金由各级政府财政资金支付。城乡居民养老保险基础养老金采取均一水平的普惠性制度安排，各地在中央政府规定的 55 元基础养老金基础上，可以根据地方经济社会发展水平自行调整。其中，55 元基础养老金由中央政府全额承担，高于 55 元的部分由省和市县财政分担，与缴费补贴的分担比例一致。

表 11－1 城乡居民养保险筹资渠道

	新型农村养老保险	城镇居民养老保险	城乡居民养老保险
文件依据	海南省新型农村社会养老保险暂行办法	海南省城镇居民社会养老保险暂行办法	海南省城乡居民基本养老保险暂行办法
时间	2010 年 9 月 17 日	2011 年 4 月 8 日	2014 年 6 月 17 日/2017 年 9 月 11 日
个人	年缴费 100—1000 元	年缴费 100—2000 元	年缴费 100—3000 元/200—5000 元
集体	自愿	—	—
中央政府	“补出口”，55 元基础养老金	“补出口”，55 元基础养老金	“补出口”，55 元基础养老金
地方政府	1. “补入口”：最少补贴 30 元，每提高一个缴费档次增加 5 元；2. “补出口”：基础养老金 55 元之上部分	1. “补入口”：不少于 30 元，每提高一个缴费档次增加 5 元；2. “补出口”，基础养老金 55 元之上部分	1. “补入口”：不少于 30 元，每提高一个缴费档次增加 10 元；2. “补出口”，基础养老金 55 元之上部分

2. 待遇给付

城乡居民养老保险待遇由基础养老金和个人账户养老金组成，支付终身。只要符合相应条件的参保者，在 60 周岁时就可以按月领取养老金。

（1）领取条件

按照政策规定，参保者年满 60 周岁时符合下列条件之一的，自年满 60 周岁的次月起，按月享受养老保险待遇：缴纳养老保险费年限累计 15 年以上（含 15 年）的；该制度施行之日，已年满 60 周岁的参保人员，同时本人没有领取城镇从业人员基本养老金和其他社会养老金的；本制度施行之日，距 60 周岁不足 15 年并按年缴费至 60 周岁的；本制度施行之日，距 60 周岁不足 15 年，分次或一次性补缴养老保险费，累计缴费年限在 15 年以内的。

（2）基础养老金

第一，新型农村养老保险制度基础养老金。

根据国家政策规定，基础养老金最低为 55 元/月，由中央政府全额补助，各地可以根据经济社会发展情况自行调节，但增加部分由省和地方各级政府按一定比例分担。同时，为了激励增加缴费年限，规定每多缴 1 年，基础养老金增加 2 元，由省财政承担。

近年来，海南省不断提高基础养老金待遇水平，由 2010 年最初的 55 元，2011 年 10 月提高到 70 元，2012 年 10 月进一步提高到 85 元，2013 年 7 月 1 日提高至 100 元，并于 2014 年下半年提高至 120 元，之后与城镇居民基础养老金待遇水平统一至 130 元。

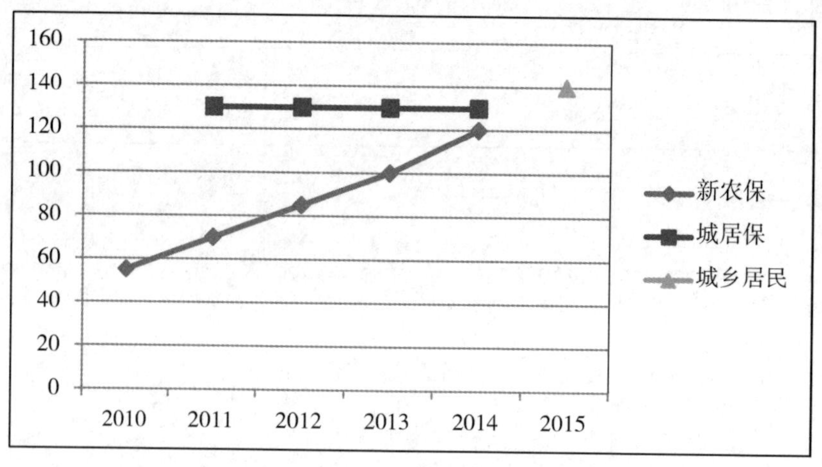

图 11－1　海南省城乡居民养老保险基础养老养老金调整情况（2010—2014）

第二，城镇居民养老保险基础养老金。

城镇居民养老保险基础养老金与新农保一致，中央财政对 55 元基础养老金实施全额补贴，而地方政府可以根据经济社会发展水平差异自行确定基础养老金水平，但超过 55 元以上部分由省、市县政府财政分担。2011 年试点开始，基础养老金水平一直为 130 元。并且为了激励参保者增加缴费年限，规定在 15 年最低缴费年限基础上，每多缴 1 年，基础养老金增加 4 元。

第三，城乡居民养老保险基础养老金。

2014 年，新农保和城居保统一之后，考虑到两险种基础养老金差异，政策规定：2014 年城镇居民基础养老金标准为每人每月 130 元，上半年农村居民基础养老金标准为每人每月 100 元，下半年为每人每月 120 元，以后年度逐步拉平城乡居民基础养老金。2015 年，海南省将城乡居民养老保险基础养老金统一提高到 145 元。同时，与城居保制度一致，在 15 年最低缴费年限基础上，每多缴 1 年，基础养老金增加 4 元。2018 年进一步将基础养老金待遇水平提高到 160 元。

（3）个人账户养老金

根据制度规定，个人账户养老金水平取决于达到待遇领取年龄时账户基金积累额。个人账户养老金月领取标准为：个人账户存储额除以139。个人账户存储额不足支付个人账户养老金时，由市县政府财政予以补贴。

3. 制度实施效果

海南省城乡居民养老保险制度实施以来，参保人数大幅度增加，基本实现“应保尽保”；养老基金收支规模不断增大，截至2016年，基金累计余额达到51亿。

表11－2 海南城乡居民养老保险运行情况（2014—2016）①

	参保人数（万）	领取养老金人数（万）	收入（亿）	支出（亿）	累计结余（亿）	人均养老金（元/月）	人均养老金（全国）
2010	62.4	17.7	2.5	1.1	1	51.79	58.34
2011	191	43.6	3.9	2.6	4.1	49.69	54.89
2012	269.5	65.7	8.9	5.6	9.9	71.03	71.59
2013	272.1	68.1	12	7.6	15.2	93.00	79.56
2014	274.8	68.9	14.4	9.2	20.4	111.27	88.82
2015	281.1	69.3	21.8	13.2	34.9	159	119
2016	284	70.9	29	13	51	153	118

（1）参保人数：海南城乡居民养老保险制度实施以来，参保人数不断增加，由新农保实施当年的62.4万人，增加到2011年的191万人；2012年实施城镇居民养老保险之后，城乡居民养老保险的参保人数达到269.5万人，之后基本稳定在270万人左右；2016年达到284万人。

（2）基金收支规模：随着参保人群规模的扩大，基金收支规模也不断增加，由2010年的收支2.5亿元和1.1亿元，增加到2014年的29亿元和13亿元，基金结余规模也不断扩大，由2010年的1亿元，增加到2016年的51亿元。

（3）人均缴费：城乡居民养老保险个人账户养老金由个人缴费和政府补贴组成，根据统计数据计算，2010年人均缴费为559.28元（含政府补贴），低于

① 数据来源：《中国统计年鉴》（2011—2017）。根据统计年鉴数据说明，2010—2011年的数据为新农保的参保数据，2012—2014年的数据是城居保和新农保参保数据之和。

全国平均水平50元左右；2011年人均缴费大幅度下降，仅为264.59元，与此同时，全国平均缴费水平也降低为450元。

（4）人均养老金水平：海南省不断调整城乡居民养老金水平，理论上说，由于制度刚实施不久，个人账户积累额有限，养老金发放主要依靠基础养老金。2010年，人均月养老金水平为51.79元，低于全国58.34元的平均水平；2011年不断降低，但2012年人均养老金水平提高到71元，之后超过全国平均水平，2013年为93元，2016年达到153元。个人养老金平均水平的提高，与海南省不断调整城乡居民养老保险基础养老金水平密切相关，2015年基础养老金已经达到140元。

（三）海南城乡居民养老保险制度运行存在的问题

海南城乡居民养老保险制度在运行中也面临一系列问题，并直接影响到制度的可持续运行。

1. 缴费额度选择

城乡居民养老保险允许个人自主选择缴费档次，并且通过激励性补贴方式鼓励参保者选择较高缴费档次，进而提高个人账户养老金水平。但从实际运行情况看，参保者更倾向于选择较低的缴费档次，以获取参保资格为目标。

对海口市龙华区历年参保者缴费档次选择的分析可以发现：2011—2015年，具有农村户籍的参保者选择100—300元的较低缴费档次的比例超过96%；相对而言，具有非农业户籍的参保者选择100—400元这几个较低缴费档次的比例在66%—77%（见表11－3）。

表11－3　缴费人员选择缴费标准的统计①

	农村户籍参保者				非农业户籍参保者			
	低缴费标准	中缴费标准	高缴费标准	低缴费标准比例	低缴费标准	中缴费标准	高缴费标准	低缴费标准比例
2011	37916	554	570	97.12%	7563	480	1772	77.06%
2012	38529	574	605	97.03%	7802	604	2079	74.41%
2013	38157	572	669	96.85%	7598	674	2246	72.24%

① 由于2015年正式实施统一的城乡居民养老保险制度之前，新农保和城居保的缴费档次划分不同，为了分析问题的方便，将新农保个人缴费分为高中低三个档次，其中，100—300元为低缴费档次，400—500元为中缴费档次，800—1000元为高缴费档次；城居保也分为三个档次，其中，100—400元为低缴费档次，500—800元为中缴费档次，1000—2000元为高缴费档次。

续表

	农村户籍参保者				非农业户籍参保者			
	低缴费标准	中缴费标准	高缴费标准	低缴费标准比例	低缴费标准	中缴费标准	高缴费标准	低缴费标准比例
2014	37457	507	612	97.10%	7231	698	2408	69.95%
2015	38621	958	588	96.15%	6686	727	2619	66.65%

2. 缴费激励不足

参保者缴费直接影响到个人账户养老金的水平。为了吸引参保者多积累养老权益，制度提供了相应的激励机制。

第一，基础养老金与缴费年限挂钩。新农保规定在最低缴费年限 15 年之上，每多缴 1 年，基础养老金增加 2 元。城居保和城乡居民养老保险规定每多缴 1 年，基础养老金增加 4 元。

第二，提高缴费档次与政府补贴额度挂钩。新农保和城居保规定，每提高 1 个缴费档次，政府的缴费补贴增加 5 元；统一后的城乡居民养老保险规定增加 10 元。

为了激励参保者增加缴费年限、提高缴费档次所采取的激励政策，对参保者的参保行为影响非常有限。从缴费补贴占缴费标准的比例来看，高缴费标准的缴费补贴占比不断降低，补贴优势不明显。根据测算，选择 100 元缴费档次的参保者，补贴额为 30 元，补贴比例为 30%；而 200 元的补贴额为 40 元，补贴比例为 20%；如果达到 3000 元的缴费档次，补贴额达到 150 元，补贴比例降低为 5%。

表 11－4　缴费标准与政府补贴关系

缴费标准	政府补贴	补贴占比	缴费标准	政府补贴	补贴占比
100	30	30.00%	800	100	12.50%
200	40	20.00%	900	110	12.22%
300	50	16.67%	1000	120	12.00%
400	60	15.00%	1500	130	8.67%
500	70	14.00%	2000	140	7.00%
600	80	13.33%	3000	150	5.00%
700	90	12.86%			

3. 养老金总体待遇水平偏低

随着城乡居民养老保险制度不断成熟，参保人的参保时间不断增加，城乡居民养老金中个人账户养老金的比重会不断提高，进而提高养老金的总体水平。但受制度设计的影响，尤其是个人账户按照一年期银行存款利率记账，投资回报率偏低，积累型个人账户制度的作用无法得到体现，这必然导致制度的目标替代率偏低，无法保障城乡居民年老后的基本生活水平。刘德浩（2013）① 基于海南省城镇居民和新型农村养老保险制度的规定，对不同情境下的养老金收入与替代率进行了测算，研究结果显示：（1）对于城镇居民而言，根据制度设计，如果个人选择200元的缴费档次，连续缴15年，最终得到的养老金的现值为153.06元；即便是选择最高缴费档次2000元，连续缴纳40年，最终得到的养老金现值为625.64元，均低于城镇居民消费性支出水平。（2）对农村居民而言，如果个人选择200元的缴费档次，连续缴15年，最终得到的养老金现值为78.05元；即便是选择最高缴费档次1000元，连续缴纳40年，最终得到的养老金现值为257.65元。可见，原有城乡居民养老保险制度的待遇水平无法满足老年人基本生活需求。

三、海南城乡居民养老保险待遇充足性分析

基于城乡居民养老保险的制度特征，形成了两个分析模型（见附件1）。本部分将基于现实的情景模拟，对制度充足性及相关问题进行评价。

（一）参数设定

1. 参保年龄与领取养老金的年龄

根据海南省城乡居民养老保险制度规定，参保者的最低缴费年龄是16岁，领取养老金的年龄为60岁，并且有不低于15年的缴费年限。因此，本文假定参保者的参保年龄为16—45岁。并且个人保险关系一直存续，不存在中途退保或欠缴保费的情形。

2. 基础养老金水平

根据海南省城乡居民养老保险制度规定，假定参保者基础养老金水平为140元，其中，中央财政补贴55元，其他由各级地方政府分担。并且在15年最低缴费年限之上，每多缴1年，基础养老金增加4元。

3. 个人缴费与政府补贴

根据海南省城乡居民养老保险制度规定，统一后的城乡居民养老保险共设

① 刘德浩，庞夏兰．海南省统筹城乡社会保障制度研究［J］．琼州学院学报，2013，20（6）：28－36.

置了 13 个个人缴费档次：100 元、200 元、300 元、400 元、500 元、600 元、700 元、800 元、900 元、1000 元、1500 元、2000 元、3000 元。选择 100 元缴费档次的，财政补贴 30 元，之后每提高一个缴费档次，财政补贴不低于 10 元。

4. 个人账户养老金计发系数与预期寿命

根据海南省城乡居民养老保险制度规定，个人账户养老金的月计发标准为个人账户全部储存额除以 139，这意味着制度假定参保者 60 岁之后平均余寿为 11 年 7 个月。薛惠元等根据 2000 年第五次人口普查数据、2005 年 1% 人口调查和 2010 年第六次人口普查数据，计算出 60 岁人口的平均余寿分别为 18.87 岁、20.88 岁和 21.48 岁①。据此，假定参保者 60 岁时的平均余寿为 20 岁。

5. 个人账户基金投资回报率

海南省城乡居民养老保险制度规定，城乡居民养老保险基金按照国家统一规定投资运营，实现保值增值。但国家并未制定单独的城乡居民养老保险基金投资管理办法。另外，2015 年虽然出台了《基本养老保险基金投资管理办法》，但基金市场化投资还未正式启动，基金仍主要用于购买国债或银行存款，投资回报率偏低。据统计，2003 年以来，养老保险基金名义收益率为 2.18%，而同期加权通货膨胀率为 2.2%，养老保险基金实际是在贬值缩水②。因此，本文将个人账户养老金的投资回报率设定为 3%。

6. 贴现率

贴现率反映个人对于当期消费和远期消费的偏好，本文将其设定为 3%。不过随着年龄的变化，贴现率也会发生变化，为了体现贴现率变化对个人养老金财富的影响，在敏感性分析部分将考虑贴现率为 6% 的情况。

7. 城乡居民养老保险待遇调整率

根据物价水平、经济发展水平等的调整，政策规定：基础养老金标准随我省经济发展和物价变动等情况适时调整，但并没有明确提出按照何种表现进行动态调整。此外，个人账户养老金是否与基础养老金一致，进行动态调整也未作说明。2014 年下半年海南统一的城乡居民养老保险实施以来，2015 年农村参保者由 120 提高到 140 元，非农业户籍者由 130 提高到 140 元，之后农业户籍参保者和非农业户籍参保者的基础养老金统一。因此，参考非农业户籍基础养老

① 薛惠元、仙蜜花．城乡居民基本养老保险个人账户基金收支平衡模拟与预测——基于个体法的一项研究［J］．当代经济研究，2015（10）：82－90.

② 王杰．养老金空账不能依赖运营收益填补［N］．上海证券报，2007－08－30.

金的调整幅度，假定个人账户养老金待遇调整率为7%。但考虑到政策中并未对此问题作出说明，因此，在基准状态下，假定待遇调整率为0。

8. 个人账户缴费额调整

海南省城乡居民养老保险制度中并未对个人缴费档次的调整做出相应规定，但考虑到收入水平变动的客观因素，采取较为保守的数据设置，将个人缴费调整率设定为3%。

（二）模拟与测算结果分析

根据上述条件假设，基于模型设定，可以得到如下分析结果（见表11-1，表11-2）：总体上，缴费档次和参保年龄会很大程度上影响养老金待遇水平。

1. 缴费档次与养老金待遇水平

理论上，随着个人缴费档次的提高，个人账户缴费额和政府补贴水平会提高，在投资回报率既定的前提下，个人账户积累额会增大，进而个人账户养老金也会提高。但是，由于基础养老金不会随着缴费档次的提高而增加，因此，缴费档次对养老金待遇水平的影响程度很大程度上取决于投资回报率。在投资回报率既定的情况下，提高缴费档次，养老金的绝对水平和替代率水平都会有所提高。

如前文所述，目前养老保险参保者多选取较低的缴费档次，海口市龙华区调研显示：农村户籍参保者90%以上选择100—300元缴费档次；非农业户籍参保者70%以上选择100—400元缴费档次。薛惠元（2010）在湖北省部分地区的调研也得出了相似的结论，70%—99%的参保者选择100元缴费档次。如果分析100—400元缴费档次与待遇水平之间的关系，可以发现：根据参保年龄的差异，参保者月养老金在173.06—401.61元不等；根据《海南省统计年鉴（2015）》数据，2014年城乡居民人均可支配收入约为1456.33元。据此可以算出养老金替代率分布在11.88%—25.78%。这意味着，如果一个参保者从16岁开始参保，选择400元的缴费档次，连续缴费44年，60岁时每月领取的养老金现值为401.61元，占2014年城乡居民可支配收入的25.78%；如果参保者45岁才开始参加保险，并选择100元最低缴费档次，则60岁时每月仅能领取173.06元养老金，替代率为11.88%。

根据对海南省2014年城乡居民人均消费支出及支出结构的分析可以发现；城镇居民每月食品类支出554.61元，农村月均食品类支出253.08元。也就是说，如果是一个城镇居民，即便选择400元缴费档次，连续缴费44年，每月养老金仅为401.61元，仅为城镇居民月消费支出的30%左右，而且无法满足食品类消费支出的需要；农村居民参保者在满足一定缴费档次和缴费年限情况下，所得养老金可以满足食品类支出的需要，但总体水平仍然偏低。

表 11-5　海南城乡居民月消费支出水平

	月均总支出	食品支出
城镇	1459. 48	554. 61
农村	1000. 42	253. 08

2. 缴费年限与待遇水平

缴费年限与养老金待遇水平的关系体现在两个方面：第一，在满足最低 15 年缴费期限基础上，缴费年限每增加 1 年，基础养老金增加 4 元；第二，缴费年限越长，个人账户养老金的缴费额和投资收益较高，在待遇计发系数一定的情况下，个人账户养老金水平增加。从分析结果可以发现（图 11-2）：第一，大多数情况下，缴费年限增加，会带来养老金水平的提高；随着缴费年限的增加，提高缴费年限带来的养老金增加的绝对数额呈递减趋势；第二，26 岁是一个非常重要的转折点，在 26—45 岁参保，每提前 1 年参保，参保者的缴费档次越高，养老金待遇水平增加额越高；但在 16—26 岁参保，每提前 1 年参保，参保者缴费档次越低，养老金待遇水平增加额越高。第三，总体而言，如果选择较低缴费档次，增加缴费年限对养老金收益变动的影响相对平缓。这意味着，对于 90% 左右的农村户籍参保者和 70% 以上的城镇户籍参保者而言，选择的缴费档次较低，意味着提前参保的动力较低。

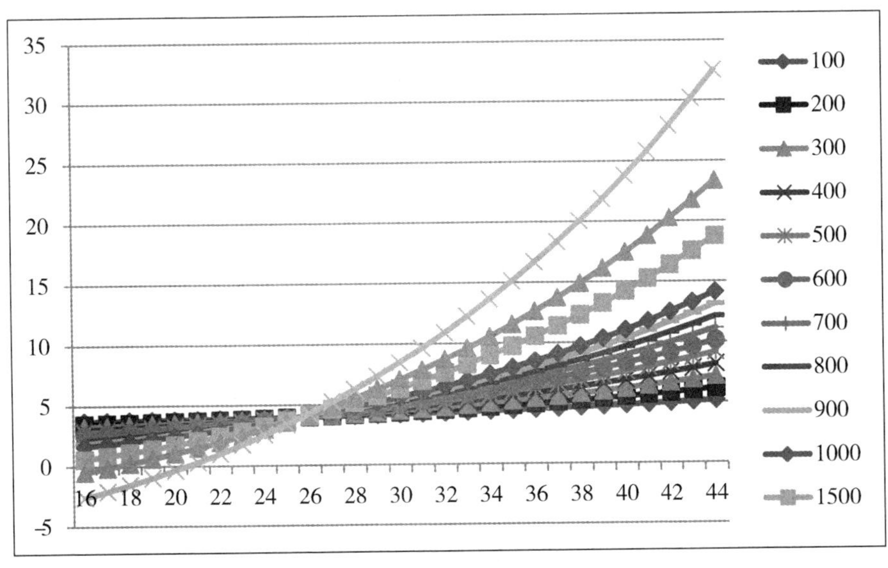

图 11-2　不同缴费档次下增加缴费年限与养老金收益变动

3. 个人账户的精算平衡问题

城乡居民养老保险采取普惠性基础养老金加完全基金积累的个人账户养老金模式，前者由财政全额承担，后者受个人缴费、政府补贴和投资回报率影响。理论上，之所以引入个人账户，原因有二。第一，制度惯性。我国城镇职工养老保险采取“统账结合”的制度模式，个人账户是其重要的组成部分；第二，提高养老金待遇水平。单纯的依靠普惠式基础养老金，在政府财力有限的情况下，待遇水平偏低，无法满足养老需求，通过引入个人账户制度，可以动员个人资源为养老做储备，也符合“父爱主义”理论基本逻辑。

从数据计算结果看（见表 11 - 3），个人账户养老金与个人参保年限、缴费档次的选择关系密切。

第一，随着缴费年限和缴费档次的提高，个人账户养老金的绝对额明显增加。数据显示，如果参保者 45 岁参保，并选择最低缴费档次，每月个人账户养老金仅为 33.06 元，如果选择 500 元的缴费档次，养老金数额将达到 144.95 元；如果选择从 16 岁参保，缴费 44 年，同样的缴费档次，个人账户养老金水平将分别达到 41.15 和 180.43 元。

第二，由于个人账户投资回报率仅为 3%，在 100—1000 元的缴费档次间，每提高一个缴费档次带来的个人账户养老金增量在 27.97 元至 36.16 元之间，具体增加量与参保年龄有关、与缴费档次无关。图 11 - 3 显示，理论上，26 岁参保者，每提高一个缴费档次带来的月养老金收益增量最高，为 36.16 元。

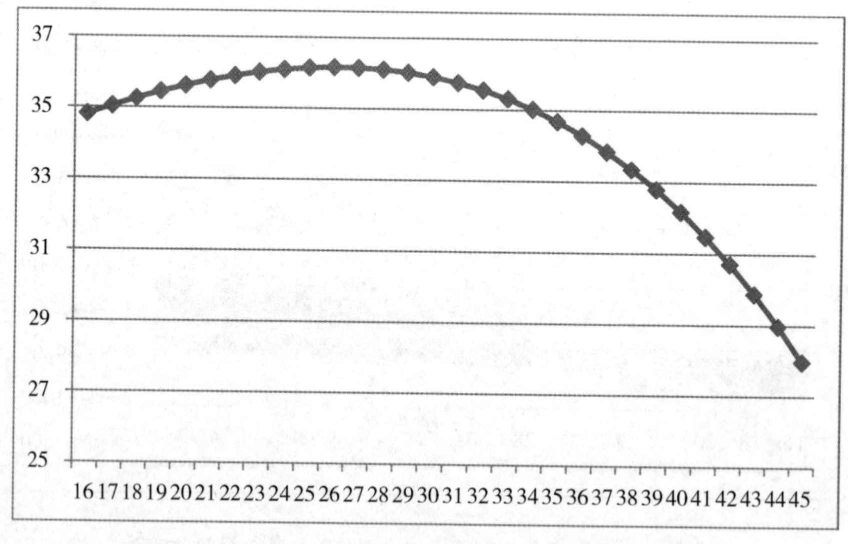

图 11 - 3　不同参保年龄下提高缴费档次对养老金水平的影响

第三，个人账户存在收支缺口，无法实现精算平衡。由于个人账户养老金计发系数为139，但参保者平均余寿超过20年，意味着，个人账户基金无法支付参保者整个生命周期内的养老金，当出现缺口时，由政府财政补足。如图11－4的数据显示：随着缴费档次的提高，个人账户缺口将显著增大，意味着财政压力会随之增大。个人账户存在典型的“制度悖论”，即引入个人账户的用意在于激励参保者提早为个人养老储备资产，政府也通过缴费补贴的方式给予激励；但在现行待遇计发办法下，个人缴费越多，缺口越大，政府财政补贴的规模越大，财政压力也就越大。

第四，个人账户养老金占养老金总额比重。根据图11－4中的数据分析可以发现：随着个人缴费档次的提高，个人账户养老金在养老金总额的比重均有所提高；但是，随着参保时间的增加，个人账户养老金的占比反而在下降，这对于参保者的参保积极性带来不利影响。

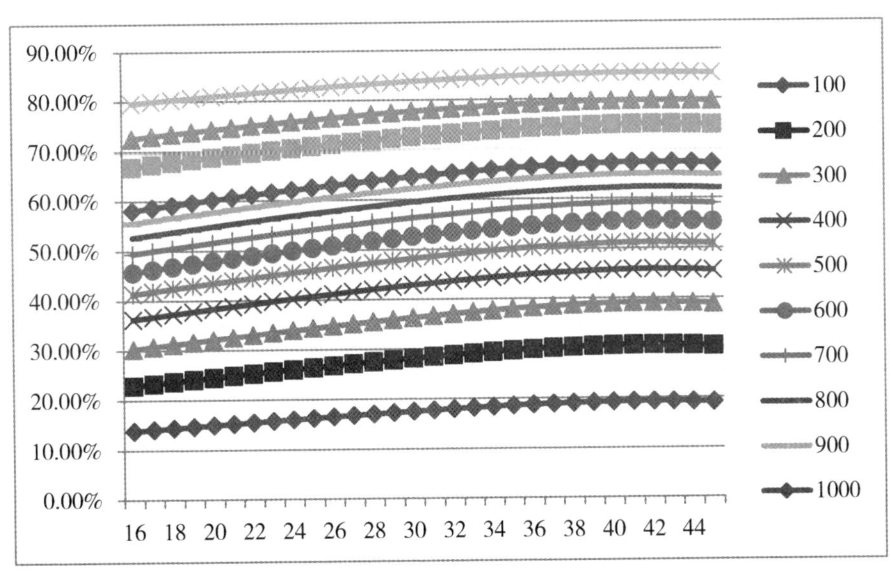

图11－4 个人账户养老金占养老金总额的比重

（三）海南城乡居民养老保险待遇充足性评估

基于理论模型与情景假设下的模拟，可以得出如下结论。

第一，城乡居民养老保险的待遇充足性水平偏低，无法满足参保者年老后基本生活水平的需要。本文以2014年海南省城乡居民个人可支配收入为基数，测算养老金的替代率，结果显示：即便是参保者选择最高缴费档次3000元，连续缴费，最高的养老金额度为1260元，替代率约为86%，而同期城镇居民人均消费总额为1460元，农村居民人均消费支出总额为1000元。而在制度实际运作中，大多数参保者选择较低缴费档次，并且采取“选择性参保”策略，无法满足上述条件。因此，在老年人没有其他收入来源支持的情况下，单纯的依靠城乡居民养老金作为老年收入的来源，其充足性较低，不足以满足老年人基本生活需求的需要。

理论上说，要提高待遇充足性，有两个渠道：一是鼓励参保者选择高的缴费档次，增加个人账户积累额；二是加大政府财政支持力度，包括增加基础养老金水平和激励性补贴水平；三是提高个人账户养老金的投资回报率。

第二，个人缴费具有较大的提升空间，但如何激发参保者缴费意愿值得探讨。

城乡居民养老保险采取个人缴费、政府补贴的筹资模式，个人可以自由选择缴费档次。根据世界银行标准，中高收入国家的养老保险缴费率维持在20%以内比较合适，低收入国家10%左右。2014年海南省城乡居民人均可支配收入约1456元，如果按照10%计算，每月缴费140元，每年约1680元。在城乡居民养老保险13个缴费档次中属于较高的缴费档次。如果按照城镇职工养老保险个人缴费8%的比例计算，每月需缴纳120元，每年1400元左右。

从目前实际情况看，大多数参保者缴纳的保险费在100元，也就意味着，理论上参保者有较大的提升缴费档次的空间。

考虑到海南城乡收入水平差距的客观实际，建议参考城镇居民和农村居民可支配收入的实际水平来确定个人缴费的缴费额。据统计，2014年，海南城镇居民人均可支配收入约2000元，农村居民约826元。据此，可以设定城镇居民的缴费目标额上限设定在1500元，农村居民以1000元为宜。

第三，政府财政对城乡居民养老保险具有较强的支撑能力。

政府在城乡居民养老保险中的财务责任主要体现在提供缴费补贴和发放基础养老金两个方面，在个人账户无法实现精算平衡的情况下，还需通过财政补贴的方式，实现个人账户养老金的按时足额发放。根据制度设计，大致估算目前情况下各级政府需要承担的财政责任：

（1）激励性缴费补贴：表11－3所示，海南城乡居民养老保险参保者一般选择较低的缴费档次，大多集中在100—400元，尤其是以100元为最多。根据政策规定，最低补贴额为30元，每提高一个缴费档次，增加10元。假设政府为每个参保者平均补贴额度为40元，2014年参保人数为274.8万人，其中需缴费的参保者为205.9万人，合计补贴额为8236万元，所需资金由地方政府承担。

（2）基础养老金。海南省城乡居民养老保险基础养老金目前为140元，其中中央财政承担55元，其余由地方财政承担。根据2014年数据，当年领取养老金的参保者为68.9万人，则需要中央承担的补助额为4.55亿元，地方政府承担7.03亿元。

（3）个人账户养老金补贴额：由于制度预设的参保者60岁时的平均余寿为11年7个月，而实际平均余寿至少为20年，个人账户存在缺口不可避免，需要由地方政府补足。根据《中国统计年鉴》（2013）数据，当年60岁以上总人口数量约1.67亿，其中60—69岁人数为9750万人，占58%左右。假设海南的人口结构与全国情况相类似，据此，可以简单推断，在68.9万领取养老金的参保者中，有近60%的参保者年龄低于制度设计的71岁零7个月，也就是这些老年人的个人账户养老金仍然由个人账户积累额来支付，不需要政府补贴。但剩余的40%左右的参保者已经超过平均余寿，其个人账户已经支付完毕，需要由政府补贴，人口数量约为27.56万人。

另外，表11－4测算了不同缴费年限和缴费额情况下，个人账户缺口的规模。为了分析方便，假设一个典型参保者平均缴费年限为20年，缴费档次为200元，则对应的个人账户缺口为3150元，所需财政资金总额为8.68亿元，这些资金将在未来101个月内支付完毕，每年所需资金为1.03亿元。

（4）根据前面的测算，为了维持制度的运转，每年中央财政需要为海南城乡居民养老保险提供约4.55亿元的资金用于基础养老金的支付；地方政府需要筹集约8.88亿元资金，所需资金占2014年地方政府预算支出的0.8%，对地方政府财政不会带来任何压力。

第四，个人账户制度不符合精算平衡的要求，制度有效性有待于进一步讨论。

表11－4显示，在目前制度设计下，个人账户无法实现精算平衡，其根本原因在于计发基数设计不够合理。未来调整的思路：一是建立基于人口预期寿命的计发系数动态调整机制；二是引入年金制度，用个人账户积累额购买商业保险年金产品，通过市场化的方式发放个人账户养老金。

四、海南城乡居民养老保险政策调整思路

结合海南城乡居民养老保险制度的实际，构建了分析模型，并进行了数据模拟。通过数据分析和制度实施现状的分析，可以发现，制约制度可持续运行

的主要因素体现在：第一，待遇水平较低，制度的充足性不足，无法满足参保者基本生活水平的需要；第二，个人缴费意愿不强，缴费档次选择偏低；第三，个人账户无法满足精算平衡的条件。

为了解决上述问题，在不改变既有制度框架的前提下，本部分试图通过对部分参数的调整，模拟不同情境下的制度运行和实施效果，进而找出制度优化的路径。

（一）个人账户投资回报率与待遇充足性分析

在不改变基础养老金水平的情况下，要提高养老金待遇水平，只能从个人账户养老金角度着手。影响个人账户养老金水平的因素有个人缴费年限、个人缴费档次、政府激励性补贴、投资回报率等。调整个人账户养老金的投资回报率，测算不同缴费档次和缴费年限下的个人账户养老金水平，可以为提高养老保险制度待遇充足性提供参考。

在假定其他条件不变的情况下，将个人账户养老金投资回报率由3%调整为6%①，对个人账户养老金水平有积极影响。选取100、500、1000、2000四个缴费档次，20岁、30岁、35岁、40岁、45岁参保的情况下，对比投资回报率为3%和6%两种情况下的替代率，结果显示（表11-6）：投资回报率提高，养老金替代率显著提高；并且，随着缴费档次提高，替代率提高幅度增大。

表11-6　不同投资回报率情况下的养老金替代率比较

	投资回报率为6%					投资回报率为3%				
	100	500	1000	1500	2000	100	500	1000	1500	2000
20	22.65%	43.52%	69.62%	93.82%	165.94%	19.37%	29.16%	41.39%	52.73%	64.07%
30	20.74%	44.47%	74.12%	101.62%	183.57%	16.65%	26.51%	38.84%	50.27%	61.70%
35	19.57%	43.96%	74.45%	102.73%	187.00%	15.18%	24.70%	36.61%	47.66%	58.70%
40	18.11%	42.23%	72.39%	100.35%	128.30%	13.60%	22.43%	33.48%	43.72%	53.97%
45	16.23%	38.63%	66.63%	92.59%	118.55%	11.88%	19.57%	29.17%	38.08%	46.98%

从世界范围来看，基本养老保险制度以保障老年人基本生活水平为目标，其目标替代率大约为在职期间收入的40%—60%。根据海南省统计年鉴数据，海南省城乡居民的恩格尔系数约为40%，也就是会将其可支配收入的40%左右用于食品类支出。如果将城乡居民养老保险定位于防止老年贫困，满足其基本

① 如果养老金采取较为积极的市场化投资策略，其投资回报率会有所提高。根据欧美国家经验，养老金市场化投资的平均回报率在6%左右。

生活水平的需要，最低目标替代率也应在40%以上，即40%应该是制度替代率的警戒线。根据不同投资回报率下养老金替代率数据的比较分析，当投资回报率为3%时，参保者的缴费档次必须不低于1000时才能实现，如果缴费年限为15年，那么最低缴费应不低于1500元才能实现40%左右的目标替代率。但是从上文分析中发现，绝大多数参保者的缴费档次低于300—400元，要让参保者将缴费档次提高到1000—1500元，难度较大（见表11－5、表11－6）。

但是，如果将投资回报率提高到6%，情况则大为改观。参保者的缴费档次只需要高于400元即可实现40%以上的目标替代率。将参保者的缴费档次提高到400—500元，或通过提高政府激励性缴费补贴额度的方式，其目标则相对容易实现，而且每年400—500元的缴费额，仅占城乡居民人均年可支配收入的2.2%—2.8%。在不过度增加参保者缴费负担的情况下，通过提高个人账户投资回报率，养老保险制度的待遇充足性得到明显改善。

（二）个人账户养老金计发系数与精算平衡

个人账户养老金待遇计发系数设置为139与实际待遇领取期限明显不符，导致个人账户无法实现精算平衡，面临较大缺口。如果将计发系数调整为200，也就意味着参保者60岁时的余寿为16年零8个月，这与我国劳动者平均预期寿命相似。通过比较可以发现：提高计发系数，可以起到降低个人账户缺口的作用，促进制度走向精算平衡（见表11－7）。

（三）投资回报率、个人缴费、政府补贴与个人账户缺口

较之于3%的投资回报率，在6%的投资回报率情况下，虽然养老金替代率显著改善，但是个人账户缺口也明显增大，给地方政府财政带来较大压力。表11－7数据显示，参保者20岁开始参保，在缴费档次为100元时，如果投资回报率由3%提高到6%，个人账户缺口增加了2145.07元，翻了一番还要多；在1000元时候，缺口增加了18454.7元。

表11－7　不同投资回报率下个人账户缺口规模

	投资回报率为6%					投资回报率为3%				
	100	500	1000	1500	2000	100	500	1000	1500	2000
20	－4031.99	－17678.7	－34737.1	－50554.9	－66372.7	－1889.92	－8286.59	－16282.4	－23696.7	－31111.1
30	－4581.73	－20089.1	－39473.4	－57447.9	－75422.4	－1904.93	－8352.36	－16411.7	－23884.8	－31358
35	－4711.37	－20657.5	－40590.2	－59073.3	－77556.3	－1840.28	－8068.9	－15854.7	－23074.2	－30293.8

续表

	投资回报率为6%					投资回报率为3%				
	100	500	1000	1500	2000	100	500	1000	1500	2000
40	-4658.67	-20426.5	-40136.2	-58412.6	-76688.9	-1706.71	-7483.25	-14703.9	-21399.5	-28095
45	-4325.95	-18967.6	-37269.8	-54240.8	-71211.9	-1483.91	-6506.36	-12784.4	-18605.9	-24427.4

如果政府采取提高激励性缴费补贴水平的措施，实际上与个人提高缴费档次效果一样，虽然可以提高养老金替代率，但是，也会带来个人账户缺口的扩大（见表11-8）。因此，政府在这个问题上面临两难选择：激励个人提高缴费或增加政府的补贴额度，可以提高养老金待遇水平，但客观上也会导致个人账户缺口增大；而要缩小缺口，在不改变个人账户计发办法的情况下，显然要通过降低缴费档次或激励性缴费补贴的方式实现。

五、结论与政策建议

通过调整相关参数，可以发现：个人账户投资回报率对于提高养老金待遇水平有正向效果；在既定待遇水平下，提高投资回报率可以降低缴费水平，减轻个人或政府的负担；与此同时，在不改变待遇计发系数的前提下，缴费档次、政府缴费补贴、投资回报率等参数改善，却会导致个人账户基金缺口规模增大，对基金的精算不平衡起到了推波助澜的作用。面对这种两难困境，促进城乡居民养老保险制度良性运转，实现充足性、可负担性、可持续性的制度建构目标，就必须采取有效措施，既实现待遇水平的提高，又尽可能维持制度的精算平衡，不增加个人账户的缺口。基于此，笔者提出如下政策建议。

（一）城乡居民养老保险制度重构的思考：基于世行“五支柱”模式的思考

关于如何推进中国城乡居民养老保险制度构建，学者进行了诸多有价值的探索。在我国新型农村养老保险制度建构之前，关于普惠性养老金制度安排的讨论在一定意义上达成了广泛的共识（林义，2006；杨立雄，2006；杨德清、董克用，2008）①。

① 林义．农村社会保障的国际比较及启示研究［M］．北京：中国劳动社会保障出版社，2006：22；杨立雄．建立非缴费性的老年津贴——农村养老保障的一个选择性方案［J］．中国软科学，2006（2）：11-21；杨德清、董克用．普惠制养老金——中国农村养老保障的一种尝试［J］．中国行政管理，2008（3）：54-59.

Johnson & Williamson (2006)① 也认为低收入国家采取非供款型的普惠年金制度是适用的。实际上，世界银行也在积极探索如何构建可持续的养老金制度体系，以应对人口老龄化对各国养老金制度的挑战。在反思 1994 年提出的“三支柱”养老金制度的基础上，世行于 2005 年提出了“五支柱”的改革思想，核心是在原有三支柱基础上，增加了零支柱和第四支柱②。“零支柱”，是以消除贫困为明确目标的来自财政转移支付的基本支柱，是非缴费型的定额式国民养老金或社会养老金，提供最低水平的保障；“第四支柱”是“非经济支柱”，它包括其他更为广泛的社会政策，如家庭赡养、医疗服务和住房政策等。相对于“三支柱”的制度设计，“五支柱”更加注重收入再分配，尤其是对低收入群体的保障给予极大关注，同时，将包括家庭在内的非正式制度安排纳入统筹考虑，更加注重制度安排的系统性、协同性。实际上，有别于劳动者，对于非劳动力群体构建普惠性的“零支柱”养老金制度安排，越来越在更广泛的范围内成为一种共识。Markus 认为发展中国家不仅应该有强制性养老保险，还必须通过财政转移支付来保护最贫困人群的老年生活③。

2009 年我国引入的新型农村养老保险制度，建立了具有普惠性和储蓄性相结合的混合式养老保险制度；2011 年的城镇居民养老保险制度也采取了类似的制度模式；2014 年统一后的城乡居民养老保险制度依然延续了新农保的制度安排。基础养老金采取普惠式的制度安排，所需资金通过政府财政转移支付的方式承担，但不同于世界银行所提的“零支柱”制度安排，城乡居民要获得基础养老金，必须以向个人账户缴纳保费作为享受待遇的资格条件。理论上，这样的制度安排并无不妥，通过普惠式基础养老金为城乡居民提供最低水平的养老金；通过个人账户制度安排提供更高水平的养老金。但在实际运作过程中出现了问题：第一，由于大多数参保者选择较低缴费档次，并且投资收益率较低，个人账户养老金在提高参保者养老金待遇方面的作用非常有限。第二，由于个人账户计发系数设计不合理，导致个人缴费档次越高、投资回报率越高，个人账户缺口规模越大的悖论，无法实现精算平衡，反而增大了政府的财政压力。

---

① Johnson & Williamson. Do Universal Non - Contributory Old - Age Pensions Make Sense for Rural Areas in Low - Income Countries? [M]. The International Social Security Revies, 2006: 59.

② 世界银行. 21 世纪的老年收入保障：养老金制度改革国际比较 [M]. 北京：中国劳动社会保障出版社，2006：10 - 12.

③ 董克用，孙博. 从多层次到多支柱：养老保障体系改革再思考 [J]. 公共管理学报，2011 (1)：1 - 9.

基于此，笔者提出，将普惠性基础养老金与个人账户养老金分别设立的思路，在维持基本框架不变的前提下，让基础养老金和个人账户制度这两个具有不同功能和运作机制的制度独立运行，协同配合，实现城乡居民养老保险的制度目标。

1. 普惠性基础养老金

普惠性基础养老金属于国民养老金，所有年满60岁的城乡居民，未参加其他社会养老保险者均可领取。该养老金是非供款型的制度安排，所需资金由各级财政资金支付。制度以防止老年贫困为基本目标，因此，待遇水平不宜过高。

2. 个人账户养老金

个人账户养老金是城乡居民养老保险制度重要的组成部分，主要功能在于：第一，个人强制储蓄功能。“父爱主义”理论可以为这种强制性养老储蓄制度安排提供理论解释。个人由于得不到充分的信息，会使他们有可能保险不足或是过渡保险；而且个人的短视还会引起储蓄不足或者不明智的动用其个人储蓄。个人的这些不足要求有一个强制性的公共养老金计划来为个人整个生命期的消费做出适当安排。第二，差异化的养老金制度安排。由于个人的收入水平、家庭结构、身体状况等的差异，对养老金的需求水平也有差异。通过引入个人养老金制度，个人可以根据自己的经济状况自主选择缴费档次，获得差异化的个人账户养老金。但是，个人账户养老金和基础养老金要制度分设，个人账户以寻求制度精算平衡为目标。

（二）制度调整的财务可行性分析

要实现上述思路，需要满足如下条件：第一，能够实现制度预设的替代率目标；第二，现实具有可操作性。理论上，基础养老金应以消灭老年贫困为目标；个人账户养老金则提供差异化的养老金待遇。因此，基础养老金待遇水平如何调整是问题的关键。

从城乡居民的消费结构看，食品类支出是最重要的消费品。根据《海南统计年鉴（2015）》数据显示，城镇居民和农村居民的恩格尔系数分别为38%和43.2%，而当年城乡居民人均可支配收入为1456元，意味着城乡居民平均会拿出约560元用于食品类消费支出。这也意味着，海南城乡居民基础养老金应不低于560元，才能防止老年贫困。

但2015年海南城乡居民养老保险基础养老金待遇水平为140元，其他地区比如北京为470元，上海最高为660元，天津为245元。考虑到地区经济社会发展差异，现阶段将海南城乡居民养老保险的基础养老金水平从140元提高到560

元，存在较大的难度。按照2014年领取养老金的人数计算，需要46.3亿财政资金用于基础养老金支付，比原标准多支出35亿元。而同期地方财政收入总额为555亿元，基础养老金支出占比达8.3%。这也意味着，基于海南现阶段经济社会发展水平，基础养老金设置在560元的水平，虽然可以在理论上解决老年绝对贫困问题，但政府财政压力较大。为了实现560元左右的养老金水平，确保满足老年人食品类支出的需要，防止老年贫困，基于测算，笔者提出如下参考。

1. 维持现行基础养老金标准。如果维持现行140元基础养老金标准不限，假定一个典型参保者参保年限在45年，则需要将参保者缴费档次提高到400—500元左右；并且个人账户缴费要进入资本市场投资运营，实现6%的投资回报率。

2. 将基础养老金提高到230元左右。假定一个典型参保者参保年限为45年，在个人账户缴费不进入资本市场投资运营的前提下，需要将个人缴费档次提高到500元左右。

3. 维持现行的缴费档次。参保者一般选择较低的缴费档次，如果维持在200元左右的缴费档次，一个典型参保者要实现560元的养老金水平，需要满足如下条件：投资回报率为3%的情况下，需要将基础养老金提高到370元左右；投资回报率为6%的情况下，基础养老金也需要提高到290元左右。

因此，要实现绝对水平的待遇充足性，即能够预防老年贫困，需要统筹考虑相关参数：第一，适度调整基础养老金待遇水平；第二，个人账户投资回报率得以改善；第三，提高个人缴费档次；第四，个人账户要建立符合精算平衡的参数调整机制。

三、政策建议

基于海南城乡居民养老保险制度目标与改革总体设想，还需要有相应的制度建设与之匹配。

（一）提高基础养老金水平，建立基础养老金指数化调整机制

基础养老金具有普惠性，应以防止老年贫困为主要目标，结合海南政府财政支付能力与制度的系统性思考，建议基础养老金标准由目前的140元，提高到230元。并建立科学合理的基础养老金指数化调整机制，让城乡老年居民共享经济社会发展成果。养老金指数化调整机制设计上则各有差异，比如美国建立了基于生活费用自动调整机制（简称COLAs），将养老金与物价的变化挂钩；德国则与工资水平挂钩；瑞典、瑞士等国则综合参照物价和工资指数进行调整。基础养老金作为定位于防止老年贫困的制度安排，要建立以物价指数变动为主，

适当参考收入水平增长的综合性指数调整机制。

（二）积极稳妥推进个人账户基金投资运营，实现合理的投资回报

我国城乡居民养老保险建立了完全基金积累制的个人账户制度，投资回报率成为影响待遇水平的关键因素之一。由于我国现行制度规定个人账户以一年期银行存款利率记账，导致个人账户积累额偏低，进而使制度替代率较低，无法保障老年人的基本生活需要。为此，建议国家尽快参照《基本养老保险基金投资管理办法》的相关规定，出台城乡居民养老保险投资管理办法，采取多元化的投资方式，实现基金的保值增值。

笔者认为，建立一种基于两级委托代理的投资管理模式，对于提高基金管理绩效，保障基金的投资安全有重要意义，即“个人账户所有者——省级社保经办机构——全国社会保障基金理事会”的模式：首先，个人账户所有者作为委托人，将资金委托给省级社保经办机构，后者成为受托人；其次，借鉴基本养老保险基金运作模式，省级社保经办机构作为委托人，将资金委托给全国社会保障基金理事会，由其负责投资运营。

（三）提高个人缴费档次，建立缴费档次动态调整机制

在满足待遇充足性要求的前提下，要激励参保者提高缴费档次，以不低于400—500元为宜。同时，个人账户缴费档次应该随着经济社会发展水平和城乡居民可支配收入的变动进行动态调整，而不是将其固定在现在的13个缴费档次。建议建立基于收入增长的不同缴费档次缴费额和政府激励性缴费补贴额的动态调整机制，以确保个人账户养老金水平能满足未来的养老需求。

（四）调整个人账户养老金待遇计发系数，确保制度的精算平衡

个人账户养老金标准由个人账户储存额除以计发月数来确定。理论上，计发月数应根据城乡居民人口平均预期寿命，尤其是60岁时的平均余寿等因素确定。目前，制度设定的计发系数为139，个人账户基金将在参保者开始领取养老金之后11年7个月内领取完毕。但实际情况与之相去甚远，研究表明，城乡居民60岁时的平均余寿超过20岁，这意味着个人账户将面临严重的长寿风险。为此，建议适时调整个人账户养老金待遇计发系数，根据不同年代出生人群的预期寿命动态调整计发系数，确保个人账户制度的精算平衡。

（五）探索改革个人账户养老金的待遇发放模式

本质上，城乡居民养老保险个人账户基金具有私人产权属性，基金余额可以继承；但是，当存在账户缺口时，由财政资金补足，无疑会加大政府的财政负担。

为此，建议借鉴智利个人账户养老金领取方式，引入终身年金制度。参保者年老，达到领取养老金年龄时，将其个人账户积累额转到一家人寿保险公司购买终身年金。如果账户余额超过购买最低年金所需的金额，个人可将超过部分一次提取。引入终身年金支付模式，通过一定的市场运作的方式，消化了因个人长寿风险而对政府财政资金的压力，而且有利于促进金融保险业的健康发展。

附件1：海南城乡居民养老保险待遇充足性评估模型

模型1：待遇充足性模型

假设参保者参保年龄为x岁，领取养老金的年龄为t，死亡年龄为T。政府提供的基础养老金水平为B_0，缴费超过15年，每超过1年，基础养老金增加4元，则参保者达到领取养老金年龄时的基础养老金B_{basic}^{2015}：

$$B_{basic}^{2015} = [B_0 + 4*(t - x - 15)](1 + g)^{t-x}$$

个人账户养老金取决于个人缴费和政府补贴以及投资回报率的总和。假设个人在年初缴费，个人账户缴费率为$C_i(i = 1,2,\cdots 13)$。根据城乡居民养老保险政策规定，参保者选择不同的缴费档次，政府补贴额度也存在差异，根据《海南省城乡居民基本养老保险暂行办法》政策规定，选择最低100元缴费档次，财政补贴为30元，之后每增加一个缴费档次，补贴增加10元。假设政府奖励性补贴为C_i^{bonus}：

如果i=1，则$C_i^{bonus}=30$；如果i>1，则$C_i^{bonus} = 30 + 10(i - 1)$

此外，假设个人账户基金投资回报率为r，个人缴费和政府补贴年增长额为k（参考工资增长率或城乡居民可支配收入增长率），那么，在领取养老金前一年末，个人账户资金积累额：

$$IA = \sum_{n=0}^{t-x-1} (C_i + C_i^{bonus}) * (1 + k)^n * (1 + r)^{t-x-n}$$

假设领取养老金时，个人账户计发月数为m，那么个人账户养老金：

$$B_{ind} = IA/m = \sum_{n=0}^{t-x-1} (C_i + C_i^{bonus}) * (1 + k)^n * (1 + r)^{t-x-n}/m$$

为了计算养老金待遇水平，假设参保者开始投保的初始年份均为2015年，贴现率为d，进一步将B_{ind}转化为以2015年为基期的现值B_{ind}^{2015}：

$$B_{ind}^{2015} = B_{ind}/(1 + r)\hat{}(t - x)$$

因此，个人在达到领取养老金年龄时候，领取的养老金总额的现值为：

$$B_{2015} = B_{basic}^{2015} + B_{ind}^{2015}$$

如果假设2015年城乡居民可支配收入平均值为I，则养老金替代率：

$$RR = B_{2015}/I$$

模型2：个人账户精算平衡模型

城乡居民养老保险个人账户部分采取完全基金积累的财务机制，追求的是长期收支平衡。遵循精算平衡原则，对个人账户的资产和负债情况进行测算，可以有效评估个人账户制度的财务持续性。

前文已经设定了个人账户养老金的计算公式：

$$B_{ind} = IA/m = \sum_{n=0}^{t-x-1} (C_i + C_i^{bonus}) * (1+k)^n * (1+r)^{t-x-n}/m$$

参保者总共领取的个人账户养老金总额在退休时的现值L：

$$L = 12 * B_{ind} * \sum_{y=0}^{T-t-1} \frac{(1+g)^y}{(1+d)^y} = 12 * \frac{IA}{m} * \sum_{y=0}^{T-t} \frac{(1+g)^y}{(1+d)^y}$$

为了更清晰的比较个人账户资产和负债之间的关系，引入变量δ：

$$\delta = \frac{IA}{L} = \frac{IA}{12 * \frac{IA}{m} * \sum_{y=0}^{T-t} \frac{(1+g)^y}{(1+d)^y}} = \frac{m}{12 * \sum_{y=0}^{T-t} \frac{(1+g)^y}{(1+d)^y}}$$

可见，在其他条件既定的情况下，不管参保者何时加入城乡居民养老保险计划，并不影响个人账户资产和负债的相对比值，δ的大小取决于个人账户养老金的待遇调整率和贴现率。如果$\delta \geqslant 1$，说明参保者的个人账户存在余额，个人账户制度不会给政府财政带来负担；如果$\delta \leqslant 1$，说明参保者在将个人账户所有积累额领取完毕后，仍需要继续通过政府财政的渠道获取个人账户养老金，进而会增加政府财政负担。

δ反映的是个人账户收支的相对关系，但不同缴费年限的个人账户资产和负债之差，即个人账户缺口或盈余的差距不同。为此，引入变量S，代表开始领取养老金时刻的个人账户缺口或盈余的现值：

$$S = IA - L$$

如果$S > 0$，说明个人账户基金存在剩余，剩余基金可以继承；反之，如果$S < 0$，说明个人账户基金存在缺口，需要由政府财政补贴，以确保参保者养老金的按时发放。

为了便于数据之间的比较，进一步将S转化为以2015年为基期年的个人账户缺口或盈余的现值：

$$S_{2015} = \frac{S}{(1+d)^{t-x}}$$

附件 2：测算结果

附表 11－1　不同条件下养老金水平（以 2015 年为基期）

参保年龄	100	200	300	400	500	600	700	800	900	1000	1500	2000	3000
16	297.15	331.97	366.79	401.61	436.43	471.25	506.07	540.89	575.71	610.53	771.97	933.41	1253.12
17	293.42	328.47	363.52	398.57	433.62	468.67	503.72	538.77	573.82	608.87	771.37	933.87	1255.69
18	289.67	324.93	360.20	395.46	430.72	465.98	501.24	536.50	571.77	607.03	770.51	934.00	1257.76
19	285.90	321.36	356.81	392.26	427.72	463.17	498.63	534.08	569.54	604.99	769.37	933.75	1259.29
20	282.11	317.73	353.36	388.99	424.62	460.24	495.87	531.50	567.13	602.75	767.94	933.12	1260.25
21	278.28	314.06	349.84	385.62	421.40	457.18	492.96	528.74	564.52	600.30	766.18	932.06	1260.58
22	274.44	310.34	346.25	382.16	418.07	453.97	489.88	525.79	561.70	597.60	764.08	930.56	1260.26
23	270.56	306.57	342.58	378.59	414.60	450.62	486.63	522.64	558.65	594.66	761.62	928.59	1259.24
24	266.65	302.74	338.83	374.92	411.01	447.10	483.19	519.28	555.37	591.45	758.78	926.10	1257.47
25	262.71	298.85	334.99	371.13	407.27	443.41	479.55	515.69	551.83	587.96	755.52	923.08	1254.90
26	258.73	294.89	331.05	367.21	403.37	439.53	475.69	511.85	548.02	584.18	751.83	919.48	1251.49
27	254.72	290.87	327.02	363.17	399.32	435.47	471.62	507.77	543.92	580.07	747.67	915.27	1247.19
28	250.67	286.78	322.88	358.99	395.09	431.20	457.30	503.41	539.52	575.62	743.02	910.42	1241.93
29	246.58	282.60	318.63	354.66	390.68	426.71	452.74	498.76	534.79	570.82	737.85	904.88	1235.67
30	242.44	278.35	314.26	350.17	386.08	421.99	457.90	493.81	529.72	565.63	732.13	898.62	1228.34

续表

参保年龄	100	200	300	400	500	600	700	800	900	1000	1500	2000	3000
31	238.26	274.01	309.77	345.52	381.27	417.03	452.78	488.54	524.29	560.05	725.82	891.59	1219.89
32	234.02	269.58	305.14	340.70	376.25	411.81	447.37	482.93	518.48	554.04	718.90	883.76	1210.24
33	229.74	265.05	300.37	335.69	371.00	406.32	441.63	476.95	512.27	547.58	711.32	875.06	1199.33
34	225.40	260.43	295.45	330.48	365.51	400.54	435.57	470.60	505.63	540.65	703.06	865.46	1187.09
35	221.00	255.69	290.38	325.07	359.77	394.46	429.15	463.84	498.53	533.22	694.07	854.91	1173.44
36	216.54	250.84	285.15	319.45	353.75	388.06	422.36	456.66	490.97	525.27	684.31	843.35	1158.32
37	212.02	245.88	279.74	313.60	347.46	381.32	415.18	449.04	482.90	516.76	673.74	830.73	1141.63
38	207.42	240.78	274.14	307.50	340.86	374.22	407.58	440.94	474.30	507.66	662.33	816.99	1123.29
39	202.76	235.56	268.36	301.16	333.96	366.75	399.55	432.35	465.15	497.95	650.01	802.08	1103.23
40	198.02	230.20	262.37	294.54	326.72	358.89	391.07	423.24	455.41	487.59	636.76	785.93	1081.34
41	193.21	224.69	256.17	287.65	319.13	350.62	382.10	413.58	445.06	476.54	622.51	768.47	1057.53
42	188.31	219.02	249.74	280.46	311.18	341.90	372.62	403.34	434.06	464.78	607.21	749.64	1031.70
43	183.32	213.20	243.08	272.97	302.85	332.73	362.62	392.50	422.39	452.27	590.82	729.37	1003.76
44	178.24	207.21	236.18	265.14	294.11	323.08	352.05	381.02	409.99	438.96	573.27	707.59	973.58
45	173.06	201.03	229.01	256.98	284.95	312.93	340.90	368.88	396.85	424.82	554.52	684.21	941.06

附表 11－2　不同条件下养老金替代率

	100	200	300	400	500	600	700	800	900	1000	1500	2000	3000
16	20. 40%	22. 80%	25. 19%	27. 58%	29. 97%	32. 36%	34. 75%	37. 14%	39. 53%	41. 92%	53. 01%	64. 09%	86. 05%
17	20. 15%	22. 55%	24. 96%	27. 37%	29. 77%	32. 18%	34. 59%	36. 99%	39. 40%	41. 81%	52. 97%	64. 13%	86. 22%
18	19. 89%	22. 31%	24. 73%	27. 15%	29. 58%	32. 00%	34. 42%	36. 84%	39. 26%	41. 68%	52. 91%	64. 13%	86. 37%
19	19. 63%	22. 07%	24. 50%	26. 94%	29. 37%	31. 80%	34. 24%	36. 67%	39. 11%	41. 54%	52. 83%	64. 12%	86. 47%
20	19. 37%	21. 82%	24. 26%	26. 71%	29. 16%	31. 60%	34. 05%	36. 50%	38. 94%	41. 39%	52. 73%	64. 07%	86. 54%
21	19. 11%	21. 57%	24. 02%	26. 48%	28. 94%	31. 39%	33. 85%	36. 31%	38. 76%	41. 22%	52. 61%	64. 00%	86. 56%
22	18. 84%	21. 31%	23. 78%	26. 24%	28. 71%	31. 17%	33. 64%	36. 10%	38. 57%	41. 03%	52. 47%	63. 90%	86. 54%
23	18. 58%	21. 05%	23. 52%	26. 00%	28. 47%	30. 94%	33. 41%	35. 89%	38. 36%	40. 83%	52. 30%	63. 76%	86. 47%
24	18. 31%	20. 79%	23. 27%	25. 74%	28. 22%	30. 70%	33. 18%	35. 66%	38. 13%	40. 61%	52. 10%	63. 59%	86. 34%
25	18. 04%	20. 52%	23. 00%	25. 48%	27. 97%	30. 45%	32. 93%	35. 41%	37. 89%	40. 37%	51. 88%	63. 38%	86. 17%
26	17. 77%	20. 25%	22. 73%	25. 22%	27. 70%	30. 18%	32. 66%	35. 15%	37. 63%	40. 11%	51. 62%	63. 14%	85. 93%
27	17. 49%	19. 97%	22. 46%	24. 94%	27. 42%	29. 90%	32. 38%	34. 87%	37. 35%	39. 83%	51. 34%	62. 85%	85. 64%
28	17. 21%	19. 69%	22. 17%	24. 65%	27. 13%	29. 61%	32. 09%	34. 57%	37. 05%	39. 53%	51. 02%	62. 51%	85. 28%
29	16. 93%	19. 41%	21. 88%	24. 35%	26. 83%	29. 30%	31. 77%	34. 25%	36. 72%	39. 20%	50. 66%	62. 13%	84. 85%
30	16. 65%	19. 11%	21. 58%	24. 04%	26. 51%	28. 98%	31. 44%	33. 91%	36. 37%	38. 84%	50. 27%	61. 70%	84. 34%
31	16. 36%	18. 82%	21. 27%	23. 73%	26. 18%	28. 64%	31. 09%	33. 55%	36. 00%	38. 46%	49. 84%	61. 22%	83. 76%
32	16. 07%	18. 51%	20. 95%	23. 39%	25. 84%	28. 28%	30. 72%	33. 16%	35. 60%	38. 04%	49. 36%	60. 68%	83. 10%

续表

	100	200	300	400	500	600	700	800	900	1000	1500	2000	3000
33	15. 78%	18. 20%	20. 63%	23. 05%	25. 48%	27. 90%	30. 33%	32. 75%	35. 18%	37. 60%	48. 84%	60. 09%	82. 35%
34	15. 48%	17. 88%	20. 29%	22. 69%	25. 10%	27. 50%	29. 91%	32. 31%	34. 72%	37. 12%	48. 28%	59. 43%	81. 51%
35	15. 18%	17. 56%	19. 94%	22. 32%	24. 70%	27. 09%	29. 47%	31. 85%	34. 23%	36. 61%	47. 66%	58. 70%	80. 58%
36	14. 87%	17. 22%	19. 58%	21. 94%	24. 29%	26. 65%	29. 00%	31. 36%	33. 71%	36. 07%	46. 99%	57. 91%	79. 54%
37	14. 56%	16. 88%	19. 21%	21. 53%	23. 86%	26. 18%	28. 51%	30. 83%	33. 16%	35. 48%	46. 26%	57. 04%	78. 39%
38	14. 24%	16. 53%	18. 82%	21. 11%	23. 41%	25. 70%	27. 99%	30. 28%	32. 57%	34. 86%	45. 48%	56. 10%	77. 13%
39	13. 92%	16. 17%	18. 43%	20. 68%	22. 93%	25. 18%	27. 44%	29. 69%	31. 94%	34. 19%	44. 63%	55. 08%	75. 75%
40	13. 60%	15. 81%	18. 02%	20. 23%	22. 43%	24. 64%	26. 85%	29. 06%	31. 27%	33. 48%	43. 72%	53. 97%	74. 25%
41	13. 27%	15. 43%	17. 59%	19. 75%	21. 91%	24. 08%	26. 24%	28. 40%	30. 56%	32. 72%	42. 74%	52. 77%	72. 62%
42	12. 93%	15. 04%	17. 15%	19. 26%	21. 37%	23. 48%	25. 59%	27. 70%	29. 81%	31. 91%	41. 69%	51. 47%	70. 84%
43	12. 59%	14. 64%	16. 69%	18. 74%	20. 80%	22. 85%	24. 90%	26. 95%	29. 00%	31. 06%	40. 57%	50. 08%	68. 92%
44	12. 24%	14. 23%	16. 22%	18. 21%	20. 20%	22. 18%	24. 17%	26. 16%	28. 15%	30. 14%	39. 36%	48. 59%	66. 85%
45	11. 88%	13. 80%	15. 72%	17. 65%	19. 57%	21. 49%	23. 41%	25. 33%	27. 25%	29. 17%	38. 08%	46. 98%	64. 62%

附表 11－3　不同缴费缴费年限与缴费档次对个人账户养老金的影响

参保年龄	100	200	300	400	500	600	700	800	900	1000	1500	2000	3000
16	41. 15	75. 97	110. 79	145. 61	180. 43	215. 25	250. 07	284. 89	319. 71	354. 53	515. 97	677. 41	997. 12
17	41. 42	76. 47	111. 52	146. 57	181. 62	216. 67	251. 72	286. 77	321. 82	356. 87	519. 37	681. 87	1003. 69
18	41. 67	76. 93	112. 20	147. 46	182. 72	217. 98	253. 24	288. 50	323. 77	359. 03	522. 51	686. 00	1009. 76
19	41. 90	77. 36	112. 81	148. 26	183. 72	219. 17	254. 63	290. 08	325. 54	360. 99	525. 37	689. 75	1015. 29
20	42. 11	77. 73	113. 36	148. 99	184. 62	220. 24	255. 87	291. 50	327. 13	362. 75	527. 94	693. 12	1020. 25
21	42. 28	78. 06	113. 84	149. 62	185. 40	221. 18	256. 96	292. 74	328. 52	364. 30	530. 18	696. 06	1024. 58
22	42. 44	78. 34	114. 25	150. 16	186. 07	221. 97	257. 88	293. 79	329. 70	365. 60	532. 08	698. 56	1028. 26
23	42. 56	78. 57	114. 58	150. 59	186. 60	222. 62	258. 63	294. 64	330. 65	366. 66	533. 62	700. 59	1031. 24
24	42. 65	78. 74	114. 83	150. 92	187. 01	223. 10	259. 19	295. 28	331. 37	367. 45	534. 78	702. 10	1033. 47
25	42. 71	78. 85	114. 99	151. 13	187. 27	223. 41	259. 55	295. 69	331. 83	367. 96	535. 52	703. 08	1034. 90
26	42. 73	78. 89	115. 05	151. 21	187. 37	223. 53	259. 69	295. 85	332. 02	368. 18	535. 83	703. 48	1035. 49
27	42. 72	78. 87	115. 02	151. 17	187. 32	223. 47	259. 62	295. 77	331. 92	368. 07	535. 67	703. 27	1035. 19
28	42. 67	78. 78	114. 88	150. 99	187. 09	223. 20	259. 30	295. 41	331. 52	367. 62	535. 02	702. 42	1033. 93
29	42. 58	78. 60	114. 63	150. 66	186. 68	222. 71	258. 74	294. 76	330. 79	366. 82	533. 85	700. 88	1031. 67
30	42. 44	78. 35	114. 26	150. 17	186. 08	221. 99	257. 90	293. 81	329. 72	365. 63	532. 13	698. 62	1028. 34

续表

参保年龄	100	200	300	400	500	600	700	800	900	1000	1500	2000	3000
31	42. 26	78. 01	113. 77	149. 52	185. 27	221. 03	256. 78	292. 54	328. 29	364. 05	529. 82	695. 59	1023. 89
32	42. 02	77. 58	113. 14	148. 70	184. 25	219. 81	255. 37	290. 93	326. 48	362. 04	526. 90	691. 76	1018. 24
33	41. 74	77. 05	112. 37	147. 69	183. 00	218. 32	253. 63	288. 95	324. 27	359. 58	523. 32	687. 06	1011. 33
34	41. 40	76. 43	111. 45	146. 48	181. 51	216. 54	251. 57	286. 60	321. 63	356. 65	519. 06	681. 46	1003. 09
35	41. 00	75. 69	110. 38	145. 07	179. 77	214. 46	249. 15	283. 84	318. 53	353. 22	514. 07	674. 91	993. 44
36	40. 54	74. 84	109. 15	143. 45	177. 75	212. 06	246. 36	280. 66	314. 97	349. 27	508. 31	667. 35	982. 32
37	40. 02	73. 88	107. 74	141. 60	175. 46	209. 32	243. 18	277. 04	310. 90	344. 76	501. 74	658. 73	969. 63
38	39. 42	72. 78	106. 14	139. 50	172. 86	206. 22	239. 58	272. 94	306. 30	339. 66	494. 33	648. 99	955. 29
39	38. 76	71. 56	104. 36	137. 16	169. 96	202. 75	235. 55	268. 35	301. 15	333. 95	486. 01	638. 08	939. 23
40	38. 02	70. 20	102. 37	134. 54	166. 72	198. 89	231. 07	263. 24	295. 41	327. 59	476. 76	625. 93	921. 34
41	37. 21	68. 69	100. 17	131. 65	163. 13	194. 62	226. 10	257. 58	289. 06	320. 54	466. 51	612. 47	901. 53
42	36. 31	67. 02	97. 74	128. 46	159. 18	189. 90	220. 62	251. 34	282. 06	312. 78	455. 21	597. 64	879. 70
43	35. 32	65. 20	95. 08	124. 97	154. 85	184. 73	214. 62	244. 50	274. 39	304. 27	442. 82	581. 37	855. 76
44	34. 24	63. 21	92. 18	121. 14	150. 11	179. 08	208. 05	237. 02	265. 99	294. 96	429. 27	563. 59	829. 58
45	33. 06	61. 03	89. 01	116. 98	144. 95	172. 93	200. 90	228. 88	256. 85	284. 82	414. 52	544. 21	801. 06

附表 11－4　个人账户基金缺口

参保年龄	100	200	300	400	500	600	700	800	900	1000	1500	2000	3000
16	-1847.09	-3410.01	-4972.94	-6535.86	-8098.78	-9661.7	-11224.6	-12787.5	-14350.5	-15913.4	-23159.7	-30406	-44756.4
17	-1859.26	-3432.49	-5005.71	-6578.94	-8152.16	-9725.38	-11298.6	-12871.8	-14445.1	-16018.3	-23312.3	-30606.4	-45051.4
18	-1870.51	-3453.24	-5035.98	-6618.72	-8201.45	-9784.19	-11366.9	-12949.7	-14532.4	-16115.1	-23453.3	-30791.4	-45323.8
19	-1880.75	-3472.15	-5063.56	-6654.96	-8246.36	-9837.77	-11429.2	-13020.6	-14612	-16203.4	-23581.7	-30960	-45572
20	-1889.92	-3489.09	-5088.26	-6687.42	-8286.59	-9885.76	-11484.9	-13084.1	-14683.3	-16282.4	-23696.7	-31111.1	-45794.3
21	-1897.96	-3503.92	-5109.88	-6715.85	-8321.81	-9927.77	-11533.7	-13139.7	-14745.7	-16351.6	-23797.5	-31243.3	-45988.9
22	-1904.77	-3516.5	-5128.23	-6739.95	-8351.68	-9963.41	-11575.1	-13186.9	-14798.6	-16410.3	-23882.9	-31355.4	-46154
23	-1910.28	-3526.68	-5143.07	-6759.46	-8375.86	-9992.25	-11608.6	-13225	-14841.4	-16457.8	-23952	-31446.2	-46287.6
24	-1914.41	-3534.3	-5154.19	-6774.08	-8393.97	-10013.9	-11633.7	-13253.6	-14873.5	-16493.4	-24003.8	-31514.2	-46387.7
25	-1917.07	-3539.21	-5161.35	-6783.49	-8405.63	-10027.8	-11649.9	-13272	-14894.2	-16516.3	-24037.1	-31558	-46452.1
26	-1918.17	-3541.23	-5164.3	-6787.36	-8410.43	-10033.5	-11656.6	-13279.6	-14902.7	-16525.8	-24050.9	-31576	-46478.7
27	-1917.6	-3540.19	-5162.78	-6785.37	-8407.96	-10030.5	-11653.1	-13275.7	-14898.3	-16520.9	-24043.8	-31566.7	-46465
28	-1915.28	-3535.9	-5156.52	-6777.14	-8397.76	-10018.4	-11639	-13259.6	-14880.2	-16500.9	-24014.7	-31528.4	-46408.7
29	-1911.09	-3528.17	-5145.24	-6762.32	-8379.39	-9996.47	-11613.5	-13230.6	-14847.7	-16464.8	-23962.1	-31459.5	-46307.2
30	-1904.93	-3516.78	-5128.64	-6740.5	-8352.36	-9964.22	-11576.1	-13187.9	-14799.8	-16411.7	-23884.8	-31358	-46157.8
31	-1896.67	-3501.55	-5106.42	-6711.3	-8316.17	-9921.04	-11525.9	-13130.8	-14735.7	-16340.5	-23781.3	-31222.1	-45957.8

续表

参保年龄	100	200	300	400	500	600	700	800	900	1000	1500	2000	3000
32	-1886.21	-3482.23	-5078.25	-6674.27	-8270.29	-9866.31	-11462.3	-13058.3	-14654.4	-16250.4	-23650.1	-31049.9	-45704.2
33	-1873.41	-3458.6	-5043.79	-6628.98	-8214.17	-9799.36	-11384.5	-12969.7	-14554.9	-16140.1	-23489.6	-30839.2	-45394.1
34	-1858.14	-3430.42	-5002.69	-6574.96	-8147.24	-9719.51	-11291.8	-12864.1	-14436.3	-16008.6	-23298.2	-30587.9	-45024.2
35	-1840.28	-3397.43	-4954.59	-6511.74	-8068.9	-9626.05	-11183.2	-12740.4	-14297.5	-15854.7	-23074.2	-30293.8	-44591.3
36	-1819.66	-3359.38	-4899.1	-6438.81	-7978.53	-9518.24	-11058	-12597.7	-14137.4	-15677.1	-22815.8	-29954.5	-44091.9
37	-1796.16	-3315.99	-4835.82	-6355.64	-7875.47	-9395.3	-10915.1	-12435	-13954.8	-15474.6	-22521.1	-29567.6	-43522.3
38	-1769.61	-3266.97	-4764.33	-6261.69	-7759.05	-9256.41	-10753.8	-12251.1	-13748.5	-15245.9	-22188.2	-29130.5	-42879
39	-1739.85	-3212.02	-4684.2	-6156.38	-7628.56	-9100.74	-10572.9	-12045.1	-13517.3	-14989.4	-21815	-28640.6	-42157.8
40	-1706.71	-3150.84	-4594.98	-6039.12	-7483.25	-8927.39	-10371.5	-11815.7	-13259.8	-14703.9	-21399.5	-28095	-41354.8
41	-1670.01	-3083.1	-4496.19	-5909.27	-7322.36	-8735.45	-10148.5	-11561.6	-12974.7	-14387.8	-20939.4	-27491	-40465.7
42	-1629.58	-3008.46	-4387.33	-5766.21	-7145.08	-8523.96	-9902.84	-11281.7	-12660.6	-14039.5	-20432.4	-26825.4	-39486
43	-1585.22	-2926.56	-4267.9	-5609.24	-6950.58	-8291.92	-9633.26	-10974.6	-12315.9	-13657.3	-19876.2	-26095.2	-38411.1
44	-1536.73	-2837.04	-4137.35	-5437.66	-6737.97	-8038.28	-9338.59	-10638.9	-11939.2	-13239.5	-19268.2	-25297	-37236.2
45	-1483.91	-2739.52	-3995.13	-5250.74	-6506.36	-7761.97	-9017.58	-10273.2	-11528.8	-12784.4	-18605.9	-24427.4	-35956.2

附表 11－5　个人账户投资回报率为 6%时的替代率

参保年龄	100	200	300	400	500	600	700	800	900	1000	1500	2000	3000
16	23.33%	28.21%	33.08%	37.95%	42.82%	47.69%	52.56%	57.43%	62.30%	67.17%	89.75%	112.34%	157.06%
17	23.16%	28.12%	33.08%	38.04%	43.00%	47.96%	52.92%	57.88%	62.84%	67.80%	90.79%	113.79%	159.32%
18	22.99%	28.04%	33.09%	38.13%	43.18%	48.23%	53.28%	58.32%	63.37%	68.42%	91.82%	115.22%	161.56%
19	22.82%	27.96%	33.09%	38.22%	43.36%	48.49%	53.62%	58.76%	63.89%	69.03%	92.83%	116.63%	163.77%
20	22.65%	27.87%	33.09%	38.31%	43.52%	48.74%	53.96%	59.18%	64.40%	69.62%	93.82%	118.02%	165.94%
21	22.47%	27.78%	33.08%	38.38%	43.68%	48.99%	54.29%	59.59%	64.90%	70.20%	94.79%	119.37%	168.06%
22	22.29%	27.68%	33.06%	38.45%	43.83%	49.22%	54.60%	59.99%	65.37%	70.76%	95.73%	120.69%	170.14%
23	22.11%	27.58%	33.04%	38.51%	43.97%	49.44%	54.90%	60.37%	65.83%	71.30%	96.64%	121.97%	172.15%
24	21.93%	27.47%	33.02%	38.56%	44.10%	49.64%	55.18%	60.73%	66.27%	71.81%	97.51%	123.20%	174.09%
25	21.74%	27.36%	32.98%	38.59%	44.21%	49.83%	55.44%	61.06%	66.68%	72.29%	98.34%	124.38%	175.95%
26	21.55%	27.24%	32.93%	38.62%	44.31%	49.99%	55.68%	61.37%	67.06%	72.74%	99.12%	125.49%	177.71%
27	21.36%	27.11%	32.87%	38.62%	44.38%	50.14%	55.89%	61.65%	67.40%	73.16%	99.84%	126.52%	179.37%
28	21.16%	26.98%	32.80%	38.62%	44.43%	50.25%	56.07%	61.89%	67.71%	73.53%	100.50%	127.48%	180.91%
29	20.95%	26.83%	32.71%	38.59%	44.46%	50.34%	56.22%	62.09%	67.97%	73.85%	101.10%	128.35%	182.31%
30	20.74%	26.67%	32.60%	38.53%	44.47%	50.40%	56.33%	62.26%	68.19%	74.12%	101.62%	129.11%	183.57%
31	20.52%	26.50%	32.48%	38.46%	44.44%	50.42%	56.39%	62.37%	68.35%	74.33%	102.05%	129.77%	184.66%

续表

参保年龄	100	200	300	400	500	600	700	800	900	1000	1500	2000	3000
32	20. 30%	26. 32%	32. 34%	38. 36%	44. 38%	50. 40%	56. 42%	62. 44%	68. 46%	74. 48%	102. 39%	130. 30%	185. 57%
33	20. 06%	26. 12%	32. 17%	38. 23%	44. 28%	50. 33%	56. 39%	62. 44%	68. 50%	74. 55%	102. 62%	130. 69%	186. 28%
34	19. 82%	25. 90%	31. 98%	38. 06%	44. 14%	50. 22%	56. 30%	62. 38%	68. 47%	74. 55%	102. 74%	130. 93%	186. 76%
35	19. 57%	25. 67%	31. 76%	37. 86%	43. 96%	50. 06%	56. 16%	62. 26%	68. 36%	74. 45%	102. 73%	131. 00%	187. 00%
36	19. 30%	25. 41%	31. 52%	37. 62%	43. 73%	49. 84%	55. 95%	62. 05%	68. 16%	74. 27%	102. 58%	130. 90%	186. 97%
37	19. 03%	25. 13%	31. 24%	37. 34%	43. 45%	49. 56%	55. 66%	61. 77%	67. 87%	73. 98%	102. 29%	130. 60%	186. 66%
38	18. 74%	24. 83%	30. 92%	37. 02%	43. 11%	49. 20%	55. 30%	61. 39%	67. 48%	73. 57%	101. 82%	130. 07%	186. 02%
39	18. 43%	24. 50%	30. 57%	36. 64%	42. 71%	48. 77%	54. 84%	60. 91%	66. 98%	73. 05%	101. 18%	129. 32%	185. 04%
40	18. 11%	24. 14%	30. 17%	36. 20%	42. 23%	48. 27%	54. 30%	60. 33%	66. 36%	72. 39%	100. 35%	128. 30%	183. 67%
41	17. 78%	23. 75%	29. 73%	35. 71%	41. 69%	47. 67%	53. 65%	59. 62%	65. 60%	71. 58%	99. 30%	127. 01%	181. 90%
42	17. 42%	23. 33%	29. 24%	35. 15%	41. 06%	46. 97%	52. 88%	58. 79%	64. 70%	70. 61%	98. 02%	125. 42%	179. 68%
43	17. 05%	22. 87%	28. 70%	34. 52%	40. 35%	46. 17%	52. 00%	57. 83%	63. 65%	69. 48%	96. 49%	123. 49%	176. 98%
44	16. 65%	22. 37%	28. 10%	33. 82%	39. 54%	45. 26%	50. 99%	56. 71%	62. 43%	68. 15%	94. 68%	121. 22%	173. 76%
45	16. 23%	21. 83%	27. 43%	33. 03%	38. 63%	44. 23%	49. 83%	55. 43%	61. 03%	66. 63%	92. 59%	118. 55%	169. 97%

附表11－6　个人账户投资回报率为6%时的养老金水平

参保年龄	100	200	300	400	500	600	700	800	900	1000	1500	2000	3000
16	339.83	410.77	481.70	552.64	623.57	694.51	765.44	836.38	907.31	978.25	1307.13	1636.01	2287.33
17	337.36	409.58	481.81	554.03	626.25	698.48	770.70	842.93	915.15	987.38	1322.24	1657.09	2320.25
18	334.87	408.37	481.87	555.37	628.87	702.38	775.88	849.38	922.88	996.38	1337.17	1677.95	2352.83
19	332.36	407.12	481.89	556.65	631.42	706.18	780.95	855.71	930.47	1005.24	1351.87	1698.51	2384.99
20	329.83	405.84	481.84	557.85	633.86	709.87	785.88	861.89	937.90	1013.90	1366.31	1718.71	2416.60
21	327.27	404.50	481.73	558.96	636.19	713.42	790.65	867.88	945.11	1022.34	1380.40	1738.47	2447.58
22	324.68	403.11	481.53	559.95	638.38	716.80	795.23	873.65	952.07	1030.50	1394.10	1757.70	2477.78
23	322.06	401.64	481.23	560.82	640.40	719.99	799.58	879.16	958.75	1038.34	1407.33	1776.32	2507.08
24	319.39	400.10	480.81	561.53	642.24	722.95	803.67	884.38	965.09	1045.81	1420.02	1794.24	2535.33
25	316.67	398.47	480.26	562.06	643.86	725.66	807.45	889.25	971.05	1052.85	1432.09	1811.33	2562.38
26	313.89	396.73	479.56	562.40	645.23	728.07	810.90	893.73	976.57	1059.40	1443.45	1827.50	2588.07
27	311.06	394.87	478.69	562.51	646.32	730.14	813.96	897.77	981.59	1065.41	1454.01	1842.62	2612.21
28	308.15	392.89	477.62	562.36	647.10	731.84	816.58	901.32	986.06	1070.80	1463.68	1856.56	2634.62
29	305.16	390.75	476.34	561.94	647.53	733.12	818.72	904.31	989.90	1075.50	1472.34	1869.18	2655.08
30	302.08	388.45	474.82	561.19	647.56	733.94	820.31	906.68	993.05	1079.42	1479.87	1880.33	2673.38
31	298.90	385.96	473.03	560.10	647.16	734.23	821.30	908.36	995.43	1082.50	1486.17	1889.84	2689.27

续表

参保年龄	100	200	300	400	500	600	700	800	900	1000	1500	2000	3000
32	295. 61	383. 28	470. 94	558. 61	646. 28	733. 95	821. 62	909. 28	996. 95	1084. 62	1491. 08	1897. 54	2702. 50
33	292. 20	380. 36	468. 53	556. 70	644. 87	733. 03	821. 20	909. 37	997. 54	1085. 70	1494. 48	1903. 25	2712. 79
34	288. 65	377. 21	465. 76	554. 31	642. 87	731. 42	819. 97	908. 53	997. 08	1085. 63	1496. 20	1906. 77	2719. 85
35	284. 96	373. 78	462. 60	551. 41	640. 23	729. 04	817. 86	906. 67	995. 49	1084. 30	1496. 09	1907. 87	2723. 36
36	281. 11	370. 06	459. 00	547. 94	636. 88	725. 82	814. 77	903. 71	992. 65	1081. 59	1493. 96	1906. 33	2722. 98
37	277. 09	366. 01	454. 93	543. 85	632. 77	721. 69	810. 61	899. 53	988. 45	1077. 37	1489. 63	1901. 90	2718. 35
38	272. 87	361. 61	450. 34	539. 08	627. 81	716. 55	805. 29	894. 02	982. 76	1071. 49	1482. 90	1894. 32	2709. 07
39	268. 44	356. 82	445. 19	533. 57	621. 94	710. 32	798. 69	887. 07	975. 44	1063. 82	1473. 56	1883. 30	2694. 74
40	263. 79	351. 61	439. 43	527. 26	615. 08	702. 90	790. 72	878. 55	966. 37	1054. 19	1461. 37	1868. 54	2674. 91
41	258. 89	345. 95	433. 01	520. 07	607. 13	694. 19	781. 25	868. 31	955. 37	1042. 43	1446. 08	1849. 72	2649. 09
42	253. 72	339. 79	425. 87	511. 94	598. 01	684. 08	770. 15	856. 23	942. 30	1028. 37	1427. 43	1826. 49	2616. 79
43	248. 26	333. 10	417. 94	502. 78	587. 61	672. 45	757. 29	842. 13	926. 97	1011. 80	1405. 14	1798. 48	2577. 45
44	242. 49	325. 83	409. 17	492. 50	575. 84	659. 18	742. 52	825. 86	909. 19	992. 53	1378. 92	1765. 30	2530. 49
45	236. 38	317. 93	399. 48	481. 03	562. 58	644. 13	725. 68	807. 23	888. 78	970. 33	1348. 42	1726. 52	2475. 30

附表 11－7　不同计发系数下的个人账户缺口或盈余规模（计发系数＝200）

参保年龄	100	200	300	400	500	600	700	800	900	1000
45	370.2529785	683.5439603	996.8349	1310.126	1623.417	1936.708	2249.999	2563.29	2876.581	3189.872
44	383.4335053	707.8772405	1032.321	1356.765	1681.208	2005.652	2330.096	2654.54	2978.983	3303.427
43	395.5321353	730.2131728	1064.894	1399.575	1734.256	2068.937	2403.618	2738.299	3072.98	3407.661
42	406.6007102	750.6474649	1094.694	1438.741	1782.788	2126.834	2470.881	2814.928	3158.975	3503.022
41	416.6889694	769.2719436	1121.855	1474.438	1827.021	2179.604	2532.187	2884.77	3237.353	3589.936
40	425.844629	786.1746996	1146.505	1506.835	1867.165	2227.495	2587.825	2948.155	3308.485	3668.815
39	434.1134567	801.4402278	1168.767	1536.094	1903.421	2270.747	2638.074	3005.401	3372.728	3740.054
38	441.5393457	815.1495613	1188.76	1562.37	1935 98	2309.59	2683.201	3056.811	3430.421	3804.031
37	448.1643844	827.380402	1206.596	1585.812	1965.028	2344.244	2723.46	3102.677	3481.893	3861.109
36	454.0289247	838.2072456	1222.386	1606.564	1990.742	2374.921	2759.099	3143.277	3527.455	3911.634
35	459.1716471	847.7015024	1236.231	1624.761	2013.291	2401.821	2790.351	3178.881	3567.41	3955.94
34	463.6296243	855.9316141	1248.234	1640.536	2032.838	2425.14	2817.442	3209.744	3602.046	3994.348
33	467.4383815	862.9631658	1258.488	1654.013	2049.538	2445.062	2840.587	3236.112	3631.637	4027.161
32	470.6319555	868.8589947	1267.086	1665.313	2063.54	2461.767	2859.994	3258.221	3656.448	4054.675
31	473.2429511	873.6792943	1274.116	1674.552	2074.988	2475.425	2875.861	3276.297	3676.734	4077.17
30	475.3025956	877.481715	1279.661	1681.84	2084.019	2486.198	2888.377	3290.556	3692.736	4094.915

续表

参保年龄	100	200	300	400	500	600	700	800	900	1000
29	476. 8407917	880. 3214617	1283. 802	1687. 283	2090. 763	2494. 244	2897. 725	3301. 205	3704. 686	4108. 167
28	477. 8861677	882. 2513866	1286. 617	1690. 982	2095. 347	2499. 712	2904. 077	3308. 443	3712. 808	4117. 173
27	478. 4661267	883. 32208	1288. 178	1693. 034	2097. 89	2502. 746	2907. 602	3312. 458	3717. 314	4122. 17
26	478. 6068934	883. 5819571	1288. 557	1693. 532	2098. 507	2503. 482	2908. 457	3313. 432	3718. 407	4123. 382
25	478. 33356	883. 0773414	1287. 821	1692. 565	2097. 309	2502. 052	2906. 796	3311. 54	3716. 284	4121. 028
24	477. 6701292	881. 8525462	1286. 035	1690. 217	2094. 4	2498. 582	2902. 765	3306. 947	3711. 129	4115. 312
23	476. 6395572	879. 9499518	1283. 26	1686. 571	2089. 881	2493. 192	2896. 502	3299. 812	3703. 123	4106. 433
22	475. 2637936	877. 4100805	1279. 556	1681. 703	2083. 849	2485. 995	2888. 142	3290. 288	3692. 434	4094. 58
21	473. 5638209	874. 2716693	1274. 98	1675. 687	2076. 395	2477. 103	2877. 811	3278. 519	3679. 227	4079. 934
20	471. 5596922	870. 5717395	1269. 584	1668. 596	2067. 608	2466. 62	2865. 632	3264. 644	3663. 656	4062. 668
19	469. 2705675	866. 3456631	1263. 421	1660. 496	2057. 571	2454. 646	2851. 721	3248. 796	3645. 871	4042. 946
18	466. 7147486	861. 6272282	1256. 54	1651. 452	2046. 365	2441. 277	2836. 19	3231. 102	3626. 015	4020. 927
17	463. 9097132	856. 4487012	1248. 988	1641. 527	2034. 066	2426. 605	2819. 144	3211. 683	3604. 222	3996. 761
16	460. 8721467	850. 8408863	1240. 81	1630. 778	2020. 747	2410. 716	2800. 685	3190. 653	3580. 622	3970. 591

附表 11－8　投资回报率为 6%时个人账户缺口规模

参保年龄	100	200	300	400	500	600	700	800	900	1000	1500	2000	3000
16	－3762. 88	－6946. 85	－10130. 8	－13314. 8	－16498. 8	－19682. 7	－22866. 7	－26050. 7	－29234. 6	－32418. 6	－47180. 7	－61942. 7	－91177. 4
17	－3831. 26	－7073. 1	－10314. 9	－13556. 8	－16798. 6	－20040. 5	－23282. 3	－26524. 1	－29766	－33007. 8	－48038. 1	－63068. 5	－92834. 5
18	－3899. 03	－7198. 22	－10497. 4	－13796. 6	－17095. 8	－20394. 9	－23694. 1	－26993. 3	－30292. 5	－33591. 7	－48887. 9	－64184. 1	－94476. 6
19	－3966. 01	－7321. 86	－10677. 7	－14033. 6	－17389. 4	－20745. 3	－24101. 1	－27457	－30812. 8	－34168. 7	－49727. 6	－65286. 6	－96099. 4
20	－4031. 99	－7443. 67	－10855. 4	－14267	－17678. 7	－21090. 4	－24502. 1	－27913. 8	－31325. 4	－34737. 1	－50554. 9	－66372. 7	－97698. 2
21	－4096. 77	－7563. 27	－11029. 8	－14496. 3	－17962. 8	－21429. 3	－24895. 8	－28362. 3	－31828. 8	－35295. 3	－51367. 2	－67439. 1	－99267. 9
22	－4160. 13	－7680. 23	－11200. 3	－14720. 4	－18240. 5	－21760. 7	－25280. 8	－28800. 9	－32321	－35841. 1	－52161. 6	－68482. 1	－100803
23	－4221. 81	－7794. 11	－11366. 4	－14938. 7	－18511	－22083. 3	－25655. 6	－29227. 9	－32800. 2	－36372. 5	－52935	－69497. 4	－102298
24	－4281. 55	－7904. 41	－11527. 3	－15150. 1	－18773	－22395. 8	－26018. 7	－29641. 5	－33264. 4	－36887. 2	－53684. 1	－70480. 9	－103745
25	－4339. 08	－8010. 6	－11682. 1	－15353. 7	－19025. 2	－22696. 7	－26368. 2	－30039. 8	－33711. 3	－37382. 8	－54405. 3	－71427. 9	－105139
26	－4394. 07	－8112. 13	－11830. 2	－15548. 2	－19266. 3	－22984. 4	－26702. 4	－30420. 5	－34138. 5	－37856. 6	－55094. 9	－72333. 2	－106472
27	－4446. 2	－8208. 37	－11970. 5	－15732. 7	－19494. 9	－23257. 1	－27019. 2	－30781. 4	－34543. 6	－38305. 7	－55748. 5	－73191. 3	－107735
28	－4495. 12	－8298. 68	－12102. 2	－15905. 8	－19709. 4	－23512. 9	－27316. 5	－31120	－34923. 6	－38727. 2	－56361. 9	－73996. 6	－108920
29	－4540. 43	－8382. 34	－12224. 2	－16066. 1	－19908. 1	－23750	－27591. 9	－31433. 8	－35275. 7	－39117. 6	－56930	－74742. 5	－110018
30	－4581. 73	－8458. 59	－12335. 4	－16212. 3	－20089. 1	－23966	－27842. 8	－31719. 7	－35596. 6	－39473. 4	－57447. 9	－75422. 4	－111019
31	－4618. 58	－8526. 61	－12434. 6	－16342. 7	－20250. 7	－24158. 7	－28066. 8	－31974. 8	－35882. 8	－39790. 9	－57909. 9	－76028. 9	－111912

续表

参保年龄	100	200	300	400	500	600	700	800	900	1000	1500	2000	3000
32	-4650. 5	-8585. 53	-12520. 6	-16455. 6	-20390. 6	-24325. 7	-28260. 7	-32195. 7	-36130. 8	-40065. 8	-58310. 1	-76554. 3	-112685
33	-4676. 97	-8634. 41	-12591. 8	-16549. 3	-20506. 7	-24464. 2	-28421. 6	-32379	-36336. 5	-40293. 9	-58642	-76990. 1	-113327
34	-4697. 46	-8672. 23	-12647	-16621. 8	-20596. 5	-24571. 3	-28546. 1	-32520. 8	-36495. 6	-40470. 4	-58898. 9	-77327. 4	-113823
35	-4711. 37	-8697. 91	-12684. 4	-16671	-20657. 5	-24644. 1	-28630. 6	-32617. 2	-36603. 7	-40590. 2	-59073. 3	-77556. 3	-114160
36	-4718. 07	-8710. 29	-12702. 5	-16694. 7	-20686. 9	-24679. 2	-28671. 4	-32663. 6	-36655. 8	-40648	-59157. 4	-77666. 8	-114323
37	-4716. 91	-8708. 13	-12699. 4	-16690. 6	-20681. 8	-24673	-28664. 3	-32655. 5	-36646. 7	-40638	-59142. 7	-77647. 5	-114294
38	-4707. 14	-8690. 1	-12673. 1	-16656	-20639	-24622	-28604. 9	-32587. 9	-36570. 8	-40553. 8	-59020. 3	-77486. 7	-114058
39	-4688	-8654. 77	-12621. 5	-16588. 3	-20555. 1	-24521. 9	-28488. 6	-32455. 4	-36422. 2	-40388. 9	-58780. 3	-77171. 7	-113594
40	-4658. 67	-8600. 62	-12542. 6	-16484. 5	-20426. 5	-24368. 4	-28310. 4	-32252. 3	-36194. 3	-40136. 2	-58412. 6	-76688. 9	-112883
41	-4618. 26	-8526. 02	-12433. 8	-16341. 5	-20249. 3	-24157. 1	-28064. 8	-31972. 6	-35880. 3	-39788. 1	-57905. 9	-76023. 7	-111904
42	-4565. 83	-8429. 22	-12292. 6	-16156	-20019. 4	-23882. 8	-27746. 2	-31609. 6	-35473	-39336. 4	-57248. 5	-75160. 6	-110634
43	-4500. 36	-8308. 37	-12116. 4	-15924. 4	-19732. 4	-23540. 4	-27348. 4	-31156. 4	-34964. 4	-38772. 4	-56427. 7	-74082. 9	-109047
44	-4420. 79	-8161. 46	-11902. 1	-15642. 8	-19383. 5	-23124. 1	-26864. 8	-30605. 5	-34346. 1	-38086. 8	-55429. 9	-72773	-107119
45	-4325. 95	-7986. 38	-11646. 8	-15307. 2	-18967. 6	-22628. 1	-26288. 5	-29948. 9	-33609. 3	-37269. 8	-54240. 8	-71211. 9	-104821

第十二章

美好新海南的格局与展望

2017年是海南走入“新时代”的一年：2017年4月25日，海南省召开第七次党代会，提出加快建设经济繁荣、社会文明、生态宜居、人民幸福的“美好新海南”；2017年10月18日，中国共产党第十九次全国人民代表大会在北京开幕，十九大报告提出了中国发展新的历史方位——中国特色社会主义进入了“新时代”。

一、新时代的“美好新海南”

海南省第七次党代会报告提出了“美好新海南”战略部署，主要内容包括“四大目标”和“三大愿景”。四大目标包括：经济繁荣、社会文明、生态宜居、人民幸福的美好新海南；三大愿景包括：全省人民的幸福家园、中华民族的四季花园、中外游客的度假天堂。为此，本报告做出如下解读。

（一）“美好新海南”需要跨越式发展

美好新海南要面向中国发展“两个十五年”：2020年到2035年，用15年时间基本实现社会主义现代化；从2035年到本世纪中叶，用15年时间建成社会主义现代化强国。从全面建成小康社会到基本实现现代化，再到全面建成社会主义现代化强国，是新时代中国特色社会主义发展的战略安排。2017年海南GDP排名全国第28位，人均GDP排名全国第16位，海南从欠发达省份到“两个十五年”，其发展质量和发展速度实现跨越式发展，就是比经济强省的压力要大很多，这需要创造海南发展新的动力系统。

（二）人们美好生活向往意味着更多非物质需求

1981年十一届六中全会，党中央提出“社会主义初级阶段主要矛盾”，即“人民日益增长的物质文化需要同落后的社会生产之间的矛盾”。根据这一重大判断，党和国家的中心工作转移到以经济建设为中心、大力发展社会生产力上来，并在这个基础上逐步改善人民的物质文化生活。到2017年的“十九大”，这一判断已有36年，党的“十九大”提出我国社会基本矛盾越来越体现在“人民日益增长的美好生活需要和不平衡不充分的发展之间的矛盾”，主要矛盾的新表述深刻反映了新时代我国发展的阶段性特征。“人民的美好生活”不仅包括吃饱穿暖的物质文化需求，也意味着人们在民主、法治、公平、正义、安全、环境等方面的“非物质需求”，更意味着让更广泛的人民群众拥有获得感、公平感和幸福感。

（三）坚持旅游业的龙头地位不变

新时代的旅游业，其功能不仅仅是经济功能，它业已成为“美好生活”的核心支撑，是一种民生事业和幸福产业。国际旅游岛战略实施以来，海南已经成为中国游客最喜爱的海岛度假胜地。高品质的旅游业承载“海南人民的幸福家园、中华民族的四季花园、中外游客的度假天堂”的发展愿景。坚持旅游业作为海南产业体系的龙头地位，提高旅游产品质量和服务品质，依然是海南经济发展的重点。

（四）坚持改革开放，走新型工业化道路

在实现均衡与充分发展方面，中国大部分发达省份，都经历过“工业化带动城市化”的过程，海南不能也没有可能进行大规模的工业化，因此海南必须走出一条“新型工业化发展道路”，而这种发展就必须坚持“改革开放这条主线”。2013年4月，习近平总书记视察海南时强调指出：“改革开放是发展海南的关键一招，希望你们发扬经济特区敢闯敢试、敢为人先的精神，在打造更具活力的体制机制，拓展更加开放的发展局面上走在全国前列。”

（五）经济繁荣作为四大目标的首位

十九大报告提出：我国仍处于并将长期处于社会主义初级阶段的基本国情没有变，我国是世界最大发展中国家的国际地位没有变。我国已经是世界上第二大经济体，社会生产力水平总体上显著提高，现在更加突出的问题，是发展不平衡不充分。对于海南而言，发展不充分的矛盾依然严峻，海南经济总量小、综合实力弱，现代产业体系仍不完善，教育、医疗等社会事业仍较滞后，城乡居民收入水平不高，从发展不充分上来看，欠发达省情尚未根本改变，海南需将“经济繁荣”作为海南发展的首位。

二、打造国际旅游岛战略的升级版

2010年1月4日，国务院发布《国务院关于推进海南国际旅游岛建设发展的若干意见》，至此海南国际旅游岛建设正式步入正轨，作为国家的重大战略部署，我国将在2020年将海南初步建成“国际旅游岛”。海南国际旅游岛战略实施八年来，海南经济与社会发展取得了举世瞩目的成就。

（一）国际旅游岛实现“资源优势转化为经济优势”

国际旅游岛这一抓手和平台，真正将海南多年来形成的特区优势、区位优势、资源优势转化为经济优势。1988—2006年，海南用18年迈上GDP总值1000亿元的台阶；2006—2010年，海南用了4年时间，迈上GDP总值2000亿元的台阶；国际旅游岛战略实施的2010—2017年，2013年海南GDP总值迈过3000亿元台阶，2016年迈过4000亿元台阶，2017年GDP总值达到4462.5亿元，是2010年的2.2倍。

国际旅游岛是海南形象的一张名片，也是海南经济与社会发展的一张王牌，是海内外“海南形象”的集中体现。发达国家的城市发展历史表明，当一个城市形成一定的经济规模后，城市自身积累的人才创造力和资本能量通常会产生一个经济加速成长的惯性。正是海南国际旅游岛这一平台，使得海南经济发展形成惯性，进入高速轨道。

（二）美好新海南的内在需求与国际旅游岛升级版的必要性

国际旅游岛平台使得海南形成“天然资源—旅游资源—土地资源”的资源整合与转化链条，推动经济快速发展，但也出现旅游产品品质不高、依赖房地产等问题，突出表现在海南的凝聚力（凝聚资金和高端人才的能力）有限、辐射力（产业辐射的市场相对）单一和创造力（产生高新技术和高增值产业的能力）不足，这与建设美好新海南的要求仍有较大差距。

在这样的战略背景下，海南需要对国际旅游岛战略进行升级，以更高层级的战略设计来引导海南成为高凝聚力、高辐射力和高创造力的新型“大城市”。

（三）高辐射力、高创造力和高凝聚力：朝向世界级核心区发展

十八大以来，“一带一路”和自贸试验区建设不断取得新进展，有力推动我国全面开放新格局的形成。国际旅游岛升级版就是以高辐射力、高创造力和高凝聚力为目标，朝向世界级核心区发展。

高凝聚力是指各级各类经济要素，包括人力、资金、技术等以生产、交易、消费的形式向海南汇集的力量。高凝聚力未来将表现为短时间、低成本、大范围的贸易形态在海南形成；还表现为对国内外人才和优质跨国公司的吸引力。

高辐射力是指海南所进行的各类经济活动具有影响扩散到更广泛区域的能

力，海南成为高端现代服务产品或服务贸易的中心城市。辐射力需要有辐射源，辐射源中智力资本是最核心的要素，而智力资本需要一定规模的人口为基数来养成，这也对海南人口规模提出更高的要求。

高创造力是进行持续创新，创造国际领先水平的产品和服务，创造世界知名品牌，创造最先进的管理方法和管理体制。高创造力将为海南赢得产业链上制高点，但高创造力同样源自于人的创造力，需要更大规模的人才聚集。

三、构建全省一体化，在高质量发展方面走在全国前列

本报告突出了区域经济一体化，尤其是“海澄文一体化”综合经济圈、“大三亚”旅游经济圈。对于美好新海南，本报告进一步提出建议如下。

（一）区域资源整合是海南构建现代产业体系的前提

海南作为我国最年轻的省份和最大的经济特区，也是中国陆地面积最小（3.4 万平方公里），海洋面积最大的省（200 万平方公里），其现代产业体系的构建必须强化自身的特色。2015 年省委、省政府确立重点培育壮大旅游业、热带特色高效农业、互联网产业、医疗健康产业、会展业、现代物流业、医药产业等十二个重点产业，这是一套相对产业内容丰富，具有独特竞争优势的现代产业体系。

对海南省这个最小的行政省和最大的经济特区来讲，打破行政体制束缚，整合全省的资源要素是构建这一现代产业体系的前提。目前海南率先在全国开展省域“多规合一”改革，中央肯定海南省“多规合一”改革是“迈出了步子、探索了经验”。未来需要在“多规合一”的基础上，进一步优化各区县政府职能，促进区域要素在各区域间的流动、整合。

（二）提高公共服务的规模经济性与公共服务资源整合

海南省的地域面积与人口规模相对其他省份较小，其中海南省地域面积为 3.54 万平方公里，截至 2017 年末全省常住人口 925.76 万人。与之相比，重庆市面积约 8.2 万平方公里，2017 年人口为 3075.16 万人。而海南省 19 个市县中仅有海口、儋州常住人口过百万，对于全建制的县级政府规模而言，海南各县级政府人均行政成本较高，人口越少的县市公共服务成本支出越高，显然违背省直管县的降低成本之初衷。

现代国家的建设经验表明，公共服务水平的提升，不仅仅是规模经济发展的结果，更是规模政府发展的结果。只有在一定规模基础上的政区，才有可能实现公共服务的规模效应。西方国家在新公共管理改革的过程中，主要通过地方政府

合并的方式来提高公共服务的水平，降低政府成本。如果海南各市县独立提供公共服务，则在某些公共服务领域由于服务半径与服务人口等的限制而无法实现规模经济效益，因此建议海南尽快开展省域范围内的公共服务资源整合。

（三）省行政管理部门管理幅度过大，需强化宏观战略管理能力

由于海南的省直管县是在没有对原有管理体制改革的基础上直接嫁接而成的，“职责同构”的行政管理体制导致县级以下的繁琐小事被直接推诿到上级政府；过小的行政区划，直接导致行政编制缩小，很难保证行政管理水平的提升。所有这些都导致了省级政府被大量的细节性管理缠绕，在一定程度上影响着省政府的宏观战略。

因此本报告建议如下战略调整：一是要通过土地等资源置换和职能兼并、内部整合等形式调整行政区划，拓展发展空间，助推地方行政体制改革，适时运用行政区划调整手段，消除海南“全省一盘棋”可能引发的体制性障碍；二是增设区域协调管理委员会，加强区域协调和整合，在省政府组建副省级区域协调管理委员会，其主要职责包括土地整理、项目规划、经济协调和公共服务等。

（四）经济核心区（省级经济功能区）增长极功能有待发挥

经济核心区是一个经济区域内经济活动最为密集的增长极区，能够集中地显现出区域的优势，并在经济区域中发挥增长极作用。经济核心区又具有相对性，如硅谷可以被看作美国经济的核心区，斯坦福研究园则可被视为硅谷内科技成果转化的核心区。经济核心区对周边地区的影响与经济活动的水平有关，经济活动水平越高，影响范围越大。经济核心区利用其独特的时空比较优势，形成了与周边地区显著不同的凝聚力、辐射力和创造力，并对周边地区产生了持续的影响。这种超乎寻常的凝聚力、辐射力和创造力，是经济核心区的主要特征。

目前海南已设立了洋浦开发区、国际旅游岛先行试验区、博鳌乐城国际医疗旅游先行区等省级经济核心区，未来需要根据国内发展经验，继续发挥经济核心区增长极功能，进一步研究并优化经济核心区的分布、新建和整合，目标是促进经济核心区以先进技术和方法产生服务创造力，包括港口运输服务、物流服务、金融服务等现代服务产品。

（五）打造三沙战略腹地，建立三沙城市“双核型结构”

从资源禀赋看，海南与上海、天津等地比，深水良港多，岸线相对充裕，还有与岸线毗邻的、充裕的陆地空间，而目前国内沿海地区，海南是为数不多的既有岸线又有陆地空间的地区。建议将木兰湾打造成三沙的战略腹地，建立

新的经济核心区，利用海岸线和陆地空间的资源。

这样三沙作为一个城市，就拥有了双核结构——陆岛复合型结构特征，将实现以岛带陆、以陆促岛。双核型空间结构在三沙的体现是促进形成腹地区域与海岛门户区域的互补组合。从空间区位上，兼顾腹地的中心性与海岛的边缘性；从功能定位上，一方成为经济政治文化中心，另一方作为海上出口，陆地区域借助海岛区域实现更多的对外联系与依托，海岛区域借助陆地实现腹地拓展，可以实现区位上和功能上的互补。

四、以全域旅游为平台，推进海南旅游业发展

在区域一体化的高质量发展中，全域旅游是重要的抓手，未来需要进一步拓宽“全域旅游”的效应，具体建议如下①。

（一）全域旅游是海南旅游业高质量和国际化发展的关键

随着人们的休闲时间增加，经济收入提高，“旅游”越来越成为美好生活的重要组成部分。“争夺人们的休闲时间”“引导和接纳人们的休闲购买力”将成为未来各城市竞争力的重要体现。很多城市的城市资源和公共服务缺少“游客思维”，城市的历史、文化、生产、建筑和艺术等，都无法形成旅游吸引力因素，游客会用脚投票，他们可能直接选择全球范围内的其他城市，所以争夺人们休闲时间的竞争是全球范围的。从这个意义上来看，现在看一个地区的竞争力，可以看它的旅游业发展水平，因此海南必须继续站在国际旅游岛的高度上，着眼于全球竞争，以全域旅游为平台，去提高全球竞争地位，扎实地将“国际旅游消费”作为发力点。

南开大学石培华教授认为，全域旅游应当在旅游发展中被视为一种战略工具，以实现旅游公共服务、旅游消费、投资开发模式等方面的整体发展。在新的时代下，旅游业应通过实践在建设全域旅游平台上寻求突破，通过全域旅游促进海南海陆统筹，加强载体建设，打造共享经济，把海南变为具有产业活力和生活魅力的创新创业创意国际旅游岛。南开大学白长虹教授认为，海南的全域旅游要从供给侧结构性改革入手，在供给侧，要改善城市基础设施，提高旅游容纳和通达能力，尤其是通过全域旅游发展对游客具有分流能力；提倡适度

---

① 本部分很多内容源于第三届海南国际旅游岛高端学术论坛“海南全域旅游：机遇、格局与思路”的嘉宾观点，2017 年 12 月 21 日由海南大学、南开大学主办，海南国际旅游岛发展研究院承办的第三届海南国际旅游岛高端学术论坛在海南大学举行。

旅游，建立承载量实时监控和预警机制，做好游客引流、分流工作。旅游城市的旅游公共服务设施应兼顾生活需要和经营属性的混合功能，开创居民和游客共享的优质公共空间，打造高品位的居民生活体验和游客旅游体验。

（二）海南省全域旅游应该实现“陆海统筹”与“蓝绿互动”

本年度报告认为海南省全域旅游必须纳入海洋元素，进一步完善旅游业的基础设施建设和旅游软环境建设，打造陆、海、空互联互通的立体交通体系。

因此建议海南可将大火箭的航天梦、南海的海洋梦相结合，推动青少年军事基地游，真正将海洋、航天、红色历史等诸多元素形成全域旅游的品牌线路；同时全国的邮轮母港做不到无缝接驳联运联动，海南应当借助交通优势，实现高铁站、机场与邮轮母港之间的连接，缩短母港和旅游目的地的距离，未来将推出更多“邮轮旅游＋交通工具”的产品。

（三）海南全域旅游重在形成“主题特色”

在旅游文化和区域文化方面，与海南旅游文化相似的是台湾、香港、厦门、新加坡等地，如闽南文化、岭南文化、妈祖文化、华侨文化等，然而这些海岛旅游地的旅游资源与海南呈互补态势，可以加强与这些地区的区域领域合作，如利用海上丝绸之路将海南与其串联，形成特色旅游线路和整体旅游产品。海南师范大学付业勤认为夏威夷的波里西尼亚文化中心，不仅把太平洋各岛屿的风土人情融合在一起，而且有世界各地文化的缩影，它的主题就是“现代与历史的高度融合”；巴厘岛严格进行建筑风貌及高度的管制，凸显当地建筑特色元素、语汇，并将其融入国际旅游饭店的开发中，强调符合地貌及文化特色的设计量体及元素，顺应当地人文、气候、地形与自然环境所发展出的建筑设计与生活形态，体现了巴厘文化。海南房地产业和旅游业要围绕着特色去做产品，否则海南的全域旅游将会失去吸引力。

（四）海南全域旅游需要公共服务的有效整合

海南大学徐艳晴和王渊认为，首先就是整合的旅游信息平台，建议扩大无线网络覆盖面，提供环境支撑，打造综合型服务平台，根植智慧旅游，增加旅游咨询中心数量和完善其效用。其次，设立一个统一的旅游交通调度与指挥中心，对多地区、多种交通运营方式进行统一协调、综合管理，充分利用先进的技术手段，实时把控各景点景区人流量与车流量，保持供需匹配，实现二者平衡；最后建立旅游部门协作机制，旅游行政管理部门虽然在旅游投诉管理体制中起着核心作用，但它并非对旅游活动中涉及的所有经营行为都有行政管理职权，因为旅游是一项综合的活动，但是对于超越其管理职权的案件，就需要其他部门的协调合作来进行处理。

（五）合理定位旅游部门角色

本报告认为旅游行政管理部门要摒弃大包大揽、越界操作的工作方式，明确自己的职能定位。旅游行政管理部门的长处是了解市场的动态需求、旅游服务的规律特点和旅游营销推广，但在生物生态、农林牧渔、工商科技、文教体育、健康医疗等方面，则是相关部门的专长，因此各级旅游行政部门应增设产业协调处（或科），或在现有处（或科）的基础上增加产业协调功能，充分发挥旅游部门在市场推广和经营服务商的长处，与相关管理部门的专长相结合。同时海南尤其是市县旅游管理的体制，应倡导由各地自主探索旅游部门设置，不宜“一刀切”，比如五指山等可以建立森林旅游局，琼海可以建立“会展与旅游局”，关键是围绕该地区全域旅游特色进行设计。

站在历史新起点，海南将以新时代中国特色社会主义实践范例为己任，建设“美好新海南”。对于海南而言，美好新海南意味着海南要实现跨越式发展；以人们美好生活为中心；坚持旅游业的核心地位、坚持改革开放、走新型工业化道路。“美好新海南”内在要求打造国际旅游岛的升级版，这一升级版是高辐射力、高创造力和高凝聚力的世界级核心区，而区域经济资源整合、公共服务资源整合、强化省级政府的宏观战略管理能力、发挥经济核心区的增长极功能，着眼于全球竞争、扎实地将“国际旅游消费”作为发力点等将成为2018年海南发展的关键任务。

本章参考文献

1. 刘赐贵．在中国共产党海南省第七次代表大会上的报告［N］．海南日报第一版，2017－05－02.

2. 迟福林．改革开放是发展海南的关键一招——纪念海南建省办经济特区30周年［EB/OL］．新华网，2018－04－03.

3. 朱光磊．要有清晰的“政府职责配置表”［N］．北京日报，2005－01－26.

4. 任博，孙涛．异责与共治：大城市政府职责纵向解构研究［J］．内蒙古社会科学，2017（9）.

5. 王兴斌．旅坛忧思录［M］．北京：旅游教育出版社，2013.

6. 孟繁强，陈晔．借助“互联网＋”提高旅游创新能力及优势［EB/OL］．中国社会科学网，2018－03－29.